薛涛

汤明旺

李曼曼 ◎ 著

薛涛 解析中国式环保PPP

情山致水

中国电力出版社
CHINA ELECTRIC POWER PRESS

内 容 提 要

本书通过对中国国情下环保类PPP的发展历史和现状进行剖析，旨在让读者理解中国式PPP的核心逻辑和当前发展曲折的原因所在，掌握环保类PPP的实际应用和操作重点，以及了解PPP影响下环保产业的基本格局和发展规律。

本书共分为五章，第一章介绍中国环保产业格局和PPP的基本情况，第二章是详细介绍作者的PPP四分类理论并以此演进分析，第三章是进一步归纳做好环保类PPP的几个核心要素，第四章则介绍了环保14个细分领域PPP的基本情况和关键点，第五章对生态环保的未来趋势做了一些预判。

本书可以为生态环保类乃至其他领域PPP的项目方案设计开发者（地方政府或咨询公司）提供顶层思路，可以帮助环保企业管理者制定自己在市政环保领域的发展战略和具体战术。当然，也可以为希望了解环保产业的金融界、政府、咨询公司、研究机构、媒体和环保专业大学生提供一个不错的参考。

图书在版编目（CIP）数据

涛似连山喷雪来：薛涛解析中国式环保 PPP / 薛涛，汤明旺，李曼曼著. —北京：中国电力出版社，2018.12（2020.5 重印）

ISBN 978-7-5198-2720-5

Ⅰ.①涛… Ⅱ.①薛… ②汤… ③李… Ⅲ.①环境保护－政府投资－合作－社会资本－研究－中国 Ⅳ.①X-12②F832.48③F124.7

中国版本图书馆 CIP 数据核字(2018)第 271227 号

出版发行：中国电力出版社
地　　址：北京市东城区北京站西街19号（邮政编码100005）
网　　址：http://www. cepp. sgcc. com. cn
责任编辑：李　静　1103194425@qq.com
责任校对：黄　蓓　郝军燕
装帧设计：九五互通　赵一鸣　周　赢
责任印制：钱兴根

印　　刷：三河市万龙印装有限公司
版　　次：2018年12月第1版
印　　次：2020年5月北京第3次印刷
开　　本：787毫米×1092毫米　16开本
印　　张：24
字　　数：426千字
定　　价：98.00元

推荐序一

一封来自英国的推荐信

好友薛涛最近出版了最新力作《涛似连山喷雪来：薛涛解析中国式环保 PPP》，邀我作序，欣然允之。本书主标题极富诗意又气势磅礴，不仅巧妙联结作者的姓名特质，同时也预示了行文风格，相信独特的书名设计可有效区隔市场，并受到广大读者的青睐。

薛兄所在的 E20 平台发展多年，目前已成为国内联结环境厂商、政府、学界间的重要平台，具有广泛影响力。站在此平台的高度上，自然容易培养高屋建瓴的视角。书中针对中国"十八大"以来环保 PPP 模式的特征进行归纳整理，并提出环保九宫格，让读者能以简约的方式建立环保产业的全局观，最后再以此为基础论证适用的 PPP 模式。这整套分析逻辑已初具交易成本经济学中制度效率必须建诸交易属性（Transaction Attributes）与治理特征（Governance Characteristics）相互契合（Alignment）的立论基础，这也标志中国 PPP 在实务深化后，已初显理论发展的征兆，诚然可喜可贺。

第二章以市政环保 PPP 分类图为开端，这个框架反映中国现行法令的影响。"十八大"以前的特许权模式以用户付费为主，费用可由特许厂商直接向使用者收取（如收费道路），或者通过采购合约（Offtake Contract），由基础设施运营商向使用者收取后再行支付（如电厂）。无论是直接还是间接收费，重点是**最终使用者必须依照使用量付费**。凡具备这个特征的模式才可被称为特许权 PPP。对照之下，英式的 DBFO（Design，Build，Finance and Operate）系统，则强调政府依购买服务量以及其品质分别支付可用性付款与绩效付款。就此而论，垃圾填埋厂 BOT、餐厨处理厂 BOT、污泥处理厂 BOT 在分类上较偏向于 DBFO 而非特许权 PPP。当然究竟偏向哪一类尚取决于收费方式。在英国，垃圾处理的资金是由区级政府向居民征收的地方税（Council Taxes）中所拨付，并不单独收费，故其出资来源是一般税收（General Taxation）。然而，若是让特许厂商随（垃圾）袋收费，同时允许价格反映市场需求，则该模式就会偏向特许式 PPP。这个区分方式就会衍生出一个问题，分类究竟有没有其必要性？ 答案中是与否皆有。在中国双头马车的体制下，为了厘清主管部委以及其监管责任，似有其必要性。但就 PPP 治理结构设计的角度而言，只要不离其宗，皆可为我所用，即易经所主张的以不变应万变，只要能掌握设计原则，自然能针对任何项目形态进行合理化设计。因此，制定 PPP 法将两套系统归置于统一的法律框架下管理有其必要性以及紧迫性，而掌握 PPP 治理结构设计原则自然就成为 PPP 业主与投资厂商能力建设的必要内容。此外，在分类图中，PFI 这个名词或会产生歧义，因为 PFI 事实上包括 DBFO、特许权 PPP 以及合资型 PPP，宜以 DBFO 表达。

第三章讨论了 PPP 治理的几个关键问题，包括事前评估、风险分担、绩效考核、付费机制以及融资难题等，针针见血，这些问题虽说都只是病症而非病源，全面解决尚待系统性思考，但能够精准地提出正确问题并开始思考解决方案，无论对理论与实务均是重要的一步。

第四章以环保产业供应链的新颖视角，思考如何联通生产链的环节，以优化 PPP 项目范围。

第五章，首先针对四大 PPP 项目类型的出资来源（Funding）分别进行检视，并讨论如何导入生态资产价值的问题，论点具有开创性。个人对于公益基金在环保领域所能扮演的角色有很高的期待，估计是助推生态资产资本化的重要动力。

卒读全书，对于薛兄能在繁忙的公务之余，尚存著述热情，甚为感佩。内容决非一蹴可成，需要长时间的沉淀与积累。2015 年英国已正式将生态视为可量度资产纳入官方评估指南，估计这可有效强化政府投资计划对于生态影响的重视，本书所谈的观点也代表中国环境产业界对于国际最新发展的呼应。最后，希望薛兄今后还能笔耕不辍，在不久的将来为中国绿水青山的百年大业再添砖加瓦。

張倩瑜

英国伦敦大学学院（UCL）巴特莱基础设施中心主任
2018 年 9 月 26 日于伦敦

推荐序二

一本不错的生态环保类 PPP 参考书

过去多年来我国生态环境质量长期处于"局部改善、整体恶化"的态势，多领域、多类型、多层面问题累积叠加。中共十八届五中全会提出生态环境总体改善成为全面建设小康社会的目标要求，全国生态环境保护大会提出我国生态环境保护已经进入了"关键期"、"攻坚期"和"窗口期"。当前和今后一段时间，必须坚持以改善生态环境质量为核心，改革完善生态环境治理体系，推动生态环境管理方式的战略转型。

改革创新已经成为这个时代生态环境保护的主旋律。这需要在环境管理、治理方式、工作重点等各个方面都做出巨大的努力，同时也离不开作为治理主体的环保产业健康发展，离不开环境经济政策体系的创新完善。这种变化不是为了创新而创新，也不能为了追求过度创新而造成政策不协同。这实际上是历史发展阶段、人民群众需求驱动的结果，也是过去多年来生态环境管理实践的总结和必然演进，是在坚持问题导向和目标导向基础上继承和创新的有机结合。

生态环保领域的PPP，就是在这一背景下发展出来的影响深远、带动性强的一个政策簇。其既有传统领域PPP的客观规律性，也面临着金融风险、地方债务、如何理解社会资本等中国阶段性新情况，还面临着环境质量改善涉及因素众多、投资回报机制不健全等特殊问题。近年来，PPP的实施也直接带动了我国环保产业结构、规模、运作模式的巨大变化，这种变化的长期影响还需要长期跟踪分析后才能完整准确研判。有人把这一政策理解为一个融资、解决财政负担的手段，有人更愿意把其作为一个治理机制和模式的创新。有人欢呼三个"十条"（大气污染防治行动计划、水污染防治行动计划、土壤污染防治行动计划）带来的 PPP "盛宴"，但近年来也出现 PPP 规范带来的黑臭水体综合治理项目实施阵痛等现象。

虽然在中国国情下生态环保PPP的当前应用情况还存在问题，但专业化、社会化、市场化的大方向是不会变化的，坚持质量改善绩效出发和追求价值增量也一定是环保产业发展的正确方向。同时环保产业要发展成为生态文明建设的主流标志性产业，离不开高效低碳、要素融合、跨界创新等方面改革完善，而环保 PPP 为上述提供了发展空间和重要契机。

凡此种种，需要学术界、实践者理性分析、研究探讨、多方碰撞，共同推动生态环保领域 PPP 的规范持续健康发展，达到服务于打好打赢污染防治攻坚战、带动环保产业新动能培育、推动环境治理体系和治理能力现代化的初衷。

E20 研究院在研究环保产业及其相关政策方面做了大量有益的工作，薛涛的这本书体现了不少他们的成果，如国家几十年的改革对环保产业成长的影响和 PPP 应用的不同特征、难点和优化方向等。同时，本书对生态环保各个细分领域中采用 PPP 模式的不同情况做了详细分析。在我看来，这本书不但可以作为环保企业参与 PPP 的指南，还可以作为政府和研究机构了解生态环保类 PPP 项目的参考。

生态环境部环境与经济政策研究中心主任

2018 年 10 月 11 日

推荐序三

三个对 PPP 态度最中立的人之一

如果没有国发〔2014〕43号文，我可能很难有机会认识薛涛，不论环保圈有多少人知道他且他还在我们清华大学环境学院有过一年的工作经历（算是院友，因为我1980年入学时是土木与环境工程系），毕竟我后来主要在土木建管系任教。如果没有43号文，我会依然坚持我喜欢的PPP，二十多年来一贯如此。

然而，这些都是如果。43号文为PPP在中国打开了波澜壮阔、跌宕起伏的局面，也打破了校内与校外的围墙，改变了我工作与生活的宁静，因为政府和业界太需要对新型且复杂的 PPP 的研讨与解读，同时让我结识了不少优秀的新朋友。虽然大多数PPP研究的参与者来自项目管理、法律、金融、财务或公共管理，但是由深耕某一行业开始，跨界而来的一些表现突出的人物，也给我留下了深刻印象，来自环保界的薛涛，就是其中之一。

薛涛所在的 E20 环境平台，具有典型的环保智库特征，同时在传播上也颇有影响力。在他那里举办的几次研讨会活动，都在我国 PPP 的发展中留下深深的印记。初识薛涛，恰恰就是他在 2014 年 5 月 20 日举办的第一期"铿锵三人行"网络直播活动，薛涛邀请金永祥和我一起探讨刚刚被 43 号文开启 PPP 热潮的相关议题和发展前景。现在回顾起来，这个节目在业内确实是中央力推 PPP 以来最早对 PPP 进行深度研讨且产生较大影响的公开活动之一。在这个节目中，我提出推广 PPP 要循序渐进，不能搞运动，故说"我应该给 PPP 泼点冷水"。也是在这个节目里，我获得薛涛首提的一个广为流传的非正式头衔。这次活动也让我对初识的薛涛留下了深刻印象：风趣幽默，朋友众多，思路敏捷却又不失深度，言辞犀利却又不失分寸。

之后几年我们总能在各种 PPP 内部研讨或公开论坛上频频见面，渐渐地我也注意到他对 PPP 逐步建立了自己的理论与实务体系，并且由此而发的观点也越来越深刻和鲜明，甚至成为少数几个有"炮哥"之称的PPP大咖之一，尤其是他2016年的"三大关系"和"PPP四分类"之说。这些观点在他两年多后才出版的本书中终于有了系统的描述。可以说，从我做学术研究的角度来看，他对于PPP所创立的分类方法与工具，无论是与国内官方标准分类对比，还是与国际主流学派对比，都显得有些特立独行，但是结合中国市场尤其是环保PPP的实际应用来看，却也颇有道理。我想之所以能有如此的效果，一个最重要的原因是他深耕于环保行业十几年，对环保企业、环保产业和环保市场有深入的理解所带来的。

当然，薛涛在业内的影响力，不光只是这一个原因。为了PPP的可持续发展，他能够超越个人利益始终保持中立的态度，又能够依靠其独立和深入的思考给出有深度且不失建设意义的批评，这在PPP火爆的这几年是难能可贵的。所以我曾半开玩笑地说，PPP界有三个最中立的人，薛涛就是其中之一。能在现实社会中，不受PPP火爆与否的影响，不受自身立场干扰，保持思想和言论的独立性确实难得，我对此相当认可。

我专注于PPP教研二十多年，经历过多次波峰波谷，深刻体会到能忍受长期寂寞修炼来的才是最真实和持久的。中央规范PPP后的下半场，也许会略显冷清，但这时候更应该静下心来学习和思考，才有利于PPP的可持续发展。我相信薛涛的这本新书，一定会给PPP的研究者和实务工作者，带来很多特别的启发，即使你不是环保圈的人。

王守清

清华大学建设管理系教授、博导
清华大学PPP研究中心首席专家
2018年9月22日于清华园

推荐序四

一本 PPP 好书的邂逅

2014 年的夏天，PPP 的小火苗在国内刚刚冒头。我受邀去玉泉慧谷参加一个特许经营立法的小型研讨会。在 E20 那个著名的地下会场，我第一次见到了大名鼎鼎的薛涛。当时他正和另一位环保达人聊天，兴高采烈，语速极快。我站在旁边听了一会儿，初步判定这个挽着一只裤腿、口若悬河的瘦子，既有趣，也有料。后来，我和他开始在 PPP 圈里的各个会场碰头，在各自的领域发一些与 PPP 相关的原创文章，在 P3 带路群里呼朋唤友，你方唱罢我登场地抖落自己肚子里那点特许经营时代的存货，互喷那些被 PPP 浪潮激发出来的新鲜想法。转眼几年过去了，PPP 的江湖安静了许多，留下各色人等一堆新书少有人问津。此时此刻，老薛终于忍不住也出书了，"涛似连山喷雪来"霸气外漏，出手不凡。

和很多 PPP 人员不同，老薛的专业和职业背景相对综合，加之才思敏捷，学而不厌，决定了他在 PPP 领域，特别是环保 PPP 领域内的独特视角和造诣。他写的文章，专业的深度和广度兼备，原创亮点层出不穷，别人是模仿不来的。如果说薛涛是环保圈里最懂 PPP 的，没准儿还会有几个环保猛人跑来打擂拆招，但是要说他是 PPP 圈里最懂环保的，我想大家肯定没有异议。基于他对环保产业的长期跟踪研究，薛涛就环保 PPP 提出了经典的"四分类法"，还有"央地、部委、所有制"之"三大关系决定论"，无一不给业内带来丰富的专业灵感，以及对中国式 PPP 的宏观视野。我本人就是四分类法和三大关系论的忠实信徒，这几年各地宣讲，偶尔篡改，着实受益匪浅。

自 20 世纪 90 年代至今，以特许经营和 PPP 为代表的基础设施市场化投融资模式已在中国走过近三十年的发展历程。其中的酸甜苦辣，许多早已付之东流的壮志雄心，非圈内老人不能尽知。值此旧局未了，新局难开之际，老薛在他这本新书里对中国式 PPP 追本溯源，抽丝剥茧，读来既有纲举目张的豁然开朗，亦有见微知著的博大精深，完美展现了他作为一名 PPP 资深顽主的深厚底蕴。对于中国的 PPP，乃至基础设施投融资体制机制的深化发展与改革，我觉得此书亦可为之镜鉴。

珞珈山中修道骨，未名湖畔长精神。
通幽曲径终有用，水木慧谷借仙风。
三里长河寻常渡，特许庙堂辩高朋。
从今若许闲乘月，中科院内叩玉门。

是为序。

北京清控伟仕咨询有限公司总经理
2018 年 9 月 21 日

自序

2018 年，PPP 在规范中进入低谷，我才得出空来出本 PPP 的书是不是有点晚了，好友刘世坚在微信群里说。

我抬头看了看柜子里十多本 PPP 赠书。确实有点晚了，不过也不晚，关键看这本书怎么出，读者怎么看。

PPP 这样一种事物，在国内其实也有二十多年的历史了，而 2014 年全面引入后在国情下的异化而野蛮生长，里面确实掺杂了不少浮躁，这些仅仅注重短期工程利益的模式必然不能长久。潮总有涨退，关键是我们想在大潮涨落中学会什么。

PPP 作为一种国际公认的市场化措施，在国内已经初具规模的流程，未来它很难退出或消亡，它会一直在公共服务提供方式中占有一定的比例，即便它的发展依然会令人不够满意和继续有着反复的过程。水漫金山般的泡沫中可以随波逐流，而在落潮下想找到 PPP 里可持续发展的机会，更需要依赖在国情下对 PPP 有能超越表象的内在理解。真正好的 PPP 还是需要理想的，有梦才会有远方，实现客户价值的才是稳定的商业模式，以公共服务效率长期提高为基础实现政、企、民多赢的 PPP 才可能是靠谱的长久的 PPP。

要做到这一点并不容易，必须深入某个行业去探索，而作为环保的研究者，我其实主要关心环保领域的 PPP，因为那一直是二十年来主导环保产业中大部分比重实现发展的重大因素。但是我与他人在讨论其他领域 PPP 的时候，却发现我用环保领域的 PPP 演算出来的逻辑对理解其他行业的 PPP 也是有所帮助的。但是这个摸索过程也是很漫长的，新一轮 PPP 推行了两年后的 2016 年，我才觉得自己算是理解了中国式的 PPP，而由此而发的关于"主导中国式 PPP 的三大关系"和以环保 PPP 为例的"中国式 PPP 的四分类"，是这一年我在这个方面最重要的两个总结，也算预言了一年后规范的到来。用熟了四分类的分析方法看待 PPP，会觉得很舒适很趁手，两年里我又做了一些延展，希望把这些呈现在书里，让这本书能对两类读者有所益处，一类是希望琢磨出中国式 PPP 到底是咋回事的，一类是希望了解 PPP 里面的环保和环保里面的 PPP 的。

由于 PPP（包括之前的特许经营）对中国的环保产业影响太大了，把环保和 PPP 的结合之处搞明白，可以对认知中国的环保产业起到很大的帮助。我这几年在大学里给学环保的学生讲校外课程中有个体会，他们也许比我更了解 COD/BOD，却基本上对环保产业和其相关的商业模式一无所知，而这本书应该可以在相当程度上做到这一点，比如可以去参考我在书里详细介绍的环保产业九宫格。当然，让学环保的大学生了解他该如何找工作，只是本书的一个副产品，能够让涉及市政环保服务的企业找到正确介入公共服务市场化的机会（PPP 或者购买服务或者特许经营或者其他的），才是本书最重要的目的之一。

在我柜子里那些关于 PPP 的书籍，里面有很多是相当不错的，他们几乎都来自我和刘世坚合力发行的 PPP "扑克牌"所列的专家们，我在这本书里进行不少引用。而这本书既然来得晚，那么我们写作的时候也以让它过期的时间更晚些为目标，为此这本书里几乎没有什么紧扣当前规制的着墨，主要是努力挖掘环保 PPP 里面更深的逻辑，可以帮助读者对环保和对 PPP 的理解更深入些，可以帮助企业和政府的管理者完善商业模式和治理之道，甚至可以对理解中国的其他政经现象也有启发。

感谢汤明旺和我在 E20 研究院一年多的共事，他和我一样喜欢琢磨也喜欢动笔，但比我更安静更爱看书。我们一起做了很多深入的 PPP 研究，他完全理解了我的 PPP 四分类法，并将之很好地运用在 PPP 在环保不同领域应用分析上，大家可以在书里看到十多个子领域的应用分析，对政府、企业或是咨询公司面对具体项目都会有直接的帮助。也感谢来 E20 研究院不久的李曼曼，她比我更早学习了生态学理论和了解西方的一些实践，并且尝试在本书里将这些知识与我们对环保 PPP 的未来展望结合起来。

本书得到了来自英国伦敦大学学院（UCL）巴特莱基础设施中心主任张倩瑜教授、生态环境部环境与经济政策研究中心吴舜泽主任、清华大学建设管理系博导王守清教授和北京清控伟仕咨询有限公司总经理刘世坚的热情推荐，在此表示特别感谢。回想起这几年在研讨 PPP 时认识的诸位朋友，感觉很是幸运：这段时间是快乐的，因为结下了很多友谊，即便彼此可能有很多争论；这段时间也是我们中大部分人离国家制定政策最近的一段时间，虽然我们确实需要反思最终我们做到的效果还是不够好，但这种切身体验可以让我更深入地明白中国的很多事情，很生动地体会了三大关系对中国政经演绎的影响。

环保在中国还有很长时间的发展，PPP 也不会消亡，两者之间还会有很多共同的话题。我希望这本书可以让大家不但明白 PPP，不但明白环保，还能明白中国的国情，甚至还想和大家分享一些市场研究方法，这是这本书里展示数据、逻辑图和二维分析特别多的一个原因。

书名来自王兴钊友推荐的李白《横江词六首》中的一首："海神来过恶风回，浪打天门石壁开。浙江八月何如此？涛似连山喷雪来！"这几年，PPP 的高低起伏，正如一千多年前李白所感受到的横江上的暴雨，山石峭立，白浪翻卷，有幸经历于此，当一切归于平静，可以回味的东西许多许多。

水落石出方能行稳致远，石头是坚硬而实在的，泡沫必然不长久，而真正的价值也是坚实的。对于企业而言健康的商业模式本就该去实现客户价值，而作为公共产品提供方式的 PPP 更要通过公共服务长期效率提高实现对公众的价值，当然我也希望这本书里也能通过启发读者更广泛的思考带来物有所值。

薛涛

2018 年 10 月 18 日于玉泉慧谷

目录

第一章

开宗明义：迅速认知环保产业和中国式 PPP

近年来，在生态文明建设上升为国家战略的背景下，污染防治成为三大攻坚战之一，环保被视为"风口"，而与之共振的是在 2014 年掀起的新一轮 PPP 热潮中，环保 PPP 成为重点领域。实际上，几十年来，中国的环保产业的发展和格局演进一直受到 PPP 的高度影响，正是政府环境公共服务的市场化过程造就了环保产业中最主要的力量，这些与之相关的上市公司体现在上市环保板块中占据了 70% 的市值。

当前，PPP2.0 从 2014 以来粗放发展的第一阶段进入规范季，纯政府付费 PPP 的突然紧缩与环境治理的刚性需求之间的矛盾之下，环保领域 PPP 何去何从令人疑惑，过度恐慌很大程度上来自"知其然不知其所以然"。"一放就乱、一收就死"的局面在 PPP 领域的出现不但说明前 4 年的 PPP 实际落地中存在不少不尽如人意的情况，政策落地容易出现偏差也证明了当前改革进入深水区的种种特征。

印度人考希克·巴苏的著作《政策制定的艺术：一位经济学家的从政感悟》中强调政策制定者需要具有"二阶思考（Two-Stage Thinking）"的能力，即运用一定的经济学思维、逻辑推理能力以及基本的道德责任，对有关问题多想一步，充分考虑市场不同主体的自私本性（"经济人"假设），才能提防貌似合理的政策带来南辕北辙的后果。党的十八届三中全会以来，我们在股市、金融、外汇、地方债务控制和房地产等方面几次谋求改革的努力都面临一些失控和混乱的局面，PPP 改革的初衷和实际效果也有所背离，重工程轻运营的旧疾并没有完全改善，问题虽然不像其他几个领域那么严重，但是内在原因也有类似之处。其实，考希克·巴苏在这方面的真实体验只是验证了新制度经济学的一些基本原理，即市场机制并不是万能的，它难以克服"外部性"的问题。因此，推演市场行为者在追逐自身利益最大化的行为时，必须充分考虑除了市场机制以外，制度作为内生变量在其中的作用，而制度在此处不仅指正式制度（法律、法规、合约等），还包括非正式制度（价值观念、伦理道德、文化传统等）的约束性作用。切合国情下的政经关系，如何做到治大国如烹小鲜，对于各方都是很大的挑战。具体到环保领域而言，不分析环保产业和细分环境治理领域各自的基本情况，不分析地方政府、社会资本和金融机构的基本诉求，不分析PPP的应用与商业模式和政府能力等方面的匹配，则很容易出现"一刀切"的政策效果。

我们希望通过后面的章节能够解开中国的环保和 PPP 各自的和交集中的内在特征，以便以此出发，找到环保PPP的可持续发展之道。

1.1 基于九宫格的环保领域初解

"环保"脱胎于政府体系的环境保护职能，在政府推动基础设施和公共服务市场化的过程中，最终孕育和发展形成了环保产业。在这一过程中，环保产业本身的内涵逐渐丰富，其领域也持续扩大。

1.1.1 我国环保产业发展现状

2015 年年底，我国节能环保产业的总产值 4.5 万亿元，从业人数 3 000 万人，涌现出 70 余家年营收入超过 10 亿元的龙头企业。到 2017 年，我国节能环保产业总产值达到 5.8 万亿元，继续保持高速增长势头。根据《"十三五"节能环保产业发展规划》，节能环保产业可以分为节能环保装备、节能环保服务两大类，其中前者包括节能技术装备、环保技术装备、资源循环利用技术装备制造，后者包括节能节水服务、环境污染第三方治理、环境监测和咨询服务。

显然，"节能环保产业"所涉及的领域既包括工业，也包括市政。聚焦到环保本身，其定义在过去几十年已发生变化。

1. 环保产业内涵的演变

环保产业的定义与内涵受社会经济和科技发展水平、环境保护发展阶段、市场化程度等因素的影响，表现为两个方面：不同国家为其赋予的内涵不同；同一国家在不同时期对其定义也在不断发生变化。

从国际惯例上来讲，环保产业有广义与狭义之分。狭义的环保产业是指在环境污染控制与减排、污染治理以及废弃物处理处置等方面提供设备和服务的行业，主要是相对于环境的"末端治理"而言的；广义的环保产业既包括能够在测量、防治、限制及克服环境破坏方面生产与提供有关产品和服务的企业，又包括能够使污染排放和原材料消耗最小量化的清洁生产技术和产品，这主要是针对"生命周期"而言的，涉及产品的生产、使用、废弃物的处理处置或循环利用等环节，也就是从"摇篮"到"坟墓"的生命全过程。广义环保产业不仅涵盖了狭义的内容，还包括产品生产过程的清洁生产技术，以及清洁产品。

面对环境质量全面恶化的风险，为从环境效果出发，我国环保产业正从最初主要针对环境问题的末端治理扩大到全周期的环境系统。 这从我国环保产业调查中可见一斑。自 1988 年起，我国在全国范围内开展的 6 次环境保护相关产业基本情况调查①中，对环保的认识逐渐突破了简单环保活动的界限，越来越重视对产品生命周期全过程的环境行为的控制（见表 1-1）。

表 1-1　我国 6 次环保产业调查与相关政策中环保产业的内涵对比

年　份	内　涵
1988	在 1988 年的第一次环保产业专项调查中，环保产业是指国民经济结构中，以防治环境污染，改善生态环境，保护自然资源为目的所进行的技术开发、产品生产、商品流通、资源利用、信息服务、工程建设等一系列行为或部门活动的总和。**此阶段，环保产业主要是针对环境问题的末端治理**
1993	环境产品生产、环保产品营销、环保技术开发、工程设计施工、三废综合利用和自然生态保护（在 **1993 年进行统计时，已经不单纯局限在核心环保产业，同时也发展了三废的综合利用**）
1997	环保技术开发、环保产品生产、环保产品营销、环境工程设计施工、"三废"综合利用、自然生态保护和低公害产品生产（在 **1997 年的环保产业内涵中，环保产品生产和三废综合利用是我国环保产业的主体，同时增加了低公害产品生产，也反映出我国当时的环境保护管理已经向全过程环境保护转变**）
2000	环保产品生产、环保服务、洁净产品生产、自然生态保护、废物处理与循环利用
2004	环保产品生产、环保服务、洁净产品生产、废物处理与循环利用。2006 年 4 月原国家环保总局、国家发改委和国家统计局联合发布的《2004 年全国环境保护相关产业状况公报》将环保产业定义为"国民经济结构中为环境污染防治、生态保护与恢复、有效利用资源、满足人民环境需求，为社会、经济可持续发展提供产品和服务支持的产业。它不仅包括污染控制与减排、污染清理与废物处理等方面提供产品与技术服务的狭义内涵，还包括涉及产品生命周期过程中对环境友好的技术与产品、节能技术、生态设计及与环境相关的服务等"
2011	环境保护产品、资源综合利用、环境保护服务和洁净产品

注　表中内容来自环保产业调查相关文件或政策。

---

① 2012 年 10 月，原环保部、国家发改委、国家统计局联合发文开展 2011 年全国环境保护及相关产业基本情况调查。这是继 1993 年、2000 年、2004 年之后的第 4 次经国家统计部门批准实施的环保及相关产业调查。加上 1988 年、1997 年由国家环保行政主管部门发文实施的 2 次调查，截至目前共累计开展了 6 次全国环保及相关产业的专项调查。

由此可见，环保产业的内涵延伸是随着"先污染后洁净"的理念逐步发展的。经济体在发展过程中，刚开始受到经济技术水平的不足，环保法制的滞后和执行力不足，对环境污染规律和污染后果的认知不足等等主客观因素的制约，导致环境质量出现恶化；但随着经济水平和环境保护意识的提高，对环境保护的投入逐渐增加，环境质量逐渐好转，变得洁净。

这也体现了环境库兹涅茨曲线（EKC）（见图 1-1）理论的真正内涵，本质上反映的是环境质量与经济发展之间长期的动态演化关系，反映的是一个趋势性的规律而非精确规律。

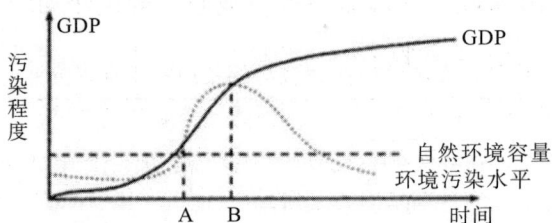

图 1-1　环境库兹涅茨曲线示意图

环境库兹涅茨曲线是环境经济数据随时间演化的结果，所以经济体系在发展到一定程度时，都有极大的可能出现有规律性的"先污染后治理"现象，而且该现象存在一定的临界时间尺度、临界经济规模和临界经济水平现象，临界尺度现象同样是统计规律而非精确规律，3 个临界尺度之间相互影响、相互联系。

令人担忧的是，我国的环境库兹涅茨曲线峰值相对来说比较高。从环境排污强度来看，我国现在已经超过历史上最高的两个国家——德国和日本的 2~3 倍。我国正面临着一个人类历史上前所未有的经济发展和环境保护之间的矛盾。有专家分析指出，我国目前仍处在"倒 U 型"环境库兹涅茨曲线的爬坡阶段，即将跨越峰值。但污染物排放"拐点"并不意味着环境质量马上改善，环境质量显著改善需要较长时间。未来一段时间是主要污染物排放转折期，是环境质量最为复杂的时期。污染物排放控制应从"总量减排"的粗放控制，逐步转到以环境质量为导向的"精细化"控制阶段。

2. 从战略产业到支柱产业，环境服务业占据半壁江山

我国为拉动经济的发展，2010 年 10 月，国务院下发《关于加快培育和发展战略性新兴产业的决定》，确定了以节能环保为首的七大战略性新兴产业，位列七大战略性新兴产业之首，对于环保产业发展而言自然具有重要的战略意义。2015 年，在中央

政府工作报告里明确"要把节能环保产业打造成新兴的支柱产业"。从战略性新兴产业到新兴支柱产业，环保产业在拉动经济发展中，被寄予了厚望。要实现这一目标，环保产业不仅是在现有基础上简单扩大规模，更需要其深层次的转型与升级。

在 2018 年 5 月的全国生态环境保护大会上，习近平发言要在全面推动绿色发展中明确提出重点培育壮大节能环保产业。正如 2018 年政府机构改革中环境保护部更名为生态环境部，"生态"问题被高度重视。这也与环保产业内涵的延伸相呼应。

随着近年来我国环保力度的不断加大，环保产业的市场需求被有力地拉动。其中，环境服务业发展迅猛。原环境保护部发布的《中国环境服务业发展报告（2015）》显示，2004—2014 年 10 年间，环境服务业营业收入规模年均增长率为 30.6%；到 2015 年，我国环境服务业全年营业收入约 4 000 亿元，首次超过环保产品，在环保产业中占比达到 51.04%，占据环保产业的"半壁江山"。发达国家环境服务业产值在核心环保产业产值中所占比重一般为 50%～60%。参照这一标准，我国环保产业成熟度已明显提高。

2011 年第四次环保产业调查数据显示，污染治理及环境保护设施运行和环境工程建设服务成为目前环境服务业的核心力量；环境咨询及环境监测服务近年得到了一定的发展；生态修复与生态保护服务、环境贸易与金融服务尚处于发展阶段（见图 1-2）。

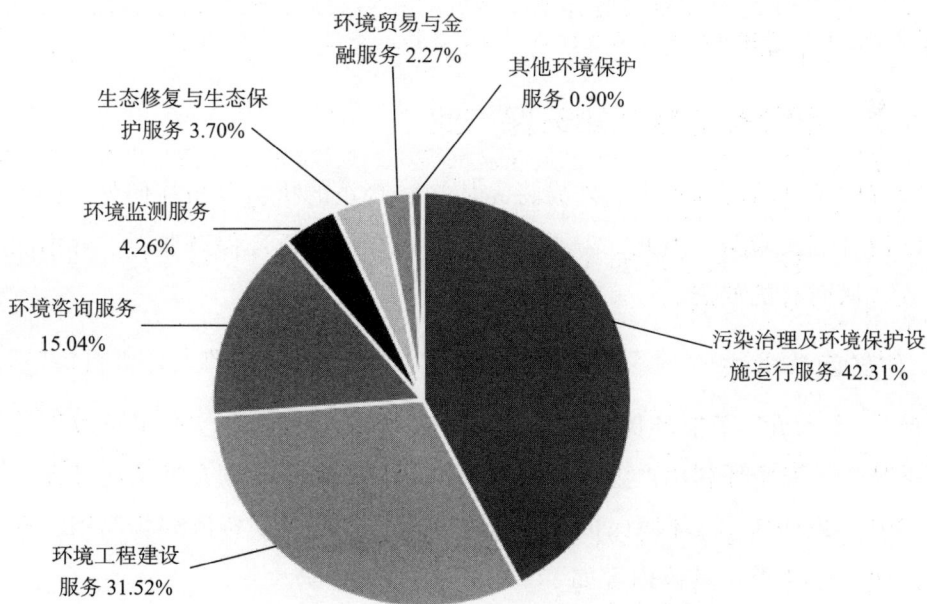

图 1-2　我国环境服务业营业收入构成（2011 年）

但是值得注意的是，根据宏观统计对比国际标准，环保投资占 **GDP** 比例依然偏低（见图 **1-3**），其中一个原因是中央从生态文明高度所要求的大量环境治理需求，面对的是资金供给方面的困难（地方政府债务高企进一步加剧了这个问题）。这个大背景不光制约了环保产业的发展，也是导致环保 **PPP** 本身曲折发展的重要因素之一。

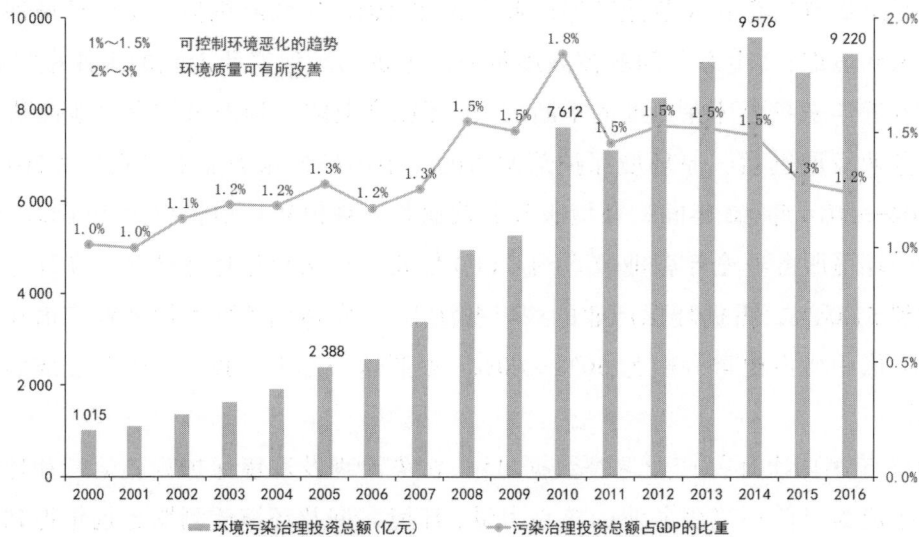

图 1-3　环境污染治理投资占 GDP 比重较低

资料来源：E20 研究院根据国家统计局"国家数据"整理

1.1.2　用分类构成认知环保产业

从宏观的角度看环保产业，外界将无从知晓真正的机会分布在何处，也难以判断风险将以何种方式隐藏。因此，需要通过分类的方式解析环保产业，了解不同类型的细分领域，从而有的放矢。

1. 传统四分类法

根据《"十三五"节能环保产业发展规划》，节能环保产业实际上可以拆分为节能产业、环保产业和循环利用产业。原环境保护部与国家发改委在近两次环保产业调查（2004、2011 年）中，将环境保护产业分为环境保护产品、资源综合利用、环境保护服务和洁净产品 4 类，具体内容如下。

（1）环境保护产品指用于防治环境污染、保护生态环境的设备、材料和药剂、环境监测专用仪器仪表包括：水污染治理设备、空气污染治理设备、固体废物处理处置与回收利用设备、噪声与振动控制设备、放射性与电磁波污染防护设备、污染治理专用药剂和材料、环境监测仪器等。

（2）资源综合利用指对废弃资源和废旧材料的加工处理，利用废弃物生产各种产品，包括在矿产资源开采过程中对共生、伴生矿进行综合开发与合理利用；对生产过程中产生的废渣、废水（液）、废气、余热、余压等进行回收和合理利用；对社会生产和消费过程中产生的各种废旧物资进行回收和再生利用。

（3）环境保护服务指与环境相关的服务贸易活动，此次调查主要包括环境技术与产品的研发、环境工程设计与施工、环境监测、环境咨询、污染治理设施运营、环境贸易与金融服务等。

（4）洁净产品指在产品的整个生命周期内（包括新产品的生产、消费及使用后的回收与再利用）对环境友好的产品，这类产品既具有一般商品的特性，又在生产、使用和处理处置过程中符合特定的环境保护要求，与同类产品相比，具有低毒少害、节约资源的环境功能优势。2011 年调查统计包括 9 类产品：有机食品及其他有机产品、低毒低害产品、低排放产品、低噪声产品、可生物降解产品、节能产品、节水产品及其他产品。其中有机食品、节能产品和节水产品统计范围为通过国家有关机构认证的产品。

显然，这一分类看似简化，但并不能清晰解构环保产业的规律和规则、内在的发生逻辑及外部政策的变化。E20 研究院在过去多年的研究中发现，环保产业发展应突出重点，"牵一发而动全身"，聚焦发展环境服务业，以提升产业发展水平、着力培育环境服务业为重点。

2．环境服务业是环保产业转型和升级的发展方向

从普遍规律来看，每一个产业的成熟都是从简单的资源开发到资源的加工利用，到成熟的产品，再到依托在这个产品上的基于知识的高附加值；环保产业也一样要遵循这个规律，因而基于知识的环境服务业的比重决定它的产业成熟度。要保持高速经济增长，还要越来越少的环境和资源代价，GDP 的来源需要基于知识和服务的附加值。

此外，从 E20 研究院提出的环保界面升级理论来看（本章 1.3.1 会详细阐述），环保产业经历了设备、工程建设到投资运营服务的过程。环境服务业的产生、发展，与我国经济发展、环保发展的阶段相适应，体现的是整个产业的发展水平。

3．环境治理服务是环境服务业的主战场

在 E20 研究院院长傅涛博士负责、由 E20 研究院的前身清华大学环保产业研究中心所参与的原环保部科技司财政课题成果《中国环境服务业发展白皮书（2015）》中，

基于国家落实现代服务业的发展战略，为促进环保产业的转型和升级，推动环境服务业面向环境治理效果，根据服务的对象及服务所起作用将环境服务业分为基础服务、产业服务和环境治理服务。根据 E20 研究院参与的环境服务业专项课题的研究，在2014 年，我国环境服务业在结构上呈现出以环境治理服务为主的特征，环境基础服务业、环境产业服务业、环境治理服务业三者规模上为 13：6：81 的比重关系；区域发展上则形成了以北京、江苏、广东为代表的，长江流域和沿海经济区域快速发展的"两带三点"的环境服务业发展版图。与 PPP 相关的领域主要集中在基础服务（环境监测等）和环境治理服务，也包括产业服务中与 PPP 相关的咨询。此分类更清晰地解释了产业的内在规律和逻辑，构建了一个与环保产业发展及环境治理需求提升相匹配的环境服务业，此分类更顺应市场的发展趋势。

环境基础服务业主要服务于政府的环境管理，包括环评、环境信息采集、环境污染监测和检测等，这部分业务出现得最早，常常以政府购买服务方式为交易模式，而近期在监测领域也出现了 PPP 模式。

服务于产业主体的环境产业服务业起步相对较晚，产业基础还相对弱小，在政策上亦没有得到重视，却成为推动中国环境服务业健康发展的催化剂。可从 2011 年产业调查的分类中得到印证，涵盖环境技术研发推广、环境教育与培训、环境贸易服务、环境金融服务四类服务，但企业发展战略服务、企业及产品品牌服务、产业信息及传播服务并没有被单独分类。虽然上述 4 类在产业调查中没单独分类，但从目前的发展现状来看，在上述领域，已形成了个别有品牌、有实力的产业服务平台，如中国环境保护产业协会、E20 环境平台、江苏省（宜兴）环保产业研究院等。

环境治理服务可以分为两大类，第一类是工业治污领域，根据产业调查数据显示，此领域已形成了以委托运营为主，工业领域 BOT/TOT/DBO（**BOT 其实一直是一种商业模式，而不是 PPP 的专属词汇，就像特许经营也广泛用在商业领域一样**）等为辅的第三方治理方式，大幅度提升了工业治污领域的专业化水平及服务能力（体现为污染企业与第三方环保企业之间的合作，政府仅仅是监管者）；第二类是薛涛在 2015 年提出的市政环保为基本范畴的运营领域，并且在 PPP2.0 阶段扩充到了非运营的环境修复领域（详细阐述见本书 1.1.3 "市政环保九宫格的基本逻辑"），表现为为了达到最终治理效果，市政基础设施（城市给排水）和水环境综合整治（黑臭水体治理）已经逐渐成为不可分离的系统，具体的商业模式包括之前的特许经营和现在的 PPP。环境治理服务通过市场化，政府或排污企业与环境治理企业通过特许经营协议、PPP 协议和政府购买服务协议，实现政府为甲方的环境治理服务的外部化。

1.1.3　市政环保九宫格的基本逻辑

从上述分析可以看出，环境治理服务与 PPP 的关系一直十分紧密。薛涛基于对环保产业中的环境治理服务演进的基本逻辑，提出九宫格模型。

1. 基于对环境治理服务的发展逻辑解析提出

九宫格模型的核心是用二维法对治理服务进行了分割，由薛涛在 2015 年发表于《环境保护》杂志的文章，可以分析不同环境治理服务子领域的发展内在逻辑。

九宫格能够覆盖环保产业的大部分领域，但也有一些细分领域未涵盖，如噪声污染治理和核污染治理等。薛涛基于多年对环保产业的观察，对水、固、气三大环境治理服务领域，基于服务指向进行了领域分类，如图 1-4 所示。

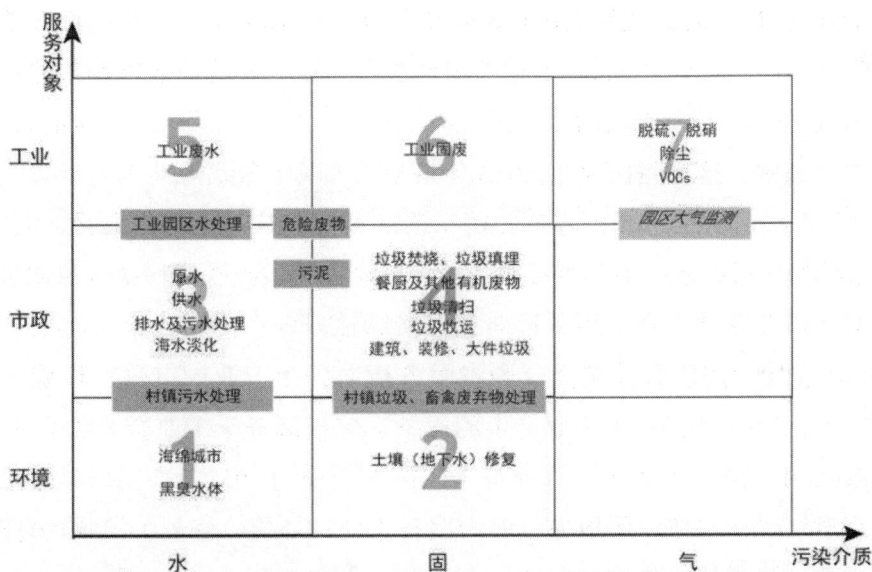

图 1-4　E20 基于服务对象的市政环保领域分类（九宫格）

2. 基本逻辑

（1）整体的基本逻辑。从横轴来看环保九宫格，根据 2016 年原环保部设立的水、土、气三司，并按照原环保部环境污染介质的基本分类为水、固、气。从纵轴来看，按照服务指向分为环境、市政、工业。

（2）**基于污染介质流动性的九宫格横轴分析。从横轴看，九宫格里面最下面一层展示的是污染物承载介质水、固、气，根据污染介质流动性的特点来看，流动性的强弱体现的是环境治理的紧迫性强弱。**

对于水领域，由于其流动性中等、而不能自动恢复，污染面较大，因此治理的紧迫性较高。环境容量是流动性的一个正相关因素。基于水领域的现状，不仅需要控制点源的达标排放，且需系统化地综合治理，实操中水环境综合整治（黑臭水体治理）也首先在水领域中产生。从治理的紧迫性出发，国家已于2015年发布了《水污染防治行动计划》，四万亿左右的治理市场在"十三五"期间需要大规模落地，也与这轮PPP高度相关。

对于固废领域，由于其流动性最差、稳定性较好，因此综合治理的紧迫性相对弱，但存在处置的需求。在此领域主要看"三化"——无害化、减量化（背后逻辑是流动性差带来的要求）、资源化。流动性决定了固体废弃物"三化"的辨证、矛盾和权衡关系，固废领域的资源化需要企业做到跨产业链的延伸，这会导致PPP的隐藏风险和商业模式的设计存在难度，具体阐述见第三章和第四章。另外，国家也于2016年发布了《土壤污染防治行动计划》，主导思想是以防为主，万亿修复市场依然远在天边。

对于大气领域，由于其流动性极强、极易被公众感知，加上跨区域的特点，因此治理的紧迫性最强，这也是国家于2013年最早发布《大气污染防治行动计划》（国发〔2013〕37号）而且后续一系列督察力度空前的原因。从流动特性来看，大气领域基本不存在直接修复的需求，而是直接对工业污染源的排放点源和民众分散源进行治理。

（3）基于服务哪类市场的服务指向九宫格纵轴分析。

1）从纵轴看，按照服务哪类市场将服务指向分为工业、市政、环境（修复）3个方向。工业治污领域服务于工业产生的污染，包括服务于工业企业（企业对企业）和以园区政府为主体的工业园区水处理（园区对企业）；市政污染治理具有长期稳定属性，具有潜在责任主体，但地方政府为服务指向；环境（修复）领域具有时空错配属性，同样政府也是服务指向。

对于服务指向工业而言，除了工业园区水处理、工业危废（需要危废经营许可证）、园区大气监测（不属于环境治理服务，而属于基础服务）兼具部分市政属性的细分领域以外，工业污染治理属于非公共领域。注意大气领域不可能大规模出现市政基础设施如"雾霾塔"，也不可能需要修复，因此九宫格右侧留下了两个空白，而监测领域具有市政设施的少许特征被放在交集线上（不过严格来说大气监测或园区监测属于基础服务业，而不是九宫格所针对的环境治理服务业）。按照现行规定，工业企业根据"三同时"制度，应配套建设环境保护设施。

对于污染介质水的细分领域而言，供水由于水务一体化的普遍存在和与水环境的紧密联系也普遍被一并纳入产业主体的承接范围，属纵轴的市政领域范畴；而水体修复、黑臭水体治理等由于时间及空间的错配，属于类似长期污染遗留下来的污染以及跨区域污染问题，因此属于纵轴的环境指向。

2）交集线上的特殊性。 在交集线上存在着一些特殊的子领域，比如危废领域作为政府授权建设的工业污染物治理设施，兼具工业治理和市政设施的特点，类似的还有园区废水处理，由于这个因素我们的市政 A 方阵（其定义见 1.3.2 产业方阵说）投资运营商不少也基于自身善于投资和与政府沟通的优势在这个领域有所扩张；污泥的客户来源于水务领域但其属于固体废弃物，处置决定处理，给污泥市场带来了兼具两个领域的特征；村镇污水处理虽实时发生，且有污染者可寻，但由于付费机制缺乏或污染者无力承担等因素，在商业模式上付费主体目前不易到位，主要依赖财政补贴，因此村镇污水处理兼具市政和环境属性，在图中放到了交集线上。

3）市政领域与工业领域的共同点在于具有污染者付费基础，且基本都是实时发生的。 市政领域如污水处理可追溯污染者从而可找到付费主体，政府收取百姓的污水处理费后，以政府付费的方式给付环境治理企业，事实上，目前污水处理费尚不足覆盖污水处理的费用，政府信用是其付费机制的保障。对工业领域而言，工业企业通过第三方治理的模式完成工业废弃物或工业废水的治理，工业企业的服务购买动机来自于政府监管的逐步到位，这一领域的市场在日益趋紧的环保督察中得到更多释放。

4）市政和环境（修复）领域的甲方都是政府，其区别是市政领域对政府而言有稳定的潜在付费主体（如污水处理费），市政处理的是当期污染，环境（修复）处理存量污染/污染无法归责的污染。 城市污水处理就是典型的市政领域，其责任主体为地方政府，按谁污染、谁付费原则，公众是其收费的主体来源。环境（修复）领域往往时空错配或地域错配，如 10 年前的污染现在买单、如上游污染下游买单，导致除了提前建立"修复基金"这种模式之外，无法找到污染者付费主体，因此无法像市政领域那样建立污染者付费制度。另一条路是建立受益者付费的制度，但是在现实中也基本无法落地，因此环境（修复）领域的商业模式多为政府付费，最终来源是土地收入和税收。

在市政领域由于运营属性形成了正在逐步完善的价格机制，在环境修复领域基于非运营和公益属性有待探索突破依赖财政支出，即由土地财政的支撑转换为全成本价格机制，形成与公众进行价格谈判的机制，这可借鉴西方的一些经验，这会在第五章展望里面探讨。

在上述九宫格的详细逻辑中间，可以看出 1~4 区域与 PPP 高度相关，后续会在阐述 PPP 的发展历程后，在第二章对 PPP 重新分类后再回到九宫格看 PPP 在不同类型的环境治理服务中的应用。

1.2　中国式 PPP

由《关于加强地方政府性债务管理的意见》（国发〔2014〕43 号）文件所发端的 PPP 第二阶段，受命于债务，也受制于债务，虽迅速成为国际第一大 PPP 市场，却又在 2017 年启动的规范整顿中有点风雨飘摇。2014 年引进 PPP 词汇全面代替特许经营之初，我们也引进了大量的西方 PPP 经典书籍，然而将国际标准和定义与中国的现实发展反复比对，不少方面已经显现"南橘北枳"，恰恰因为土壤不同。可见深入理解国情，从历史中找到轨迹，从国情的现实出发大胆改造务实推进，才能实现 PPP 的"洋为中用"。

1.2.1　PPP 定义与中国 PPP 初心

根据《国家发展改革委关于开展政府和社会资本合作的指导意见》（发改投资〔2014〕2724 号），政府和社会资本合作（PPP）模式是指政府为增强公共产品和服务供给能力、提高供给效率，通过特许经营、购买服务、股权合作等方式，与社会资本建立的利益共享、风险分担及长期合作关系。

《关于推广运用政府和社会资本合作模式有关问题的通知》（财金〔2014〕76 号）给出的定义为：政府和社会资本合作模式是在基础设施及公共服务领域建立的一种长期合作关系。通常模式是由社会资本承担设计、建设、运营、维护基础设施的大部分工作，并通过"使用者付费"及必要的"政府付费"获得合理投资回报；政府部门负责基础设施及公共服务价格和质量监管，以保证公共利益最大化。

而世界银行 PPP 指南第 2 版（PPP Reference Guide Version 2.0）对公私合营伙伴关系（PPP）给的定义是：公私合营伙伴关系由私营部门同政府部门之间达成长期合同，提供公共资产和服务，由私营部门承担主要风险并管理责任，私营部门根据绩效情况得到回报。

加拿大 PPP 国家委员会的定义是：公共部门和私人部门之间的一种合作经营关系，基于双方各自经验，通过适当的资源分配、风险分担和利益共享机制，以满足事先清晰界定的公共需求。

欧盟委员会的定义是：PPP 为提供公用项目或服务而形成的公共部门和私人部门之间的合作关系。

综合来看，政企合作、风险分担、利益共享、按效付费等成为各国对 PPP 的基本共识。当然，每个国家推动 PPP 的背景不同，其发展路径因此也会存在巨大的差异。基于国情不同，著名的国际 PPP 三原则在中国不具备普适性，具体我们在第二章将有所分析。汤明旺曾经发文简单对比了中日之间 PFI 的区别（见本章后的附录 1-2 中国PPP 与日本 PFI 比较）。

简而言之，我国 PPP 的快速发展得益于在 PPP1.0 阶段原建设部对特许经营的推进，而对 PPP2.0 阶段的发展起真正起到关键性推动作用的是《关于加强地方政府性债务管理的意见》（国发〔2014〕43 号）的发布。这一阶段将 PPP 的目标不光定位在对传统"公建公营"体系的一种"革命"，同时还是在国际上罕见（中国特色）的对地方政府负债的一种辅助管理手段（"堵暗道、修明渠"）。

而在顶层设计方面，新一轮 PPP 被定义为全面系统的公共服务供给市场化、社会化改革，即充分利用市场力量全面增加、优化、提升公共服务供给的数量和质量。PPP是推进国家治理方式现代化的体制机制变革，是供给侧结构性改革的重要部分。

但我们注意到，PPP 进入 2.0 阶段后出现了一些问题，甚至带来了 2017 年下半年启动的大规模规范整顿。要厘清这种曲折背后的根本原因，以及 PPP 在中国的发展轨道背后的重要影响因素，我们还是要从历史中寻找启发。

1.2.2　中国 PPP 发展的三阶段

从发展上看，我国 PPP 应更精炼地分为三阶段：试点应用阶段、特许经营阶段（PPP1.0 阶段）、PPP 内涵扩张阶段（PPP2.0 阶段）。这样可以突出 PPP 发展的核心逻辑，要点在于突出对第一阶段来宾电厂 PPP 试点项目的思考和分析（在后面的三大关系中会详细阐述），突出第二阶段对原建设部推进特许经营的贡献确认，由此初步去了解 PPP2.0 阶段落地中出现问题的根源。

1. 试点应用阶段（1995—2001 年）

1995—2001 年，我国对公路和电厂项目的建设及运营需求最为迫切。为了满足发展需求，中国政府积极鼓励和引导外商投资。同时，以原国家计划委员会（现国家发改委的前身）为首的中央机构最早从 1996 年起推选出了数个规范化的 BOT 投资方式试点项目，如"广西来宾 B 电厂项目①"和"成都第六水厂 B 厂项目②"等，打开了

---

① 广西来宾 B 电厂已于 2015 年 9 月 3 日在 18 年特许经营期满后如期移交给广西政府。
② 成都第六水厂 B 厂项目已于 2017 年 8 月 10 日在 18 年特许经营期满后如期移交给政府指定的
接受方——成都市兴蓉集团有限公司。

中国 PPP 运动的大门。其中，中央政府对"广西来宾 B 电厂项目"给予了强有力的支持，正式批准为第一个 BOT 试点项目，作为后来 BOT 基础设施项目的参考范本；而"成都第六水厂 B 厂项目"的移交标志着我国第一个水务 BOT 项目圆满落幕。

从政策引导的方向来看，这一阶段主要引进外资，在后述的第二阶段、第三阶段逐渐减少。1995 年 1 月 16 日，原对外贸易经济合作部颁布《关于以 BOT 方式吸收外商投资有关问题的通知》；同年 8 月 21 日，原国家计委、电力部、交通部三部委颁布《关于试办外商投资特许权项目审批管理有关问题的通知》等规定，为外商采用建设—运营—移交（BOT）的投资方式投资到我国亟须发展的基础设施和基础产业提供了基本的法律调整依据。

2. PPP 特许经营阶段（PPP1.0 时代，2002—2012 年）

原建设部城建司在推进 PPP 的发展中 126 号文的发布而起到了至关重要的作用，而其所管理的地方市政基础设施资产沉淀达到几千万亿元，也由此促成了目前环保上市公司的大半江山。

在市政基础设施领域，原建设部在 2002 年颁布了《关于印发〈关于加快市政公用行业市场化进程的意见〉的通知》（建城〔2002〕272 号）、2004 年发布了《市政公用事业特许经营管理办法》（建设部令第 126 号），形成了相对成熟的单体特许经营项目，应用领域主要是城建司所管辖的市政基础设施六项：污水、垃圾、供水、燃气、供暖和公交。随后国家出台了一些政策促进了社会资本通过各种形式参与到公用事业和基础设施的建设及运营环节中，如 2005 年发布的《关于鼓励支持和引导个体私营等非公有制经济发展的若干意见》（国发〔2005〕3 号）、2010 年发布的《国务院关于鼓励和引导民间投资健康发展的若干意见》（国发〔2010〕13 号）等。

市场实践中具体通过污水厂、垃圾厂的 BOT、TOT 等模式和自来水的股权改制模式基本实现了特许经营的推广。对于水业领域，以 1998 年我国第一个成都第六水厂 B 厂 BOT 项目获批、《城市供水价格管理办法》印发为标志，我国水业市场化改革可以说已经历二十周年，由此对环保产业的成长壮大和环境服务业业态的形成发挥了巨大的作用，成长于 PPP1.0 阶段的水务上市公司有 17 家，成长于 PPP1.0 阶段的固废上市公司有 6 家（见表 1-2）。

表 1-2　PPP1.0 阶段环保上市公司

| 上市公司 | 水务投资运营类（共17家） | 碧水源、创业环保、国中水务、瀚蓝环境、江南水务、钱江水利、首创股份、武汉控股、中山公用、中原环保、重庆水务、洪城水业、北控水务集团、桑德国际、粤海投资、中国水务、中国水业集团 |
| | 固废投资运营类（共6家） | 富春环保、启迪桑德、盛运环保、维尔利、首创环境、中国光大国际 |

从今天来看成都自来水六厂 B 厂项目其实已经不具备推广的价值，供水市场化作为网络化公共服务的使用者付费形态，更应该采用股权合作的模式，而不是六厂 B 厂的基于保底量的单体狭义 BOT 模式。以 2007 年威立雅收购兰州水务 45%股权为例，市场上随着威立雅、苏伊士等外资的供水股权大举并购遭质疑后，外资进入相对停滞（供水企业的能力变化如图 1-5 所示）。可以说，供水领域是通过股权收购、外资引入、上市公司混合所有制改革方式推进市场化改革的。

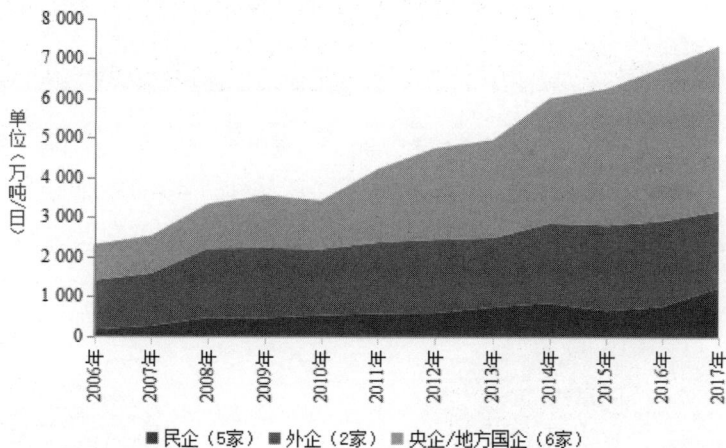

图 1-5　供水能力变化趋势图

对于污水领域而言，主要以从法国借鉴的基于保底量的狭义 BOT/TOT 等模式推进，这一阶段的市场化情况如图 1-6 所示，法国两家公司短暂的参与后受到了国内成长的投资运营集团的高度挤压基本退出，后者的代表人物是也在同期帮助了 E20 环境平台（当时称为中国水网）成长的首创集团刘晓光先生和金州集团蒋超先生（因此得名"蒋校长"）。

对水务领域第一阶段的市场化有两种方向：一种是通过 PPP 方式让外地社会资本参与（以首创股份、桑德国际、安徽国祯、北控水务等为代表），另一种是属地企业上市签订特许经营或属地企业签订类似特许经营的承包协议进行一定的市场化转型或专业化平台的升级（重庆水务、兴蓉环境、洪城水业、海峡环保、江南水务等为代表）。在图 1-7 中市场化的污水处理能力具体体现为属地性上市公司和市场化社会资本两部分。截至 2017 年，污水市场化比例接近 40%。

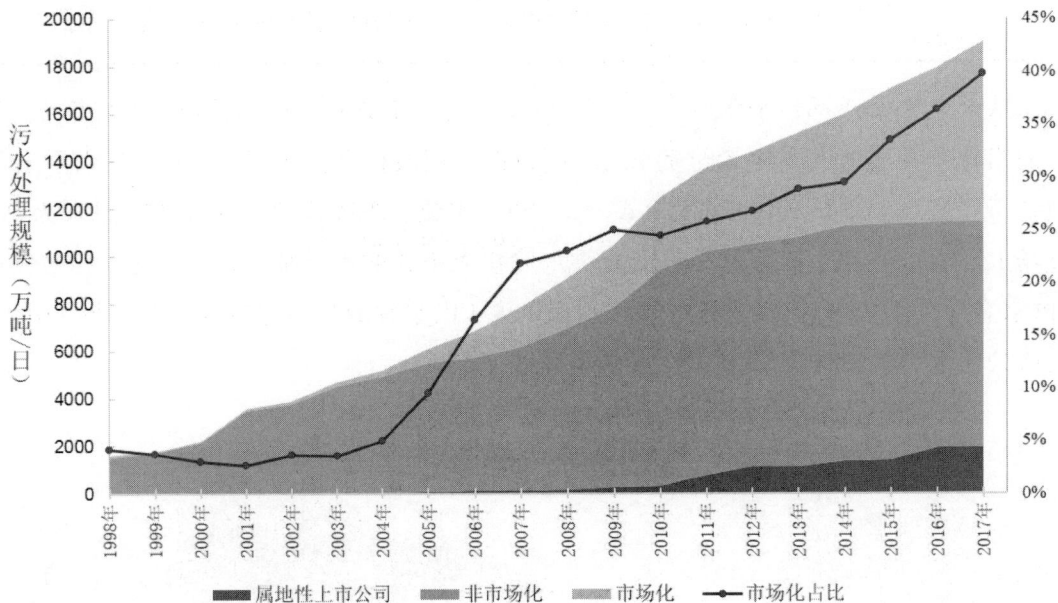

图 1-6　1998—2017 年市政污水市场化占比情况

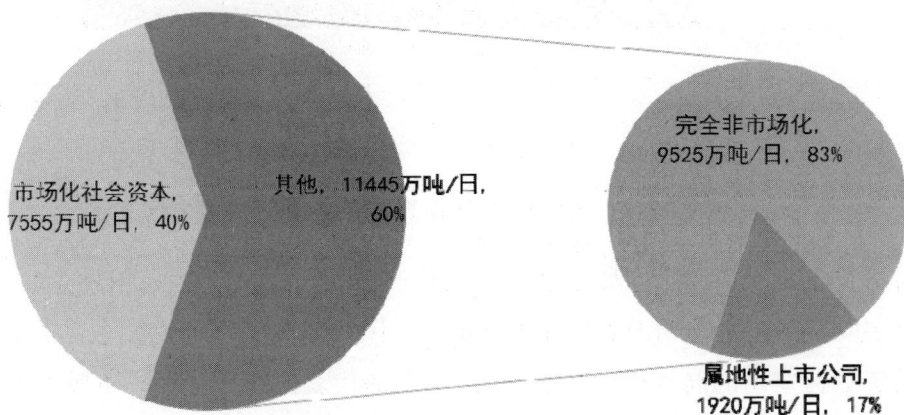

图 1-7　市政污水处理存量资产（截至 2017 年年底）

对于垃圾领域而言，市场化启动比污水厂 BOT 略迟，但商业模式类似，同样以单体项目狭义 BOT 为主，不少水务上市公司（或集团）并行发展了垃圾焚烧板块，如北控水务对比北控环保、首创股份对比首创环境、光大水务对比光大国际等。由于垃圾焚烧项目基本属于新建，所以属地企业发展相对占比低，截至 2017 年年底，生活垃圾焚烧市场化社会资本占比 70%（见图 1-8）。

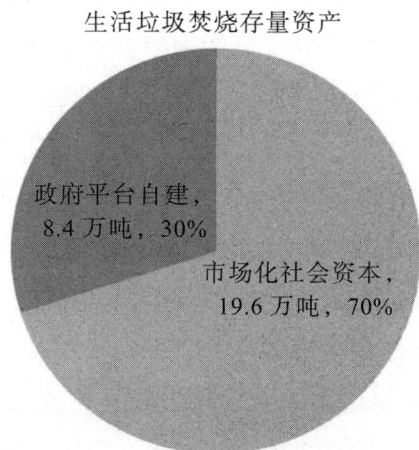

生活垃圾焚烧存量资产

政府平台自建，
8.4 万吨，30%

市场化社会资本，
19.6 万吨，70%

图 1-8　生活垃圾焚烧领域市场化（截至 2017 年年底）

在这一阶段的发展过程中，2008 年成为转折点，在中央政府 4 万亿元经济政策[①]的刺激下，地方政府融资平台不断发展壮大，平台贷款、城投债等规模激增为地方政府提供了充足的资金，通过 PPP 或特许经营方式让外地社会资本参与的方式有所减缓。但此后由于平台过度发展，引发地方债管理趋严，催生 PPP 新阶段。

3．PPP 内涵扩张阶段（PPP2.0 时代，2013 年至今）

与第二阶段特许经营所实际达成的总体效果相比，目前 PPP 的发展在成熟度、实现公共服务效率提升和产业升级等方面距所设定的期望尚有差距。

2013 年国务院常务会议中提出通过市场化配置资源，PPP 已被关注，但直到国发〔2014〕43 号文发布，以地方债务管理政策的发布为发端，PPP 的发展进入覆盖范围大举扩张阶段。这一阶段的环保 PPP 项目突破了单体项目，在环保领域出现了大型的水领域的水环境综合整治（黑臭水体）PFI 项目，固废领域则在环卫和厨余领域开始尝试。

从一系列政策背后看出财政部约束地方政府举债行为的态度坚决、措施明确。然

---

① 2008 年 9 月，国际金融危机全面爆发后，我国经济增速快速回落，出口出现负增长，大批农民工返乡，经济面临硬着陆的风险。为应对这种危局，中央政府于 2008 年 11 月推出了进一步扩大内需、促进经济平稳较快增长的 10 项措施。初步匡算，实施这十大措施，到 2010 年年底约需投资 4 万亿元。

而 PPP 在其被大规模引入的动机上是"修明渠"来堵平台融资的暗道，将 PPP 作为债务控制工具的初衷与 PPP 本身的结构复杂、运行精巧的特质不完全吻合。在政商契约精神总体不足、地方政府融资需求巨大、社会资本逐利动机明显、金融机构追逐无风险回报为惯性以及咨询机构和部分专家能力参差不齐等诸多客观因素制约下，前 3 年相当数量的 PPP 发展过于粗暴，带来了不少争议，也带来了 2017 年 7 月底财政部原副部长史耀斌关于 PPP"四化"的重要讲话和随后的规范整顿。

我们可以看到，连带政府购买服务方式，2017 年开始财政部的一系列约束地方政府融资的如下文件接连出台，其中不规范的 PPP 最终也与违规举债有了干系：《关于进一步规范地方政府举债融资行为的通知》（财预〔2017〕50 号）、《财政部国土资源部关于印发〈地方政府土地储备专项债券管理办法（试行）〉的通知》（财预〔2017〕62 号）和《财政部关于坚决制止地方以政府购买服务名义违法违规融资的通知》（财预〔2017〕87 号）等；其中最重要的文件就是《关于规范政府和社会资本合作（PPP）综合信息平台项目库管理的通知》（财办金〔2017〕92 号），代表着入库原来并不是进入保险箱，对金融机构影响很大。从政策发布的精神来看，除了规范本身，中央在推进 PPP 的方向上越来越重视运营和突出绩效。虽然这样的规范，以及与国家控债、降杠杆紧缩金融所同步的共振效应，带来了 PPP 的发展受挫的当前局面，但作为与 PPP 相关的业内人士都期望由此 PPP 能够进入新的规范发展时期。

1.2.3 中国特色的三大关系

薛涛在 2016 年年中的中国 PPP 学术周期间，在由当时君合律师事务所合伙人刘世坚所组织的 PPP 立法研讨会上，结合对 PPP 的发展历史和推进了 3 年以来的一些争议情况的思考，做了一次演讲，第一次提出了影响中国 PPP 发展逻辑的根源，是中国特色的三大关系，即央地关系、部委关系和所有制关系，同时认为，这三大关系也是探索我国其他政经领域诸多事物演进逻辑的重要思考方法。回顾此次会议，可以说是 PPP2.0 发展到中间阶段在业内最高水平的一次研讨会（参见附录 1-1 中国特色三大关系决定 PPP 国情）。

1. 温故知新看脉络，来宾电厂显三大关系的端倪

来宾电厂 PPP 项目在 PPP 发展的试点阶段被推崇为最突出的典范，但试点阶段的成功，并不能在电力领域带来类似市政环保在第二阶段广泛成功实施的污水和垃圾 BOT 业务。由此出发，逐步形成了看待中国特色 PPP 的三大关系视角。

围绕来宾电厂 BOT 模式的分析背后，看到由于当年原电力部统筹电力体制改革，逐步形成的华能、大唐、华电、国电、国家电投五大电力集团分割了市场，因此常规发电厂 BOT 模式并未得到广泛复制，这个现象也包括其他客观而言需要全国统筹实际则为央企垄断的全国性的公共服务市场，包括电力、通信等。

第一，此类有关全国统筹布局需求的市场，一般都由中央部委及其下属公司高度控制，最终这些部属公司在 2010 年前后转换为国资委所管辖的中央企业，这些可以参考吴晓波先生所描述的"渡口企业"和"渡口经济"观点①。

第二，这类企业实力强大，分散性的地方国企或者民营资本很难与之匹敌，因此相应市场化方向，最多也只是推进一些混合所有制改革而已，与电力类似的还有通信、铁路等领域。

第三，本质上供电、通信这类业务也都属于公共服务范畴，比如在地域狭小几无国营资本活跃的香港，与市政环保一起被市场化和监管。而与之对应的是，地方国有企业（投融资平台和专营公司）分散而弱小，其所垄断的地方政府的公共服务部分，在原建设部《市政公用事业特许经营管理办法》颁布后，有机会被相对而言更有实力的外来社会资本所分割蚕食。

综上所述，我国的 PPP 出生在一个特殊的土壤上，最终就会演变成集中在地方政府财权事权范围内的 PPP，这个可以从几乎所有的 PPP 规制文件中看到，可见央地关系、所有制关系对 PPP 甚至所有政经领域改革演进的影响。另外，通过 PPP 来掌控地方市政基础设施运营的企业（无论国企民企）也有类似吴晓波所说的"渡口企业"的特征，只不过这样的位置需要通过 PPP 的市场竞争而获得，而企业的利润也要来自长期运营中的不断提升。为在激烈的市场竞争中保持领先，这些企业依然需要通过技术合作和加强运营管理来不断提升自己，由此产生整个环境服务产业的升级，并带动公共服务效率的提升。在这样的选择中，也同步促使以民企为主的技术企业做优自身，以博得和这些社会资本有机会合作的机会来实现自身发展，促进了整个环保行业生态的逐步优化。

---

① "渡口经济"的提法来自吴晓波的《浩荡两千年》，主要指中国移动、中国电信、中石油、中石化，以及几大电力公司和国有金融资本等等，大部分从某部委的全国性职能出发转化为大型央企，基于项目内在需要国家统筹建设的特征，以央企身份通过国家授权独占的方式，占据整个国民经济运营中的核心渡口，以此获取垄断性的利润。

2．我国特色的三大关系定 PPP 终身

从历史来看，我国 PPP 发展中出现这样那样的问题，以及今后将往何处去，都离不开三大关系的影响。

（1）**央地关系**。央地关系的核心是央地财权事权的分配，其背后是中央政府和地方政府的关系。从历史看来，春秋战国结束，自秦朝起告别封建制改为郡县制，并由此逐步确立了中央集权的国家治理模式，一直绵延至今。因此与西方各州县高度自治的治理模式相比，我国的地方政府相对缺乏独立性，需要中央政府为其承担无限责任。相应地，中央政府对地方政府也有很大的控制力，这两个特点显著影响了我国 PPP 的演进。

当前央地关系形成的一个里程碑事件是 1994 年的分税制改革（见图 1-9）。1994 年，国家根据事权与财权相结合的原则，将税种统一划分为中央税、地方税、中央与地方共享税，由此搭建了市场经济条件下中央与地方财政分配关系的基本制度框架。与财权改革相对应，中央政府负责国防、外交、转移支付、战略性开发等预算开支，而地方政府则负责提供基础教育、医疗等公共服务。分税制改革之后，中央财权得到显著增强，但地方财权与事权不匹配的现象加剧。随后，在 2008 年的四万亿元资金带动下，地方"土地财政"、融资平台兴起，直至新一轮 PPP 政策出台。

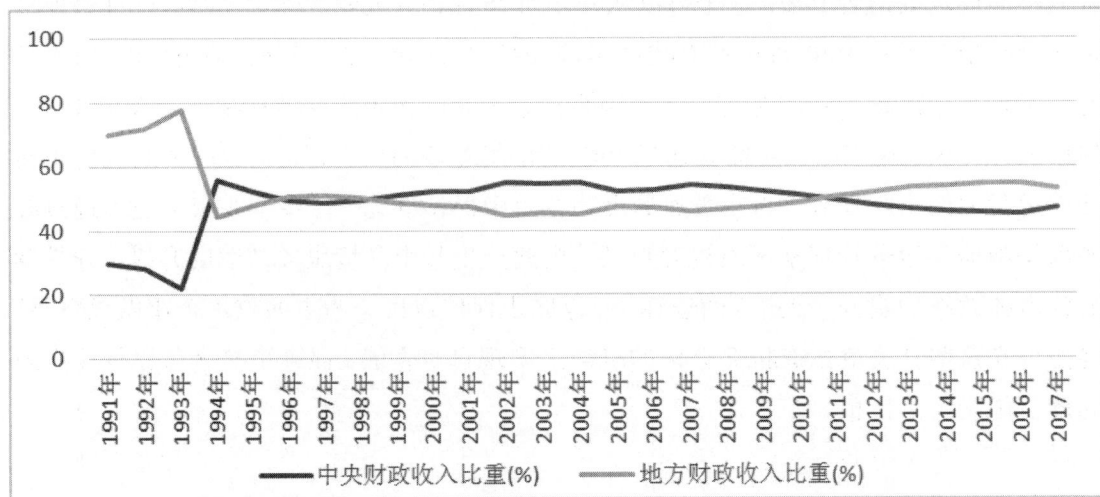

图 1-9　1994 年分税制改革前后中央与地方财政收入占比变化明显

资料来源：E20 根据国家统计局相关报告整理绘制

这种国家治理模式在 PPP 相关领域的影响会主要体现为以下几点：首先，央地关系决定地方债务的中央救助责任，也由此带来中央政府一直需要控制地方政府的融资

冲动（而冲动的由来恰恰又是地方政府为了满足中央政府的政绩考核要求），PPP2.0阶段的推进主导因素恰是为此而来；其次，由于以上原因，融资属性反而在PPP2.0阶段成为核心需求，导致PPP2.0阶段与特许经营时代不同的情况是需要在大量PPP不易成功的品种使用PPP模式，大大增加了本轮PPP行稳致远的难度；最后，由于PPP2.0阶段前期相对粗放和地方政府融资冲动，导致3年后突然转向进入规范阶段，在规范整顿中又再次体现了中央强力管控的风格，甚至导致部分地方政府唯PPP尤其纯政府付费避之不及的倾向，进入了中央管控不可避免的"一放就乱、一收就死"的局面。

　　上述问题的存在都会导致我国在借鉴PPP的西方经验时如果简单照搬，若不充分考虑地方政府的行为逻辑，则会容易犯当年"王明的教条主义"错误。比如，**中国所推进的PFI类型（具体说明见第二章），在英国的发展和我国国情下的实际状况完全不同：我们的金融机构在前述的国情下最依赖的投资判断就是地方政府信用，或者转而依赖央企的信用，我们的地方政府在利用PFI工具时主要关注融资到位和工程实现，对后期运营的改善容易忽略，社会资本在不信任政府长期付费安全性的情况下选择尽量提前通过工程利润实现投资回收，PPP咨询公司追逐咨询费收入简单复制文本和流程，而我们所引进的可用性付费模式在被92号文修正前恰恰配合了上述各个主体的不同诉求的耦合。** 最终，刚性兑付、联而不合、重工程轻运营、高杠杆等现象出现在不少项目中。由此，我国的PFI和国际标准的PFI相去甚远，亟须优化。

　　《国务院办公厅关于印发基本公共服务领域中央与地方共同财政事权和支出责任划分改革方案的通知》（国办发〔2018〕6号）已明确了八大类18项主要基本公共服务事项纳入中央与地方共同财政事权范围，且提出根据地区经济社会发展总体格局、各项基本公共服务的不同属性以及财力实际状况，基本公共服务领域中央与地方共同财政事权的支出责任主要实行中央与地方按比例分担，并保持基本稳定。这几年，伴随着"营改增"改革、生态文明和扶贫等公益性支出的加强。我们看到央地财权事权划分不匹配的情况越来越严重，这是地方政府债务问题的根源。从未来长远角度来看，财税体制改革、中央地方财权事权分配还需进一步调整优化，公共服务价费机制改革也有待加速。否则，PPP的稳定支付来源依然很难设计，土地财政的脉冲性特征与长周期的PPP也无法做很好匹配。对于此难题的破解，需要财税专家齐心合力思考设计，这也是PPP推进中财政部门责任重大的原因之一。

　　（2）部委关系。在我国的中央集权管控模式下，面对那么大的国家的各项事务，部委的权责划分就显得十分重要。对此有深入理解的话，会对各类文件发布的前后和实际的效果有更深入的体会。部委沟通协调难度大、权力分配交叉多冲突大的情况背后，和中央干部考核升迁的体制也有一定关系。水务领域多年来就有"九龙治水"的说法，体现了跨部门的协调难度，以及背后一个成体系的分割局面。对于部委关系的深入理解还要看到，不光是权责划分这么简单，从体制长期发展形成的格局来看，包括各自范畴的体制内专家对技术路线和标准的影响也是巨大的，甚至连带影响到企业的技术偏好类型，典型案例就是黑臭水体的治理思路的偏重（参见附录 1-3　薛涛谈城市黑臭水体治理的 PPP 探索）。

进入 PPP 范畴而言，深入了解部委关系更加重要，无论是国家发改委和财政部如何分工合作的问题，还是与行业部门如何加强合作的问题等。PPP1.0 阶段原建设部独自推进也许也是特许经营推进的相对稳定完善的原因之一。出于 PPP 的行业属性，目前来看一方面用统一的规制要求很难适合不同行业的 PPP，一方面确实需要行业部门和发改、财政部门积极配合并互相深度理解支持才可能达成很好的效果。

深入思考央地关系和部委关系中的不协调、不一致所带来的对 PPP 的发展不利的现象背后，是我国当前体制中存在权责利不匹配的问题，需要更深刻的改革，这个不是 PPP 本身能解决的（可以参见傅涛博士在这方面的思考，附录 2-1　傅涛：警惕 PPP 中的行政迷恋）。

（3）所有制关系。所有制关系也是非常重要的考虑视角。大家知道 PPP 的第二个 P，英文是 Private，在国内精巧地翻译成社会资本，就是从这个原因出发，要为大量国企异地参与 PPP 留下空间。关于环保行业"国进民退"的实际情况，第二章依据数据还有专门的分析。同时，所有制关系对 PPP 中"国进民退"因素的影响，除了看社会资本属性分布，还要看金融系统的态度甚至所有制属性，基于其业务能力的某些短板和价值取向偏好，自然会形成国有的尤其是央企等社会资本的融资优势，随后传导到参与 PPP 社会资本的融资能力之差别。因此，即便社会资本选择程序公平公开，在部分融资规模较大的领域，PPP 还是会出现"国进民退"的趋势并带来争议。

涉及所有制关系，还要考虑一个因素，即在几十年的公建公营中，已经有大量专营国有公司存在的事实，其中一部分已经不是简单的投融资平台，而在一、二线城市的发展下部分公司的能力甚至高于一般社会资本。当前其实地方政府组建专营平台越来越普遍，而 PPP 中的运营类项目推出因某些过度规范措施而受阻，使这个现象可能会在未来更加普遍。

以上所述的三大关系，不但影响 PPP，如果能注意从这些角度出发，还可以对环保监管等很多现象背后的复杂性有更深入的理解。PPP 的应用离不开对国情的适应，也需要就此设计针对性的措施预防走形。

1.3 产业界面升级和环保方阵说

E20 研究院傅涛院长在 2014 年回顾特许经营的历程和展望 PPP2.0 的发展可能，提出了产业界面升级的总结，认为整个环保产业和政府将公共服务的逐步外部化密不可分。这样的外部化带来了产业界面的 4 次升级，即设备服务、工程服务、投资运营服务和正在逐步演进的"效果"服务，这一升级过程中也形成了环保的各方阵企业。

1.3.1 环保产业界面升级

本节将我国环保产业的发展粗略分为产业形成期（政府主导，20 世纪 60 年代末至 20 世纪 80 年代末）和产业发展期（政府引导+逐步利用市场机制，20 世纪 80 年代末至今）。引用傅涛博士在原环保部相关课题中的报告内容，产业发展期细分为 4 个服务界面的变化，如图 1-10 所示，服务界面的变化特指污染治理的责任主体与环保产业对接中占主导地位的环保产业主体的性质，每个阶段的特点及主要政策分析见附录 1-6。

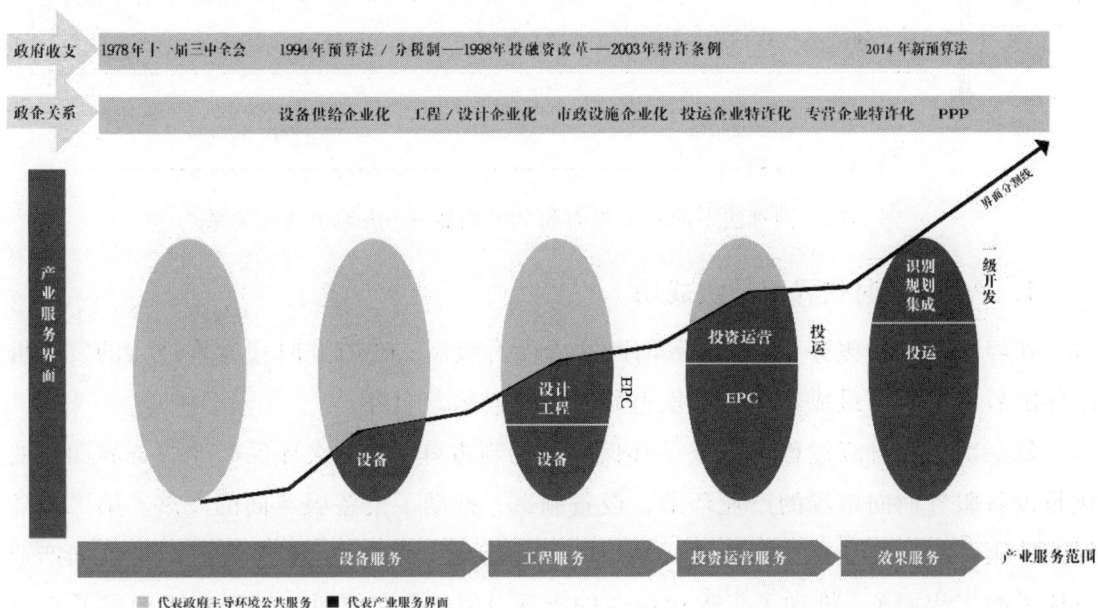

图 1-10 市场机制作用下环保产业服务界面的变化示意图

　　详细分析这样的界面升级过程，而环保领域的政企关系的变迁背后离不开三大关系中央地关系的变化过程，薛涛在 2015 年第十三届水业战略论坛上题为"预算新政下政企界面与环境产业价值链的迁徙路线图"的演讲中对这方面做了更详细的阐述，并由此对 PPP 的未来进行了偏乐观的估计。读者可以在中国水网（ www.h2o-china.com ）上找到当时的视频。图 1-11 是对这个过程的集中阐述，下一节对此图进行进一步的描述。

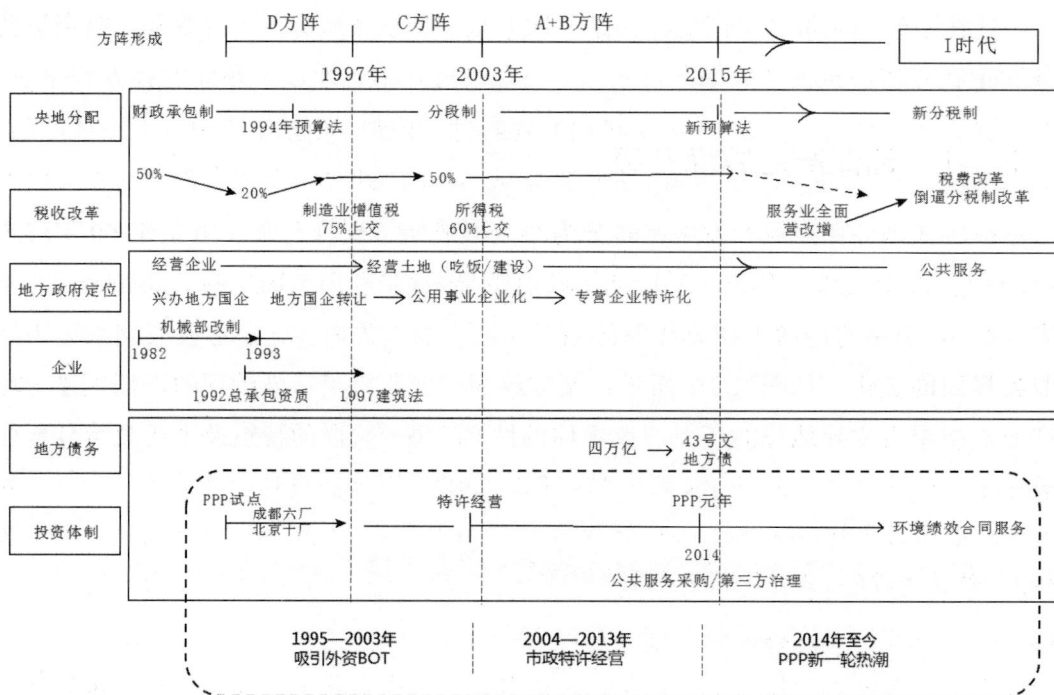

图 1-11　预算法下的政企界面和 PPP 内涵——央地企三元关系

1. PPP1.0 时代界面升级成功

　　在经历了设备服务、工程服务前两次界面升级后，PPP1.0 时代特许经营的发展推进伴随着产业界面最成功的第三次升级——投资运营服务。

　　每一次界面升级过程都形成了环保企业的新方阵。第一次环保产业服务界面的变化是设备服务面向市场的产业环节：设备制造，推动了设备服务商的发展。第二次环保产业服务界面的变化使产业重心从设备制造转向工程建设、技术服务，即面向产业主体采购工程服务，推动了工程承包商的出现及发展。在前两次界面升级形成了 C 方阵企业、D 方阵企业的基础上，PPP1.0 时代主要形成了以投资运营为主的 A 方阵和 B 方阵（具体在 1.3.2 产业方阵说里阐述）。

2．PPP2.0时代界面升级尚未成功

生态文明建设的要求以及 PPP2.0 时代的推进所带来的变化，与第四次环保产业服务界面的升级需求在一些特征上初步吻合：从环保需求侧而言这一阶段政府更加重视运营和绩效，更加重视效果服务，开始重视并要求企业提供"效果"服务，如提出环境治理效果服务改变以往以"工程建设目标性规划、污染控制约束性指标"为核心的绩效考评体系，向保证"环境治污效果"转变。伴随环境服务模式不断地创新和实践应用，从 PPP2.0 的项目发起模式来看，大型 PFI 项目的出现使以流域为单元的系统整合成为可能。

遗憾的是，实践证明 2015 年初我们的判断过于乐观，由于 PFI 模式的一些缺陷，并未实现我们所期待的第四次界面的成功升级，市场实践也未形成真正面向效果服务的"一级开发商"，这一阶段出现了大量以水环境综合整治（黑臭水体）为代表的 PFI 项目，水地联动始终未打通，只能单纯依靠政府付费，更糟糕的是再次出现了之前政府主导项目中常见的重工程建设、轻运营的管理现象。2015 年 9 月，预感到 PFI 领域的推进效果不尽如人意，薛涛应中国经济时报发表署名专栏文章《市政环保领域 PPP 推进的六大障碍》（见附录 1-5　市政环保领域 PPP 推进的六大障碍），预示了 PPP 推进中的一些风险，但真正完全分析清楚出现问题的原因却一直到了 2016 年 11 月，薛涛发表在财政部 PPP 中心微信公众号"道 PPP"的文章《环保 PPP 年度盘点，薛涛谈分类后的顶层思考与产业变局》，提出了对中国特色环保 PPP 重新分类的建议，其具体内容我们将在第二章中详细陈述。

回到对方阵演进的展望，I 方阵的真正出现需要来自几个方面的突破：包括地方政府支付信用的完善、生态资产价值化、土地价值流转的打通以及非稳态的土地财政转化为基于居民污染者付费为主的稳定闭环（具体可参见第五章）。

1.3.2 产业方阵说

1．环保产业方阵分类

2015 年 E20 研究院发布的《中国环境产业发展展望——面向未来五年的环境产业战略地图》（3.0 版）将环保产业分为 ABCDI 5 个方阵（见图 1-12、图 1-13），I 方阵是至今尚未形成的环保产业一级开发商（环保产业的一级开发商是指由政府通过购买环境服务选择提供环境综合服务的企业，统筹下游产业方阵，通过环境绩效合同服务等商业模式对一定区域范围内的环境污染问题识别、规划、融资、治理，最终达到区

域环境质量问题的根本改善），A 方阵是由特许经营催生的重资产环境集团，B 方阵指的是在地方提供环保公共服务并经过市场化转型的专营性地方国企，C 方阵指的是为前两个方阵或者工业企业提供工程总包和技术集成方案的服务公司，而 D 方阵是环保设备提供商。

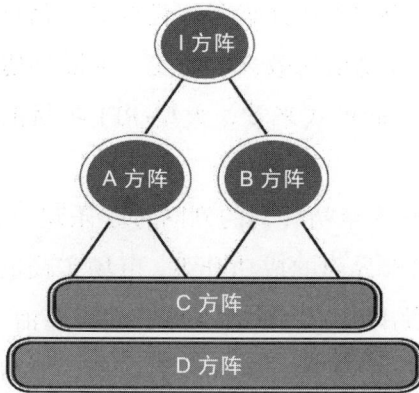

图 1-12　面向未来五年的环保产业格局图

I 方阵—环保产业一级开发商；A 方阵—重资产环境集团；B 方阵—区域环境综合服务集团；C 方阵—细分领域系统方案提供商；D 方阵—装备材料生产制造商。

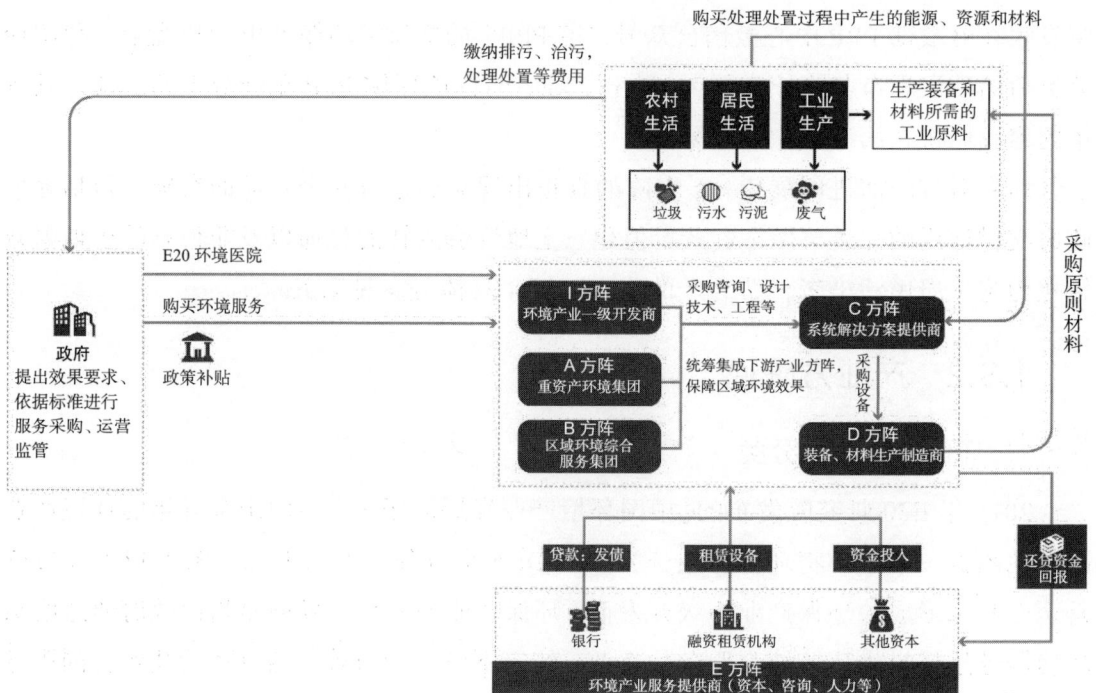

图 1-13　产业方阵详解

2．环保企业核心能力的定位

如图 1-14 所示，对于个体企业而言，如果企业所处的阵营是其子领域的第一服务界面阵营，则可以获得的利润总额和利润率都会比较高，在行业处于主导地位。如在投资运营阶段，A 方阵、B 方阵企业在投资运营和效果服务市场占有了更大利润率和更大的控制力。而在未来，I 方阵的出现才能代表环保产业内在成熟度的全面提升。

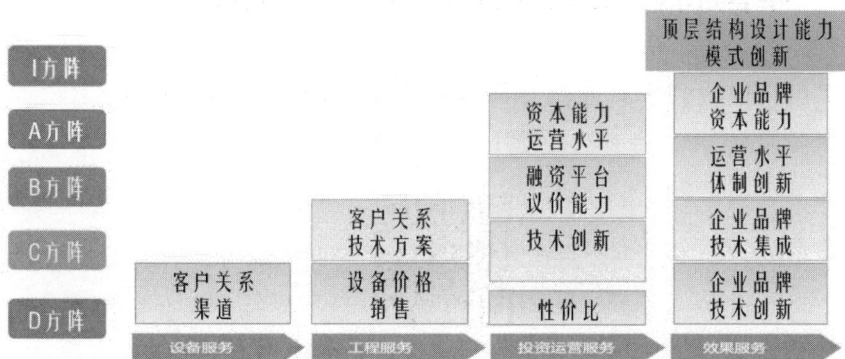

图 1-14　方阵企业处在不同服务界面的核心能力图

同一个方阵在不同的服务界面、在不同的服务时代，其核心竞争力会有所不同；在不同的子领域，由于其处在不同的服务界面阶段，不同方阵的企业的核心能力要求也不相同，而随着每个子领域在服务界面的变化，其个体企业的核心能力需求也将发生变化。比如设备制造商在 20 世纪 80 年代，面临政府采购，核心竞争力是客户关系、渠道；当 EPC 模式兴起，价格变成核心竞争力；当进入投资运营阶段，则更讲究设备的性价比。到了效果服务时代，品牌能力则变成一个要重视的指标。

目前，A、B 方阵的核心竞争力是资本和运营等能力。等真正到了 I 方阵出现的时代，若想转型到 I 方阵阵营，必须加强顶层设计、模式创新能力和加强品牌建设。

当然，每个企业本身都有自己不同的长板和短板，这是一个长板永生的时代，因此要学会合作。在保护自身核心利益的前提下，以分享增量为原则，在各方阵之间通过合作搭建生态系统的企业，将在未来的竞争时代取得领先。

1.3.3　环保产业的未来

整体而言，得益于政策主导下需求侧的大量释放，环保产业在"十三五"期间得到了快速的发展，但无论是在工业治污领域，还是政府主导的市政环保领域，当然也包括 PPP 的范畴内，都还存在着很多问题，时值 2018 年的"六五"环境日，受生态环境部主管的《环境经济》杂志之邀，薛涛和李曼曼为其特刊撰文，归纳了环保产业高速发展中四大隐忧和 4 个方向，收录在本书的附录 1-4，供各位读者参考，此处不再赘述。

附录 1-1　中国特色三大关系决定 PPP 国情

来源：中国水网　作者：薛涛　发表时间：2016 年 10 月 16 日
请手机扫码阅读

附录 1-2　中国 PPP 与日本 PFI 比较

来源：中国水网　作者：汤明旺　发表时间：2017 年 10 月 11 日

导言：E20 分析发现，我国 PPP 项目数量和投资规模庞大、融资属性强、基础设施比重大、地方政府唱主角、运作上 BOT 占多数、回报机制上简单分为 3 种类型。相比之下，日本 PFI 项目少而精、运营导向明显、集中在教育和文化等公共服务领域、中央和地方共同推进、运作方式上以 BTO 为主、具体类型及回报机制更为多元，这些特点可对我国 PPP 政策优化和 PPP 事业推进有所启发。

E20 此前在西安建筑科技大学胡振教授的指导下组织翻译了日本 PFI 法全文《有效应用民间资金等促进公共设施等整备的法律》，受到业界关注。E20 进一步研究发现，日本 PFI 和我国 PPP 有很多不同点，但不乏可资借鉴之处。本文从项目规模、所在领域、运作方式、回报机制等几个维度进行对比。

一、我国 PPP 数量占优、质量待提升

根据《全国 PPP 综合信息平台项目库第 7 期季报》，截至 2017 年 6 月底，全国入库项目共计 13 554 个（见附图 1-1），累计投资额 16.36 万亿元（见附图 1-2）。简单测算，单个项目平均投资额约 12 亿元。项目数量和项目投资规模持续扩大。

数量/个

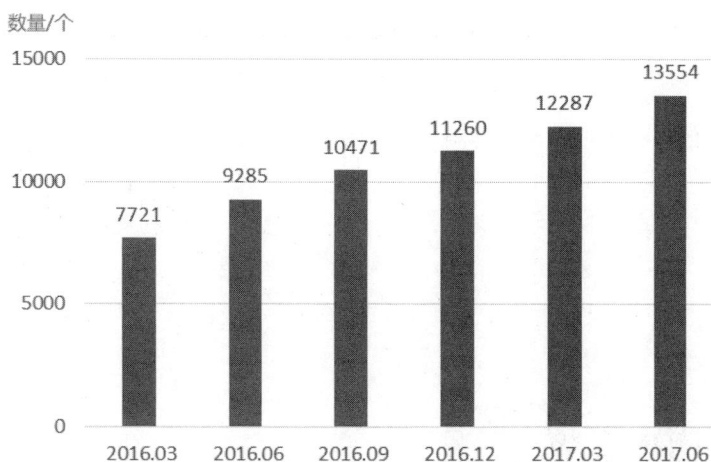

附图 1-1　我国 PPP 入库项目数量统计

资料来源：E20 根据《全国 PPP 综合信息平台项目库第 7 期季报》整理绘制

投资额/万亿元

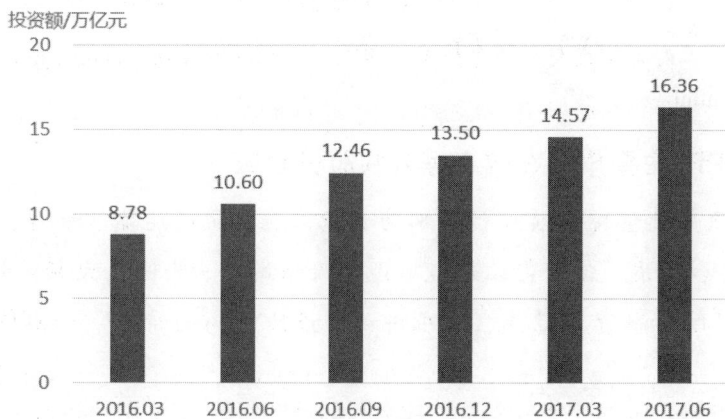

附图 1-2　我国 PPP 入库项目投资额统计

资料来源：E20 根据《全国 PPP 综合信息平台项目库第 7 期季报》整理绘制

而根据日本内阁府民间事业等活动推进室的统计，截至 2016 年，日本 PFI 事业项目数量为 609 个，投资额合计 5.47 万亿日元（约合 3 244 亿元人民币），如附图 1-3 所示。单个项目平均投资额约 89.8 亿日元（约合 5.33 亿元人民币）。从其过去十多年的发展，日本 PFI 数量增长不多，求质量而不求数量，稳步推进，鲜有失败案例。

项目数量和投资规模上的差异，在某种程度上体现我国此轮 PPP 热潮不减，更要求在后期重质量、重落地，才能行稳致远。

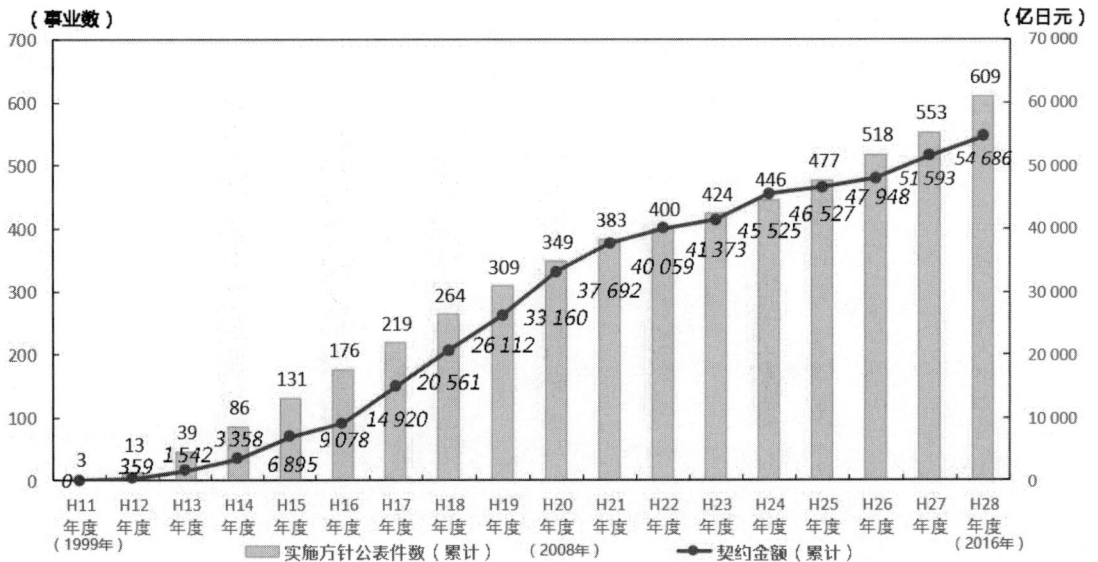

附图 1-3　日本 PFI 项目数量和投资额变化情况

资料来源：日本内阁府民间事业等活动推进室网站 http://www8.cao.go.jp/pfi/pfi_jouhou/pfi_genjou/pfi_genjou.html

二、日本 PFI 主要集中在教育等公共服务领域

我国 PPP 项目数量排名前五位分别为市政工程、交通运输、旅游、生态建设和环境保护、城镇综合开发，合计占比超过 66%。除旅游外，其他几大领域投资性均较强，在一定程度上反映出融资属性强、基础设施建设比重高的特点。如附图 1-4 所示。

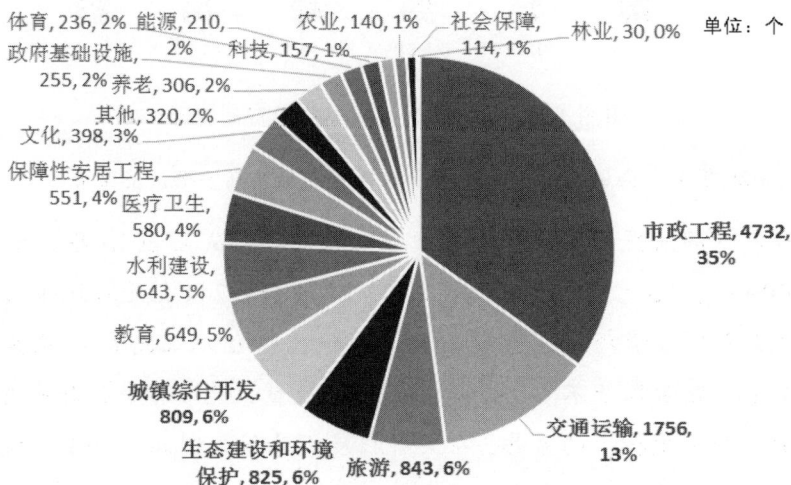

附图 1-4　我国 PPP 项目数量——领域分布

资料来源：E20 根据《全国 PPP 综合信息平台项目库第 7 期季报》整理绘制

日本 PFI 主要集中在教育和文化、城镇发展、健康和环境（医疗设施、废弃物处理设施、公墓等），占比合计将近 70%。特别是教育与文化，占比最高，达到 1/3。此外，在日本，政府建筑和宿舍大楼类项目也占有将近 10% 的比例。如附图 1-5 所示。

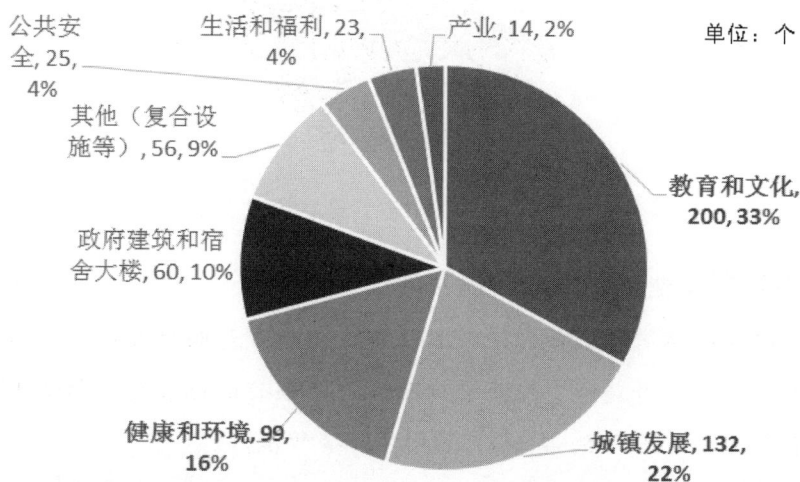

附图 1-5 日本 PFI 项目数量——领域统计

资料来源：E20 日本内阁府民间事业等活动推进室发布的信息整理绘制

值得注意的是，和我国目前 PPP 全由地方政府作为实施主体推进实施不同，日本目前有 74 个 PFI 项目（占项目总数的 12%）是由中央政府作为主体推进的。对于我国一些跨行政区域、关系国家及地区发展的重大项目，如区域铁路、城际列车、流域环境治理等项目，由中央政府部门或跨地区协调主体进行推动的做法值得探讨。

三、日本在运作方式上以 BTO 为主

BOT 模式是在中国影响最大、知名度最高、应用最广泛的 PPP 具体模式。从 2014 年至 2017 年 6 月底的统计数据来看，现阶段中国 PPP 项目中，BOT 依然是最主要运作方式。

而在日本，BTO 是主要运作方式。2009 年的数据统计表明，采用 BTO 的项目占比约 70%，其次为 BOT，约为 14%，如附图 1-6 所示。

当然，因我国现行政策已明文规定政府和社会资本合作期限原则上不低于 10 年，不允许采取建设—移交（BT）方式，不得通过保底承诺、回购安排等方式进行变相融资。因此，BTO 模式虽有 O（运营）环节，但为规避 BT 嫌疑，当前采用 BTO 方式的 PPP 项目并不多见。

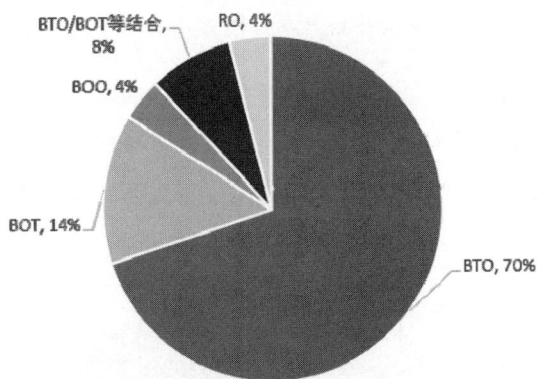

附图 1-6　日本 PFI 项目运作方式占比

四、日本项目类型和回报机制更为丰富

目前，我国 PPP 项目中，政府付费类和可行性缺口补助类入库项目的比重基本上呈逐月、逐季度小幅上升趋势，使用者付费类入库项目的比重变化趋势则相反。政府付费和可行性缺口补助合计约占 2/3。如附图 1-7 所示。

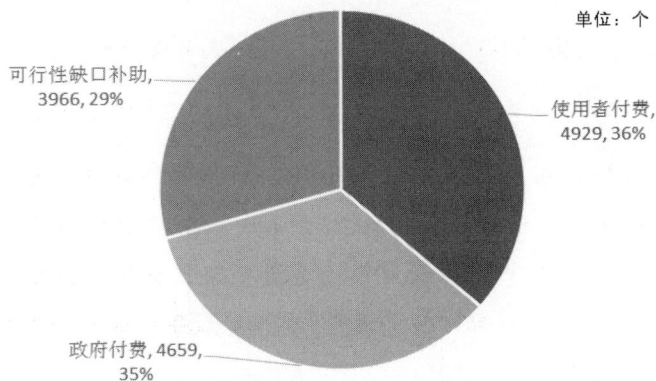

附图 1-7　我国 PPP 项目回报机制——数量统计

资料来源：E20 根据《全国 PPP 综合信息平台项目库第 7 期季报》整理绘制

与适用领域相关，日本 PFI 更多聚焦在教育和文化等公共服务领域，因此其回报机制对政府有更高财政支出责任的要求。这反映出日本政府强调政府对公共服务的提供负主体责任，PFI 项目主要集中在教育、文化和卫生等民生服务领域，无法向使用者收费，因此在融入私人因素，仍以政府付费为主。2009 年的数据统计表明，政府付费的项目占比 75%、可行性缺口补助（政府负有一定责任）占比 20%、使用者付费占比约 5%。

这与中日两国政企合作的具体类型有一定关系。我国 PPP 实际上可以分为非经营性、准经营性、经营性几种类型，基本对应政府付费、可行性缺口补助和使用者付费等回报机制。而日本将PPP/PFI分为四大类型。类型Ⅰ是公共运营事业，民间事业者支付对价获得运营权，公共部门根据运营情况支付运营服务费用；类型Ⅱ是收益型事业，民间事业者建设和运营公共设施，并以管理事业的收入作为回报来源；类型Ⅲ是公共不动产活用事业，又分为公共地利活用和公共设施利活用，前者是民间事业者向公共部门支付土地租金获得PFI事业的建设和运营权，后者是民间事业者向公共部门支付公共设施租赁费用，获得设施运营权，并获得有关收益；类型Ⅳ是其他PPP/PFI事业，分为购入型PFI事业和民间委托，前者是民间事业者负责公共设施的建设和运营（BTO或BOT），并从公共部门获得建设费和运营费作为回报，后者是民间事业者接受委托负责公共设施有关服务事项，从公共部门获得运营费作为回报。

综合分析可以发现，日本PFI几种类型中，类型Ⅰ、类型Ⅲ中的公共设施利活用、类型Ⅳ中的民间委托不涉及建设，只是运营相关；类型Ⅱ、类型Ⅲ中的公共地利活用、类型Ⅳ中的购入型PFI事业则是建设和运营均包括在内。如附图1-8所示。其中，我国目前存在不少城镇开发项目，日本公共地利活用方面的经验或许可进一步深入研究借鉴。

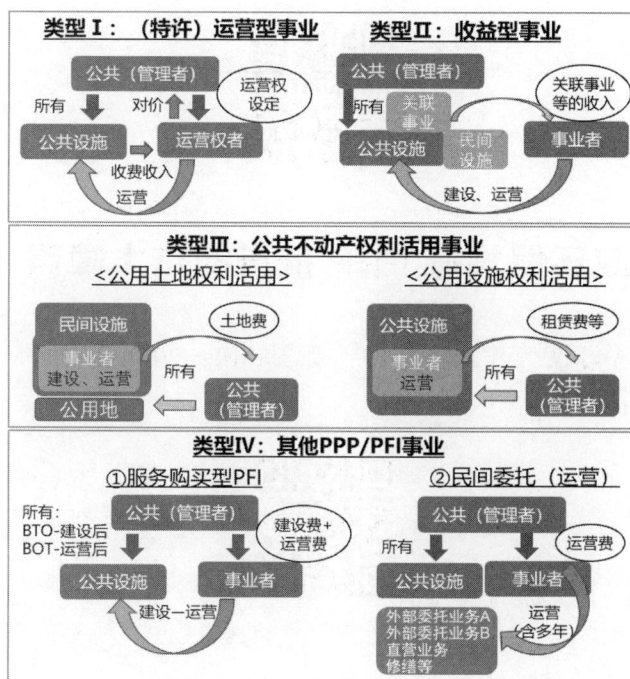

附图1-8　日本PPP/PFI项目类型示意图

资料来源：日本内阁府民间事业等活动推进室网站 http://www8.cao.go.jp/pfi/pfi_jouhou/pfi_genjou/pfi_genjou.html

附录 1-3　薛涛谈城市黑臭水体治理的 PPP 探索

来源：住建部《城乡建设》　作者：薛涛　发表时间：2017 年 2 月
请手机扫码阅读

附录 1-4　环保产业高速发展中四大隐忧和四个方向

来源：《环境经济》　作者：薛涛 李曼曼　发表时间：2018 年 5 月
请手机扫码阅读

附录 1-5　市政环保领域 PPP 推进的六大障碍

来源：中国经济时报　作者：薛涛　发表时间：2015 年 9 月
请手机扫码阅读

附录 1-6　我国环保产业的发展阶段

发展阶段	阶段描述	阶段特点	主要政策分析
20 世纪 60 年代末至 20 世纪 80 年代末	产业形成，政府主导	政府主要采用法规、命令和强制性的行政手段来建立环保产业，迫于政策的压力被动的发展，产业发展处于无序的状态，人民的环保意识相对淡漠。具体体现为：直到 20 世纪 80 年代末，环境领域一直是政府公共事业的重要组成，在公用体制下，政府是投资、建设、运营的主体，设计、施工环节也是通过事业单位提供，社会对环境的需求由行政满足，并未形成市场机制下的环保产业	环保产业产生、发展最原始的推动力——《工业和企业设计暂行卫生标准》（1956 年）和《中华人民共和国水土保持暂行纲要》（1957 年）包括了一些环境保护的法律要求
			国家层面上引领环保产业的发展：刺激了环保产业的发展，要求造成环境污染的单位迅速做出治理规划——1972 年斯德哥尔摩人类环境会议后，1973 年我国召开了第一次环保会议并发布了《关于保护和改善环境的若干规定》；环保产业的发展的源动力，明确了"谁污染、谁治理"的环保基本方针路线——1979 年颁布了《环境保护法（试行）》
			环保产业主要是针对环境问题的末端治理：严格地规定了环保标准，为产品的更新换代增加了动力，对于产业的发展具有重要的指导意义——《关于结合技术改造、防治工业污染的几项规定》（1983 年）；第一次专项调查——1988 年我国针对环保产业进行了第一次专项调查
			为环保产业指名发展方向，在环境污染严重的地区初步建立了环保产业市场——"三同时"制度、排污收费制度、环境影响评价制度分别制定
20 世纪 80 年代末至 90 年代末	环保产业已经历三个服务界面的变化，即采购设备、采购工程、采购投资运营服务。目前，正迎来第四个服务界面变化的阶段，即政府开始要求企	第一次环保产业服务界面的变化推动了设备服务商的发展	1990 年政府发布的多项环保法律、法规在环境管理层面上直接促进了环保市场的需求。《关于进一步加强环境保护工作的决定》、《中华人民共和国海岸工程建设项目污染海洋环境管理条例》、《环境保护优质产品评选管理办法》、国家环境标准等
			从 1993 年、1997 年两次产业调查看出当时的环境保护管理已经向全过程环境保护转变。环保部（原环保局）联合多部门进行了两次环保产业专项调查，两次环保产业调查突破了核心环保产业的局限
			自 20 世纪 90 年代以后，产业高速发展，具有以下特点：（1）1990 年至 1999 年，我国的环保产业发展还是以政府引导，企业自我发展与调整

发展阶段	阶段描述	阶段特点	主要政策分析
20 世纪 80 年代末至 90 年代末	业提供效果服务。中国的环保产业正在由单元服务时代走向综合化效果服务时代	第一次环保产业服务界面的变化推动了设备服务商的发展	相结合的发展道路。政府通过颁布一系列政策，产生出一些现实市场。以设备提供为核心的宜兴环保工业园是第一批环保产业的代表；（2）市场化竞争更加明显。技术创新和更多的社会资本投入到环保产业中，使本来有限的市场，显得比较拥挤，促使环保产业向新的方向发展；（3）公众的环保意识不断提高。我国经济的不断快速发展，同时带来很多的环境问题，公众强烈环境诉求和环境意识，公众对环境的诉求，同样加速了环保产业发展
20 世纪 90 年代末至 21 世纪初期		第二次环保产业服务界面的变化推动了工程承包商的出现及发展	产业重心从设备制造转向技术服务。20 世纪 90 年代末期，更多产业环节开始进入市场，以工程建设、设计服务为代表的设计院、工程集成商从政府体系里走出，参与市场形式的服务和竞争，一大批有影响的工程公司都产生于这个时期
			90 年代末期，资本驱动产业发展。由于城市化迅速发展，地方政府资金短缺，巨大的投资需求推动了投融资体制的市场化改革，环境基础设施的建设通过市场化的方式由专业化的公司提供
21 世纪初期至 2012 年		第三次市场机制作用下环保产业服务界面的变化是投资或运营层面上的，包括污水处理厂的运营、垃圾处理厂的运营等环境治理的服务。投资运营服务环境基础设施建设的资金需求不再由政府单方面承担，而是可以通过市场化的方式，由专业化的投资公司提供市场主体系统开始关注技术、运营、资本、设备配套等各个环节	产业调查环保产业的外延部分更加具体。2004 年环保产业调查内涵比 1993 年丰富了很多，在核心环保产业部分几乎未变化，环保产业的外延部分更加的具体，主要在洁净产品生产和资源综合利用部分发展
			市场主体系统关注设备配套、技术、资本、运营等多个环节。随着已有的市场竞争激烈，环境领域的改革逐步深入延伸。2002 年特许经营制度的推进使运营服务从政府的福利体系中剥离出来，伴随着主业企业的改制，投资运营加入到产业化的链条中来
			我国现阶段环保产业的发展依然依靠国家政策的制定，创造出更多现实的市场。产业依然是以政府为主导，但市场机制已经在产业的发展中显现其作用。国家确定了新形势下的环保工作要实现三个转变：从重经济增长轻环境保护转变为保护环境与经济增长并重，从环境保护滞后于经济发展转变为环境保护和经济发展同步，从主要

续表

发展阶段	阶段描述	阶段特点	主要政策分析
21 世纪初期至2012 年		第三次市场机制作用下环保产业服务界面的变化是投资或运营层面上的，包括污水处理厂的运营、垃圾处理厂的运营等环境治理的服务。投资运营服务环境基础设施建设的资金需求不再由政府单方面承担，而是可以通过市场化的方式，由专业化的投资公司提供市场主体系统开始关注技术、运营、资本、设备配套等各个环节	用行政办法保护环境转变为综合运用法律、经济、技术和必要的行政办法解决环境问题 **2012 年，我国环保产业发展进入了重视"效果"服务的新阶段。** 环保部发布的《关于环保系统进一步推动环保产业发展的指导意见》（环发〔2011〕36 号文）中提出改善环境质量的目标，积极探索合同环境服务等新型环境服务模式
2012 年至今，"十三五"及以后		第四次环保产业服务界面的变化及趋势是重视效果服务层面的，政府开始重视并要求企业提供"效果"服务	**中国的环保产业正在重视综合化服务及"效果"。** 新常态下，环保产业将迎来新的机遇，建立规范严密的环保法治体系，发挥市场动力机制作用，保证环境治理效果将成为环境保护的重要抓手。国家以往发布的规划往往是带有计划经济性质的中央财政转移支付及地方配套资金的投资项目规划和资金分配规划。2012 年以来，环境问题的日益复杂化、政策的频繁出台、公众环境意识的快速提升，推动着大家对产业服务界面第四次变化的重视，即政府重视企业提供"效果"服务 **环保治理重视从单点走向多元，从分割走向系统。** 新《环保法》第十五条区别于原第十条的污染物排放标准，明确提出了由环保部提出地方执行的环境质量标准的概念，将排放的约束性指标变为面向效果的环境指标。"水十条"和"土十条"等行动计划和其他规划的陆续出台，类似"大气十条"将以环境效果指标导向而不是工作导向，是环境政策从指标性环保向效果性环保转变的一个跨越。而需要达成环境指标改善的最终效果，需要环保治理从单点走向多元，从分割走向系统，这就带来了对环保部所倡导的合同环境服务和环境综合服务的需求，未来为促进执政和市场效率所构建的"小政府"面对环境效果责任压力，将更加依赖环境一级开发市场与综合解决方案提供商的出现，为其提供以环境指标为导向的总承包服务，实现政府与环境服务企业面向效果的直接对接

第二章

追本溯源：解析 PPP2.0 的热点问题

在 PPP1.0 时代即特许经营时代，住建部城建司在市政基础设施的六个领域（包括供水、燃气、供暖、污水、垃圾和公交）全面推行特许经营，带来了中国环保 PPP 的关键发展期，这是 PPP 在中国落地最成功的领域。在特许经营时代，PPP 仅由住建部一家单位（主要是城建司）推动，协调难度小、管理专业度高，同时针对的是单体基础设施领域，涉及范围较小、难度相对较小，这些都是特许经营改革相对成功的原因。

2014 年借由国发 43 号文所启动的 PPP2.0 时代，由国家发改委和财政部共同推动，涉及地方政府公共服务和基础设施几乎所有领域。一方面，由于 PPP 在推进过程中各部门偏好不同，加之中央各部委与地方政府之间各自的权责不匹配，以及行业部门联动效率不高，导致 PPP 落地无序以及地方政府暗度陈仓等问题的出现（见附录 2-1　傅涛：警惕 PPP 中的行政迷恋）。另一方面，由于本轮 PPP 发起时未足够重视（或者是没来得及）对公共服务本身进行充分的顶层思考和设计，也未对特许经营 10 年的成果进行充分的分析和总结，导致本轮 PPP 推动范围既大又急且很多从零认知直接开始，乃至部分不规范的项目在落地过程中与其根本目的（提升公共服务供给效率）发生背离。

多年来的经验回顾和从三大关系角度思考来看，中央政府要想把 PPP 做好，不能只考虑自身发文的初衷，必须充分考虑市场各类主体各自的逐利冲动（地方政府追求融资为主、企业逐利为主、金融机构投资安全为主，掌握此三者关系中的内在逻辑是真正决定 PPP 落地演绎的核心）及为此所带来的异化问题。要做到切实可行且不走偏的政策，则需要在政策讨论和制定中守住 PPP 的"长期公共服务效率提高"的最终目的，牢记地方政府是公共服务的最终责任托底者，尊重市场化企业逐利性需求，按照不同的领域、分类、不同的项目内在逻辑和不同的涉及主体，通过激励相容的交易机制和绩效监管模式的设计，根据利益主体的自私趋向运用"博弈论"的思考方法，预演各自在"游戏"规则下结合实际能力和需求的行为模式，以此设计针对性机制引导多方主体在 PPP 规则下博弈后，达到最终总合成方向最优的结果。

2017 年 8 月成为这一轮 PPP"运动"的分水岭，其标志是财政部领导在"进一步推进 PPP 规范发展工作座谈会上的讲话"中将当前 PPP 发展不规范的问题归纳为"四个问题"，即支出责任"固化"、支出上限"虚化"、运营内容"淡化"和适用范围"泛化"（见附录 2-2 薛涛评史耀斌部长在进一步推进 PPP 规范发展工作座谈会上的讲话）。随后包括 92 号文，192 号文等一系列规制文件下发，甚至有担心 PPP 突然"死亡"的看法开始蔓延。然而，我们认为 PPP 作为国际上流行的一种市场化方式，已被中央高层多次肯定并且在国际上广泛交流，此种局面下它未来的结局肯定不会像名不正言不顺的 BT 那样被全面推倒终止，何况财政部目前的管理流程已逐渐完善严密，其作为地方政府基础设施和公共服务市场化的抓手之一将长期存在，PPP 条例即将出台验证了这一点。但是，如果不能总结十几年来在推进 PPP 的过程中的经验教训，那么"一放就乱、一收就死"的恶性循环将难以避免。

从 2017 年下半年以来财政部所要求的 PPP 规范行动着眼点来看，可以总结为主体合规（政府与社会资本的合规性）、客体合规（只能在公共服务领域不能越界）和程序合规（立项、物有所值评价、财政承受能力论证、采购程序等）。只有满足了这 3 个条件，才能说是合规的 PPP，这 3 个合规的反面现象，对应的却只是财政部领导讲话中的支出责任"固化"、支出上限"虚化"和适用范围"泛化"的问题，而运营内容淡化（在重工程轻运营的 PFI 中较易出现）以及由此导出的隐性负债问题却难以仅仅用合规与否来解决。合规的 PPP 只是真 PPP 的基础，如果按国际先进标准，应该从效果出发，最终能够达成"长期公共服务效率提高"才是真 PPP。因此我们认为，想要找到前一阶段 PPP2.0 各类问题的根源，就要对 PPP 项目进行更细致的分类。结合分类来透析它的主要逻辑、核心矛盾和针对性的解决方案和措施予以优化，对症下药。只有这样才能完全避免出现"四化"，从而使 PPP 规范有序发展，以实现薛涛所一直强调的 PPP 的唯一目标——"公共服务长期供给效率提高"。

基于以上原因，以中央级别发文件中仅仅简单大一统去做规定就很难保证其效果。当前官方分类便于宏观管理，却不能切合项目类型的内在逻辑，即便做一些分类型的规制要求也会在执行中发生扭曲，甚至在本轮规范中也因此可能对一些好 PPP 有所误伤。我们也注意到在 PPP 推进的一两年之后，相关主管单位也意识到其中的一些不足，在一些持续性"补丁"文件仍然起不到较好效果之后，开始在后续的追加文件中尝试通过进一步的分类来进行针对性规制，比如看到财政部颁布的《政府和社会资本合作项目财政管理暂行办法》（财金〔2016〕92 号）中有提到特许经营权作为部分类型项目可能会涉及的要素，发改委的《关于印发〈传统基础设施领域实施政府和社会资本合作项目工作导则〉的通知》（发改投资〔2016〕2231 号）中首次明确将"特许经营和政府购买服务"两种 PPP 模式分开。我们感觉这样的分析仍然不够透彻，但至少说明之前的官方三分类还不足以应对 PPP 的复杂性。此外回到我们所说的特许经营领域，我们也发现长期执行多年后对特许经营的分类研究依然不足，这些问题我们会在后面的章节中谋求解决的。

E20 环境平台作为环境服务业平台，促进产业健康发展是其基本使命，而产业的可持续健康发展是与 PPP 提高长期公共服务效率的基本利益相一致的。PPP 能否达到"长期公共服务效率提高"这个高标准，离不开相关的产业升级，并分解以产业的运营能力提高所带动的集中度、核心能力、整体能力等多重指标的提升。关键之处是唯有产业提升，才有可能在 PPP 中的"外来的和尚更会念经"，而这一点是短期化的工程思维无法做到的。

我们针对市政环保领域 PPP 的基本规律发现 PPP 本身根据其内在逻辑不同应该进行重新分类，这个分类对其他领域的 PPP 同样具有借鉴意义。

2.1　用分类解构 PPP 之谜

回顾本轮 PPP2.0 阶段至今所发布的各类 PPP 规范文件，虽然对具体应用领域进行了简单的列举，但在具体针对性上仍有提高空间，尤其在一些新领域（如农业领域）更是如此。未来，主管部门在这方面还有许多工作要做。其中，还一直存在一个障碍，就是当前分类方式适应性的不周全。

回到目前最官方的分类语系，是财政部与国家发改委关于 PPP 各自所发布的纲领性文件：财金〔2014〕113 号文中"使用者付费、可行性缺口补贴和政府付费"的分类方式和国家发改委〔2014〕2724 号文中"经营性、准经营性和非经营性"的分类方法。这种分类本质上是按照是否需要财政补贴进行简单划分，如图 2-1 所示。用大白话来讲，这个分类方式的基本逻辑是按照"财政给钱""财政给点钱"和"财政不给钱"的三分类方式进行划分。

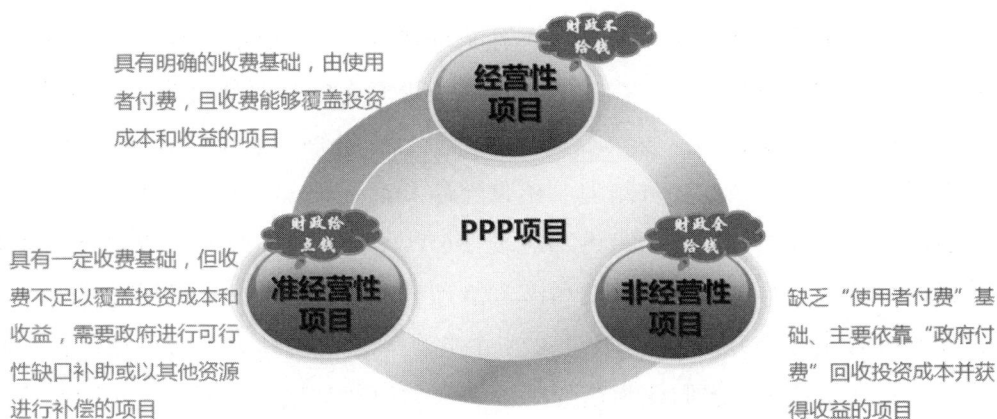

图 2-1　PPP 项目的经济特性分类及投资回报机制

　　基于中央政府统筹管理的考虑，这种分类很有针对性，其优点是便于操作，便于地方政府理解，但实际在一些交叉领域很难精准定位，对进一步分析各类 PPP 项目的核心逻辑和如何通过 PPP 提升公共服务质量和效率也尚显不足，而且在地方执行过程中也发生了一些混乱。例如，目前将污水处理、垃圾处理等这类项目，到底归在哪一类就有些混乱。

　　污水处理 BOT 到底是什么类型？有人将其归为使用者付费，有人认为其存在财政补贴应归为可行性缺口补贴，有些地方又将其归为纯政府付费。无论将其归为哪一类都有道理。污水处理厂的经费有收费来源，其收费来源来自于向老百姓征收的污水处理费，故曾经有一段时间大家普遍将其归为使用者付费（关于污水处理价格机制问题在第三章进一步描述）。另外一种情况是，根据现在政府性基金的管理规定，污水处理费从居民处收取后归入政府性基金，又从政府性基金中进行支付，从该角度来看应该将其归为纯政府付费。也有人认为污水处理 BOT 往往离不开一定的财政补贴，所以将其归为可行性缺口补贴。这个当年非常简单成熟的 PPP 模式现在在 PPP 归类中陷入迷茫。

　　用类似的垃圾焚烧 BOT 项目来分析官方分类的不足就更加明显，与污水处理项目商业模式相同，我们关注到做污水处理的所有上市公司基本上都横跨到垃圾焚烧（比如北控水务与北控环保、首创环境与首创股份、光大国际与光大水务等），可见从 PPP 的基本逻辑和商业模式来看（以及对应政府如何做好这类 PPP 的管理思路而言），这两种类型应该完全同类。目前垃圾焚烧项目并未全面向老百姓开征收费，从这方面来看前述将污水厂 BOT 归为使用者付费的出发点，垃圾焚烧不属于使用者付费项目；另一种情况是，有人将垃圾发电作为一种收费来源，因此将其归为可行性缺口补贴项目（其目的也是为了规避当前被控制的纯政府付费项目），但是可行性缺口补贴的含义背后是使用者付费不足，那么按这个逻辑，垃圾发电的主要使用者竟然不是政府，而是电网公司？如果哪天国家发改委取消了垃圾发电补贴（这个在未来很有可能），或者终端工艺不是发电而是垃圾填埋，项目性质和商业模式由此就会变化吗？

目前的另一个分类倾向是，将污水垃圾 BOT 项目归为纯政府付费项目，那么又带来了新的问题，这类运营类项目被和河道治理、市政道路、园林绿化甚至人民广场等纯工程导向的非运营类项目划在了一类，由此在本次为防地方政府负债严控纯政府付费项目中受到了冲击。我们认为这类刚性需求的运营类项目（环保毫无疑问位列其中）只要在前期可研规划中不存在超前过度建设，那么将不会构成政府隐性负债，因此不应该被 PPP 的财政承受能力论证限制拒之门外。环保运营类的支出属于地方政府必须安排的优先支付内容，如果因此不能做 PPP，像污水处理、垃圾焚烧和环卫，地方政府依然要安排相关预算给自己的平台公司来运营，这样反而与 2017 年财政部、住建部、环保部、农业部联合发布的《关于政府参与的污水、垃圾处理项目全面实施 PPP 模式的通知》（财建〔2017〕455 号）的文件指导意见不符合。**因此在本轮 PPP 规范过程中不应该简单地"一刀切"严控纯政府付费项目，从控制地方隐性债务的出发点来看，应该着眼于判断运营类项目是否刚性以及是否超前过度建设，非运营类项目则还要看财政承受能力。**

继续从该角度看，我们刚刚提到的财政部规范的三大合规要件，只能解决史部长所说的 4 个 PPP 问题的其中 3 个，运营内容淡化的问题没有解决，原因就是 PPP 所受到批判的带来的"重工程轻运营"的含义中，运营到底是指什么？这个在当前的官方分类中没有精准的定义。因此我们要引入如下的重新分类，并以此引入"经营、运营和维护绩效"3 个维度做进一步的判断分析。

2.1.1　E20 市政环保 PPP 四分类格局

综上所述，我们感觉用财政部的分类以及后面追加的简单分类补充，包括原来传统特许经营阶段也得不到科学分类（因此对更新的特许经营条例我们也不满意）的这些情况都无法揭示 PPP 项目的核心逻辑，以及企业参与 PPP 过程中所面临的挑战和风险。

E20 研究院对 PPP 的研究更关注其对整个产业的影响，针对市政环保领域我们提出市政环保 PPP 四分类理论（捆绑商业因素的复合型项目在逻辑上与 a 类项目接近）。据我们观察，这样的分类分析方式对其他领域如何做好 PPP 同样具有借鉴意义。分类格局如图 2-2 所示。

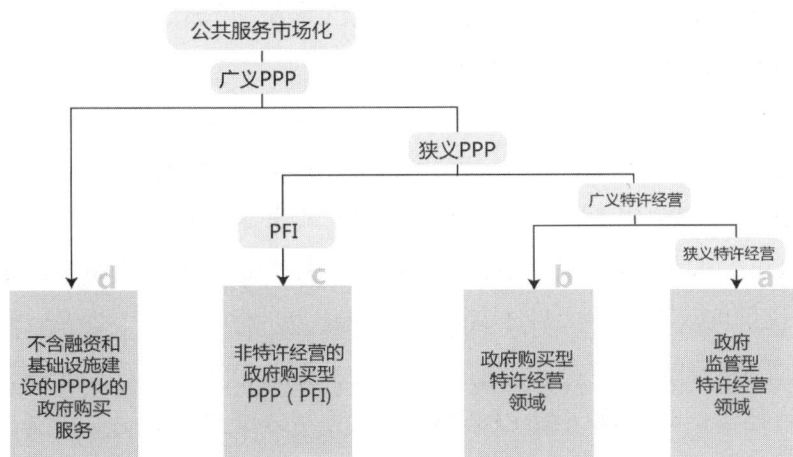

图 2-2 E20 市政环保领域 PPP 分类格局图（简单分割）

a—供水 PPP（股权合作为主，燃气、供热 PPP 性质很类似）、地下管廊

b—污水厂 BOT、垃圾焚烧厂 BOT、垃圾填埋厂 BOT、餐厨处理厂 BOT、污泥处理厂 BOT 等（上述项目可能捆绑包含收集运输）

c—管网融资建设、不含污水厂的黑臭水体治理和海绵城市、土壤修复、农村污水或环境治理等

d—垃圾清扫或收运（不含收运站融资建设）、城市水体维护、环境监测服务、基础设施的委托运营服务

a 类政府监管型特许经营领域。 供水 PPP（股权合作为主，燃气、供热 PPP 性质很类似）、（不依赖政府回购的）地下管廊。

该类项目属于狭义特许经营项目，由社会资本承担使用量不能事先确定所带来的需求风险是其根本特征，同时必须授予其标配的垄断经营是另一个基本特征；通常具有价格听证机制，直接向非政府的最终使用者收费，比如供水、供气等领域。授予其垄断经营权后，基于公共服务属性的监管特征和对公共利益的保障是核心，此处具有很强公共权益性质的监管，与 b 类、c 类、d 类项目更多基于政企直接买卖平等关系的监管本质完全不同（其他创新的捆绑商业因素的复合型项目如不依赖政府回购的园区开发、养老、真正的旅游等，在部分逻辑上与 a 类项目接近）。

b 类政府购买型特许经营领域。 污水厂 BOT、垃圾焚烧厂 BOT、垃圾填埋厂 BOT、餐厨处理厂 BOT、污泥处理厂 BOT 等（上述项目可能捆绑包含前端收集运输）。商业模式上还包括 TOT 类型，BOT 之于新建，而 TOT 之于存量转让。此处 BOT/TOT 均采用狭义定义，狭义的定义是针对目前 BOT 被泛化使用的情况而言，本类型指的是一种专属狭义 BOT/TOT 的政府付费模式。

该类项目是政府付费类，虽然存在潜在付费主体，但实际交易中属于政府直接向社会资本方付费的模式，如污水处理、垃圾处理等领域。此类项目具有以下基本特征：一方面，政府是服务的使用者；另一方面，社会资本并未承担需求风险，而是由政府方来承担[1]。从这点来看，同为传统特许经营的 a 类和 b 类项目内涵本质上有着巨大的区别，可以说仅仅只有 a 类项目才具有特许经营中"特许"和"经营"这两个核心概念最准确的定义。

c 类非特许经营的政府购买型 PPP（PFI）。管网融资建设、不含污水厂的黑臭水体治理和海绵城市、土壤修复、农村污水或垃圾治理等。

政府付费 PFI 类项目，经营和运营属性较弱，目前多仅为维护性质，如管网、未含污水的黑臭水体治理等领域。这类项目不再使用以单价竞标和以量计价的模式，而是采用了可用性付费的方式，随之带来了"工程化导向"（背离了上述长期服务的目的）和"隐性负债问题"，是当前 PPP 争议和整顿的"重灾区"。当前，92 号文对绩效捆绑建设投资的要求，显然是试图针对此类项目前期的一些机制缺陷进行优化。

d 类不含融资和基础设施建设的 PPP 化的政府购买服务。垃圾清扫或收运（不含收运站融资建设）、城市水体维护、环境监测服务、基础设施的委托运营服务。

该类项目本质上更适合采用政府购买服务的方式，历史上也是长期以购买服务方式存在，属于短周期的轻资产模式（如环境监测、环卫），当其长期化或捆绑部分基础设施，便适用于 PPP 模式。

以上 4 种类型中，a 类、b 类、d 类属于典型的运营类，理论上只要规模档次合理，不是防范"工程化导向"和造成隐性负债的重灾区，但如果把运营类项目设计成可用性付费或者设置与实际使用量有巨大偏离的保底量，运营属性就有可能变异，变成 c 类 PFI 项目（比如当前的地下管廊 PPP）。这也说明该分类在具体使用中不能绝对化地看待，存在大量因交易结构变化而转移分类的情况。例如，理论上属于 a 类项目的地铁、高速公路和地下管廊项目，由于收费基础差（地区经济发展水平不匹配），地

---

[1] 本质是政府以"照付不议"的保底量按质按量提供处理物，如果未能提供，则需要按约定保底量进行费用支付以保障社会资本参与方的成本回收，称为"照付不议"。价格调整按协议事先约定的调价公式根据外部客观成本参数变化隔年度进行刚性调整，并不适用听证会调价机制。

方政府有可能给予极高比例的补贴保障，尤其当采用了可用性付费模式之后，那么这种项目的性质实际上就会从 a 类转换到接近 c 类，导致这种项目的核心矛盾发生变化；同时，实操中的项目也有包括 a 类、b 类、c 类和 d 类中两种或多种之间捆绑的组合模式，具有复合性特征。但上述情况并不妨碍先通过对典型模式的分类来分析其原始状态的核心逻辑和主要矛盾。

2.1.2　分类依据详解

本节对上面所提出的基本纲要进行了详解，四分类实际上是通过用 3 个核心要素区别 3 次分割形成，详细的内容我们将从一次次分割分别来进行剖析。

1. 区分政府购买服务或 PPP 化的政府购买服务（d 类）与狭义 PPP（a 类 +b 类+c 类）

第一次分割，以项目特点是否包含大量基础设施融资建设为分割要素，在广义 PPP 范畴内区分 "PPP 化的政府购买服务" 和狭义 PPP，如图 2-3 所示。

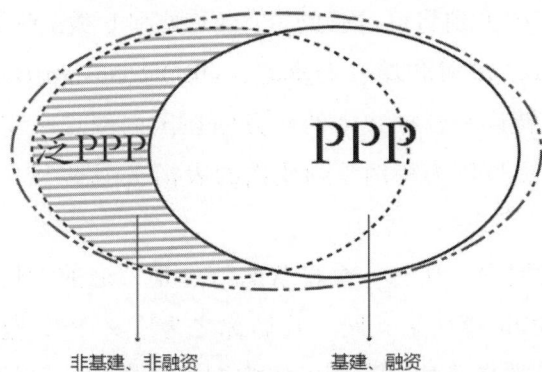

图 2-3　第一次分割

同样作为政府外包服务中所包含的项目内容，包含较大比例基础设施与否是确定项目应该采用购买服务还是 PPP 的一个核心要素。**当项目包含大量基础设施后，则带来了项目投资大、回收期长、基础设施只能本地使用且用途唯一的特点，为了保障大金额投资的回收安全性，则要求外包企业与政府通过严谨程序签订长期约定协议，这就是我们现在理解的中国 PPP 的基本特征。**反之，以轻资产方式被委托运营政府设施，或者为政府提供基于装备的服务，在 PPP2.0 之前，就一直以 3 年左右短周期方式的购买服务的方式存在（如道路清扫、环境第三方监测）。

显而易见，"政府购买服务" 不应该以融资为目的，否则将违背 2013 年起财政部牵头开展 PPP 的初衷，导致对地方政府债务控制的效果付诸东流。地方政府用政府购买服务代替 PPP 流程，采购包含工程在内的基础设施项目，使融资游离在 PPP 规范流程之外，脱离程序和财政可承受力评估限制的要求，这是财政部《关于坚决制止地方以政府购买服务名义违法违规融资的通知》（财预〔2017〕87 号）整顿通过购买服务买工程的原因。实际上，由于社会资本不可能信任购买服务方式来让其巨额投资基础设施，因此 87 号文主要规范的是政府以购买服务方式通过城投平台违规融资的行为。

对于轻资产的外包服务，理论上购买服务以 3 年为项目周期，及时评估和竞争选择购买服务的提供商，是较适宜的选择，在服务内容相对简单稳定的情况下对提高公共服务供给效率更加有利。需要说明一点，在这类政府购买服务的项目中，为了向政府提供服务，企业可能会自购车辆、仪表等装备，产权完全属于企业，并且可在不同的项目地使用（不同于基础设施建设的用途唯一性和用地唯一性），由此带来这些可移动资产的相对安全性和产权属性，因此与基础设施所附带的融资属性有很大不同。

后面会阐述到，除了 c 类 PFI 项目基本不具备运营属性，其他 3 类（a 类、b 类、d 类）均属于可运营的项目类型，由于其运营属性所带来的投资安全性，受到社会资本的欢迎。然而我们很少见到将可运营的资产（a 类和 b 类）改由政府负责融资建设，而通过委托运营的 d 类方式外包给社会资本，DBO（Design-Build-Operate，设计–建设–运营）在发达国家特许经营模式中的新方向在国内鲜见（安徽国祯所获得的合肥望塘污水处理厂 DBO 项目作为特例受到我们的表扬），这也从一个侧面体现了地方政府对融资的强需求。

在本轮 PPP2.0 发展中，还有一个显著的特点是，之前大量通过购买服务进行的市场化项目，也转向 PPP 模式来开展，我们称之为广义 PPP 范畴，比如环境监测、道路清扫等。虽然这样带来了外包运营商锁定期长的弊端，但是也带来了这些转型为长期合作的社会资本可以更加放心地增加装备甚至基础设施的投入，以及项目设计可以扩大运营领域和地域范围的特点，便于在市场化中该领域公共服务的全面升级。因此环卫 PPP 的大标在 2016 年开始层出不穷，这样的项目，我们称为 PPP 化的政府购买服务 d 类项目，在广义 PPP 范畴内。

2. 区分非特许经营的政府购买 PPP（PFI）（c 类）和广义特许经营（a 类+b 类）

在狭义 PPP 中作第二次分割，分出中国特色 PFI 的 C 类和广义特许经营类型（a+b）。

E20 研究院不满意目前传统特许经营领域分类不清的情况，为此薛涛曾经撰文《将环保踢出特许经营》（见附录 2-3），我们认为由于环保领域在相当长的时间内都无法建立受益者付费制度，而只能建立污染者付费制度，因此离不开政府在强制收费中的存在并且收费纳入财政。在将供水排除在外后，我们在环保领域的 PPP，本质上全部都依赖政府付费（虽然只有污水厂基于污染者付费制度，有政府向居民收费而获得经费来源），因此图 2-4 中的虚线椭圆所包含的 b+c+d 3 种分类基本涵盖了环保领域的所有应用模式（危险废弃物除外，见第四章 4.2.7 的分析）。在试图将环保类项目拿出特许经营范围的讨论中，从反对者的论证基础中我们发现了广义特许经营中的 a 类和 b 类项目有一个共同点——可运营性，这个共同点准确区分了基础设施狭义 PPP 领域的传统特许经营类型和 PFI 类型。前者始发于 2003 年的住建部特许经营改革，而后者则新生于 2014 年的国发 43 号文。

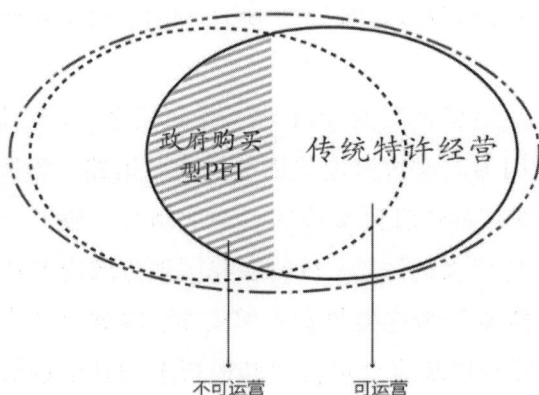

图 2-4　第二次分割

与国家发改委 2724 号文中涉及"运营类"项目所提到的经营性、准经营性等定义有所对应的特征，我们采用（可）"运营"（性）这个词汇，正如上一段所说，发改委的特许经营没有能够区分使用者是政府还是非政府的核心区别，2724 号文的经营性定义也没有做到。我们把"经营"属性留在后叙第三次分割中定义"运营"类项目中的直接向非政府的使用者收费的项目类型。经过这样的改动，我们可以发现 PPP 中的"运营"属性，基本上可以和史部长所谈到的重工程轻运营中的"运营"概念相一致。重资产（包含大量基础设施）狭义 PPP 中的"运营"有如下两个显著特点。

第一，项目的基础设施资产具有某种"设施产权"属性，其原因是"厂区"可以被合法运营，反之如果政府恶意违约则在法理上社会资本可以关闭设施拒绝服务，但关闭可能给城市功能带来某种损伤（由此可以在一定程度上制约地方政府的违约风险），具体案例可参考某省会污水厂 BOT 付费争端案例。上述原因带来这一类投资的安全性而受到金融机构的欢迎，在 PFI 融资受挫的情况下运营类项目融资受影响较小推进依然顺利。

第二，项目基础设施的运行计费可以按量结算（如供水和污水都是按水量结算），并在项目交付界面上按质交接和考核（如供水的到户水龙头和污水 BOT 的厂界进水口、排水口）。

第一个特点使这类可运营性项目如果需求量可预期（这个方面需要参考下一分割的说明），很容易获得资本市场的认可（包括 d 类的轻资产运营项目）。业内曾经有个误区，认为污水处理厂 BOT 模式之所以容易推进成功，是因为有政府向居民收取的污水处理费作为经费来源支持。但是这种回答无法解释基本没有向用户收费的生活垃圾处理 BOT 模式，为何也同样受到社会资本的追捧而广泛推行（观察市场上做污水处理 BOT 的公司基本也都同时做垃圾处理 BOT 项目，对企业而言两者商业模式基本相同）。

反之，由于不具"可运营性"的 PFI 项目不具备准"产权属性"，没有被关闭的可能（社会资本不可能因为政府付费拖欠而关闭市政道路、管网、河道和海绵城市的运行），这使社会资本没有对政府付费违约行为的制约手段，导致市政道路及海绵城市等项目的投资成为企业巨大的风险；**目前在我国地方政府契约精神不足支付信用不高的背景下，导致社会资本认为这类投资不够安全，客观上社会资本会更倾向于在工程阶段尽量收回投资，即利用政府合资合股和股权上的基金融资来降低自有资金投资比例，以及做大工程利润提前收回投资**（这一点在园林绿化项目中较为典型，下一段描述原因），具有工程能力并曾善于采用 BT 模式的大型央企建筑公司和园林类公司由此获得优势。而通过 PFI 提前收回工程利润这种明显对地方政府"物有不值"的情况之所以能够在部分地区出现，也是因为部分地方政府受 43 号文规制融资受限而无奈选择社会资本的商务方案，地方政府能力差距也是一个伴随因素，这就可以看到相对发达地区容易避免工程利润失控的项目，欠发达地区反之。

不具备可运营性的 PFI 项目的第二个特点为不能通过"量价"机制结算，引入的"可用性付费"模式在国情下产生异化，是导致 PFI 项目在落地中容易工程化、BT 化的根本原因，成为部分质量不高的 PPP 项目内含"工程利润提前套现"现象的刺激因素。当前很多 PFI 项目与可运营的项目不同，即不能在项目交付界面上简单通过交付物的数量和质量来约定和考核"购买服务"的交易界面。第一，在项目执行期，可运营的项目不用介入项目公司内部实际投资建设的成本核查；而完全可以依照政府付费类型中的交付物约定的保底量（或取或付基本量的保证）和交付物质量约定，或者由社会资本直接按政府允许的定价机制直接向非政府的用户收费（加上来自政府的公益性补贴），以此为基础，前期通过招投标程序来竞争确定合理的项目价格。第二，在PFI 类型的海绵城市、河道治理、园林景观乃至市政道路中，可用性付费，即依据社会资本的施工造价来安排某种固定利率的还款模式成为这类项目的回报机制，而实际上某些领域的施工造价很难被合理控制（比如园林绿化，工程定额不准确，同时往往社会资本进入后会要求设计变更），再加上社会资本在投资不安全或者逐利的背景下更看重前期工程利润尽快收回，这些因素都导致了 PFI 项目在实操上存在滑向成为拉长版 BT 并出现"工程利润提前套现"的风险。

当然 "工程利润提前套现"的可能只是避免了社会资本的风险，托底的金融机构作为埋单者也不愿意承担后期风险，盯住企业自身信用逐渐成为他们的选择，这就是央企在 PPP2.0 时代突飞猛进的另一个原因。PPP2.0 的初期，由于地方政府融资通道被 43 号文高度约束，在融资受限的情况下，一些非运营的项目不得不通过 PFI 模式来操作。在国家 PPP 政策的多次东风下，不少金融机构还是被社会资本说服参与到了 PFI 项目中来。根据市场的观察，不同于传统特许经营项目，这些 PFI 项目的参与者更加重视项目在 PPP 流程上的合规性和入财政部的项目库。2017 年年底的 92 号文"出库"整顿也因此挫伤了金融机构的信心。

此外，由于 PFI 项目无法通过项目运营获得足够的经营性现金流并由此逐步降低公司投入项目所需资本金时所提高的公司资产负债率（对比同为 PPP 模式投资类似的一个污水厂和一个同样规模的河道修复项目在全运营期的财务报表上的区别就可以明白），客观上带来了企业需要通过杠杆融资股本金和"出表"的需求，但是也在 2017 年以来降杠杆行动下成为资本金穿透监管以及资管新规的受压者。192 号文约束了央企在 PFI 中的优势，而民企则面临更大的融资压力。

当前舆论上普遍声称 PPP 陷入融资危机和造成企业风险，以及 PPP 导致地方政府负债，其实都是主要指 PPP 中的 PFI 部分。如果是政府付费的运营类项目，如果规模合理需求刚性（通过可研可以合理确定），需求稳定，并不存在带来地方政府负债问题，甚至可以说，刚性的政府付费类运营项目（比如污水处理和垃圾处理，乃至环卫），PPP 本身的支出都不应该受到"财政承受能力评价"的 10%红线约束（当前，有这类刚性支出的城市环保服务运营类 PPP 项目因为财承不足，甚至因为被隐性负债污名化的纯政府付费类型受限而弃用 PPP，结果导致又与财政部经建司关于污水垃圾全面实施 PPP 的文件相冲突）。规模不合理，实际需求不足的运营类 PPP 项目（控制它也不应该是通过"财承"，而是通过可行性研究报告来确定规模是否合理），如果采用过度的影子价格模式，或者改为采用可用性付费模式（转换为 c 类 PFI 项目），才有可能带来隐性债务。相对而言，最易造成政府隐性债务的恰恰也是完全没有运营属性的 c 类 PFI 项目，因此，10% 的财承红线应该主要针对这类项目而设置，让地方政府在可控的规模下通过 PFI 模式融资建设一定规模的非运营基础设施（那么在有限的额度里，哪些 c 类项目值得采用 PPP 模式，我们引入了维护绩效性的概念，后面段落详述）。

当前所面对的局面是，如果仅仅操作特许经营类项目，本次 PPP 的扩容范围就显得过于窄小，面对一些运营性差的项目类型，PFI 和可用性付费模式依然有可取之处，但是到底哪类项目才适合采用 PFI，以及对于 PFI 项目设计中应该做哪些优化（92 号文的绩效捆绑是一个必须，但仍然不是解决问题的全部），还需要进一步探索。在无法找到更有效的规制条文之前，尽快发布负面清单和正面清单也许是务实的做法（具体内容在第三章详细介绍）。其背后还有一个原因，就是由于绩效捆绑，金融机构以及受其影响的社会资本反而更倾向于选择参与绩效容易达成的简单工程类 PPP 项目，带来了某种"劣币驱逐良币"的现象，客观上不利于 PFI 中物有所值的达成。此外，地方政府契约精神不足和支付信用缺失的问题，不但制约了 PFI 优化设计的基础，甚至直接影响了 PPP 的可持续未来。

3. 区分可运营类项目中的"政府购买型"狭义 BOT 类型（b 类）和"政府监管型"狭义特许经营类型（a 类）

在传统特许经营中作第三次分割，分出政府购买型（狭义）BOT 项目和政府监管型（狭义）特许经营项目，如图 2-5 所示。

早在 2015 年，薛涛曾撰文提出要将环保踢出特许经营（见附录 2-3），实际上是发现环保这类没有受益者付费模式的 PPP，基本都是轻资产的 d 类模式（环卫），重资产的 PFI（c 类）或者政府购买型（狭义）BOT 模式（b 类）。把 b 类的环保项目和 a 类的由非政府的直接使用者直接付费模式的政府监管型特许经营项目混在特许经营范畴里一起讨论，包括现行的特许经营管理办法和特许经营立法草案，内在逻辑也并不清晰。

虽然政府监管型（狭义）特许经营项目与政府购买型（狭义）BOT 项目都具有前文所述的可运营性特点，但区别非常明显。我们在此更改了国家发改委发布的 2724 号文件中所说的"经营性"原始定义，而在本节将直接向用户收费——"可（直接）

经营"的特性作为政府监管型（狭义）特许经营模式的基本特征，其与政府购买型（狭义）BOT 项目的区别至少表现为以下 7 个方面。

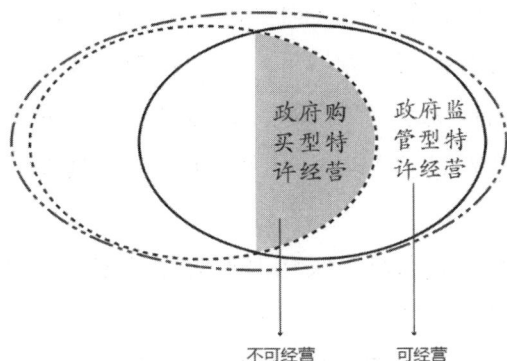

图 2-5　第三次分割

第一，政府监管型（狭义）特许经营项目向非政府的用户直接收费（受益者付费，也是最真实的使用者付费），而政府购买型（狭义）BOT 项目按惯例的保底量"或取或付"模式由政府付费（政府可能同时会向民众或其他用户收费以弥补财政支出并实现污染者付费）。再次强调的是，当前 PPP 中的 BOT 概念已经被严重泛化，导致混淆，因此我们在文中反复强调 b 类项目所涉及 BOT 的狭义概念。

第二，**政府监管型特许经营项目由于社会资本承担需求风险，即其所提供公共服务的使用量主要由社会资本来预测和承担相应变动风险（如果政府在其中担保了较大比例的使用量则可能带来 a 类项目的性质转向 b 类，如果采用可用性付费模式承诺回购则将使 a 类项目性质转向 c 类），相应地，政府也将授予社会资本绝对或相对的垄断权（这是狭义特许经营权的核心逻辑）。**政府购买型特许经营项目则由于政府承担了需求风险，社会资本不应该获得行政授予的垄断权（但是不可忽视由于管网存在所带来的天然垄断因素，分析对比垃圾焚烧和污水处理 BOT 两类项目的区别即可明白）。

第三，政府监管型特许经营项目在执行期的调价由居民参与的成本监审和价格听证会来确定，而政府购买型 BOT 项目的价格与政府向用户收取的价格无关，且定价方式来自前期选择社会资本时的竞争程序，后期通过协议事先约定的按照外部客观参数变化来调价，不宜搞成本监审和价格听证会，国家发改委《关于创新和完善促进绿色发展价格机制的意见》（发改价格规〔2018〕943 号）中提到"健全城镇污水处理服务费市场化形成机制，推动通过招投标等市场竞争方式，以污水处理和污泥处置成本、污水总量、污染物去除量、经营期限等为主要参数，形成污水处理服务费标准"，该描述准确地体现了这个区别（关于本份对环保价格机制相当重要的文件，具体分析见第五章附录 5-2 和附录 5-3 的内容分析）。

第四，政府监管型特许经营项目往往采用厂网一体化且直接面对用户收费的模式（上海城投的王强博士称之为网络型公用事业），而政府购买型 BOT 项目中创新的所谓的厂网一体化由于没有且无法面对直接用户收费，其本质上是厂区 BOT 加上管网 BTO 的模式组合，与前者核心概念区别很大，实际实施效果也并不理想（具体分析见第四章）。

第五，政府监管型特许经营项目采用股权合作的模式较多，政府购买型 BOT 项目大部分适宜采用简单的独资模式。

第六，政府监管型特许经营项目需要政府在其管网覆盖范围内授予独家经营的垄断权，而政府购买型特许经营项目实际不需要也无从授予垄断权。

第七，政府监管型特许经营项目属于在政府监管下的社会资本与民众（直接用户）的买卖关系，政府在上，社会资本和民众在下，形成三角形关系，政府与社会资本双方并不平等，基于行政权力授予和监管发生的争议，政府和社会资本应该走行政复议；而政府购买型特许经营项目，政府和社会资本方属于平等的买卖主体，出现问题应该走仲裁或民事诉讼。

值得一提的是，政府监管型特许经营项目未必是完全由使用者付费项目，公共服务中大量存在由于价格机制不到位而需要政府补贴的情况存在，补贴方式可以是一次性补贴（如注册资本金的注入或者政府出资建设工程并免费提供使用），也可以是按单价进行补贴，所以七个两类特许经营区别中未列入完全使用者付费，这是政府监管型特许经营与发改、财政分类方式的又一个不同。此外，目前还有一种情况值得特别关注。在价格机制完全到位不依赖政府补贴的"特许经营项目"（如燃气），特许经营权授予的公平性及其他 PPP 配套管理措施方面都没有得到重视，实际上走了不规范的私有化过程，有碍于社会公平竞争的环境和效率的提高。这种情况的出现是因为在公共服务市场化的顶层文件中对这方面的表述混乱和模糊，读者可以在国务院颁布的燃气条例和住建部联合发改委、财政部所发布的《住房城乡建设部等部门关于进一步鼓励和引导民间资本进入城市供水、燃气、供热、污水和垃圾处理行业的意见》（建城〔2016〕208 号）里找到例子。

出现上述情况，背后还有一个逻辑值得思考，国家发改委投资体制政策研究室吴亚平主任曾在 E20 环境平台举行的铿锵三人行 PPP 对话上，展示了一个有趣的金字塔见图 2-6，其底层是公建公营、中层是 PPP、顶层则是"私有化"（完全商业领域），越向上市场化程度越高（对于不同领域市场化未必都是适宜的）。上述燃气的情况，本该是在 PPP 中有序组织的市场化项目，但却被过度的私有化而忽略了监管机制的研究，这背后的基础恰恰也是政府监管型特许经营里具有私有化所必需的"（直接）经营性"这个特点，这也是我们强调需要强化研究政府监管型特许经营的原因。在当前，我们对政府监管型特许经营项目缺乏系统性的研究，政府该如何监管并实现激励相容，使用者（往往是民众）的利益该如何保障，这些问题比政府购买型 BOT 项目的复杂性大很多，但是由于其实与财政补贴无关，因此财政部主导的 PPP 管理系统对这方面的影响力有限，更多的是行业部门在发挥作用，而由此大量这类公共服务市场化的行为游离在 PPP 甚至特许经营体系之外（直接进行了私有化）。

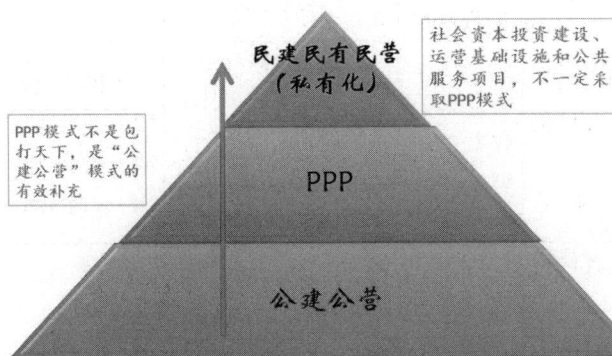

图 2-6　吴亚平公共服务金字塔

政府监管型（狭义）特许经营如果价格机制原本到位则容易发展为私有化，这只是问题的一面，还有一面是史部长所说的泛化，指的是将本是私有化的纯商业项目包装成 PPP 获得不当垄断优势（如地产），这也是因为狭义特许经营和私有化相近的原因。因此，这个金字塔的 PPP 应该分两层，狭义特许经营在上层，政府付费类的其他三类 PPP 在下层。

狭义 BOT 项目作为一个成熟的模式，在当前也存在大量的误区，体现了这一轮 PPP 运动对历史的忽视或者轻视。比如，保底量和调价公式被误解为固定回报，或者要求狭义 BOT 为体现伙伴特点而在项目公司层面硬性要求合资合股。

需求风险由社会资本承担是 a 类狭义特许经营项目最根本的要素。理解了这个要害，就能发现还有一些项目由于具有这种特征也能按 a 类项目的基本逻辑进行思考和设计。如园区开发 PPP、真正的旅游 PPP（不是异化成 PFI 那种）、特色小镇、捆绑经营性商业开发，甚至包括轻资产的养老项目等，这些复合型项目或者其他真正的使用者付费项目的类型，都以需求风险由社会资本承担为核心出发点来激励绩效，也都会伴随绝对或相对垄断权的授予。

吴亚平主任曾对 PPP 中的未来发展中，对于上述的捆绑商业经营的方向上提到一个新的概念"第三方付费"，以将之与传统的使用者付费分开，并将污水垃圾特许经营保留在政府作为使用者的使用者付费归类中。这个分类将上一段所说的收益模式与传统特许经营又进行了区分，我们就此结合分类重新归纳如下（见表 2-1），以促进这一方面的思考，需求风险和垄断性成为第三方付费和居民付费两类项目的核心共性，也对项目设计产生重大影响。

表 2-1　吴亚平与薛涛关于 PPP 分类对比

需求风险	吴亚平分类	结算条件等	项目回报机制	其他特点	项目关注点	薛涛分类
强 弱	第三方付费	（1）量价机制及其他受益者付费模式 （2）经营性强	商业开发收益的捆绑	（1）行政垄断授予 （2）需求风险由社会资本承担 （3）所捆绑商业要素与公共服务强相关	（1）提防边界泛化 （2）垄断性与公益性冲突 （3）需求风险可控 （4）政府兜底责任和共同开发	a 类延展
	使用者付费	（1）受益者付费的量价机制 （2）经营性强 （3）可能存在财政补贴	居民付费	（1）行政垄断授予 （2）需求风险由社会资本承担 （3）公共服务	（1）垄断性与公益性冲突 （2）需求风险可控 （3）政府兜底责任和共同开发	典型a 类
	政府付费	（1）与政府结算的量价机制 （2）政府有（潜在）付费来源 （3）运营性强	政府给予（保底）使用量付费，可能存在其他补贴性来源	（1）政府付费获得服务 （2）甲乙方买卖关系 （3）无行政垄断授予 （4）公共服务	（1）风险分担合理 （2）规模合理，配套保底使用量确定科学 （3）项目边界绩效考核有效 （4）规模档次合理运营必须性强则无隐性负债风险	b 类和 d 类
		（1）可用性付费 （2）政府无付费来源 （3）纯公益性非运营	政府综合付费		（1）维护绩效难度足够高 （2）长期绩效提高的效果达成 （3）工程造价合理可控 （4）关注财承和隐性负债风险 （5）提防重工程轻运营	c 类

也正是由于国情下对特许经营理解上由于分类不清而导致有些混乱的局面，我们才提出将特许经营一分为二，甚至认为应该收窄到狭义特许经营更能体现这个词语本身的内涵逻辑。收窄一个词语的适用范围可以大大提高一个词语背后逻辑的针对性，

对于特许经营如此，对于 BOT 如此，对于第三方治理等等也是如此。可惜，在第一章所描述的部委关系影响下，扩权冲动（来自权责不对等的体制短板）都会体现在一个个本应发挥更大作用的专属词汇被消耗在泛化所带来的核心逻辑的稀释和混沌中，并由此带来一放就乱，一刀切整顿后一收就死的局面。

最后，本分类主要是结合环保相关的领域，供水也在范围内，但轻资产模式的养老、教育等可脱离基础设施的公共服务内容，未在分类中考虑。这部分在实际观察中有可能做成轻资产的 a 模式，带有 a 类和 d 类的混合特征，本书中就不再深入讨论了。

2.1.3　三次分割后公共服务市场化分类图

通过上述三次分割，我们将市政环保类的市场化项目分为 a、b、c、d 4 个类型，如图 2-7、图 2-8 所示。第一个思考角度，可以留意公共服务市场化的总范围内，实线圈（a+b+c）代表狭义 PPP 的总范畴，虚线圈（b+c+d）代表由政府购买的总范畴（也适用于环保），而横线阴影区（a+b）是传统特许经营的总范畴，可惜没法画出类似椭圆的完美表现。

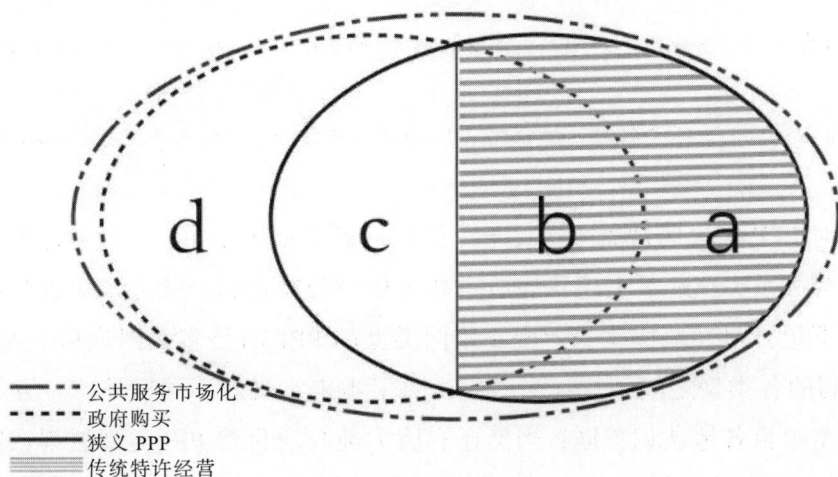

图 2-7　公共服务市场化的总范围

另一个思考角度是看逻辑演进，在 PPP 的总范畴里从 a 类到 b 类到 c 类这 3 类项目类型之间，实际上有一种内涵递减的关系，且向下包容：a 的"可（直接）经营性"→b 的"可运营性"→c 的"可维护性"。"可（直接）经营性"包含"可运营性"和"可维护性"，而"可运营性"也包含"可维护性"，反之则不然。d 类项目拥有和 b 类项目类似的运营性和可维护性。

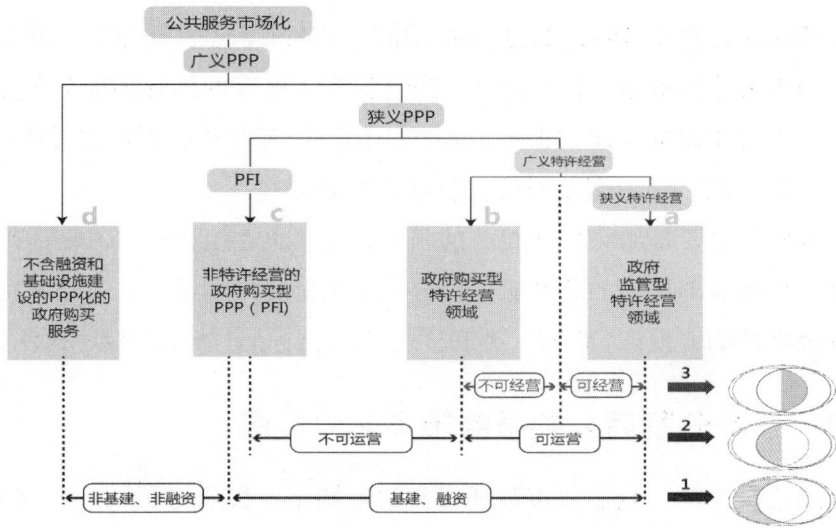

图 2-8　E20 市政环保领域 PPP 分类格局图（详细分割）

a—供水 PPP（股权合作为主，燃气、供热 PPP 性质很类似）、地下管廊

b—污水厂 BOT、垃圾焚烧厂 BOT、垃圾填埋厂 BOT、餐厨处理厂 BOT、污泥处理厂 BOT 等（上述项目可能打捆包含收集运输）

c—管网融资建设、不含污水厂的黑臭水体治理和海绵城市、土壤修复、农村污水或环境治理等

d—垃圾清扫或收运（不含收运站融资建设）、城市水体维护、环境监测服务、基础设施的委托运营服务

　　在我们对 PPP 实操的观察中，关于分类我们做了如图 2-9 所示的对比图，看到这么复杂的对应关系，理解了上述我们所重新分析的分类逻辑，就可以知道在当前的官方分类语境下想针对性地优化或者规制不同类型的 PPP 将是多么困难和令人迷惑。在 3 种分类之间的各类型之间不能唯一对应，除了本来定义就不同以外，一方面还因为对于某一类型项目各地认识不同；当然还有因为纯政府付费 PFI 类型被刻意回避，或者一些本来属于纯政府付费的运营类项目怕被连累，于是在努力试图通过项目包装获得其他两个类型的称号，包括做收入明显不配比或属性无关联的打捆（比如河道治理项目捆绑餐馆、市政道路打包污水厂 BOT）。这些行为都使 PPP 当前的优化变得困难。

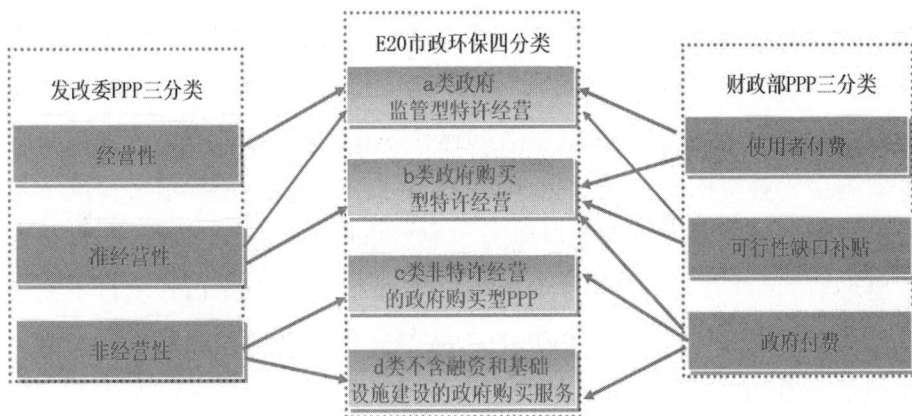

图 2-9　发改委和财政分类与 E20 四分类的对应关系——PPP 分类迷宫

2.1.4　PPP 重新分类后看落地率之谜

落地率是 PPP 推进中中央一直高度关注的问题，而关于落地率的问题，其实和 PPP 另一个关注主题——可融资性关系密切。在 PPP 演进的"地方政府—社会资本—金融机构"的三元关系中，金融机构一直是很关键的一环。研究可融资性，首先要深入理解国内大型银行的项目判断逻辑和风险规避偏好，简而言之，国内大型银行（往往是国有制）的项目判断标准可以归结为 3 级，一是追求政府信用，二是追求企业信用，三是项目信用（详细分析见 3.5.1）。将这个特点与我们的分类分析进行对照，可以在 PPP 的落地率的差别中获得验证（见图 2-10）。

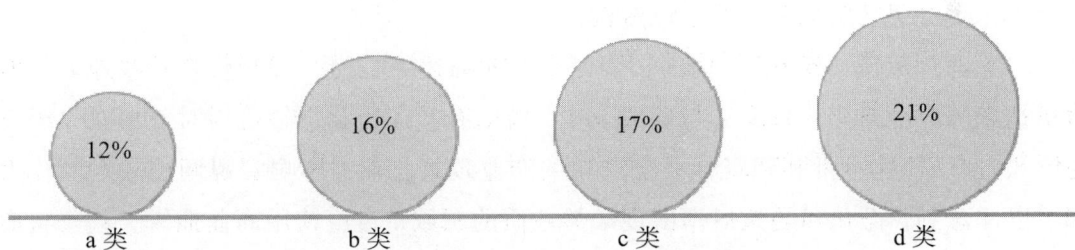

图 2-10　不同类型 PPP 项目落地率对比

相对商业模式成熟回报有保障的项目，实际上兼得了政府信用和项目信用，金融机构的存在不明显，比如垃圾污水的 b 类狭义 BOT 业务，而新的 PPP 模式能否推行成功，融资是制约要素，这就是可融资性的出发点。根据财政部项目库整理的 2017 年年初的不同类型项目的落地率，a 类项目落地受制于需求风险，其实是所有类型中最低的，部分盈利状况相对容易测算的存量项目略好，原因就是在我国国情下，金融机构判断过于专业化的需求风险难度太大，导致项目融资受限。其他 3 个分类均不涉及需求风险，对于金融机构相对容易掌握。b 类项目，盈利模式易于测算，是资本市场最青睐的 PPP 投资品种，还可以在后期操作 ABS 资产证券化。d 类项目投资额相对较低，实施中受融资困扰的情况也不严重。c 类 PFI 项目其实很大程度上对于金融机构而言类似对城投融资，政府信用成为主要看重因素。之前入库成为替代政府城投信用的重要环节，另外企业信用成为替代品所以也促进了这类 PPP 项目中的央企凶猛的状况。92 号文和限制央企参与 PPP 的 192 号文出台之后，金融机构受到了一定的影响，加剧了 c 类 PFI 项目融资难的状况。

2.2 基于分类看 PPP 如何优化

2.2.1 重新分类后再看"PPP 四化论"

本章开篇提到，回顾史部长所说的 PPP 在推进过程中所遇到的"四化"问题，其中与运营直接相关的"重工程轻运营"的问题在目前的规范中并没有得到进一步的厘清，这与我们当前的官方分类中没有"运营"定义直接相关，这也凸显出我们对重新分类以及由此对于经营、运营以及维护绩效通过分类来进行透析的重要性。在史部长讲话的一年多前，我们通过分类即指出 c 类 PFI 项目很可能会导致重工程轻运营的可能，并认为绩效捆绑（具体可参见 92 号文的规定）可能是弥补措施之一。本节基于再分类再次对照"四化"问题予以解读。

（1）适用范围"泛化"。史部长讲话中如此描述 "泛化"问题，"一些地方政府将房地产等纯商业化项目拿来包装成 PPP，借助有关部门和金融机构对 PPP 的'绿色通道'，实现快速审批和融资，会绕过相关产业政策监管，影响宏观调控效果。" 大家可以注意到，泛化问题大概率出现 a 类性质的领域，过度使用商业捆绑，甚至将商业项目直接作为 PPP 项目来实施。a 类 PPP 项目和商业项目有一个共性特征，即需求风险由社会资本或企业承担，而泛化的结果是本应该通过市场持续公平竞争的商业项目却利用 PPP 获得了不正当的垄断权力，容易产生官商勾结，并妨碍市场公平竞争。

类似地，在环保领域，泛化的问题也曾险些出现。某大气治理公司发布公告，与政府签订在大气领域利用 PPP 治霾的合同，项目规模几十亿元。工业排污是商业领域，政府无权授予该大气治理公司垄断治理权力，这一领域明显是商业领域（具体见附录 2-4　薛涛评"环保公司靠 PPP 迎治霾万亿市场？"）。

（2）支出上限"虚化"问题。史部长讲话中提出 PPP 发展不规范的问题之一是支出上限"虚化"问题，"对于 PPP 项目支出责任不得超过预算支出 10% 的规定，一些地方政府认识不到位，把关不严、执行不力，还有些地方政府能力不匹配，对当地财力和支出责任测算不准确，导致财政承受能力论证流于形式，失去了'安全阀'的功效，很可能加剧财政中长期支出压力。"

支出上限虚化的问题，主要指的是地方政府不重视财承程序，甚至为扩大融资规模突破融资限制而刻意做大财政预期收入或遗漏财承涵盖范围等现象。但是，伴随着 PPP 的深入规范，另一个问题凸显出来，比如按照财政部、住建部、环保部、农业部联合发布《关于政府参与的污水、垃圾处理项目全面实施 PPP 模式的通知》（财建〔2017〕455 号）的要求，当政府面对污水、垃圾新增或存量转让项目时，却发现财承空间已经用完无法采用 PPP 模式的结果，这种情况体现了本轮 PPP 各种规制文件之间容易出现矛盾的现象。

造成这个结果的本质原因，依然是当前的 PPP 分类不尽合理，实际上，正如前文所述，对于刚性的运营类项目（如市政环保类的污水、垃圾、环卫支出），在其设施规模和服务档次合格的情况下（这个应该有严谨的可行性研究程序来确定和控制，而不是通过财承），这类支出与政府隐性负债并无关系，如果不允许 PPP，在环保刚性要求的情况下，地方政府仍然必须安排相应支出给本地专营企业或者事业单位（如环卫），这部分费用并不会因为财承制约而不发生。因此，这类 PPP 支出费用，本就不应该纳入财承 10% 限额考虑。未来，至少污水 BOT、垃圾 BOT 和环卫这样的 b 类和 d 类 PPP 项目支出应该如此安排。对于纯粹的 a 类 PPP 项目，如果是不涉及财政补贴的完全使用者付费 PPP 模式，当然也不受财承限制。而说到财政这些刚性公共服务支出中部分应由居民最终承担的部分，按照发改委最新的《关于创新和完善促进绿色发展价格机制的意见》（发改价格规〔2018〕943 号），已明确污水厂厂区范围内成本由居民承担，垃圾处理和环卫成本相关的垃圾处理费收取尚在探索中，边界还不清楚，具体这方面的未来趋势论述见第五章的分析。

由此可见，以控债为目的的防范"支出上限虚化"的范畴应该主要针对我们分类中的 c 类项目（这是最容易导致隐性负债的 PPP 项目类型），或者采用可用性付费或影子价格模式，导致 a 类项目性质变化为政府付费的 PPP 项目类型。

（3）支出责任"固化"问题。史部长讲话对支出责任固化方面说道："一些地方政府为了吸引社会资本和金融机构快上、多上项目，通过 BT、政府回购、承诺固定投资回报等明股实债方式，实施 PPP 项目。一些政府付费类项目，通过'工程可用性付费'+少量'运营绩效付费'方式，提前锁定政府大部分支出责任。实际上都是由政府兜底项目风险。"从本文很容易看到，这段讲话针对的不是被目前各地理解的纯政府付费项目，主要是本文中所归类的纯政府付费中的 c 类 PFI 项目。表 2-2 中实际案例分析显示了这一点。

表 2-2　PPP 项目案例

项目名称	总投资（亿元）	合作期限	政府付费总额（亿元）	可用性付费及占比（亿元，%）	运营维护费用及占比（亿元，%）
某海绵城市水环境综合治理项目	9	12 年（2 年建设+10 年运营）	17.5	16.1，94	1.1，6
某海绵城市 PPP 项目	8.4	10 年（2 年建设+8 年运营）	11.5	11.25，98	0.25，2
某市生态建设公园 PPP 项目	7.5	10 年（3 年建设+7 年运营）	11.6	10.1，91	1.1，9

当前，对 PFI 的支出责任固化的修正措施是在 92 号文中开始要求绩效捆绑不低于 30%，正如薛涛在该文件发布，2017 年年初"第十五届水业战略论坛"的演讲中呼吁的那样。这样的规定当然有助于弥补 PFI 模式的内在缺陷，但该缺陷的弥补仍未能完成，在后续章节将继续予以分析。

当前另一个令人感叹的情况是，作为国际（狭义）BOT 惯例的保底量设置，当前竟然也时有被审计部门认为是支出责任固化应被规范的情况，这当然是严重的认识错误（详细分析见 3.2.1）。这些典型的运营性项目，经过科学的方案设计，完全可以做到很强的绩效标准约束性，按效付费机制已相当成熟，与固定回报扯不上关系。对应的滑稽事件是，某些专家认为所有 PPP 项目均应要求出现"绩效捆绑 30%"的字样，殊不知这种规定根本无法在纯粹使用者付费的 a 类项目中实施，而 b 类和 d 类项目中的罚则极限范围往往大于 30%。绩效捆绑 30% 应仅仅适合于可用性付费模式中的工程建设成本年均回款模式容易导致重工程轻运营的漏洞，这样的"砖家"与成语中所说的"刻舟求剑"如此照应。

（4）运营内容淡化问题。"PPP 项目要以运营为核心，发挥社会资本的优势，提高公共服务供给效率。但从实际情况看，当前参与 PPP 项目的多为施工企业，既不愿意承担运营风险，也不具备运营能力，主要通过施工获取利润。同时，一些地方政府也更看重'上项目'的短期目标。两方'一拍即合'，导致部分项目'重建设、轻运营'的倾向仍然严重。"

是 PPP 导致工程公司和园林公司这样的施工企业成为主导吗？E20 环境平台在其主办的 2017 年第十五届水业战略论坛上展示了 PPP 中标企业类型的对比如图 2-11 所示，这是根据当时 614 个已落地项目为样本，按照其实际项目内涵进行了 a、b、c、d 的分类后得出的。我们看到，c 类项目单体金额巨大，背后地方政府融资冲动在非运营类项目上表现无疑。

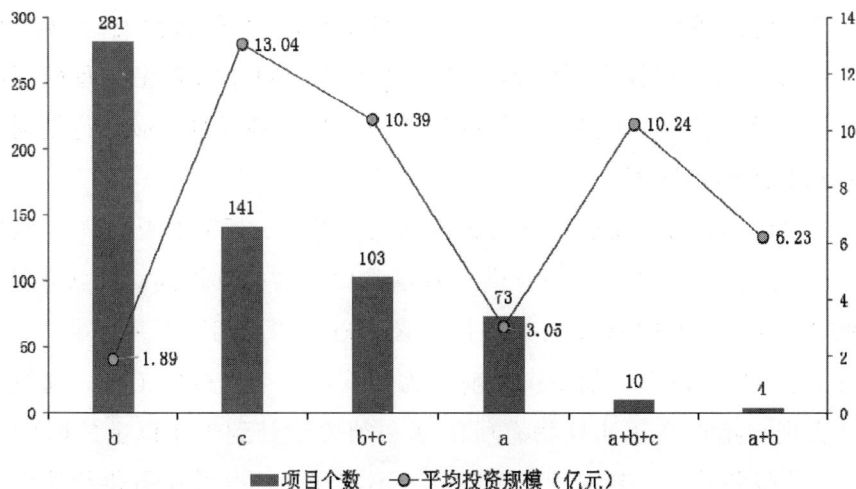

图 2-11　各类落地项目分布

更重要的是如图 2-12 所示，在史部长讲话半年之前，**E20 数据中心**就用数据直观表现了本轮 **PPP** 中的 PFI 如何导致"工程进、运营退"的。所以，批判 PPP 导致"国进民退"的，还没有深入问题的本质，融资金额巨大导致央企有了优势，园林公司利用高杠杆介入却也埋下风险隐患。更重要的是，不是所有的 **PPP** 都是如此，是 **PFI 或者捆绑 PFI 类型的 PPP 项目**造成了这个结果。

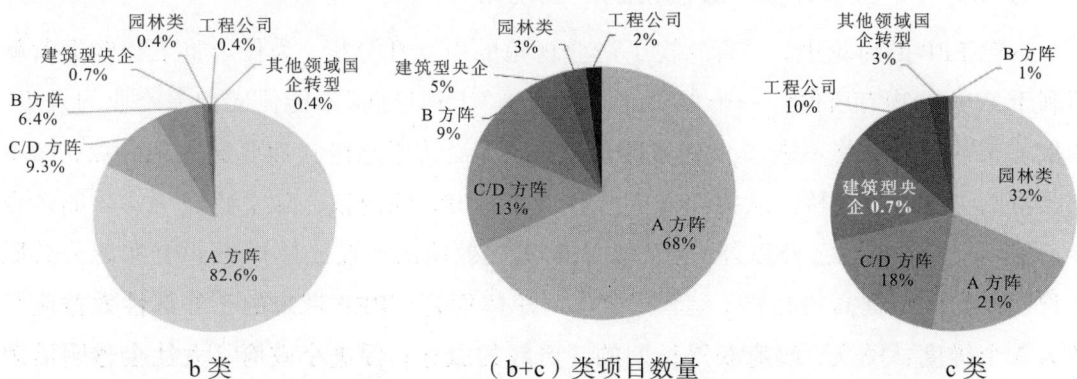

图 2-12　不同性质的企业对项目类型的偏好

2.2.2　PPP2.0 尤其是 PFI 的优化方向

作为全面性改革的 PPP，摸索中前进，行稳致远务必规范。自国发〔2014〕43 号文发布以来，PPP 在我国虽处于初级阶段，但已初步建立了一个较为全面的体系。史部长的讲话拉开了规范季的大幕，讲话中反复强调在 PPP 中要重运营，运营为王也成为企业的宣传语。值得注意的是本轮规范能否有效是 PPP 生存的关键。既然本轮 PPP 不能止于传统特许经营，那么到底什么是我们说的"真运营"？有维护就可以叫运营？工程建设达标就算物有所值和绩效达成？这些问题如果无法厘清而由此做不到调整有方、松紧适度，往下接着进行的规范很容易出现反复，最终将是财承空间的浪费殆尽和 PPP 的逐步枯萎。

经过前一阶段的摸索，我们看到大家逐渐获得共识，规范的 PPP 不但要能有效控制地方债务，更应该要实现公共服务供给质量和效率的持续提高。要实现这一目标，应该回归 PPP 的初心。PPP 提高效率的目标必须冠以"长期"二字：第一，PPP 项目本身存续期长达 10 年以上，如果仅是前期为了获得一个合格的工程，通过严谨的招标流程即可实现，所以真正实现物有所值就必须要拉长到十年以上的时间周期来评估；第二，公共服务是本，基础设施是载体，不实现长期公共服务供给质量和效率提高，再好的基础设施很难说有何意义。

从前文分析已经表明，a 类、b 类、d 类属于典型的运营类，理论上不是防范"工程化导向"的重灾区，但如果把运营类项目设计成可用性付费或者与实际使用量有巨大偏离的保底量，运营属性就有可能变异。当前，防范重工程轻运营导致的是一个硬币的两面，一面是地方隐性债务，一面是与前者互为因果的基础设施投资效率下降（其实也是未能实现"长期公共服务效率提高"），着力点应该主要放在 PFI 类型的优化上。

1．对 PPP 模式评估中被忽视的产业视角

本轮 PPP 的讨论中，一直忽视了产业视角的引入和分析。为什么重工程轻运营就不利于 PPP 的物有所值？一个重要的原因就是"工程导向"不能促成相关产业的升级。如果外来的和尚始终不进步，如何能比家里的和尚善于念经？而要避免这一点，离不开项目的"运营"内核。从国际先进经验来看，PPP 的内核，除了我们所熟知的政企界面清晰、政府信息公开以外，还需要培养出高效能的产业主体作为 PPP 实现公共服务长期供给效率提高的必要（运营）载体。**总体而言，PPP 带来的正外部性效益应归纳为 3 个维度：民众、政府获得长期的、更好的服务；促进小政府、大社会透明治理系统的构建；促进专业运营商和产业的发展。**所以纵观全世界的好 PPP 来对比，本

轮 PPP 出现的"工程进、运营退"的现象肯定很难实现"物有所值"。

从 2004 年特许经营到国发〔2014〕43 号文发布之前，可称为 PPP1.0 时代，由住建部启动的部分政府公共服务外部化，打破了中国 2 000 多个市县公共服务地域分割化、碎片化的局面。国发〔2014〕60 号文所提到的基础设施规模化运营，在 1.0 时代实现了一部分，培养了目前占据国内环保类上市公司七八成市值的产业主体。这些企业具备人才、资金、技术集成、品牌等综合实力，其发展壮大带来了基础设施的规模化运营，体现了行业集中度的初步提升，代表着环保产业的初步成熟，也是实现 PPP 目标落地的重要载体。

在市场化项目中，污水处理项目主要以 BOT、TOT 投资运营服务模式为主，BOT 占比 47%，TOT 占比 27%，托管运营占比 16%。值得注意的是，参与的环保公司是按"运营属性要求"来参与 PPP 和构建自己公司发展战略、资源分配和能力建设的。传统特许经营项目所蕴含的、天然的强运营属性带来了产业主体的功能定位和发展路径，也由此产生了 PPP1.0 未被充分评估的正溢出效应。众多企业个体的发展促进了整个产业的发展，而整个产业的提升也为公众和政府带来了更好的服务。**在传统运营 PPP 项目中，控股并表是显而易见的需求，运营控制是企业实现利润保障的基本路径，游戏规则的设计相对较好地兼容了企业逐利的目标、产业能力的提升、监管效果的达成和公共服务效率的长期提高。**

但是，进入 PPP2.0 时代的 PFI 模式，即以工程公司领衔、以工程导向为主的阶段后并不能显而易见达到这个目标。因为工程公司重在短期工程利益（当然由于担心地方政府契约精神不足也是国情下的动因），很难培养可持续的企业核心竞争力，对整个产业的发展也缺乏促进作用。在某些项目里，高杠杆的资本金、庞大的联合体阵营、以简单的划分工程标段来区分联合体主要成员的分工、不知道并到哪里的报表、占比很低的维护费用比例甚至是由小小的联合体成员来承担"运营"任务，这种对追逐工程利润的短视行为对整个行业的可持续发展是有损害的，更是把 PPP 这本经念歪了。

2. 由绩效维护难度带来的"准运营"属性是优化 PFI 的突破口，但支点还需重建地方政府信用

中国特色的 PFI 的优化方向在哪里？让我们回到我们对 PPP 四分类的过程，此时需要引入一个新概念，c 类 PPP 所包含的非运营类项目的基础设施要通过长期维护达到其设定的公共服务功能是否具有足够难度，我们称为维护绩效性。维护绩效性分强弱，同为 PFI 模式主要包含的品种，比如市政道路、园林景观、人民广场类相对简单，设定断面考核标准的黑臭水体却是高难度的。**此外，维护绩效应与保障项目的主体功能紧密有关，比如医院和学校的建筑类 PFI，对其中绿化、物业、食堂的维护，都与主体功能（或核心服务，如医疗或教育）无关，不能由此而获得强的主营业务绩效，因此不应定义为医疗或教育的 PPP，本质还是为了获得融资和工程。**

如图 2-13 所示，我们将 PPP 分类中所引出的 3 个属性在横坐标上，并将不同的环保类型与之对应。我们还应注意到，横坐标概念所含性质往左方向兼容的，项目的经营属性包括运营性，也包括维护绩效性，但反之则不成立。

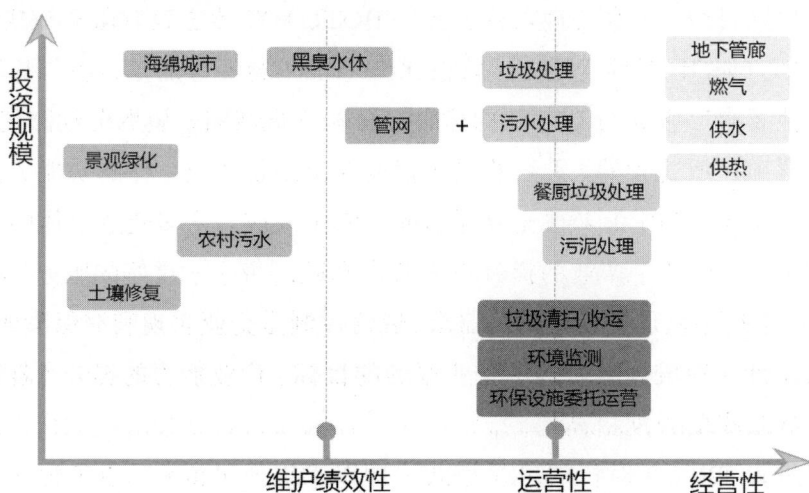

图 2-13　PPP 环保类型图

我们可以看到，在环保领域，根据"水十条"要求有断面改善指标作为集约效果的黑臭水体是维护绩效最高的，次之则是一些需要靠各类分项指标约束的海绵城市和农村污水等，而景观类则相对较弱，而部分看似与景观绿化类似的生态修复项目由于有持续性的改善要求（如土壤的持续改善或者植被生态的逐步修复），具有一定的维护绩效性。但是，一次性的工程导向的土壤修复却因为没有持续改善的空间（现在的土壤修复主要采用异地工程模式，原位修复技术应用较少），维护绩效较低，其实是工程类项目。根据这个描述可以理解到，我们所说的维护绩效性是不能以工程一次性实现目标的 PFI 部分，需要通过维护稳定达到从效果出发的绩效目标，或者逐步达到被设定为持续提高的绩效目标，由此获得了 PFI 的"准运营属性"。

对于没有绩效压力而不具备"准运营属性"的项目，程序上是根据竞争工程造价下浮率和虚拟计算的投资节省比例来体现 PPP 的物有所值，并基于政府对工程造价决算的控制力来实现，但我们对此是持保留态度的，实操中总是有企业做手脚的空间。这也是我们坚持认为仅获得一个合格的工程并不等同于合格 PPP 的原因所在：如果只要求合格的工程，通过公正和严谨的施工招标（最多设计也进行单独招标）即可实现，而如果施工招标都招不好的业主去操作更复杂的 PPP 更难有好的效果。实操中，融资成本的提高和对暗藏工程利润的不易控制，都会使通过 PPP 程序所获得的工程很有可能比政府自建更昂贵，进而背离 PPP 的物有所值原则。对此持保留态度的人，可以翻翻前一段时间通过 PFI 类型的项目突飞猛进的某些上市公司如何在公告里说明自己在 PPP 上通过工程而实现盈利的能力的。

按上面的说法，是不是所有的非运营类项目都不能通过 PFI 来实现物有所值了？其实不然，对于维护绩效难以简单达成的非运营项目，政府主导建设和维护后长期效果打水漂的情况在过去几十年间并不少见，公建公营投资浪费的损失即便偶发在几个项目，也会远远大于试图通过 PPP 节省融资成本以及后端工程招标低价竞争带来的成本节约。对于这类项目，采用绩效捆绑后的 PFI 模式，在宏观管理角度是有机会达成物有所值的。

这是 92 号文通过绩效捆绑补丁为 PFI 的优化提供了一个基本路径，但路径实现的前提还要达成一个新的共识，即所选择的项目所捆绑的绩效本身应是政府自己投资建设和维护难以实现的，否则简单维护即可达标的项目必然会出现工程化的趋势，即便是所谓的捆绑 30%工程费的绩效标准如何具体化、精细化、数量化也都难改项目本身"重建设轻运营"的本质，难掩政府过度追求融资、社会资本垂涎工程利润的本质。绩效捆绑在绩效极易达成的项目上其实没有太大意义，结果还是会类似拉长 BT 里的固定回报，即"无长期绩效压力，就无绩效捆绑意义"。

在我们看来，只有长期维护绩效压力较大，再加上绩效捆绑按效付费，才可能出现此类非运营项目中的"准运营化"，并由此发挥区别于工程内涵的专业运营商的作用。同时我们要注意到，金融机构以及其影响下的社会资本（在 PFI 项目中金融机构主导力大于运营类项目）会偏向选择运营绩效压力小简单维护可达标的项目类型，导致 PFI 类型选择中的"劣币驱逐良币"的现象。对于金融机构影响下的社会资本的选择意愿而言，有准运营属性的 PFI 项目在项目吸引力上大大低于无准运营属性的简单的工程类 PFI 项目。要避免这种情况发生，中央应该尽快推广湖南《关于实施 PPP 和政府购买服务负面清单管理的通知》（湘财债管〔2018〕7 号）所制定的负面清单（将弱维护绩效无准运营属性的市政道路、绿化景观和人民广场明确排除在外）和推出优先 PPP 的黑臭水体等强维护绩效的正面清单来督促地方政府，将珍贵的财承空间使用在具有物有所值基础的准运营类 PFI 上，这件事在当前十分迫切。

只有推出的 PFI 项目都具有准运营属性，在为达到长期绩效的压力下，社会资本就需要持续研究和提升其对 PFI 项目的科学规划和技术集成、工程实现和长期维护能力（我们称之为准运营 PFI 项目的全生命周期三合一特质），从而实现一个企业长期可持续竞争力的提升，并由这些个体在竞争中的优胜劣汰形成产业的升级。而当我们推出的 PFI 项目都具备"准运营"属性时，相关产业升级产生正外部性效益，反过来又可以有效保障 PPP 目标的实现。

最后值得一提的是，这样的 PFI 优化还离不开一个最重要的支点，就是地方政府的支付信用，**地方政府的契约精神之于 PFI 的优化是皮和毛的关系，"皮之不存毛将焉附"。可能如果政府违约成为常态，甚至复杂的绩效约定恰好使地方政府更容易找到理由拖欠付款，那么就会造成类似"无恒产无恒心"的企业心态，在不良的政商关系下，社会资本就很难把自身发展重点转向长期绩效达成能力，通过工程利润落袋为安成为其必然选择。**所以，建立规范地方政府按约付费机制，是在这轮规范中被忽视的，保障 PPP 行稳致远的最重要和最急迫的任务。

2.2.3 从分类再看国际上的 PPP 三原则之国情适用性

"伙伴关系、利益共享、风险共担"是西方大量经典 PPP 书籍所使用的词汇，也是这一轮 PPP 推出时我们最常引用的 3 个出发点，如图 2-14 所示。但是，如果大家真正理解了中国特色的三大关系和四分类分析法，就会发现这些决定了我国特色 PPP 的基本形态，是无法与国际上标准模式进行简单对照的。

图 2-14 PPP 三原则

1. 伙伴关系 VS 买卖关系

以解剖 PPP 基本概念为例，我们先来看"伙伴关系"。在前述 b 类、c 类、d 类三类政府付费类的项目中，作为甲乙双方的地方政府和社会资本，本质上是基于买卖关系，各方以此为出发点更加严谨地设计交易模式和监管细节，比基于不可捉摸的伙伴关系更容易将项目做好。

这是因为政府及聘请的咨询机构作为买方，必然要尊重卖方要赚钱的事实，但钱要赚得合理、账要算得分明、服务要匹配（由于社会资本没有承担需求风险，这三类项目理论上都可以做到），还要比自己亲自操刀（传统平台模式）获得物有所值的长期服务，源于公众税费的财政支出必须要实现采购公共服务所对应的长期绩效。

在这三类项目中，某些领域被误读为"垄断授予"，不过是买卖双方锁定了交易关系（有时则是网络性公共服务中附加了管网的自然垄断性，比如排水领域，需要区分自然垄断和行政垄断，后者才是通过特许经营垄断授予的范畴）。我们认为，买卖关系比伙伴关系更能体现这三类项目中双方"合作"的本质，以此为出发点，"各自摸清楚对方且丑话说明处"，再严谨设计交易和监管模式，方能符合我国国情，也不容易出现"闪婚"后政府嫌社会资本投机、社会资本嫌政府缺乏诚信的双输局面。

类似地，PPP 经典理论中建立伙伴关系的特征表现就是"合资合股"，但其在这三类政府付费项目中发挥的作用并不明显，而政府有限的出资占股主要是为了发挥行业监管作用，在共同面对需求风险的 a 类项目上（包括含有 a 类项目特征的其他类型，后续章节有描述）才是必要的。

2. 利益共享 VS 婚姻关系

我们再来看"利益共享"。合资合股中无论分红与否，往往很难在政府付费类项目中确定能否实现利益共享。因为以政府支付为收费核心的 b 类、c 类、d 类项目中，由于需求风险总体可控，财务测算相对精确，即便采取了合资模式，股东不分红可被认为是对其的财政补贴，而股东分红从财务角度来看，政府获得的红利实际上还是来源于财政，所以并无收益分享的实际意义。另外，对于某些 c 类项目，以伙伴关系为名诉求政府相当比例的参股，反而变成了某些施工类社会资本降低自身资本金比例、以更易于实现工程利润退出的手段。

当然，从广义来看，可以把地方政府积极为社会资本争取更好的相关优惠政策以及后端附产品资源化收益作为一种"伙伴关系"，也可以把来自这两方面乃至社会资本的自身技术进步所带来的超额利润进行平抑作为"利益共享"，我们认为上述要素在 b 类、c 类、d 类项目机制设计中的重要性相对较低，对超额利润的过度平抑甚至会带来有违激励相容原则的惰性问题。

真正需要建立伙伴关系和利益共享机制的，也能实现股权合作最大化的，主要是 a 类使用者付费的项目，包括类似捆绑商业开发因素的复合类项目。它们有一个共同的核心特征，就是社会资本拥有相应垄断权，且需要面对需求风险。所以，区别于不应作为 PPP 项目实施的纯商业竞争领域，作为公共服务领域地方政府有托底的最终责任，政府作为伙伴应该积极辅助社会资本开源节流、降低财政补贴支出或者减轻百姓负担。要实现这一目的，地方政府需要积极与社会资本一起面对不确定的需求风险，真正称为"婚姻"的伙伴关系也就确定了，股权分红可视为地方政府获得的利益共享。

另一种伙伴关系就是以促成有效资源开发和经济发展为要务，双方共同注入各自资源各展所长，争取配比最佳的基础公共服务所带来的城市发展、商业开发收入或税收收益，股权合作和对应比例的收益分红在这个逻辑里则更为顺畅。与之对应，在 a 类和捆绑商业开发因素的复合类 PPP 领域，才会有第三个要素"风险共担"原则的存在，而在以政府购买（付费）的 b 类、c 类、d 类领域，其实主要是风险分担。

3. 风险共担 VS 风险分担

我们最后来看"风险共担"。那么，到底用风险共担还是风险分担来描述 PPP 更为合适呢？a 类特许经营（含复合项目）本质上就是社会资本承担"需求风险"，但出于前文所述为得到公共利益的基本保障，"风险共担"便应运而生，共担的是不确定的需求风险。与风险共担对应的是利益共享，实现地方政府侧的降低财政补贴、减轻百姓支付负担或增加商业属性的捆绑经营开发收益。

风险共担的背后是双方各自注入资源、发挥所长的合作，正如市场需求风险无法完全预计一样，很多资源投入细节也未必在签约时能够完全准确约定。在这类项目中，由于边界条件和未来状况较为模糊，为达共同目的所构建的合作关系，能够更准确地匹配 PPP "婚姻论"的状态，因此也与经典 PPP 理论内涵的三原则一脉相承。

而绝大部分政府购买类 PPP 如 b 类、c 类、d 类项目，不存在"需求风险"需要共担的情形，在 b 类、d 类运营属性强的项目中，社会资本承担项目实际运营效果的风险。基于此，"保底量"设置不等同于固定回报，而是对最低需求风险的制度安排，运营类项目的绩效考核相对容易达成，这也是 PPP 目前推进中总体良好的领域。

相对于前文所述的适用受限的风险共担，风险分担机制倒是 PPP 实施方案编制中最有价值的着眼点（见图 2-15、图 2-16）。巴曙松先生曾说过，风险分担的设计"其目的不是把政府的风险转移出去，而是通过这样的机制实现风险的有效管控"。要实现对风险的有效管控，在风险分配中的重要依据是由相对最有能力的一方来承担某项风险，以及政府对公共服务产出效果的有效把控，即我们所说 PPP 唯一指标是长期运营绩效，如图 2-16 所示。

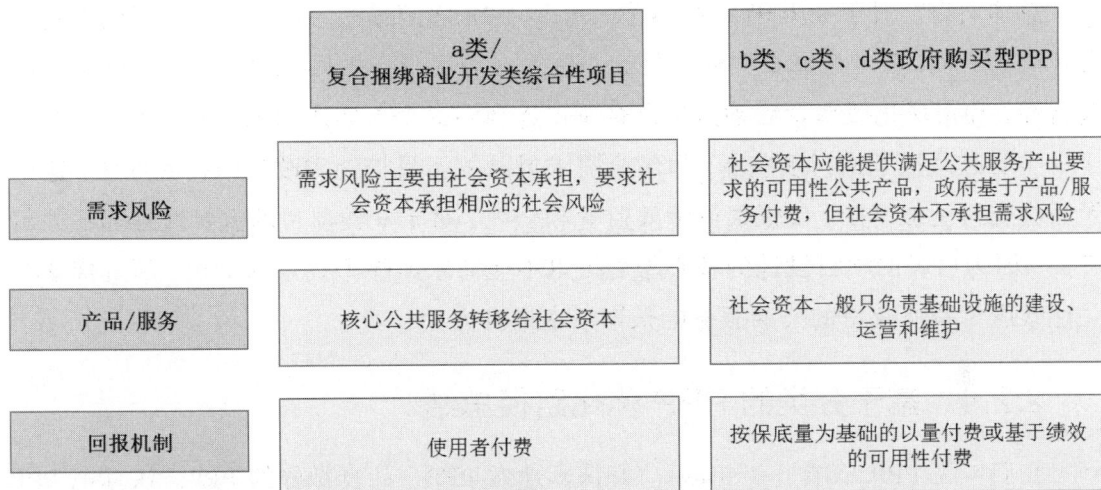

	a类/ 复合捆绑商业开发类综合性项目	b类、c类、d类政府购买型PPP
需求风险	需求风险主要由社会资本承担，要求社会资本承担相应的社会风险	社会资本应能提供满足公共服务产出要求的可用性公共产品，政府基于产品/服务付费，但社会资本不承担需求风险
产品/服务	核心公共服务转移给社会资本	社会资本一般只负责基础设施的建设、运营和维护
回报机制	使用者付费	按保底量为基础的以量付费或基于绩效的可用性付费

图 2-15　基于需求风险和回报机制的不同类型项目特点对比

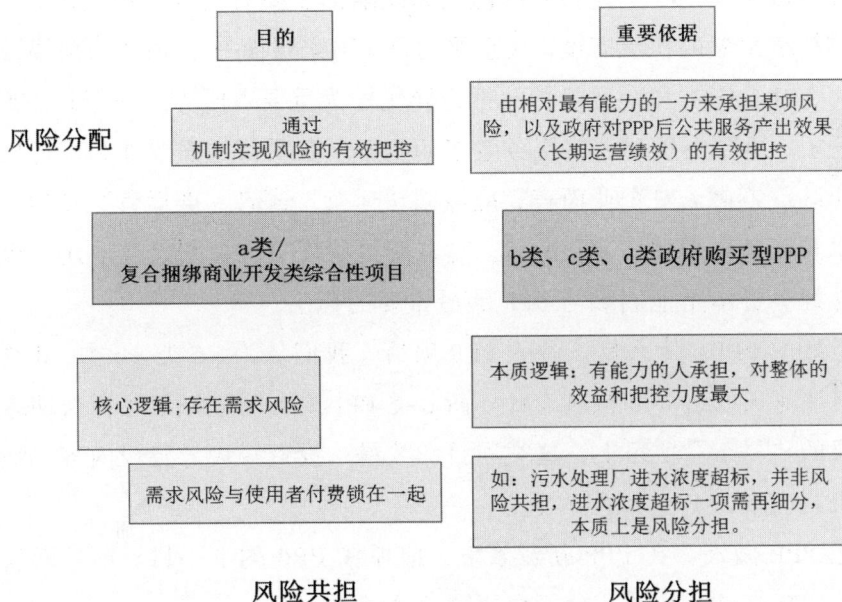

	目的	重要依据
风险分配	通过 机制实现风险的有效把控	由相对最有能力的一方来承担某项风险，以及政府对PPP后公共服务产出效果（长期运营绩效）的有效把控
	a类/ 复合捆绑商业开发类综合性项目	b类、c类、d类政府购买型PPP
	核心逻辑：存在需求风险	本质逻辑：有能力的人承担，对整体的效益和把控力度最大
	需求风险与使用者付费锁在一起	如：污水处理厂进水浓度超标，并非风险共担，进水浓度超标一项需再细分，本质上是风险分担。
	风险共担	风险分担

图 2-16　风险分配下的风险共担和风险分担

实际上，对于存在不可预知需求风险的 a 类 PPP 设计，由于风险分担设计无法穷尽，风险共担的设计一定会存在。而 b 类、c 类、d 类政府购买的 PPP 项目中，理论上我们看到的绝大部分的风险共担其实都是未完成足够设计的风险分担（餐厨、污泥、建筑垃圾和畜禽废弃物等固体废弃物的前端收集或者后端资源化存在障碍并因此具有部分 a 类 PPP 项目特征的除外，在后续章节中予以描述）。

总体而言，对于 a 类和 b 类、c 类、d 类 PPP 之间最核心的区别，在于两者的核心矛盾的不同：前者最需要关注的是社会资本对居民直接提供公共服务所必须承担的公益性，和市场化效率背后动力来自企业追逐利润这个事实之间的矛盾，该矛盾产生于 a 类所必须授予的行政垄断，再结合需求风险的不易控制和政府的托底责任，这个矛盾会变得更加复杂。仅仅强调绩效监管和合规，对于 a 类项目的重要性远远不如后三类，因为后者的项目设计的核心矛盾可以不受需求风险不确定的干扰，而直接落在关注政府付费所获得的公共服务的长期效率提升方面。

2.2.4 基于分类的 PPP 优化路径总结

我们曾为 PPP 总结了 3 句话："好认真地做 PPP，认真做好的 PPP，认真把 PPP 做好"。

好认真地做 PPP。各方对 PPP 的优点和缺陷都需要有充分认识，并要有呵护 PPP 得以健康可持续发展的积极态度。最重要的是，国家层面对于 PPP 的顶层设计要以防止地方政府、社会资本和金融机构的行为异化作为重要着眼点。对于地方政府而言，不能只为融资，更要注重对公共服务效率的提升，在项目的必要性和可行性上服从公众需求而非政绩考虑。对企业而言，应该向"运营"或者"准运营"转型，从赚工程快钱到细水长流赚合理的、运营的钱。对金融机构而言，识别符合前述要求注重运营转型的优秀社会资本是他们参与 PPP 的最重要的抓手。

认真做好的 PPP。什么是该做的 PPP 项目？我们认为，a 类、b 类、d 类项目都可以做，但要注重核心边界和机制设计。而 c 类 PFI 项目则应该聚焦在长期维护绩效难以简单达成的"复杂"项目上，这类项目的数量、投资规模、建设内容、绩效标准和按效付费机制应成为 PPP 规范的重点。

认真把 PPP 做好。在 PPP 新背景下，应抓住 PPP 的唯一目标即长期公共服务供给质量和效率提高这一主线。包括以下 3 个方面。

（1）在运营类和复合商业类项目中做好机制设计提高长期绩效，对直接向非政府的使用者收费的 PPP 项目，要在注重公众利益保障监管和尊重社会资本利润中追求平衡，加强机制设计以达到各展所长、优势互补及降低需求风险的目的，并在股权合作的基础上实现风险共担。

（2）对政府为付费主体的运营类项目，则要关注绩效持续监管和鼓励社会资本提高效率之间的平衡，注重政府配套责任的落实以及合理分配的风险分担。

（3）在非运营类项目中，要筛选出具有长期维护压力，能够实现捆绑实质绩效的项目来推进 PFI 模式，这类项目应满足"三合一"的高强度统一属性，否则可能因为违背了 PPP 的内在规则而无法实现 PPP 的基本目标。

在我们看来，PPP 要避免融资导向和工程导向，回归公共服务的本源。长期稳定、质量可靠的运营才是公共服务质量高效供给的标志，是对 PPP 初心最好的遵循。

2.3 环保与 PPP

2.3.1 PPP 的环保机遇

如前所述，自 2003 年，原建设部 126 号文驱动了 PPP 在我国第一次大批量落地的实践，深刻影响了市政公用行业的产业格局，后来者称其为特许经营时代或者 PPP1.0 时代。而当前，转由国家发改委和财政部共同全面推动的基础设施投资模式改革，被称为 PPP2.0 时代。

环保产业在中国的成长离不开 PPP1.0 时代培养的大量上市公司和社会资本企业集团，而 PPP2.0 的环保新机遇得益于近 3 年各界对环境保护的空前重视，环保产业被赋予七大新兴产业的发展重任，尤其"大气十条"（《大气污染防治行动计划》）、"水十条"（《水污染行动计划》）、"土十条"（《土壤污染防治行动计划》）的发布。与此同时，党的十八届三中全会提出了"使市场在资源配置中起决定性作用"的主张。

2018 年的全国生态环境保护大会为生态文明建设做了顶层设计，指出生态环境是关系党的使命宗旨的重大政治问题，也是关系民生的重大社会问题，将环保提到了一个空前重视的高度。值得注意的是，正是在这次会议上，在 PPP 规范季的背景下，习总书记在生态大会上提出要采用多种方式促进 PPP 的发展。

在当前的 PPP 领域分布上来看，虽统计口径存在交叉，但也可估算出在财政部前三批示范项目中与环保产业相关的占比约 40%（按项目数量），而在第四批示范项目中占比达 47%（见图 2-17），项目多分布在市政工程、生态建设和环境保护、水利建设、城镇综合开发等领域。

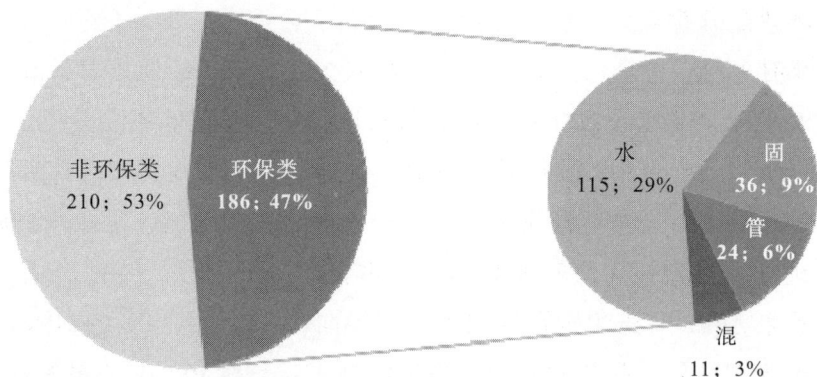

图 2-17　财政部第四批 PPP 示范项目环保类项目占比（按项目数量）

2.3.2　重回九宫格看 PPP 的环保应用领域

从第一章中 E20 环境产业九宫格，可以更加清晰地理解 PPP 在环保产业中所能应用的子领域。九宫格的纵轴代表环境产业的服务对象，横轴则是污染物的承载介质。从纵轴的服务对象领域来看，服务于"工业"企业的大部分属于纯商业竞争领域，服务于"市政"基础设施和"环境"修复的甲方均为政府，而前者环保服务处理的是当期污染且有明确的付费责任主体，存在污染者付费的价格机制基础；后者则是为了解决时空错位的污染，即对存量污染或者环境容量不足带来的环境修复，也因此难以找到付费来源，往往只能依托财政税收均摊（如黑臭水体）。

从纵轴继续分析，考虑到合同属性，直接为工业客户提供治污服务的第三方治理不属于政府公共服务的范畴。在 5、6、7 这 3 个领域，除了工业园区废水集中处理、危险废弃物处理和园区大气监测，由于需要政府授权而兼具两种特性，可以适度纳入 PPP 的范畴。其他大部分情况下，将工业治污的第三方治理与 PPP 混为一谈，甚至套用特许经营模式都容易造成逻辑混淆。如果以推进第三方治理或 PPP 为由，不当授予治污企业垄断权，强迫工业企业接受政府指定的环境治污企业进行委托服务的案例，其合法性有待商榷。

前面图 1-4 所示 5～7 格所在的工业领域，除了需要被授予特许经营权的园区工业废水处理以外，直接为工业企业服务的工业"三废"治理均不属于 PPP 的范畴。因此，PPP 所应用的环保领域主要在 1～4 的区域（政府为支付对象或者需要政府赋予垄断经营权），以及上述的交叉地带的工业园区集中废水处理和园区大气监测。我们分析从 PPP 1.0 的传统特许经营时代走向 PPP 2.0 时代，最大的变化就是从 3～4 区域延伸到 1～2 区域（尤其是区域 1），从传统特许经营延伸到 PFI 领域。

此外，供水、管廊等业务也与环保产业紧密相关，在 E20 研究院的产业研究中都作为环保产业来看待，但是供水是基于使用者付费（受益者付费）模式，而其他环保领域是以地方政府为直接付费主体（虽然最终是居民或纳税人承担费用）的领域。危废处理领域本应该类似供水领域，是政府授权特许经营的 PPP 模式的 a 类领域，但是按照生态环境部的管理思路，不再限制垄断性，而是交给市场竞争来平抑危废处理价格，那么危废就失去了狭义特许经营最本质的特征，而成为纯市场化的项目，而当前市场上一些采用 PPP 方式招标的危废项目实际上存在误用。

对于横轴而言，污染介质走向分为水、固、气 3 个主要类型，"流动性"不同是其主要特征。流动性越好（如大气），治理需求越急迫（体现在"大气十条"的紧迫性），但自然修复能力也越强，大气领域流动性最强导致没有必要存在基础设施和修复市场，导致右侧两个领域空缺。而土壤被污染后的恢复能力基本没有，自净能力弱也带来修复成本奇高，投入产出比太低而只得推迟治理以预防为主（这是"土十条"的核心）。流动性也在 PPP 中影响了交易模式的设计基础，尤其反映到固废处置领域，除了垃圾焚烧相对简单，无论餐厨、污泥、建筑垃圾还是畜禽废弃物，都需要考虑最终处置出路和资源化的产业链后延的难度，这个性质会使这些项目从 PPP 的 b 类项目中含有了 a 类项目的一些属性（增加了需求风险），具体见第四章的相关论述。

2.3.3　不同历史阶段 PPP 的环保应用领域发展

正如第一章所述，从 2004 年特许经营到国发〔2014〕43 号文之前，可称为 PPP 1.0 时代，由住建部启动的部分政府公共服务外部化，打破了中国 2 000 多个市县公共服务地域分割化、碎片化的局面。国发〔2014〕60 号文所提到的基础设施规模化运营，在 PPP 1.0 时代实现了一部分，培养了目前占据国内环保类上市公司绝大部分市值的产业主体。这些企业具备人才、资金、技术集成、品牌等综合实力，其发展壮大带来了基础设施的规模化运营，体现了行业集中度的初步提升，代表着环保产业的初步成熟，成为 PPP 目标落地的重要载体。

PPP2.0 时代的来临，对正在寻找继续增长机会的，在 PPP1.0 时代形成的重资产环境服务集团（环境产业地图 A 方阵），既带来了新的机会，也带来了挑战。

1. PPP 所代表的市场化大方向促进着环保产业集中度的逐步提高

经过十多年的发展，一方面，催生了 E20 环境产业战略地图中 A、B、C、D 方阵的发展；另一方面，大部分水与固废领域的大型上市公司也都从 A 方阵中产生（如北控水务、光大国际、首创股份等）。值得注意的是，正如前文所述，污水厂 BOT 和垃圾焚烧厂 BOT 作为 b 类项目商业模式类似，因此在排行中可以注意到不少 A 方阵投资运营集团在两个领域齐头并进。

据原环保部 2011 年对全国环保企业的普查数据和后期的更新资料显示，全国有 5 万余家环保企业，总营业收入大约 1 万亿元，但其中营业收入在 1 000 万元以上的不足 10%。E20 根据多年环保产业的数据积累及独创的产业分析方法绘制了环保产业分布一横一纵三点格局图（见图 2-18）。

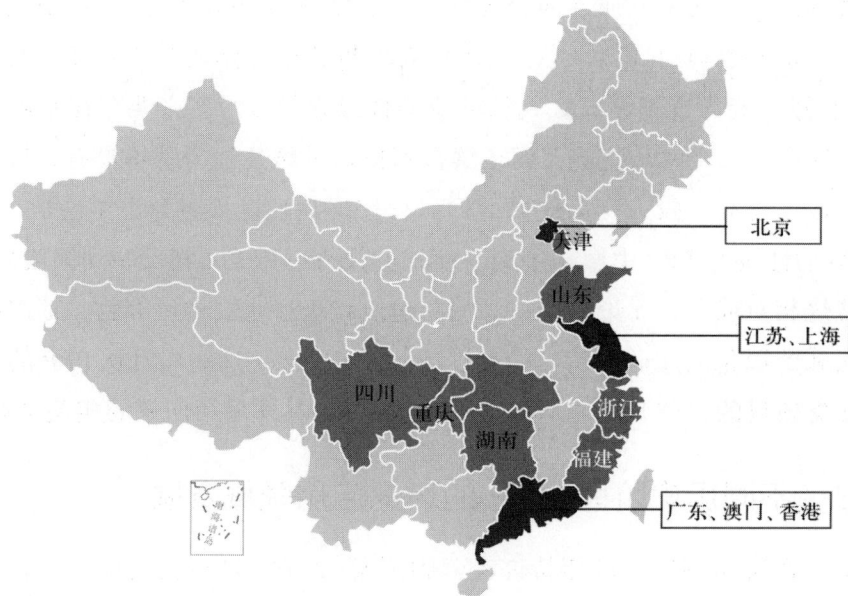

图 2-18　环保产业分布"一横一纵三点"格局

环保产业高度分散的格局，除了与环保产业服务领域本身分割严重的特点相关外，也确实与环保监管不到位和关系市场带来的地域分割有关。如每个省区甚至每个市县都可以因有较好的政府关系生存几家小的环保公司而不被更优秀的外来公司所吞并。但我们相信，随着产业成熟度的提高、环保监管的逐步到位和竞争环境的逐步公开透明，行业兼并和集中度提高不可避免。

特许经营改革和 A 方阵的壮大（行业集中度明显在提高中），使越来越多的市政环保基础设施的采购由政府转交给了 A 方阵。根据 E20 数据中心近几年的数据，新建污水处理厂已经有 47.3% 是由 A 方阵来负责投资建设，而新建垃圾焚烧厂则达到了 67.5%。面对这部分市场 C、D 方阵行业集中度的问题，也由于这种竞争格局的变化而发生变化。

经过十多年的发展和 A 方阵的壮大，再加上未来将日益显著的一个因素——环保监管的日益趋严（由此给 A 方阵在严格执行排放标准方面带来的压力，影响到他们对供应商的选择态度），这方面对 C、D 方阵的影响将逐步显现。可以看到，A 方阵与政府根据传统特许经营服务合同结算的模式，当然会促进 A 方阵企业选择更有性价比和竞争力的供应商，甚至 B 方阵正在进行的政企分开和市场化扩张（以北京排水集团、南昌水业、兴蓉环境、海峡环保等公司为例），也会同样促进 C、D 方阵的优胜劣汰和集中度的提高。

2. PPP 影响下的水务领域

PPP1.0 时代，水务领域城镇供排水和污水处理等属市政领域范畴，在市政领域已形成了政府监管特许经营模式或政府购买型以单元的 BOT、TOT 为主的服务模式，这一范畴相关子领域的发展源自 2003 年原建设部《市政公用事业特许经营管理办法》，目前市政供水领域的市场化率为 20%，市政污水处理领域的市场化率为 40%（见图 2-19），这一发展阶段也可称为前特许经营时代。从图 2-20 所示水务企业规模排名可以看到，水务领域投资运营已具备一定的行业集中度，A 方阵企业的污水处理已运营规模占据 30.7%（见图 2-21），其中北控和首创两家公司占据市场规模合计约为 10%。

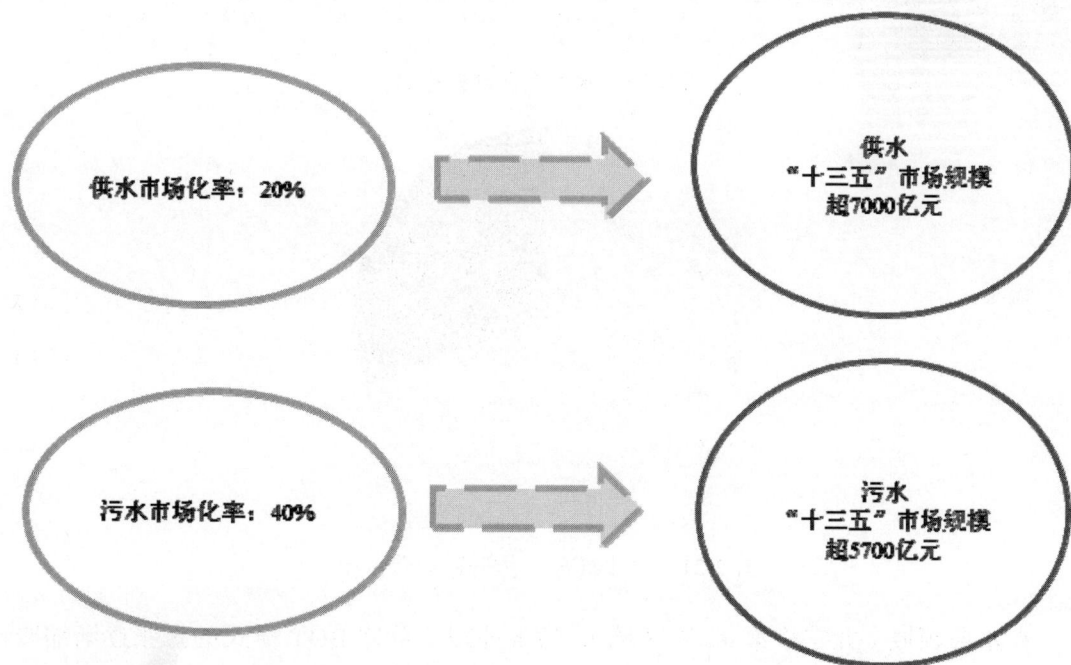

图 2-19　供排水行业的市场化率与市场化空间

45家十大影响力入围企业水务总规模排名（万吨/日）

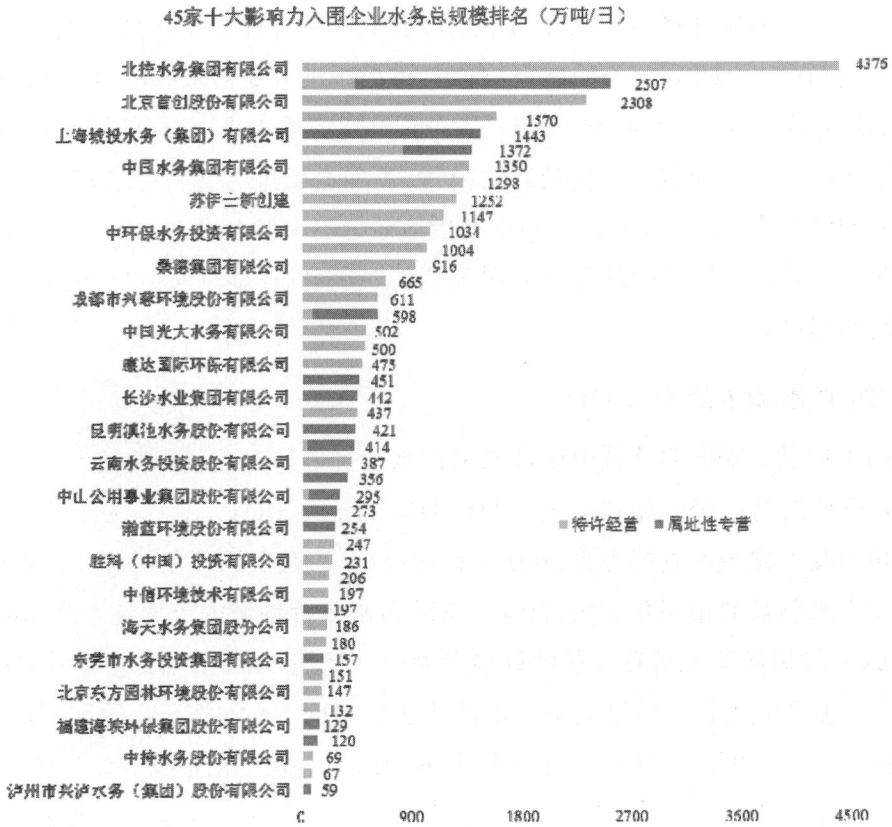

图 2-20　水务企业规模排名

图 2-21　污水处理 A 方阵已运营占比

在水务领域（九宫格第 1、3 区域），污水处理厂单体 BOT 模式的扩张逐渐缩减，而"十八大"以来，PPP 改革所引入的 PFI 机制与"水十条"的黑臭水体治理运动共振，成功地将第 3 区域的特许经营扩展到了第 1 区域。前述中已经看到水务领域 A 方阵公司的传统优势由于 PFI 模式而受到了建筑型央企、园林类公司、工程公司以及 C/D 方阵的冲击，而这些企业在 c 类项目中的竞争优势非常明显（见图 2-22）。

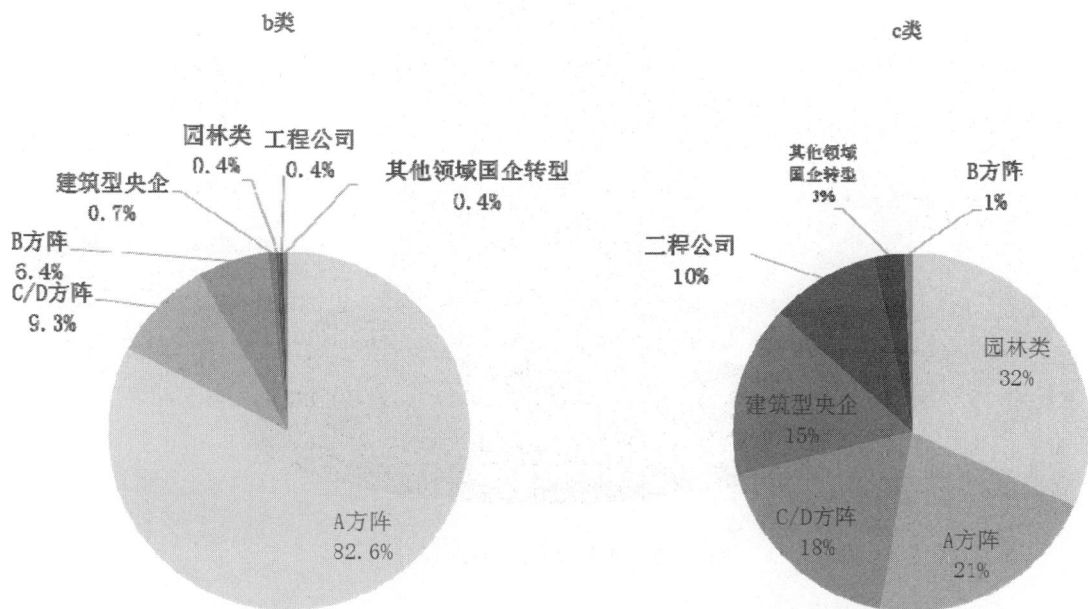

图 2-22　b 类和 c 类 PPP 项目各企业中标占比

同时值得一提的是，由于水环境问题的日益尖锐，系统化的要求越来越高，供排水一体化、厂网一体化、流域一体化、城乡一体化等方面的需求明显，但也受制于区域分割、运营分割、行政分割以及资金困局而使推进艰难。图 2-23 为水环境综合治理划分图。

作为"水十条"倒逼下的城市黑臭水体治理是系统化需求的一个表现，但是受制于之前所说的 PPP 和业务本身的各种制约因素，以及时间表的紧迫，城市流域治理 PPP 中的工程导向明显。如图 2-24 所示，近年来有数千亿元左右的水环境治理 PPP 项目落地，不少环保上市公司业绩由此得到进一步增长，但是伴随着 2020 年年底"水十条"所规定的大考年关将近，实际效果令人担忧。同时值得注意的是，金融降杠杆的大环境和 PPP 规范的整顿对这部分业务的可持续前景提出了挑战。我们一直强调对准运营背后的绩效压力的重视，一般的含水景观项目我们并没有纳入研究范围，更看重带有水治理的 PFI 类型。

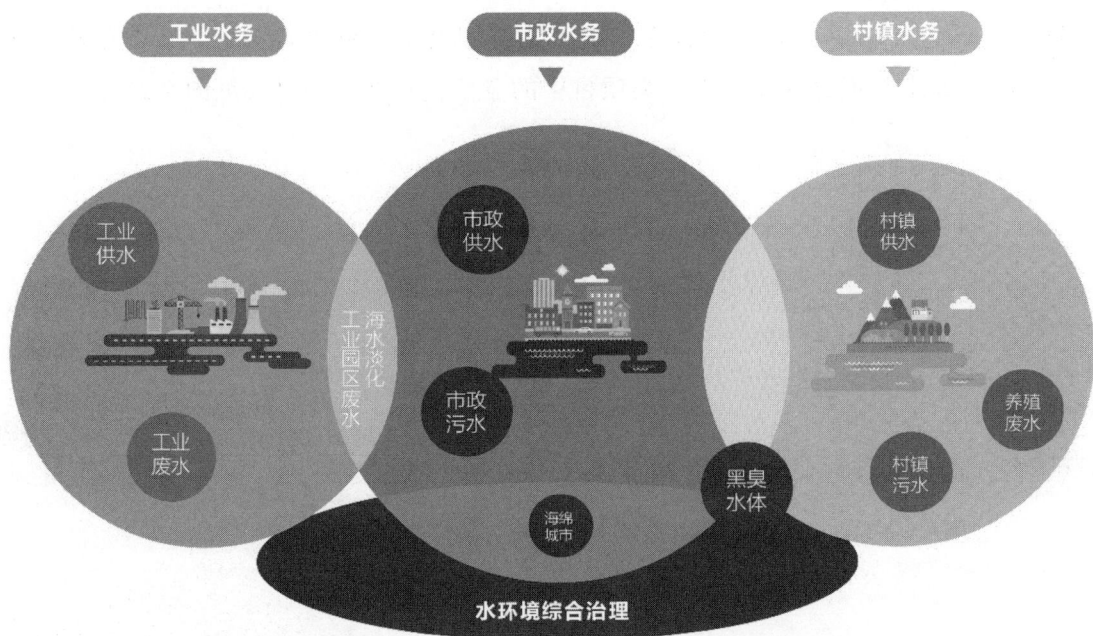

图 2-23　水环境综合治理划分图

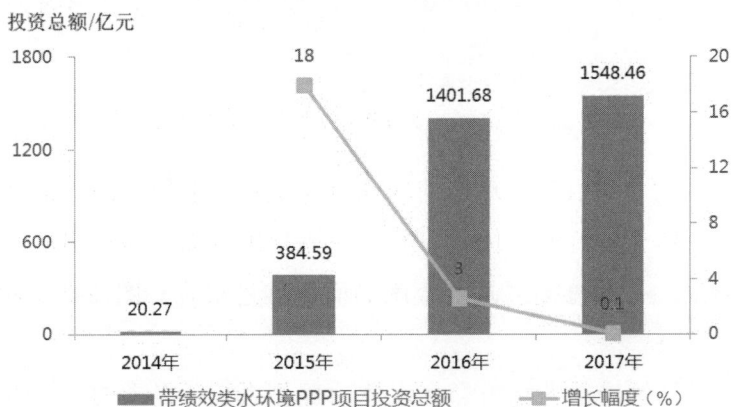

图 2-24　带绩效类水环境 PPP 项目投资总额

3．PPP 影响下的固废领域

对于固废领域而言，其比污水和水环境领域发展略晚，但在 PPP1.0 时代也已迅速形成了较为成熟的以垃圾焚烧为代表的单元性 BOT 项目，固废各细分领域市场化进程逐步推进，形成了将近 1 500 亿元的市场化的年运营规模，如图 2-25 所示。

根据 E20 数据中心的统计，截至 2016 年底垃圾焚烧领域的市场化率占比近 70%。从固度龙头企业焚烧规模排名（见图 2-26）可以看出，垃圾焚烧 BOT 领域已经具备了一定的行业集中度，其中 A 方阵垃圾焚烧已运营规模占比 61.7%（见图 2-27）。

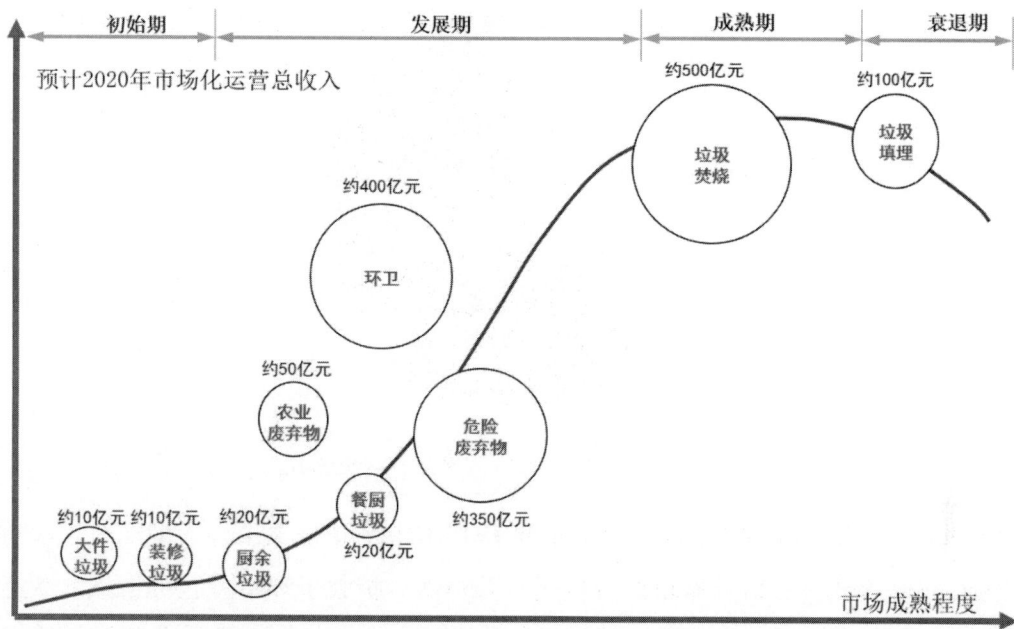

图 2-25 细分领域市场周期及运营市场空间测算

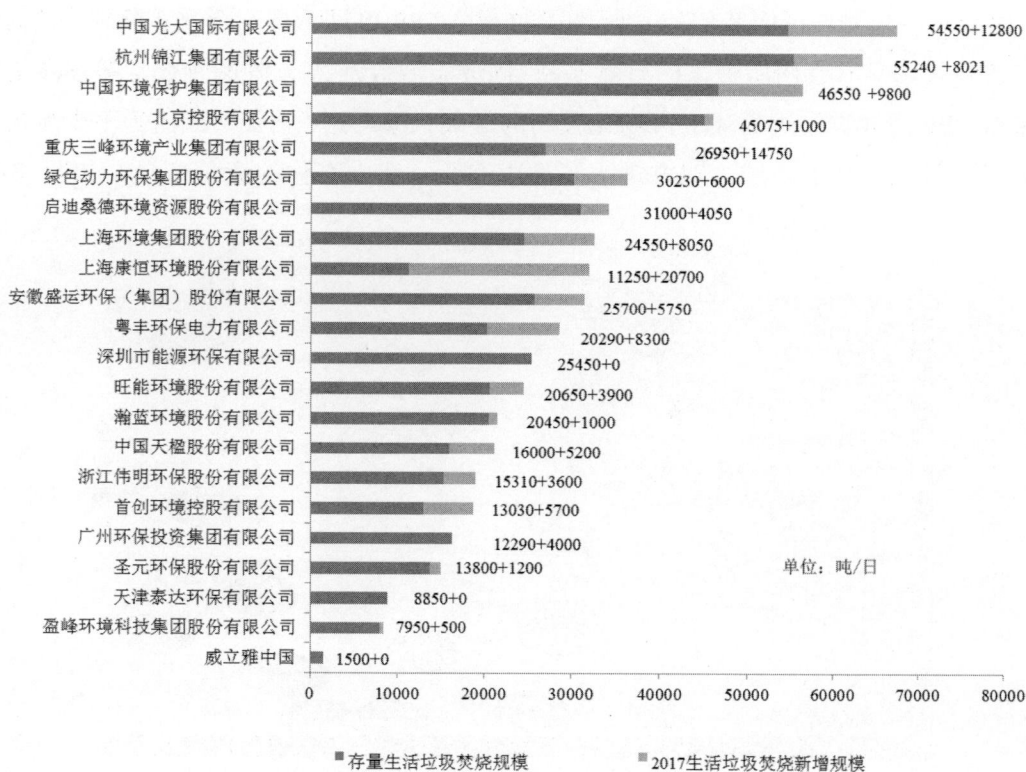

图 2-26 22 家固废龙头企业生活垃圾焚烧规模（已有+新增）

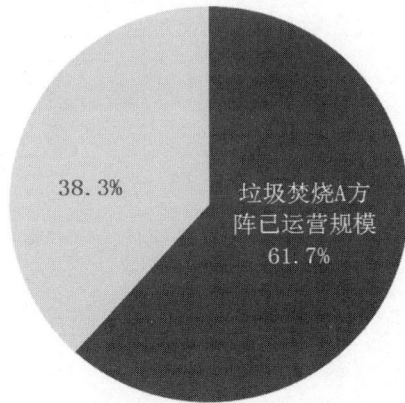

图 2-27　垃圾焚烧 A 方阵已运营规模占比

PPP2.0 时代第一个显著的现象是，PPP 给环卫市场化带来了巨大的商机，从购买服务变成 PPP 模式下，结合城市管理的进一步升级，扩大了环卫外包的区域、专业和时限，而当市场化的环卫公司控制了垃圾物质流后，垃圾焚烧末端企业甚至开始担心其一直享受的超量垃圾供应（超过合同约定的保底量）是否会受到前端收运体系的制约，这也从一个侧面说明我们前文所描述的 b 类 PPP 项目不具有行政垄断权力，而垃圾又不像污水具有管网所带来的自然垄断。固废领域传统 A 方阵的领先优势逐步受到了来自 PPP 的 d 类模式的环卫市场化公司的挑战，像桑德、锦江、天楹等不少垃圾焚烧公司也进入了环卫领域，双方进入了你中有我、我中有你的竞争格局，如图 2-28 所示。

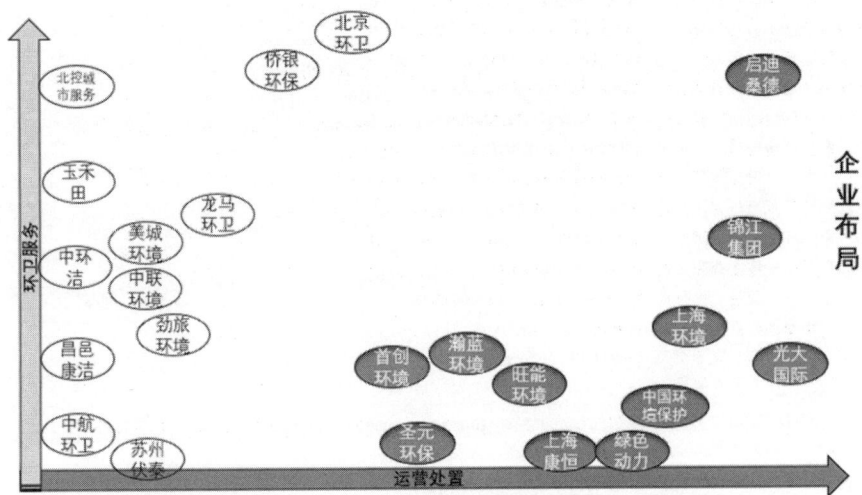

图 2-28　固废领域企业竞争格局

不过，当前环卫市场化尚在早期，E20 研究院称之为环卫市场化的"春秋"时代，环卫影响力企业首年服务金额排名如图 2-29 所示，当前行业领头羊所占据的市场份额还都在 1%以下，估计要在 2020 年以后，扩张速度放缓，大型环卫集团才会进入兼并重组的"战国"阶段。

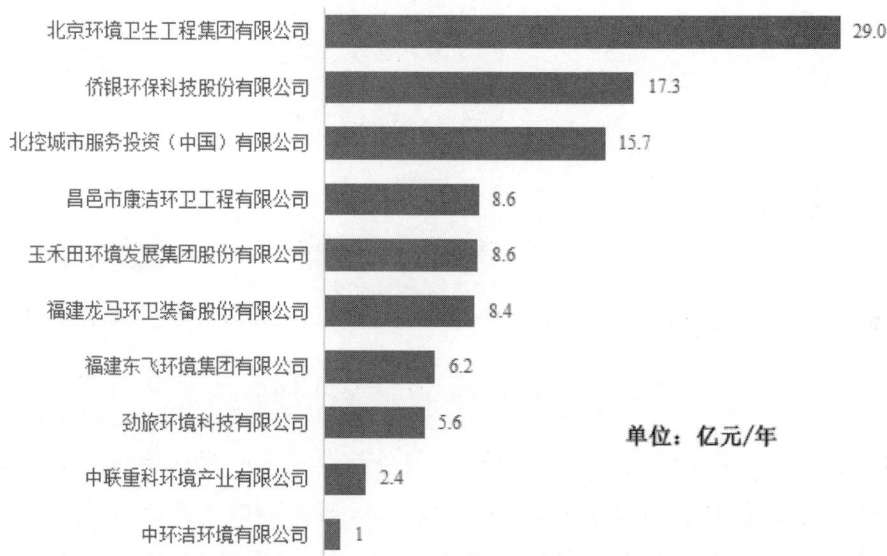

公司	金额
北京环境卫生工程集团有限公司	29.0
侨银环保科技股份有限公司	17.3
北控城市服务投资（中国）有限公司	15.7
昌邑市康洁环卫工程有限公司	8.6
玉禾田环境发展集团股份有限公司	8.6
福建龙马环卫装备股份有限公司	8.4
福建东飞环境集团有限公司	6.2
劲旅环境科技有限公司	5.6
中联重科环境产业有限公司	2.4
中环洁环境有限公司	1

单位：亿元/年

图 2-29 环卫影响力企业年服务金额排名

2014 年以前，垃圾焚烧是这个领域的主题。而刚好伴随着 PPP 2.0 的开展同时出现的是，从 46 个市扩展到 300 多个地级市的垃圾分类、以及对农村环境要求提高所带来的城乡一体化等需求，结合环卫服务的全面升级，给这个领域的下一步发展带来了巨大的变量。在国家提倡垃圾分类和公共服务市场化双驱动的背景下，九宫格第 4 区域城市固废领域在各细分领域正在释放出更多机会，结合政府服务外化的过程，这些细分机会一方面会与环卫一体化、两网融合、城乡一体化和末端循环经济园的多重格局相融合，一方面也带来了细分领域购买服务或者 PPP 中 b 类模式的需求，很有可能在这个领域出现全新的多元运营模式。但是我们观察到，固废领域流动性差的物质特点，带来无害化、资源化和减量化之间的平衡和结合经济性制约产生的矛盾，比如在无害化技术路线相对便宜的竞争下，资源化类 PPP 所面临的后端产物销售去处的需求风险问题，减量化所面临的成本问题，都会制约 PPP 商业模式的搭建，而在当前土地资源进一步稀缺、环保督察趋严的情况下这些矛盾变得越来越突出。如图 2-30 所示是我们梳理 E20 固体废物产业链图 3.0 时代，包含垃圾分类和环卫市场化各细分逻辑的固废产业链图。

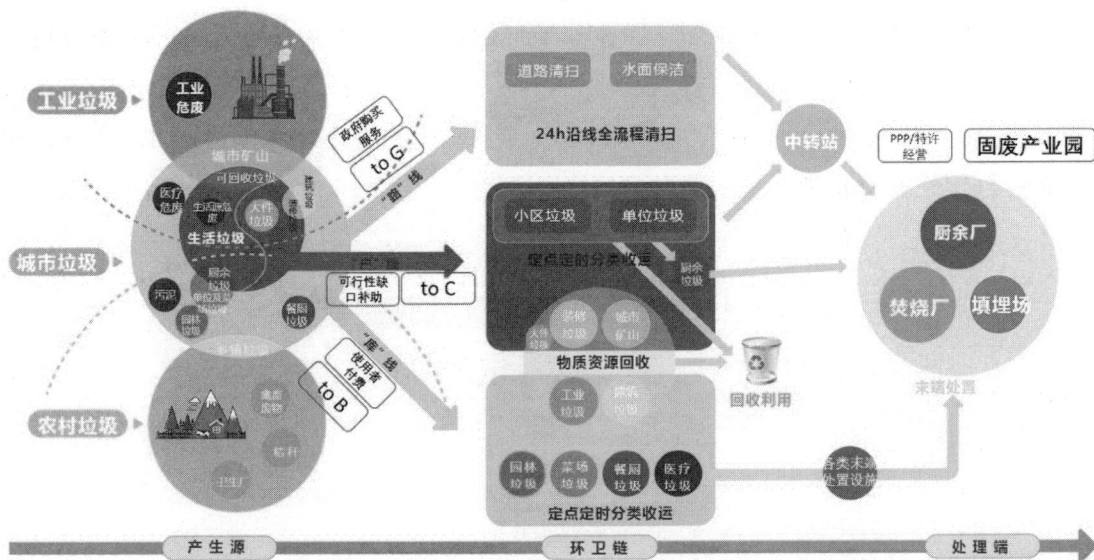

图 2-30　E20 固体废物产业链图 3.0 时代

此外，《畜禽规模养殖污染防治条例》（国务院令第 643 号）要求对 200 个县的养殖和环保问题进行治理，带来了九宫格第 2、4 区域范畴内的畜禽废弃物与绿色农业刚刚开始发展，农业部也出台了鼓励 PPP 的文件（发改农经〔2016〕2574 号），但是和建筑垃圾资源化项目一样，这类业务具有强烈的 a 类项目特征（需求风险较大），落地困难（详细分析见 4.2.5）。最近的长江清废行动，为建筑垃圾资源化带来了一线曙光，具体分析参见第四章。

2.3.4　PPP 背景下的"国进民退"

1. 国进民退需要分类分析

国企民企之争一直是第一章"三大关系"的第三点"所有制关系"所带来的对于中国任何一个市场都需要分析的热点问题。但是正如我们看到在消费品和电子商务等方面民企明显占据主导一样，我国的市场经济制度一直在鼓励不同所有制企业发挥各自的优势。聚焦到环保领域而言，就需要先分析 5 万家环保企业的所有制分布情况，C、D 方阵是以工业企业为付费主体的治污企业，以及为 A/B 方阵提供应用在市政领域的工程和供货服务的企业，以中小型民企为主。这是因为民企以其灵活性和市场开发能力见长，适合在技术和装备领域发展，甚至以国企控股方式并购的技术型企业也会由于国企内控机制的严格而逐步失去活力，国企则因其相对迟缓和回避风险的决策机制在 C、D 方阵内表现平平。B 方阵属于地方政府所控制的专营国企逐步市场化转变而来，均为国有企业；A 方阵是行业集中度最高的企业群，由国企（包括混合所有制企业）、大型民企和两家主要的法国外企（威立雅、中法苏伊士）构成。

在 PPP 所涉及的投资运营领域情况不同于工程、技术和装备领域，国企的资本实力和政府信任关系起到了更大的作用。然而 PPP 的市场又是一个高度分散的市场，市场开发能力成为民企可以发挥的长板，由此我们可以看到两个现象，一方面以"混合所有制"为特征的北控水务成为水务特许经营投资的领头羊遥遥领先，类似的还有固废领域的启迪桑德，以及机制上相对灵活的光大国际；另一方面民企上市公司如果能凭借上市或者引入资本方解决一定程度的融资难题，也会获得相当的市场份额，如碧水源和康恒环境。

对于 C、D 方阵民营技术企业而言，与 A 方阵的重资产集团进行生态组合提供技术提高后者的运营盈利能力，是这个行业的主流。而由于近年来控债带来的紧缩局面，A 方阵部分融资困难的民企，也正在被国有资本兼并，这也造成了一定的"国进民退"的情况。

我们前面已经集中论述了本轮 PPP 的 PFI 模式，带来的是"工程进、运营退"的格局变化，只是其中占绝对主力的工程公司，恰恰是一批建筑型央企，这个从如下的 PPP 份额排名（见图 2-31）上可以看到。排名靠前的均为工程公司，而前几位均是大型央企。这个现象也被国内解读为"国进民退"，但内在机理有所区别，而且非运营类的 PFI 模式，其业绩没有持续性，对未来的行业格局的影响不像传统特许经营那样持续稳定。而自国资委 192 号文以后，央企在 PPP 领域的份额受到影响。

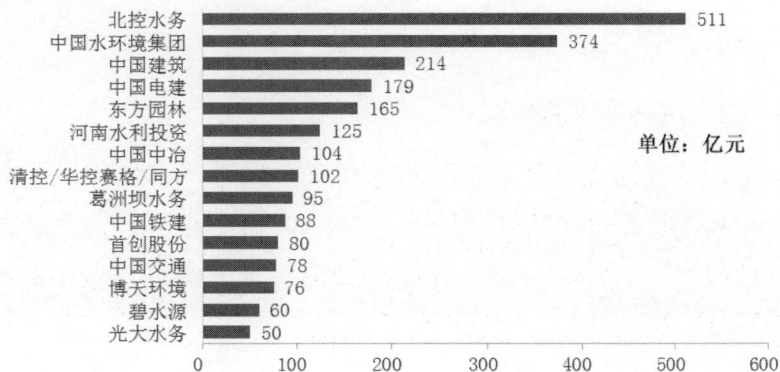

图 2-31　PPP 合计总规模排名（截至 2017 年年底）

2. PPP1.0 时代的后半期（2009—2012 年）已开始出现"国进民退"现象

PPP 在我国的进程中以 1996 年推选出的广西来宾 B 电厂等项目为代表开启了 PPP

运动的大门。虽这是我国最早的 PPP（特许经营）项目，但并未能在随后被广泛推广，背后的原因是在供电领域（也包括通信、铁路等类似领域），虽同样属于公共服务，但由于其本身需要全国统筹的特点，全国性的属性更适合央企纵马驰骋，最终被其所垄断和瓜分。而随后在 PPP1.0 时代，被原建设部广为推广的市政六项（包括与环保相关的污水处理和垃圾处理）的权责分割到各县市，这些地方政府所控制的公共服务领域，由于地域分割特点，没有形成大型央企集团的空间，因此社会资本（包括地方国企）充分竞争，有机会利用地方政府的融资需求而获得成长空间，形成了我国 PPP 落地较成功的领域。

（1）**水务领域**。水务领域这一时代活跃的企业有外企、民企上市公司、地方国企 A 方阵（社会资本方），不同类型的水务所有制企业活跃度 11 年之内各有变化，在 PPP1.0 时代的后半期（2009—2012 年）已经开始整体体现"国进民退"的现象（见图 2-32、图 2-33）。总体而言：2008 年之后，外企高溢价收购供水企业的势头受挫，发展停滞，逐步退出 PPP 领域的竞争。北控水务混合所有制完成后业绩大幅增长，伴随着民企融资能力受限扩张温和，最终体现在 PPP1.0 时代下半场的"国进民退"现象。

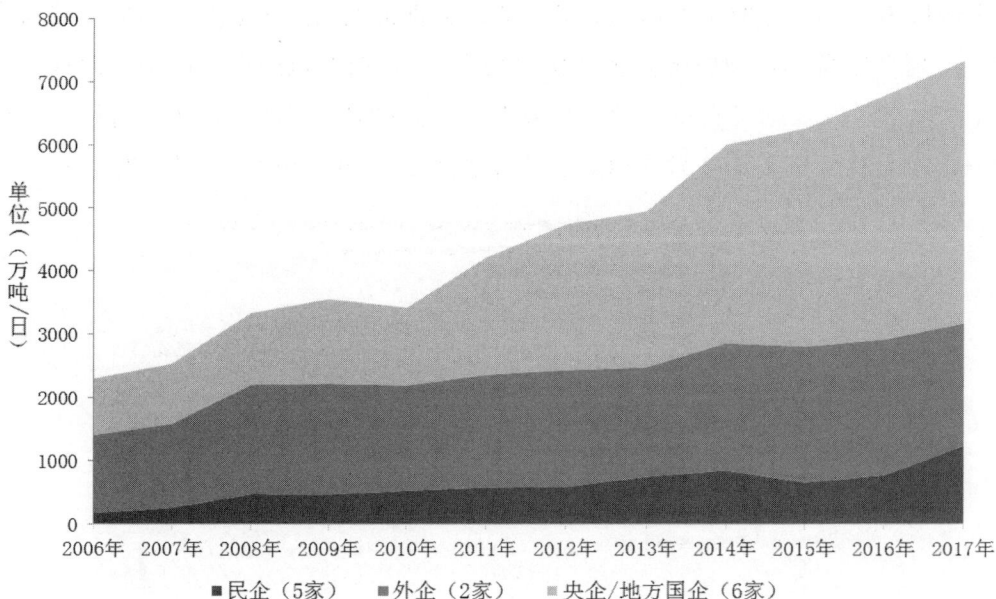

图 2-32　A 方阵 13 家水务企业供水总规模 12 年变化趋势图

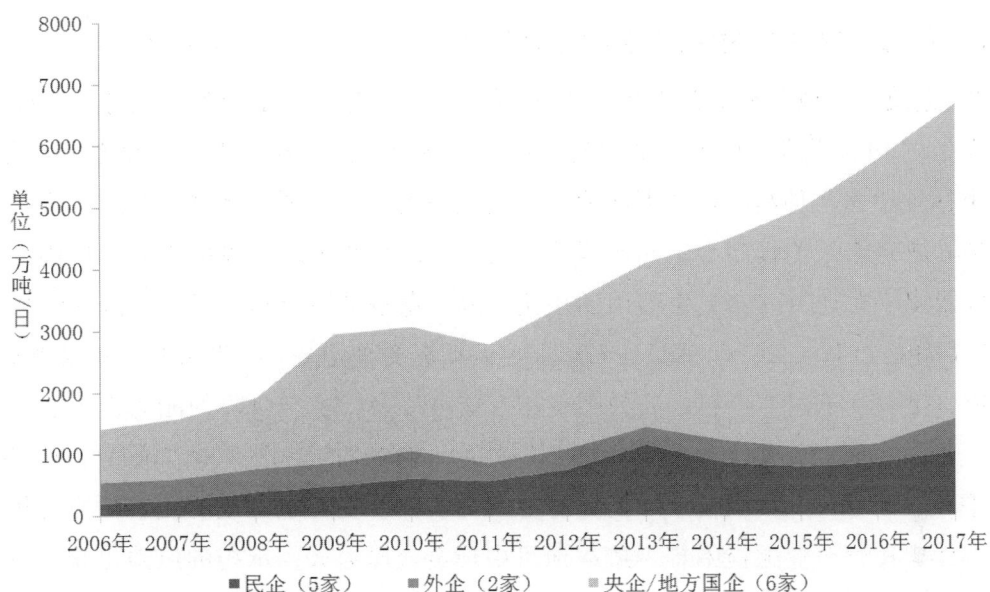

图 2-33　A 方阵 13 家水务企业特许经营 BOT/TOT 污水处理规模 12 年变化趋势图

（2）固废领域。在固废领域，由于此领域比污水和水环境领域发展略晚，且单体项目规模适中，融资压力相对较小，"国进民退"的发展趋势还不明显，从固废 22 家生活垃圾焚烧龙头企业的处理能力看出国企、民企和混合企业等不同所有制企业的格局，民企占有一定的份额（见图 2-34）。

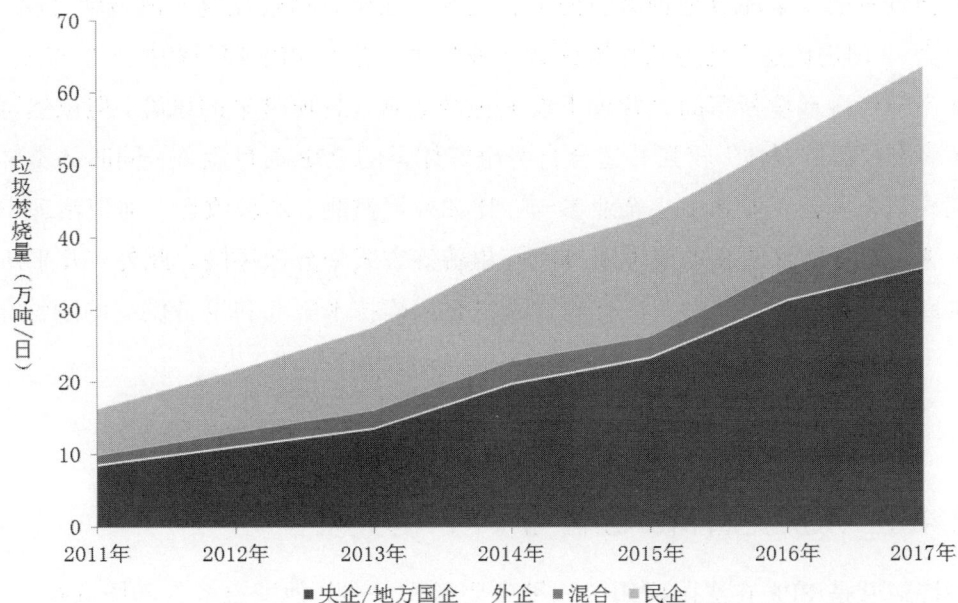

图 2-34　22 家生活垃圾龙头企业 7 年发展趋势图

3. 如何看待 PPP 中的"国进民退"

"国进民退"现象本身并不是由 PPP 模式直接引起，而是受到其他外围条件的影响。在中国 PPP 实践过程中，确实有些地方政府更倾向选择与央企或地方国企合作，而民企往往遭遇各种高门槛，因此使得"国进民退"现象更为严重。但是，从程序而言，并不是 PPP 采购程序会定向选择国有资本，背后其实是金融系统不会判断项目质量，以及出于对地方政府支付信用的担忧，因此竞争结果会倾向于选择国有资本。此外，PFI 类的 PPP 项目一般体量比较大，建设期需要企业垫资，当需要大规模融资时，PPP 项目更有利于国企参与，因为国企相对资金雄厚，承担风险的能力也更强一些。目前，更有不少大型国企以平台公司的模式进入 PPP 领域，国企本身形成了另外一种投资平台，同时可以集成技术、运营等方面为一体，在与地方政府接触时更有优势。另一方面，民营企业融资困难，造成项目中现金流压力大，承担的风险也相对较大。此外，我国公共服务、产品的价格体系没有理顺，绝大多数 PPP 项目不是全成本闭环体系，加上地方政府支付信用问题，给 PPP 社会资本方带来很大风险，国企作为抗风险能力相对较强的主体而获得了优势。

当然，如果市场化程度高的国企，具有积极的竞争意识和服务能力，通过公平的竞争来获得项目，并通过 PPP 模式的持续运营提升所提供的公共服务的质量和效率能够带来显著提高，"国进民退"本身就不应该成为 PPP 被指责的原因。但在 PPP 项目选择社会资本的竞争环节是否透明公平、是否存在所有制歧视应该被高度关注。

那么，"国进民退"是否意味着民营企业失去了参与 PPP 项目的机会？其实不然，虽然在当前金融环境紧缩的大背景下要避免企业高杠杆所带来的风险，但依然可以扬长避短参与"运营属性"较强并适合自身融资体量的 PPP 项目竞争；同时 d 类轻资产业务模式适合民营企业和中小企业参与，比如环境监测、垃圾收运、河道治理中的可移动装置等，所购置的装备或可通过融资租赁等方式来分散风险。此外，几乎所有的 PPP 项目，各种社会资本民企都有向优秀民企采购技术服务和设备供应的刚性需求。

2.4 特许经营与 PPP

2.4.1 从历史看特许经营与 PPP 的关系

特许经营是 PPP 在法国应用的一种主要形式（在其他国家各有不同选择），主要应用于城市基础设施的建设和运营。从 PPP 在中国逐步推进的历史来看，1994 年原国家计委推动了广西来宾 B 电厂等 5 个项目，开启了中国 PPP 模式的元年，其采用的 BOT 特许经营模式，随后被当时的建设部所推广，以推动地方政府事权范围内的城市基础设施建设为目标，着力点主要是城建司所管辖的市政六项的范围（包括供水、燃气、供热、公交、污水和垃圾处理）。十多年的市政特许经营改革对环保产业的主要影响，是政府将环境基础设施的投资运营交由市场来完成，形成了一个以投资运营环境基础设施为主营业务的重资产环境服务集团，并由此重构了环境产业服务供应链条。这个过程类似政府将房地产开发的责任交给市场来完成，由此培养了资本能力突出的房地产开发商群体成为行业的龙头。

特许经营系统已运行十多年，一些积淀具有重要价值。我国十几年来推进特许经营后所积累的法规和实操系统里，部分对于"基础设施"形成了较好的适用性。而自从 2014 年以来 PPP 这个内涵更广泛的词汇从国家层面得到确认后，"特许经营"这个词却落在部委关系之间成为理论研究争论的焦点之一。在 PPP2.0 一开始的年份，曾经有观点认为合资合股才是 PPP 的灵魂，因此在简单的 b 类狭义 BOT 特许经营项目中也存在强制合资合股的不合理要求，随后的 PPP 立法摸索中，特许经营甚至被有些人认为其落伍应被废弃。当然，在这期间，也有要将特许经营扩大化认为适合几乎一切 PPP 模式的说法，这些都使 PPP 和特许经营这组本应该各有归位的词汇变成了一对冤家。而促使将这些本应该深入分类分析的词汇之间的关系和区别变得混淆和扑朔迷离的背后原因，大家可以从第一章所提到的三大关系中自己去琢磨领会。

虽然特许经营不能被 PPP 所完全替代，正如中国国际工程咨询公司研究中心李开孟主任在《我国应建立双轨制 PPP 制度体系》一文中所分析的那样[①]。但发展到第二阶段，也确实应该对特许经营本身的内涵进行调整，狭义的特许经营（第一节分类中所述的 A 领域）才是最体现其内涵逻辑甚至可以称之为逻辑的地方（所有词汇泛化的代价就是看似获得了"地盘"实际失去了"灵魂"）。而坚持特许经营在建设部 126 号文开端下所形成的内涵的权威性和不可变动的出发点其实往往只是一种习惯。本章第一节通过四分类，已经可以将特许经营和 PPP 的关系，以及特许经营需要进一步分类的原因基本讲述明白，而本章尝试再换一些角度"把玩"下两者的恩怨纠葛。

---

① 李开孟. 我国应建立双轨制 PPP 制度体系，http://news.hexun.com/2015-11-08/180420849.html.

2.4.2　从环境服务定价角度分析特许经营和 PPP

1. 经营性收费和行政事业性收费

不同于 c 类 PFI 类型，我们所说的传统特许经营领域（a 类和 b 类）都存在着明确的价格机制的基础，近年来，公共服务价格机制改革继续深化，尤其是《国家发展改革委关于全面深化价格机制改革的意见》（发改价格〔2017〕1941 号）给出了环境领域公共服务价格体系改革的方向，可以由此角度来分析 a 类和 b 类项目的区别。在公共服务价格体系上，存在着经营性收费和行政事业性收费两种机制，前者往往最终称为价，"经营性"特征更趋向市场化机制，后者则正如其名称中的"行政"，更强调政府在其中的作用，也因此更易于捆绑行政手段（如必要的罚则），因此更适合环保领域污染者付费。结合本章 2.1 节的分类分析，我们看到，经营性收费更适合于 a 类狭义特许经营项目中所涉及的社会资本直接向受益者收费的机制，而行政事业性收费则适合 b 类及 d 类环保公共服务中政府向居民企业等排污者收费的机制。现在有人认为由于经营性收费更接近市场化，应该将所有公共服务（包括环保）均划入经营性收费范畴，实际上是不科学的，需要具体分析两种收费机制各自的长板短板和适应性，而不应该过于理想化。

傅涛博士 2015 年 7 月所发表的文章《PPP 的热与惑》[①]中，曾在梳理清楚特许经营和政府购买服务两种概念的区别后，明确提出以下分类（见表 2-3），类似于本书中 PPP 四分类的 a、b 两类。

表 2-3　特许经营的二分类

分类方式	特许经营	政府采购公共服务
领域	供水、供热、燃气	污水、垃圾处理 BOT
政府行为	政府行政权力的让渡，不承诺保底水量	政府经济行为，承诺保底水量
企业行为	企业经营行为	企业提供服务
收费方式	经营性收费，水价	行政事业性收费，污水处理费
付费主体	用户付费	政府付费
法律程式	行政诉讼或复议	民事法律和民事诉讼

注　特殊规定的污水处理，如《上海市排水管理条例》中规定上海排水公司是上海城区污水的经营主体也是污水处理费的收费主体，其直接向老百姓收费，是经营性收费，类似的情况也发生在宁波。

[①] 傅涛.PPP 的热与惑——关于 PPP 目的及概念的再认知[EB/OL]. http://www.h2o-china.com/news/228510.html#joinNum.

2．环保领域与使用者付费机制暂时基本无关

对环保类公共服务 PPP 项下的采购而言，不符合特许经营的基本特征"即使用者付费的基本出发点"。无论按以往惯例采用 BOT 方式，还是将前端污水管网或者垃圾收集整合打包，其实都不存在使用者付费。引用先前薛涛被采访文章的观点[①]：所谓"使用者付费"，本质上属于受益者付费模式，目前在环保领域，这样的付费模式尚无法建立。

第一，**环保的外部性特征，导致其很难建立向受益者收费的系统，在上述这类市政环保的交集领域，目前采取的实际都是污染者付费的制度**，这是污水处理费收取和亟待建立的垃圾处理费收取的理论基础，这也是 2015 年 3 月 1 日起施行的财政部、国家发展改革委、住建部联合发布的《污水处理费征收使用管理办法》中，将污水处理费统一列为行政事业性收费（而不是之前少数几个省市所规定的经营性收费）的理论基础。

第二，向污染者收取的费用作为行政事业性收费，收取后将纳入财政预算并专项支付给专营市政公司（E20 环境产业战略地图所定义的 B 方阵企业）或者 PPP 的社会投资方（E20 环境产业战略地图所定义的 A 方阵企业）。在制度规定下，不存在向使用者（即便将其泛化为污染者）直接收取费用的可能。目前在国内的市政环保领域，无论特许经营推行十多年以来的所有市场化项目，还是 PPP2.0 时代的创新示范项目，在使用者付费模式上没有也无法形成根本性突破。

第三，在此模式里，无论是否包括管网或者前端收集，政府都是一方面按行政事业性收费规定向居民、企业按污染者付费模式，收取处理费并纳入财政预算（具体是政府性基金预算）；另一方面转而由财政根据协议以"照付不议"为原则向环保企业支付服务费用（2018 年 7 月国家发展改革委关于价格的文件中关于污水处理费和污水处理服务费的并列描述，清晰界定了上述情况）。可见，这属于典型的非经营性项目。将污水处理费视为经营性收费，将这类项目（主要是前述分类的 b 类项目）归为经营性项目或考虑补贴的存在而归为准经营性项目，都与上述一系列文件冲突。

另外，作为存在经营性可能的商业应用空间极其有限，几乎没有可自由开发的经营性内涵，垃圾发电收入也是在政府高度约束下的成本收益补充，其属性是补贴，也背离经营性实质，无法改变其政府购买公共服务的基本特征，不应因为这两类特殊附属品及其有限的存在，而模糊了其市政项目购买公共服务的本质。说到包含一定的经

---

① 环境服务定价："一视同仁"不可取（http://www.ceh.com.cn/ztbd/jnjpzk/874063.shtml）。

营性属性的，倒是在固废领域的有机废弃物堆肥产品销售，餐厨废弃物的前端收集部分以及农村养殖废弃物的 PPP 模式，都存在着 b 类项目中包含 a 类经营性部分属性的特点。

与环保领域的付费模式相比，另外一些市政公共服务内容，包括供水、燃气、公交、地铁等，甚至包括地下管廊（面向机构使用者），都是采取的受益者付费模式，其对应特许经营制度的内在基本逻辑，都以社会投资人直接向受益者收费为特征而存在。

此外，对于完全没有运营属性的 c 类 PFI 类型 PPP，财政部希望在 PPP 领域，鼓励社会投资方通过商业开发形成一定的收入补偿政府的财政支付不足，但由于最有盈利价值的土地"一、二级开发分离"的基本制度与 PPP 模式相抵触，最大的能产生受益者付费的基础不存在，或者大部分治理项目在老城区，早无土地开发的空间，社会投资人能够获得的捆绑类商业开发（一般是停车场、餐馆等）空间、利润与其依赖财政支付（无论政府是否有行政事业性收费为补充）的比例来看，几乎是九牛一毛；而且存在的经营性开发项目本身往往与环保相关度低，可以轻松分离、单独建项进行商业运营或者实施特许经营（如配套地下管廊建设、供水或者地块商业运营模式）。所以在实际操作中，在大体量的环境治理方面，尚未出现有意义的将 PFI 项目通过复合捆绑经营性要素而产生项目性质完全变化的情况，这也是 EOD 理念先进，但实践仍在探索的重要原因。

除了上述两类最大量的项目以外，个别环保治理项目，存在污染者直接支付的情况，比如污染者存在的工业治理或者矿山修复的项目，属于第三方治理中"在环保压力下污染企业向环保治理企业直接委托的企业行为"范畴，往往不属于 PPP 或政府特许经营的范畴。

2.4.3　用二维法分析特许经营和 PPP

1. 经营属性角度

经营属性：特指的是社会资本面对直接受益的使用者（民众或某些企业）经营和收费的属性。此处的经营性并不完全等同于国家发展改革委《关于开展政府和社会资本合作的指导意见》（发改投资〔2014〕2724 号，以下简称"2724 号文"）的"经营性、准经营性和非经营性"3 个概念，2724 号文更多从收费是否可以完全支撑项目角度来区分这 3 个概念，而本节中的经营性，则强调直接向使用者收费的基础，我们认为所谓特许经营中的"经营"二字的核心理念与"直接面对非政府的受益者"这个概念高度相关。对比行政事业性收费中说的"经营"二字，与此二字理念一致的是公用事业价费系统中的"经营性"收费。此外，对应"经营性"，另一个词"垄断性"也非常重要。垄断性只有在强经营属性的范畴内才有可能存在，而其是否能够存在，则在于项目本身资产属性伴生的网络覆盖性特点而具有了先天垄断性（当然依然需要有政府的授予确认）。在弱资产属性领域，项目仅仅由于政府授予而具备了后天垄断性。更关键的是，弱经营属性项目往往既不存在先天垄断性的基础，也不存在后天索取垄断性的需求。由此，本节还要在分析中对垄断性特征做一次解析。

强经营属性：社会资本方的业务直接与作为民众或某些社会企业（非政府）的使用者接触，并具有收费的权利和能力。出于公益性需要，政府可以适当予以补贴。

弱经营属性：社会资本方实际上是在直接完成政府订购的某些产品，找不到可支付的受益者，或者无法直接向受益者收费。基本不面对民众或其他企业，由此本质上不存在任何经营自由。因此，弱经营属性的项目一定高度依赖政府付费。

2. 资产属性角度

资产属性包括项目的融资功能、资产"转固"的倾向、不易流通变现的特征。即水泥钢材构成的固定设施成为这类属性强的基本特征或者说空间上不可以动（类似"不动产"）。类比垄断性，在资产属性中还有融资强度属性子维度。地方政府无论推行特许经营还是 PPP，融资目的是重要的出发点。但不同的项目，其融资强度有所不同。在强资产属性区域，几乎都是强融资强度而不需要区分融资强度，但在弱资产属性区域则会有所区别。

强资产属性和弱资产属性比较好理解。例如车辆类投资，由于流通性好，属于弱资产属性，这是我们观察的 A 方阵企业可在支付风险较大的村镇敢于自购环卫车辆进行垃圾收运 PPP 模式的一个基础。

由上述分析可见，若只考虑经营性的角度，还未能将问题剖析清楚。对于"设施"概念，本质是其资产属性，包括融资需求，也包括能够"转固"的沉淀性和不易流通的特点，以及由此在资本市场的融资和抵押能力（从产业发展来看，E20 环境产业战略地图 A 方阵的 PPP 和上市发展之路，基本都靠着配合政府支付信用的强资产属性而来）。

3. 二维法分析二者的关系

本节将经营属性和资产属性作为两个维度，采用二维法分析特许经营和 PPP 之间的关系。按照国际惯例，我们认为 PPP 是大于特许经营范围的概念，矩阵图中的 PPP 可理解为除去适用特许经营范围 PPP 的其余部分（见图 2-35）。

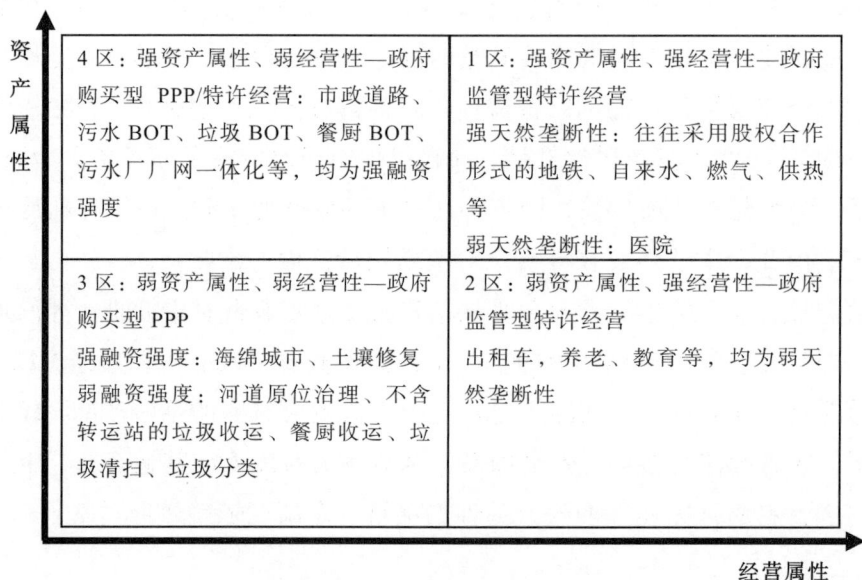

资产属性	4 区：强资产属性、弱经营性—政府购买型 PPP/特许经营：市政道路、污水 BOT、垃圾 BOT、餐厨 BOT、污水厂厂网一体化等，均为强融资强度	1 区：强资产属性、强经营性—政府监管型特许经营 强天然垄断性：往往采用股权合作形式的地铁、自来水、燃气、供热等 弱天然垄断性：医院
	3 区：弱资产属性、弱经营性—政府购买型 PPP 强融资强度：海绵城市、土壤修复 弱融资强度：河道原位治理、不含转运站的垃圾收运、餐厨收运、垃圾清扫、垃圾分类	2 区：弱资产属性、强经营性—政府监管型特许经营 出租车、养老、教育等，均为弱天然垄断性

图 2-35　E20 研究院 PPP 研究矩阵

（1）1 区（基本对应 PPP 的 a 分类）。1 区是典型的最适合特许经营的领域，且继承原建设部推进的胜利成果，相对而言法规、文本和各类操作配套经验齐备。更重要的是，政府作为监管者，地位相对优于社会资本与使用者（民众）两方，项目结构设计的诸多要素在此类项目中与特许经营的主逻辑充分贴合。比如价格一般为经营性收费，而谈到价格调整机制，听证会是最适合的程序；比如说到与作为监管方之政府的争议解决，行政复议是可以理解的正常选择。此外，地铁、自来水、燃气、供热 4 个主项的强资产属性，也带来了特许经营条例和特许经营立法草案诸多规定的高度适用性。考虑到政府要保持监管的地位，股权合作模式是这个区域项目经常采用的模式。

此外，强经营属性、强资产属性的区域，往往由于其"设施管道化"的网络覆盖性特点，具备天然的垄断性（或自然垄断性）。地铁、自来水、燃气、供热是典型的案例。医院本质上也类似上述情况，其中一些项目结构设计很耐人寻味。

（2）2 区（PPP 分类中暂无，具有 a 类和 d 类的复合特征，是无基础设施的轻资产的公共服务部分）。作为同样直接向使用者收费领域，2 区是一个很偏门的领域，我们能想到的最好例子是出租车，由于存在政府特许，牌照是被政府监管的具有"特许经营"属性的"弱垄断附加"。由于这部分 PPP 的特性被长期忽视，才导致大众对政府额外征收牌照费的争议，而杭州取消牌照费后获得了大家的一致好评。

当前正在推行的养老、教育等几乎不需要基础设施或占比较低的公共服务 PPP，也可以归于这个领域。只是目前在地方政府总体偏向以融资为目的的形势下，这类轻资产的 PPP 模式相对少见。

（3）3 区（c 类 PFI 领域）。3 区是典型的应完全抛开特许经营概念的 PPP 领域。此区域内项目社会资本参与方的用户是政府，因此几乎所有项目在目前都要极大比例地依赖政府支付，而几乎没有经营性特征。在这个区域，社会资本方和政府是典型的平等买卖关系。特许经营的诸项特征，均与此领域格格不入。比如，不存在垄断性特征，何必要授予特许经营权？价格是有平等买卖双方公平约定并以此执行，何来价格听证机制？作为平等买卖双方，出现争议，必须走仲裁或民事诉讼，才能保障 PPP 社会资本参与方的基本权利。那何来争议要去行政复议或行政诉讼？值得注意此区域有个现象：很大比例政府没有收费来源，而是要通过土地出售或税收收入支付。由此可见，政府采购公共服务是此区域最准确的基本逻辑，政府购买型 PPP 是此区域最合适的词汇。在此区域中具有强融资强度的项目，由于背离资产属性，政府支付信用又不完善，是 PPP 推进中最难的领域，比如海绵城市和土壤修复。

需要强调一点，在 2016 年特许经营立法草案的描述中，以"公共服务"一词为名，曾将这部分区域都包含在内，这会带来各种基本逻辑的混乱，进而影响 PPP 的健康发展，并不可取。

（4）4 区（b 类领域）。4 区是最敏感的区域，此区域是特许经营和 PPP 最容易覆盖重合的地方。在经营属性这个特征上，4 区与 3 区是一致的弱经营，包括仅有政府是唯一用户（发电或者沼气出售这种成本补充行为的存在不能模糊其核心逻辑），而真正的受益者无法付费（路桥除外）或者只能付费给政府（污水、垃圾等）。类似 3 区，本质上这个区域也是政府购买环境治理公共服务的行为。

在此区域垃圾处理厂、污水处理厂乃至餐厨处理厂通常采用 BOT 模式，其本质是政府需要以"照付不议"的保底量方式按质按量提供处理物，如果未能提供，则需要支付基本的费用保障社会资本参与方的成本回收；处理价格来自事先约定和采用调价公式刚性调整，并不适用听证会落实调价机制；如果出现争议无法解决，当然应该走仲裁或者诉讼，行政复议因违背公平并不可取。

考虑到具有 10 多年的历史成就的积淀，将此区域内的项目作为特许经营项目存在，在这类项目的强资产属性特征上有很多吻合的好处，比如特许经营权质押融资的模式，还有长期以来将污水、垃圾等市政六项的环保部分纳入特许经营的习惯。

但是，除了上述这些便利，环保领域在特许经营范围内来约定其实带来很多问题，特许经营的很多基本逻辑在这两个区域内存在诸多不适。此外，需要再次强调一点，当前环境治理的核心矛盾是如何提高治理效果而突破系统集成的难题，在环境治理项目中过于强调 2724 号文所提到的那种"经营性"开发往往会导致舍本逐末。

2.5 中国特色环保 PPP 解析下对企业战略的思考

我们在这个 PPP 退潮的时间点写作本书的目的，一方面是对中国的政经逻辑、政商关系和改革历程温故知新，有些事物读者可以自己深入延伸意会。总之，改革进入深水区，摸索的过程必然更加艰辛曲折。另一方面也涉及 E20 环境平台的使命，促进行业的健康有序发展并助力优秀的企业成长。在中国经济发展面临转折的复杂局面，有好几个"不可能三角"的逻辑图体现了目前改革面临的困难，比如货币汇率不可能三角、发展杠杆不可能三角甚至房价不可能三角（偏调侃）；而面对 PPP 调整和国进民退的争议，我们也制作了"中国环保企业几不可能之三角"，一并如图 2-36 所示，目的在于厘清当前市政环保领域项目机会风险及由此帮助企业制定正确的发展战略。

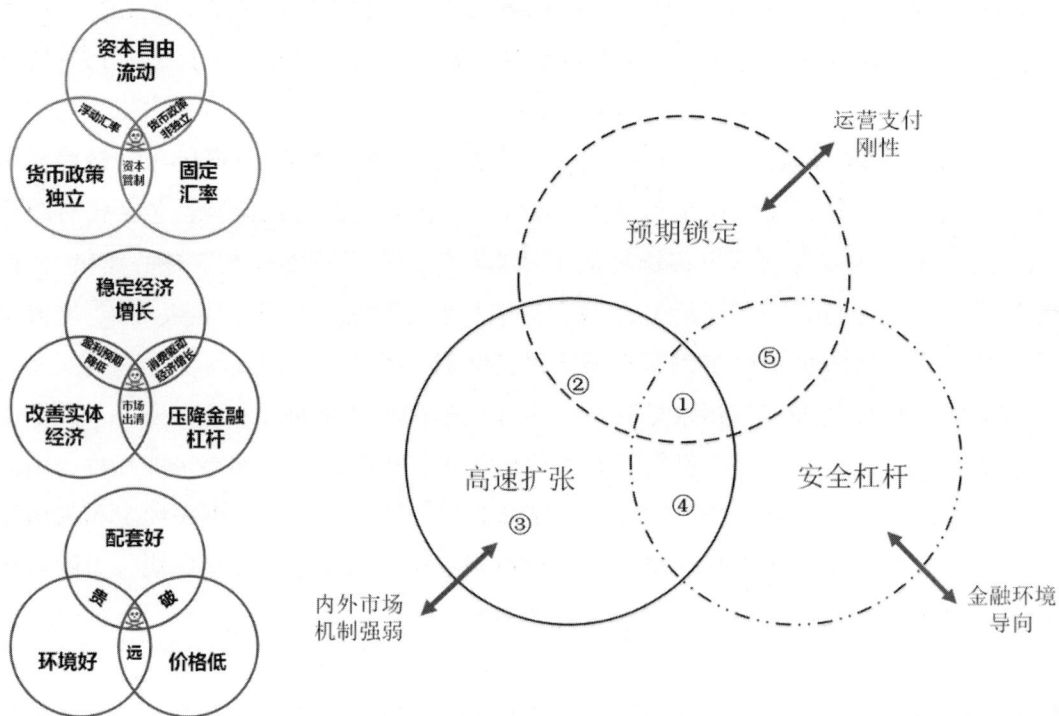

图 2-36 中国环保企业几不可能之三角

"预期锁定"指的是针对某类市政环保项目机会下，商业模式下的规模业绩积累对该企业未来可预期的长期稳定收入的确定性的评价。根据之前的分析，强运营性是达到这个目标的最有力的路径，b 类、d 类 PPP 项目相对保障性最好，而 c 类 PFI 项目本质上几乎没有运营收入因此在圈外，甚至本金回收保障性也不佳。保障力度（该圈的大小）也受控于"支付刚性强度"，即地方政府支付意愿，地方政府所受到的环保压力的强度和项目本身的运营属性（原因参见第 2.1.2 节中对"可运营性"的第一个特点）是影响该指标的两个要素。注意 c 类项目在当前地方政府支付信用有一定风险的情况下，缺乏运营属性导致的"支付刚性强度"较弱也是其在圈外的另一个原因。

"安全杠杆"指的是企业为扩张发展而带来的负债率和现金流等方面要素制约所综合体现的财务安全性评价，当企业处在该圈外则代表容易出现企业财务性崩溃的风险，这就是 2018 年最受关注的个别民企崩盘导致国进民退的一系列事件，部分案例与 PPP 高度有关，也导致将 PPP 笑称骗骗骗的一棒子打死的民间议论之声出现。这个安全圈也受制于"金融环境导向"的变动，从时间角度上看是大环境的金融扩张或紧缩周期的切换会影响安全圈的大小，从对象角度看则恰恰是三大关系（见第 1.2.3 节的第 2 款）中所描述的金融机构对国企的偏好（与民企实际信用履行状况不佳的客观现实也有关），由此对国企民企的杠杆率的安全边界有极大不同。

"高速扩张"则指的是企业当期战略对发展速度的选择，针对不同类型 PPP 模式，分别表现在运营项目规模增长，或者依赖工程收入带来的营业收入增长。高速扩张能否实现受"内外市场机制"影响：外部环境市场化释放带来大量企业进入机会和扩张机会，比如之前的河道、景观 PFI 领域和环卫 PPP 领域，而内部市场机制是针对不同企业优劣势来分析，主要体现在激励机制和决策机制两个要素，是民企相对国企的天然优势。

我们认为虽然融资便利和品牌等优势给国企带来巨大竞争优势，但①号位体现的是能进入三圈交集的"几不可能区"真正领先的企业，往往是能成功扬长"补"短兼具国企民企各自优势的企业。例如，极少量国企能够解决上述两个内部管理机制的缺点，代表企业有光大国际、首创股份等；更多是通过民企通过混改，既戴上红领巾解决品牌和融资问题，同时还应保留原有民企的两个内部管理机制的优点，也可能是国企混改殊途同归，前者以中信康恒、绿色动力等被收购改造的民企为代表，后者则以北控水务（收购中科诚）为典型案例。

②号位则体现了做 b/d 类的运营类项目，如果扩张过于迅速，则容易跳出安全"杠杆"圈而出现财务性崩溃事故，典型案例就是 2018 年盛运环保和凯迪电力所碰到的

困境。当然,项目个体本身质量不高或者运营项目具有 a 类 PPP 需求风险复合特征(参见第 2.1.2 节的 3 中对需求风险的描述)而导致收益保障性不佳，会加剧这种危机出现的可能。

而③位是体现了作为完全在"预期锁定"圈外的 c 类 PFI 项目，比②号位更易出现财务性崩溃问题，也较难通过运营类资产部分出售来度过危机，近 3 年过度参与 c 类 PFI 模式以获得高速增长的园林公司当前处境就是如此。当然在②和③号位出现问题的企业都是民企，在金融扩张期切换到金融紧缩期中，它们很容易被排除在"安全杠杆"区范围之外，这就是这次国进民退事件的直接原因。

④号和⑤号位则是为民企定位战略的推荐区，前者主要指的是以 c/d 方阵设备、工程或技术供应商为定位做强自身的技术核心优势（可以极其谨慎地参与部分 PFI 项目，但配置运营类 PPP 项目更佳），因为可以充分发挥民企长板，不乏优秀民企产生于其中。⑤号位则是以旺能环境、鹏鹞环保、首联环境等公司为代表，依然在投资运营市场谋求发展，但这些民企要稳定在安全区，都要处理好公司发展速度和财务平衡方面的关键关系，优质存量运营类项目可以作为生存的依靠，而要实现有一定速度的持续发展，在面对国企挤压式的竞争中，更需要以寻找技术和运营差异化方面的优势空间作为自己核心能力构建的基石。

附录 2-1　傅涛：警惕 PPP 中的行政迷恋

来源：环保议十（第一辑）　作者：傅涛　发表时间：2017 年 7 月
请手机扫码阅读

附录 2-2　薛涛评"史耀斌部长在进一步推进 PPP 规范发展工作座谈会上的讲话"

来源：中国水网　作者：薛涛　发表时间：2017 年 8 月

PPP 即将纠偏？史耀斌部长讲话之于环保行业的几个看点

史部长的讲话在八一建军节当日发布，在 PPP 圈引起的震动，不亚于朱日和的大阅兵朋友圈的轰动。

PPP2.0 推行 3 年来，这是我们看到的干货多、力度大、问题点到位的一次主管领导讲话，对当前 PPP 推行初期出现的问题的判断和 E20 这两年的呼吁相吻合。

简单说几个对环保行业影响很大的观点及分析。

（1）购买服务和政府付费类 PPP 其实一直很容易分清，部长发言政府付费类 PPP 可以坚持走下去（当然后续还有附加条件），不必盲目悲观。但是政府付费类 PPP 项目还分可以按量结算的 b 类项目和不能按量结算的 c 类 PFI 类项目。

（2）政府付费类 PPP 里，采用可用性付费的（就是我所说的 c 类项目），如果绩效付费占比很低，那么就有部长发言中所说成为"政府兜底"的扩大地方负债类的负面属性的极大可能，也有部长后期发言中所说某些 PPP 项目模式导致工程商赚取工程利润拔腿就跑和重建设轻运营的情况大面积出现。这类项目未来面临着收缩或者调整目前支付模式的可能。

（3）对于后者说的调整目前支付模式，意思就是在有运营绩效压力的适合做 PPP 的项目中（如黑臭水体治理这样的典型的 c 类项目），运营费客观上就是和可用性付费相比很低（大约 10%），那么就应该做绩效捆绑，并且不低于 20%，才能避免史部长后续所讲的工程类公司赚取工程利润拔腿就跑的问题的反复出现（我由此要为一个月以前一次小型封闭会议上北控水务周敏总发言中对此问题前瞻性的认识点赞）。

（4）对于前者所说的收缩，史部长并未有论述可以做依据，但是从要避免第 2 条问题的出现，就需要重新认识 PPP 的根本目标是什么，既然绝对不是为了融资，那么更直观明确的适合 PPP 的选择标准应该是长期运营效率的提高，那么项目本身要在长期运营上存在绩效压力。别的行业我们不方便置评，但是一些简单的园林绿化景观广场等类项目，工程施工完成后转回给地方政府自己的绿化队维护的不在少数，转包给小公司继续养护的也不在少数，可见这类项目先天就不具备什么运营绩效压力，那么怎么去修改它的支付模式，都很难改变它并不适合 PPP 发挥绩效提升的核心优势的作用，那么再加上为了项目落地屈就出资方要求的对融资和建设成本提高的宽容，怎么能说这种项目地方政府推行不是首先为了融资呢？薛涛在此所说的收缩，就是将 PPP 在 c 类项目的运用上主要用于长期运营绩效有压力的项目类型上来，那就需要物有所值评价上对此有所针对性的考虑和取舍上吧。

（5）PPP2.0 的这 3 年，大量工程公司的参与，冲击了环保行业的格局，我们希望看到的是专业运营公司应该依靠他们的核心能力继续引领行业的发展，而不是重建设轻运营的旧疾再次发作。薛涛之前的演讲就是为了从大数据上揭示这个风险，而部长的讲话也再次明确了运营的重要性。工程公司应该有适合他发挥的位置，但是运营应该是PPP永远且唯一的核心。

（6）大杂烩的拼盘不可取，PPP不可泛化，财评要规范，政府性基金不能滥用，10%红线要遵守，地方财政收入预期增长不可盲目估高，这些我们就不再详细叙述了。真心祝愿PPP能够及时纠偏，行稳致远！

附财政部原副部长讲话原文

史耀斌：在进一步推进PPP规范发展工作座谈会上的讲话

来源：财政部，2017年8月1日

同志们，刚才的会开得很好，大家对当前PPP发展不规范问题，分析得很到位，讨论得很深入，对下一步推进PPP规范发展提出了很多好的意见和建议。下面，我结合大家的讨论，再讲四点意见。

第一，要统一思想认识。针对地方政府债务管理、PPP规范发展问题，财政部在近几年提出了一系列政策要求，全国金融工作会议、国务院常务会议近期也做出了专门部署。做好下一步PPP工作，关键是要深刻领会党中央、国务院有关会议精神，把思想认识统一到中央的决策部署上来，统一到财政部的工作要求上来。具体要做到"三个统一认识"。

一是统一对防控风险重要性的认识。防范化解风险，是经济持续发展的根本保障。在这次全国金融工作会议上，习总书记和李克强总理多次强调了防控风险的重要性、紧迫性，也都点到了地方政府债务问题。目前，一些地方政府通过PPP、政府购买服务等方式，变相举借债务，导致债务规模增长较快，债务率甚至超过了警戒线，形成潜在的风险触发点。为此，我们要按照中央有关要求，把防风险放在更加重要的位置上，防控地方政府债务过快上升，坚守不发生系统性风险的底线。

二是统一对PPP发展形势的认识。要看到PPP发展总体形势是好的。近年来，在党中央、国务院的高度重视下，在各地区、各部门尤其是各级财政部门的大力推进下，PPP工作取得明显进展，不仅市场环境逐步优化，项目落地不断加快，为稳增长、促改革、惠民生发挥了积极作用，而且也促进了政府工作和政府治理结构的改革。可以说，在经济发展进入新常态。经济下行压力依然存在的背景下，取得这样的成绩实属不易，应当倍加珍惜。

三是统一对 PPP 发展方向的认识。在当前严控地方政府债务风险的形势下，部分地方政府和市场机构对 PPP 发展前景表示担忧，认为政府付费类 PPP 与政府购买服务一样，都属于被政策限制的范围。事实上，中央始终将 PPP 定位为一项长期性、系统性的改革，当前提出的一些政策要求，是对短期内一些错误认识和违规行为的修正，有利于 PPP 事业的长期、健康、可持续发展。为此，我们要抓住当前的发展机遇，继续坚定不移地推进 PPP 工作，进一步取得更大成绩，发挥更大的效益。

第二，要坚持规范发展。我们推广 PPP 模式的初心，是要推动公共服务领域供给侧结构性改革，引入市场的机制和资源，提升管理能力，促进公共服务提质增效，而不是单纯地解决融资问题。2016 年年底，我在昆明的全国会上就讲过，当前 PPP 项目出现了变相融资等不规范现象，需要引起高度重视。结合大家刚刚介绍的新情况、新问题，我认为 PPP 发展不规范可以归纳为"四个问题"：

一是支出责任"固化"问题。一些地方政府为了吸引社会资本和金融机构快上、多上项目，通过 BT、政府回购、承诺固定投资回报等明股实债方式，实施 PPP 项目。一些政府付费类项目，通过"工程可用性付费"+少量"运营绩效付费"方式，提前锁定政府大部分支出责任。实际上都是由政府兜底项目风险。

二是支出上限"虚化"问题。对于 PPP 项目支出责任不得超过预算支出 10% 的规定，一些地方政府认识不到位，把关不严、执行不力，还有些地方政府能力不匹配，对当地财力和支出责任测算不准确，导致财政承受能力论证流于形式，失去了"安全阀"功效，很可能加剧财政中长期支出压力。

三是运营内容"淡化"问题。PPP 项目要以运营为核心，发挥社会资本的优势，提高公共服务供给效率。但从实际情况看，当前参与 PPP 项目的多为施工企业，既不愿意承担运营风险，也不具备运营能力，主要通过施工获取利润。同时，一些地方政府也更看重"上项目"的短期目标。两方"一拍即合"，导致部分项目"重建设、轻运营"的倾向仍然严重。

四是适用范围"泛化"问题。一些地方政府将房地产等纯商业化项目拿来包装成 PPP，借助有关部门和金融机构对 PPP 的"绿色通道"，实现快速审批和融资，会绕过相关产业政策监管，影响宏观调控效果。

造成上述问题的原因，既有相关各方观念转变不到位的主观因素，又有地方政府融资路径依赖的客观因素。"求木之长者，必固其根本。"规范发展是推进 PPP 事业可持续的基础。只有做真正的、规范的 PPP，才能为 PPP 发展注入持久的动力和活力。所以，我们不能只求速度、不求质量，否则可能会"欲速则不达"。为此，我们要按照风险共担、利益共享、物有所值、绩效导向的原则，在项目入库、前期论证、政府采购、预算管理、绩效监管、信息公开等方面，不折不扣地执行有关规定，坚持做规范的PPP项目。

第三，要抓好重点工作。进一步推进PPP规范发展，不能"眉毛胡子一把抓"，必须要突出重点、抓住关键。下一步，各级财政部门在坚持规范发展的过程中，要重点把握好PPP工作的"四条线"。

一是要严控"红线"。要强化财政承受能力论证10%"红线"的硬性约束，统一执行口径，加强信息公开。所有项目都必须在PPP综合信息平台中，及时公开财政承受能力论证报告及有关数据。未按规定公开的，要从项目库中清退。各地要建立PPP项目财政支出责任统计监测体系，中央财政和省级财政对接近或超出10%红线的地区，要进行风险预警。

二是要守住"底线"。要落实财预〔2017〕50号文要求，严禁各类借PPP变相举债的行为。要审慎开展完全政府付费的项目。对于不包含运营内容、无绩效考核机制、社会资本不实际承担项目建设运营风险的项目，不得安排财政资金。

三是要搭好"天线"。要全面了解掌握本地区PPP项目总体情况，对于项目总量、财政支出责任总额及占比、规范实施情况等，做到"心中有数"。这里的项目不仅包括入库项目，也要包括未入库的项目，真正做到全口径统计。

四是要明确"界线"。对于不属于公共服务的纯商业化项目，以及仅涉及建设、无运营内容的纯工程项目，要准确界定，从识别、论证、入库等环节严格把关，不能继续任由其打着PPP的旗号"混淆视听"。

第四，要压实管理责任。有权必有责、有责必担当、失责必追究。为了切实推动PPP规范发展，必须要压实责任、强化问责。

一是要明确地方政府主体责任。要按照党中央、国务院决策部署，强化地方政府债务规模限额管理，查处违规担保行为，加强对融资平台、产业引导基金、PPP等的规范化管理，制止变相举债。对于借PPP变相举债的项目，地方政府要承担主体责任。

二是要强化财政部门管理责任。PPP是党中央、国务院交给财政部门的一项重要改革任务，各级财政部门要继续发挥主导作用，认真履行物有所值评价、财政承受能力论证、政府采购管理、预算资金管理、政府债务管理等部门职责，明确PPP不规范操作的负面清单，逐级细化责任范围和责任主体。另外，我们也将建立常态化风险监控和监督问责体系，确保PPP规范实施。

最后，我再强调一下，部内有关司局也要认真贯彻落实中央有关要求，根据今天地方财政的发言，认真思考，加强协同配合，在各自业务范围内，细化完善政策制度，做好规范引导工作。会后，请金融司牵头梳理会上提出的问题和建议，尽快上报，并抓紧印发进一步规范 PPP 发展的通知，以制度建设促规范发展。另外，请大家把会议精神带回去，向厅党组和分管省领导报告。

同志们！进一步推进 PPP 规范发展工作，是落实中央关于防范化解系统性风险一系列决策部署的重要内容。大家要把规范发展作为今后一段时期 PPP 工作的基本要求，将 PPP 改革不断引向深入。我相信，通过大家的努力，PPP 工作一定能在现有工作的基础之上，更好地完善，更好地发展，以更加优异的成绩迎接党的"十九大"召开！

附录 2-3　薛涛评将环保踢出特许经营

来源：中国水网　作者：薛涛　发表时间：2015 年 10 月
请手机扫码阅读

附录 2-4　薛涛评"环保公司靠 PPP 迎治霾万亿市场？"

来源：中国大气网　作者：薛涛　发表时间：2017 年 1 月

导语：薛涛认为在这个领域所利用的 PPP 一定不是在主战场，这个领域的付费主体是工业排污企业，本身就不属于 PPP 应该覆盖的范围：凡是在工业点源治污领域以 PPP 为幌子，由政府强迫工业企业接受 PPP 签约另一方的环保企业的第三方治理服务，都涉及公权滥用违规执法之嫌，而上市公司如果以此为题材发布公告炒作，则更是有欺骗股民之嫌。

近日，接到 21 世纪经济报道记者的电话，说看到某些新闻，谈到治理雾霾市场巨大万亿商机，地方政府缺钱，PPP 应该挑起重任，包括某些上市公司或者行研也积极鼓吹采用 PPP 模式大举进入大气治理领域商机无限云云。记者来征求我的意见，我却不由愤慨起来。

第二轮更严重的大雾霾长达6天，可能还有四五天才能解脱，雾霾影响面积达上万平方公里，"举世瞩目"。供给侧结构性改革正在攻坚，国家转型发展面临挑战之时，我们需要的是科学和理性，需要的是务实和坚持，事关百姓健康大计，事关国家可持续发展，用这些不负责任的言论误导股民、误导行业、误导政府，背后不但是浮躁，更有利用资本市场逐利的动机。

当前，中央政府直面大气污染的现状的态度和科学的分析值得信赖：总体来看，华北地区的雾霾，异地污染输送和本地排放的比例关系，工业超标排放、机动车污染和冬季散煤等几个要素居前的分析是科学的，一些朋友圈的谣言切不可盲目信之，而听谣传谣或许是为了回避每个人自身的责任，这里不再赘述，具体可以看文末后的一些正本清源的链接。

对于大气污染和华北的雾霾，近年来从中央到地方一直予以大力的支持。研究报告显示，全国大气污染防治行动计划实施的直接投资共需1.84万亿元，与之前预计的1.7万亿元相比增加了8%。全国优化能源结构、移动源污染防治、工业企业污染治理、面源污染治理的投资需求分别为2 844亿元、14 067.66亿元、915.44亿元和615.72亿元。京津冀、长三角、珠三角三大重点区域的大气污染防治行动计划实施的直接投资分别需要2 490.29亿元、2 384.69亿元与903.58亿元。京津冀正在建立结对合作机制，2015年，北京支援廊坊、保定大气污染治理资金4.6亿元，专项用于燃煤污染治理。与此同时，中央和地方拿出巨额资金进行投入。中央设立的大气污染防治资金，从最初2013年的50亿元一步步发展至2014年的98亿元和2015年的106亿元。北京市在2013年、2014年分别出资28亿元和62亿元，并表态预计到2017年将共耗资7 600亿元用于空气污染的防治。

由上可以看到，大气治理所需资金巨大，给中央地方政府带来了很大的压力。但是面对资金缺口，是否可以就这么武断地说可以用PPP来解决，是个很大的问题。PPP领域是个涉及社会、经济、法制、政府治理、技术等多方面的很复杂的系统工程，笔者一直对其过快推进过于粗放表示担忧，更觉得现在社会上一说就是"缺钱就P，一P就灵"的浮躁言论深恶痛绝。

笼统而言，大气治理分为两类。一类属于社会管理的范畴，主要在像汽车类的移动源的尾气治理、餐厅烧烤、秸秆燃烧等分散源的治理等方面，这些绝大部分都不是环保公司可以参与的，最多在餐厅油烟方面出售点设备，金额很小且与PPP无关。同时，这类社会管理方面的事宜，主要部分并不适合采用PPP模式，边角方面也许有少许机会：比如通过PPP方式或者政府购买服务方式（取决于是否有基础设施投资）为政府提供路面上行驶的汽车尾气的监测服务，或者秸秆发电项目，这部分投资与上述范围所涉及的实际投资需求相比也是九牛一毛。此外，在城市供暖中（包括城乡接合部散煤取暖）实现升级甚至能源替代，也是治霾的重要部分之一，投资不小，适宜采用 PPP 模式，可惜这方面跟环保公司却又挂不上关系。

另一类是工业排污的治理，这部分的市场需求较大，是环保企业的主战场，包括脱硫脱硝和 VOCs 治理等。包括一些新增环保设施安装和升级改造，但也包括饱受诟病的企业违规超标排放、已安装的环保设施未达标运行等较为普遍的问题。环保部明年全面推行的达标计划和排污许可证制度改革，就是要解决这个问题。而面临着诸多落后产能无法负担环境成本，是当前河北地区环境治理拉锯战的主要原因，环境治理本身与地区间发展的不均衡和产业升级面临的困难相冲突，这是另一个范畴讨论的问题。这个领域所需要的资金巨大，无法完全转化为环保企业实际的市场机会，相反是落后产能无法承受环保之重，维持或补偿地方经济免于崩溃所需的资金量才是一个天文数字。目前工业治污的企业面临营业额虚增欠款陡增的叫好不叫座的尴尬局面就是这个情况的反映。

在这个领域所利用的 PPP 一定不是在主战场，这个领域的付费主体是工业排污企业，本身就不属于 PPP 应该覆盖的范围：凡是在工业点源治污领域以 PPP 为幌子，由政府强迫工业企业接受 PPP 签约另一方的环保企业的第三方治理服务，都涉及公权滥用违规执法之嫌，而上市公司如果以此为题材发布公告炒作，则更是有欺骗股民之嫌。

之前，有某上市公司 2015 年 9 月河北雄县的所谓大气 VOCs 治理的 18 亿人民币的 PPP 项目的公告，笔者曾在一年多前具体分析过此公告实际落地可能性存疑，具体可以参见此处给出的链接（http://www.chndaqi.com/news/236341.html），而这样的说法近期竟然再次游走在报端，这样不符合实际的炒作竟然可以长命到一年以上。如果这样的 PPP 项目大部分真的能够落地，那么政府一定是不当执法；如果这样的项目不能大部分落地，则中国的股民真是可怜。

VOCs 治理领域可以有很小比例的 PPP 的项目存在，比如监测服务（还是一样，如果只是涉及仪表，那么应该算非 PPP 的政府购买服务的第三方监测；如果涉及基础设施的融资建设，则可以算是 PPP），比如城市中对分散的 VOCs 治理所使用的活性炭回收和循环利用再生，政府可以用 PPP 方式交给社会资本建设小型处理站来统一处置。但是这些和 VOCs 治理的总体花费来比都是九牛一毛。

类似的，近期某报报道中将河北廊坊租赁"三脱"（脱硫脱硝除尘）环保设施工程认为是 PPP 应用在大气领域的 PPP 案例，也是乱弹琴。虽然没有详细的细节描述，三脱项目的付费主体当然是发电企业，政府有何权力使用纳税人的资金来租赁设施？如果是企业付费，那么和 PPP 何干，政府凭什么代替工业企业强迫租赁某一家的三脱设备？更何况即便是应该由政府付费的公共服务，采用租赁这种模式应该属于政府购买服务，和 PPP 本来就搭不上关系。此外，现在也有讨论，如果政府有工业治污补贴，是不是就可以做成 PPP，我个人对此保持高度警觉，政府的补贴应该针对治理效果补助工业企业，做成 PPP 强迫工业企业购买某一家环保企业的治理服务有很大的官商勾结的腐败风险。

值得一提的是，该报中提到的另两个案例倒是符合 PPP 的要求，都讲的是燃煤锅炉提标改造方面，包括廊坊和苏州。没有详细资料，但是从字面判断，应该是供暖设施的升级。由于供暖属于提供公共服务的基础设施，在这个方面引进社会资本来承担锅炉的改造资金并负责供暖服务运营，依据 PPP 的特许经营制度向用户收费，也可以存在政府补贴来保证供暖服务的公益性。这样的项目是可以和大气治理搭个边的。大家也可以看到，这个领域虽然能称为 PPP，但它和工业点源的污染治理扯不上干系，也和环保公司几乎没啥关系。

说到此处，看着报纸上某些金融机构、企业甚至专家人士所鼓吹的大气治理的万亿 PPP 梦，我不由想起来张维迎老师的一句话，"语言腐败也是一种腐败"，点了点头，随后忍不住将进门清洗雾霾污染后那一盆浓浓的洗脸水，向这盘虚火泼将下去。

附录 2-5　汤明旺快评湖南省文件

来源：中国水网　作者：汤明旺　发表时间：2018 年 2 月

2017 年年末，《关于规范政府和社会资本合作（PPP）综合信息平台项目库管理的通知》（财办金〔2017〕92 号）及《关于加强中央企业 PPP 业务风险管控的通知》（国资发财管〔2017〕192 号）等系列政策文件出台，业界解读认为 PPP 进入从起飞转向平飞的新阶段。PPP 运营受到高度关注。

近日网传湖南省财政厅发文《关于实施 PPP 和政府购买服务负面清单管理的通知》（湘财债管〔2018〕7 号）。根据该报道所附文件图片，该省 PPP 负面清单规定如下：

PPP 模式应当用于投资规模较大、需求长期稳定、价格调整机制灵活、市场化程度较高的城市基础设施及公共服务类项目，对政府参与的污水处理和垃圾处理项目全面实施 PPP 模式。

下列情形不得运用 PPP 模式。

（1）不属于公共服务领域，政府不负有提供义务的，如商业地产开发、招商引资项目等。

（2）因涉及国家安全或重大公共利益等，不适宜由社会资本承担的。

（3）仅涉及工程建设而无实际运营内容、无现金流，完全由政府付费的，如市政道路建设、公路建设、广场、绿化（风光）带等工程建设。

（4）采用建设—移交（BT）方式实施的。

（5）政府方回购社会资本投资本金、向社会资本承诺固定收益的。

PPP 负面清单第三条"仅涉及工程建设而无实际运营内容、无现金流，完全由政府付费的"尤其为业界所重视，对其解读也有不同的声音。比如，有多位专家呼吁此类政策出台应慎重，需要考虑对已有项目的影响和解决办法，更要正视地方各类建设及扶贫等任务繁重、地方债等其他渠道有限的现实。

E20 环境平台始终强调 PPP 的运营属性。E20 研究院执行院长薛涛对 PPP 负面清单点评认为，一方面，真正运营项目即便是纯政府付费也没问题，比如环境监测 PPP、环卫 PPP、垃圾焚烧 PPP 项目等，**核心是有真正的运营**；另一方面，纯政府付费中没有运营，但有维护的 PFI 类就能"搭便车"算为运营？其实关键在于维护是否有难度、**绩效压力是否足够**，比如黑臭水体可能最终还能过关，但人民广场、市政道路绿化景观就很难符合标准。

早在《关于进一步做好政府和社会资本合作项目示范工作的通知》（财金〔2015〕57 号）出台时，薛涛就解读指出其最大亮点在于关闭 BT 通道，突出运营和绩效，避免垫资型、工程化环保治理痼疾，对推进环境绩效合同服务落地和 E20 产业地图中 I 方阵之环境一级开发商最终形成意义重大。

2016 年，E20 发布 E20 市政环保 PPP 分类格局图，将 PPP 分为政府监管型特许经营领域、政府购买服务型特许经营领域、非特许经营的政府购买型 PPP（PFI）、不含融资和基础设施建设的非 PPP 的政府购买服务 4 类。曾对 PPP 的可维护性、可运营性进行分析论述。其中，PFI 类政府付费的 c 类项目容易带来类 BT 拉长版的倾向，但是对于黑臭水体这类项目，存在区域环境技术集成的必要性和运营绩效压力，可以通过强化可用性付费和运营绩效的捆绑以实现长期运营绩效的刚性化，使专业水务运营公司的核心能力得以发挥，做到"专业的人做专业的事情"，最终实现物有所值。

财办金〔2017〕92 号文前后，财政部史耀斌副部长、王毅司长和江苏省财政厅宋义武副厅长相继发表重要讲话，江苏省的规范文件出台（《江苏省财政厅关于进一步推进政府和社会资本合作规范发展的实施意见》，苏财金〔2017〕92 号）。E20 研究院分别做了解读。其中，对于史部长讲话，薛涛指出：政府付费类 PPP 可以坚持走下去（当然有附加条件），不必盲目悲观，但政府付费类 PPP 项目还分可以按量结算的 b 类项目和不能按量结算的 c 类 PFI 类项目，需要区别对待；适合 PPP 的选择标准应该是长期运营效率的提高，那么项目本身要在长期运营上存在绩效压力；PPP2.0 时期，大量工程公司的参与冲击了环保行业的格局，希望看到的是专业运营公司应该依靠他们的核心能力继续引领行业的发展，而不是重建设轻运营的旧疾再次发作。

对于江苏省财政厅宋厅长的讲话，薛涛解读指出，纯财政支付的可用性付费类项目是否适合 PPP，应该考虑以下因素：① 具体适用领域急迫性和适合档次定位，需要从行业和地方发展角度在立项上强化科学统筹再把关；② 没有长期运营绩效压力的 PPP 一定就是仅仅为了图个融资最后难免一地鸡毛。他还提出各地上马 PPP 项目应该坚持几个优先原则：一是重要性，关系基本民生、经济发展、中央要求（如环保）的项目，应该优先，而非目前许多地方"成熟一个、实施一个"的做法；二是运营性，绩效考核清晰、长期运营绩效提高压力明显、适合发挥 PPP 优势的应优先，而非某些"政绩工程"优先；三是适当性，要考虑 PPP 项目是否和当地经济水平、地方财力相匹配，对规模、体量、质量要求进行合理设计，避免出现背离地方经济发展水平和必要性的"过度豪华"的 PPP 项目。

对于真运营的强调，也是对专业领域社会资本提供公平竞争环境的必然。在环保领域尤为如此。在中国国情下，对各企业平等而待，无论民企、外企还是国企，要避免设置歧视性招标条件。在 PPP 考核付费体系中，必须把环境绩效严格捆绑在整个运营期的回报中，从而避免任何一类企业有通过工程利润提前实现短期套利的机会，最终造成绩效迷失和实际上的投资浪费。"不在于哪类企业获利与否，关键还是环境治理效果。"

2017（第十五届）水业战略论坛上，E20 研究院执行院长薛涛指出，PPP 分类中的 c 类项目（PFI），如大量的黑臭水体、海绵城市甚至包括景观项目等动辄 10 亿元或 30 亿元以上、通过可用性付费作为长期回报模式的 PPP 项目的出现，带来了整个市场的冲击和颠覆。他还将 PFI 项目里涉及水领域的景观和黑臭水体治理区分为弱绩效和强绩效两个类型，并探讨绩效捆绑对 PFI 的优化。他认为，维护绩效性（压力）是项目值得采用 PPP 最底线的要求。

2018 年 1 月，E20 研究院分析指出，PPP "真运营"既包括 a 类、b 类和 d 类典型的运营，也包括 c 类非以量计价的政府付费类项目具有约束性的运营或"准经营"。其中，后者的"真运营"可以分为 3 个层面：一是**运营有难度**，即政府自身做不到或者很难达成良好绩效，避免简单维护即为绩效的 PPP 项目；二是**运营强约束**，本身具有很强的约束性，其绩效是真实、专业且真正影响付费，避免非专业社会资本也可以随便进入、甚至"劣币逐良币"；三是**运营长期性**，不是短期达成而是长期有效，绩效是长期考核的，必须在 10 年以上的合作期内均有约束性。

2018 年 3 月 31 日，是各地根据 92 号文要求完成项目管理库集中清理工作的时间节点。目前，已有地方少数 PPP 项目被清理出库，而入库审核明显趋严，政府付费类更是在有些地方属于"从严从紧控制"的领域。理解什么是"真运营"，是顺利推进 PPP 的基础。负面与正面，不在于付费机制，而应回归"运营"，并最终体现在 PPP 带来的公共服务供给质量和效率提升上。从湖南省的文件我们可以看到，简单的没有长期绩效压力的维护类项目很难归于"运营"属性，已被该省列入负面清单，而黑臭水体等有长期绩效压力有专业维护需求的 PFI 项目的合法合规性仍需等待进一步确认。E20 研究院呼吁各有关方面对纯政府付费中的一般性的运营项目和 PFI 项目进行区分，且在 PFI 项目中对存在长期绩效压力和维护难度的项目予以确认其采用 PPP 模式的合理合规性，以使 PPP 的工具能够真正用好。

第三章

纲举目张：聚焦环保 PPP 的关键要点

环保 PPP 的持续健康发展，不仅仅需要本书前面所提到的科学分类、合理施策，还需要在实操上把握关键，解决好环保 PPP 在项目可行性、风险分担、绩效考核、付费机制、项目融资等核心问题。在进入环保具体领域的 PPP 要点分析之前，本章尝试将这些共性的核心问题予以归纳总结。值得一提的是，在 **PPP** 方案和协议中设计这些关键要素时，除了财务、法律、合规、审计这些惯常视角，有两个特别重要的角度容易被忽视：一是对基于行业特点和技术因素影响下项目本身商业模式的深入理解；二是对基于激励相容和"经济人"假设下的政企双方博弈逻辑的深入理解。前者构成项目方案设计可行的根本，而后者则极大影响到采购阶段的竞争规则设置和项目执行中的绩效奖惩监管设计等的实际效果。

3.1 项目可行性论证

和所有其他领域的 PPP 项目一样，环保 PPP 也需要从源头上把好关，从"项目本身是否可行""项目做 PPP 是否可行"两个有先后顺序的层级论证，判断项目是否属于国家允许或者大力支持实施 PPP 的细分领域，分析打包项目捆绑是否关联、必要、确保项目决策的科学性，在根源上做到"物有所值"。

3.1.1 两种可行性

PPP 项目可行性研究包括两个方面：一是项目本身的可行性研究；二是项目采用 PPP 模式的可行性研究。两个可行性都做到位，环保 PPP 项目才能顺利落地实施，政企合作关系方能得以持久、稳定。

1. 项目本身的可行性

项目本身的可行性，属于传统可研的范畴。正如不少 PPP"一方案、两论证"上流于形式，项目可研也存在类似现象。可见，任何一项政策实施，关键看操作人的专业水平及职业操守。从环保项目的角度，首先需要关注的是项目是否有建设的必要、是否符合相关规划。当然，即便这一问题得到解决，但可研细节出现偏差，也会影响环保 PPP 项目。而从我们长期对环保项目的跟踪分析结果来看，对项目规模、需求量、投入产出等核心经济技术指标的测算至关重要。

实践中，部分环保项目可行性研究报告"水分"较多，可能给项目落地带来很大不确定性。以某些县级、园区污水处理项目为例，对人口及入驻企业数量估计过于乐观，导致污水进水水量、处理量等测算远高于实际，投入产出数据失实，形成大规模超期建设、在本不应出现政府负债的领域出现隐性负债的风险。又如，少数环保项目在项目选址上论证不足，环评流于形式，在最终实施过程中遇到"邻避"阻力，难以落地。

此外，有些水环境综合治理 PPP 项目，地方政府只约定大概范围及投资规模上限，项目建设内容不够明确。中标社会资本凭借其专业优势，通过信息不对称博弈，项目中标后大量出现设计变更，结合可用性付费的交易规则，谋求更多利益，加重财政支出责任、难以保障环境绩效质量，事实上可能对地方政府及公众利益形成损害。当然，从事物的两面性方面来看，这类项目地方政府处于强势地位，前期虽然工作粗糙，也有可能通过后期过严的绩效标准，以及拖延甚至克扣付费来弥补，最后结局其实也是双输。因此，充分的前期筹备是唯一合理的选择。

2. PPP 可行性

PPP 可行性主要是物有所值和财政承受能力论证。财政部所发相关的指引已经做了明确、清晰的规定，此处不再赘述。

需要强调的是，一般而言，按照第二章所定义的"运营属性"越强的环保项目，政府由于其技术、人才机制等的短板，采取 PPP 模式，择优和专业社会资本合作，可以很好地做到"物有所值"，财政承受能力也相对来说可控。反之，如果属于"重工程轻运营"类的项目，政府可通过施工公开招标获得更低价格、质量相当甚至更好的服务，而非选择 PPP 模式，既加大支出责任又增强监管等其他事务。

关于近期 PPP 是否会带来隐性负债产生的争论，第二章第一节已有所分析，特别指出 c 类是重点关注类型。其中详细说到控制财政支出责任的财政承受能力论证问题，我们认为，由于污水和垃圾处理项目的运营属性强、绩效标准清晰、操作模式成熟且治理需求稳定、财政支出责任刚性，建议相关部委可以考虑将污水、垃圾处理领域 PPP 项目的财政支出责任移出财政承受能力论证"10%"份额测算的范畴。其中，对于已通过财政承受能力论证的污水处理、垃圾处理 PPP 项目，可将其财政承受能力论证所占财政支出份额腾出，定向用于其他生态环境类 PPP 项目；对于后续拟推进但尚未进行财政承受能力论证的污水处理、垃圾处理 PPP 项目，财政承受能力评估测算中可不占用"10%"的份额，由地方财政局审核并报人大批准或备案即可。

3.1.2 环保正面清单

92 号文出台后，PPP 项目库管理日益规范。入库审核标准提高、在库项目也存在清理出库的可能。我国 PPP 市场进入从重质量、重建设到重运营的新时期，根据第二章第一节的表述，结合当前 PPP 国情和地方政府等主体的水平，采用正面清单、负面清单方式推进环保 PPP 也许是务实的做法。通过梳理相关政策，我们发现，环保实际上列入 PPP 领域的"正面清单"，环保 PPP 在规范操作下还有很大的潜在空间。

1. 已有正面清单的政策

2017 年 7 月，《关于政府参与的污水、垃圾处理项目全面实施 PPP 模式的通知》（财建〔2017〕455 号）提出："政府参与的新建污水、垃圾处理项目全面实施 PPP 模式。有序推进存量项目转型为 PPP 模式。尽快在该领域内形成以社会资本为主，统一、规范、高效的 PPP 市场，推动相关环境公共产品和服务供给结构明显优化。"这一通知实际上可以视为国家层面将垃圾处理、污水处理放入"正面清单"。

2017 年年底 92 号文出台后，多个省份纷纷跟进 PPP 规范政策，"出库"成为 PPP 各方关注的焦点。中部某市 2018 年年中提出在工程项目领域实施"三个全面叫停"（全面叫停政府回购，全面叫停政府购买服务，全面叫停不规范的 PPP 项目），并特别提到**"重点实施城市供水、污水处理、垃圾焚烧和发电等没有纳入负面清单、有稳定现金流、不会新增地方政府债务的规范 PPP 项目"**。

江苏省财政厅 2018 年 7 月印发《江苏省政府和社会资本合作（PPP）项目入库管理工作规则》（苏财金〔2018〕76 号）明确提出优先入库、从严从紧入库和严禁入库三种类型及标准。其中，"优先入库"的规定为：① **垃圾处理、污水处理和城市供水等公共服务领域，各地新建项目要"强制"应用 PPP 模式；**② 其他基础设施和公共服务领域，对有现金流、具备运营条件和使用者付费的新建项目，鼓励运用 PPP 模式；③ 积极运用 PPP 模式将融资平台公司存量公共服务项目转型为 PPP 项目，引入社会资本参与改造和运营。

需要指出的是，即便是运营性项目，过度超前建设也可能导致政府隐性债务增加，对这方面需要通过前文所述的项目可行性分析来控制。

2．地方关于 PPP 的负面清单

湖南省财政厅发文《关于实施 PPP 和政府购买服务负面清单管理的通知》（湘财债管〔2018〕7 号）规定，下列情形不得运用 PPP 模式。

（1）不属于公共服务领域，政府不负有提供义务的，如商业地产开发、招商引资项目等。

（2）因涉及国家安全或重大公共利益等，不适宜由社会资本承担的。

（3）**仅涉及工程建设而无实际运营内容、无现金流，完全由政府付费的，如市政道路建设、公路建设、广场、绿化（风光）带等工程建设。**

（4）采用建设—移交（BT）方式实施的。

（5）政府方回购社会资本投资本金、向社会资本承诺固定收益的。

E20 研究院在湖南政策出台后很快就进行了深入解读（见第二章附录 2-5）。我们认为，一方面，真正运营项目即便是纯政府付费也没问题，比如环境监测 PPP、环卫 PPP、垃圾焚烧 PPP 项目等，核心是有真正的运营；另一方面，纯政府付费中没有运营，但有维护的 PFI 类就能"搭便车"算为运营？其实关键在于维护是否有难度、绩效压力是否足够，比如黑臭水体存在区域环境技术集成的必要性和运营绩效压力，可能最终还能过关，但人民广场、市政道路和绿化景观就很难符合标准。

不仅是湖南，沿海部分发达地区也出台了类似"负面清单"的政策。比如，苏财金〔2017〕92 号明确提出两个"从严从紧"的要求：对于无现金流、完全政府付费的项目从严从紧控制；对前期 PPP 项目数量较多、地方政府支出责任占比较高地区申报的项目从严从紧控制。

负面清单的反面就是"正面清单"。由上面的负面清单也可以看出，环保始终是国家及地方推行 PPP 模式的重点领域。

3．环保 PPP 的隐形"正面清单"

我们对现有出库的数据分析认为，环保受到的影响有限。在符合 92 号文属于公共服务范围、政府负有提供义务、包含运营内容、已建立按效付费机制等基本要求的

前提下，环保 PPP 存在一份隐形"正面清单"（见附录 3-1）。

（1）人口规模大、地方财力较好地区的市政供排水。

（2）生活垃圾处理。

（3）含绩效约定的水环境治理。

（4）区域环卫一体化及城乡环卫一体化。

（5）企业入驻率较高、污水产生量稳定的园区污水处理。

（6）城镇化程度较高、经济实力较强地区的乡镇集中式污水处理。

（7）其他治理需求稳定、绩效约束清晰、按效付费机制健全的环保项目。

3.1.3　项目关联捆绑

和 2013 年以前的 BOT 及特许经营主要为单体项目不同，此轮 PPP 涌现出许多综合打包捆绑 PPP 项目。捆绑类 PPP 项目涉及的合作内容多元、绩效考核标准多样、付费机制复杂，因此其项目在前期可行性论证上应当特别关注子项目之间的关联性问题。原则上，同类项目或上下游环节项目进行打包，能更顺利落地；相反，无关联度的捆绑打包，则可能导致很难找到合适的社会资本、绩效考核难以操作、付费机制不易理顺。我们对于非关联打包有过批评（见本章附录 3-2）。

1. 项目捆绑的几种情形

我们对财政部 PPP 综合信息平台中环保 PPP 进行分析，将捆绑类环保 PPP 项目归为以下几种情形。

第一种为同一类项目整体打包。比如，单个村镇污水处理项目体量较小，单位运营成本高，很难吸引投资人，如将多个相邻的村镇污水项目进行打包，则整体上有更好的吸引力。例如，财政部 PPP 示范项目——福建省龙岩市 4 个县（区）乡镇污水处理厂网一体化 PPP 项目，将龙岩市新罗区、永定区、连城县和武平县等 4 个县（区）的乡镇污水处理厂及配套管网捆绑打包实施，共涉及 31 个乡镇，污水处理总规模约 11 万吨/日，配套管网总长约 190 千米，项目总投资约 6.72 亿元。

第二种情形为上下游环节的子项目打包。比如将城市道路清扫保洁、垃圾收运到垃圾处理这些环节整体打包为一个 PPP 项目，以便政府全流程监管，也有利于中标社会资本做全做强产业链。以财政部 PPP 示范项目——河北省沧州市河间市环卫服务市场化项目为例。该项目一体化管理，提高河间市的整体市容市貌。项目包括河间市环卫服务市场化和生活垃圾填埋场市场化两个部分，其基本情况如下：前者为城区及周边村庄的道路清扫保洁、生活垃圾的收运、公共厕所的管理和保洁以及粪便抽运，垃圾中转站的运营管理，冬季除雪铲冰及各项应急保障；后者为第一生活垃圾填埋场的运营及未来第二生活垃圾填埋场的市场化运营。

第三种为邻近子项目打包。以南宁市竹排江上游植物园段（那考河）流域治理 PPP 项目为例。该项目实际包括河道整治工程、河道截污工程、河道生态工程、沿岸景观工程、污水厂建设工程、海绵城市示范工程、信息监控工程 7 个子项目。这些子项目在分布上邻近，且存在直接或间接的关联，如污水治理与河道截污、河道生态等密切相关，污水运营不正常将影响整个河道的治理效果及生态环境。

第四种是关联度弱甚至"拉郎配"的项目打包。这种情况在 PPP 规范政府付费类项目之后，更多出现。比如华北某园区污水处理 PPP 项目，捆绑了园区多条道路工程。又如 PFI 模式之下有些水环境综合治理项目，将黑臭水体治理、园林景观、收费公园等捆绑在一起，有刻意做成可行性缺口补助类项目而逃离政府付费类规范管理的嫌疑。我们认为这种操作稀释了项目的核心逻辑，不利于项目的实施落地。

以上 4 种捆绑的情形，在环保实操中普遍存在。但每一种情形下的捆绑 PPP 项目，实施落地会呈现很大的差异。其中原因，则在于子项目之间是否高度关联。

2. 高度关联也可能影响打包类项目实施

以西南某地"一水两污"打包 PPP 为例。该项目将当地多个县市的乡镇自来水及供水管网、污水处理厂及污水管网、垃圾中转站及垃圾处理厂、垃圾渗滤液处理设施打包，涉及当地多个县市的近百个乡镇，投资额近 50 亿元。但项目多次招标均因参与的企业不足法定人数而终止。

究其原因，主要在于项目表面有关联度（供水与污水处理是上下游、污水处理和垃圾处理同为污染治理），但面临涉及区县多难以协调、主管部门不同不好统筹、项目类型有别而绩效考核难、综合性太强导致付费机制不顺等问题。能够同时具备参与多种类型项目实施的社会资本毕竟是少数；而为拿项目临时组建的联合体也很难避免利益难以协调，合作陷入"联而不合"、互相扯皮的局面。

对于"拉郎配"式的无关联项目捆绑，虽在理论上有"肥瘦搭配"的说法，但实操中遇到的问题恐怕会多到无法招架。因此，项目捆绑应谨慎为好，高度关联是打包的前提条件之一，最佳结果应该是达到集成绩效，具体在本章第三节详细阐述，关于农村污水打包也可见本章附录 3-4。

3.2 风险合理分担

在环保 PPP 超过 10 年以上的合作期内，从项目前期到项目融资、建设、运营及移交全生命周期，政府和社会资本双方都会遇到各种各样的风险。这些风险因素将导致一方或多方在经济上的损失，也会影响环保公共服务的供给质量和供给效率。环保 PPP 的风险如何合理分配，是共担还是分担，需求风险及失败风险如何安排，均关系到各方的利益。

《PPP 项目合同指南（试行）》（财金〔2014〕156 号）规定了 PPP 项目的风险分配基本框架：按照风险分配优化、风险收益对等和风险可控等原则，综合考虑政府风险管理能力、项目回报机制和市场风险管理能力等要素，在政府和社会资本间合理分配项目风险。原则上，项目设计、建造、财务和运营维护等商业风险由社会资本承担，法律、政策和最低需求等风险由政府承担，不可抗力等风险由政府和社会资本合理共担。但实践中，不同行业、不同领域的风险分配需要区分对待。

需指出的是，基于 PPP 所涉及的公共服务本质，政府永远是最终的兜底方。从第二章第二节的分析来看，无论是风险分担还是风险共担，政府都是最终的风险承担方。实际操作中，我们发现业界不少人对风险分担和风险共担的区别是迷惑的。目前中国的政商合作水平相对较低，地方政府契约精神欠佳，本质模糊的风险共担可能为未来埋下隐患。作为项目设计应尽可能划分清晰，做到风险分担。而从交易结构设计来看，风险共担主要发生在政府需要和社会资本共同面对未来不可知的需求风险，虽然在这种项目中会设计将需求风险的主体由社会资本承担，即我们所说的 a 类 PPP 项目属性，但是由于政府公共服务托底责任和需求风险的不确定性，在方案设计中必然会涉及有些要素需要政府和社会资本共担。对于环保领域的需求，基于政府行政关系，除了少数固废项目之外实际上政府承担了最低需求风险。在实际设计中，尽职的咨询公司和专业的地方政府，应当设计风险合理分担的模式。

当前现实是，很多咨询公司粗制滥造，把很多风险归为社会资本承担或者干脆模糊的写为风险共担，后者将为后期执行带来扯皮的风险。我们认为应处理好风险分担和风险共担，不能简化处理。对于地方政府而言，即便约定有关风险由社会资本承担，也需要基于环保本身公共服务属性，对相关风险予以关注，确保环保治理质量绩效的达成。从环保本身很强的外部性角度而言，在社会资本严重违约的极端情形下，政府依然是环境保护这一公共服务的提供者，最终对环保负有兜底的责任，因此本质上永远是项目风险的最终承担者。本节重点关注保底量及项目失败风险。

3.2.1　"保底量" = 固定回报？

在环保领域，保底量是很常见的设计，特别是在垃圾处理、污水处理等细分领域。我们认为，其本质是最低需求风险的一种分担方式，不应视为固定回报。

1．政策上关于最低需求风险的规定

政策上已明确最低需求风险由政府承担。《关于推广运用政府和社会资本合作模式有关问题的通知》（财金〔2014〕76 号）、《关于印发政府和社会资本合作模式操作指南（试行）的通知》（财金〔2014〕113 号）等文件中关于风险分配机制的规定是："原则上，项目设计、建造、财务和运营维护等商业风险由社会资本承担，法律、政策和最低需求等风险由政府承担，不可抗力等风险由政府和社会资本合理共担。"《PPP 项目合同指南（试行）》（财金〔2014〕156 号）关于不同付费机制下的核心要素中提到"最低使用量"，其定义中体现了其实质属于风险分配机制，且有利于提高项目可融资性："最低使用量，即政府与项目公司约定一个项目的最低使用量，在项目实际使用量低于最低使用量时，不论实际使用量多少，政府均按约定的最低使用量付费。最低使用量的付费安排可以在一定程度上降低项目公司承担实际需求风险的程度，提高项目的可融资性。"

2．固定回报的本质是无风险、非按效付费

财政部、国家发展改革委 PPP 双库专家靳林明在《PPP 项目"固定回报"是要问一个明白，还是要装作糊涂？》一文中指出，固定回报是在政府和投资人之间的概念，是从投资人的角度来看待的，所关注的是除投资人投入的资金外，从政府方获得的额外收益是否是固定的、是否承担了对应的风险；固定回报不是说投资人不承担风险，而是说在 PPP 项目中，投资人获得的回报与项目自身建设、运营好坏没有关联，或者关联度不高。

由此可以看出，固定是表面，几无风险，和绩效是否高度关联是关键内核。用在污水处理等环保 PPP 项目上，保底水量显然不属于政府兜底，不属于固定回报。

3．以污水处理为例看"保底量"设置

污水处理类 PPP 项目一般约定基本水量（保底水量），且约束对象主要是政府（如果没有达到基本水量，政府按基本水量付费，"照付不议"）。这种风险通常为政府所承担。很多污水处理项目都约定了在规定年限中（如运营期的前 3 年或前 4 年），60%～90% 不等的基本水量。通常，所在城市城镇化水平越高、经济发展水平越高、项目所

覆盖的范围越高，这一比例反而越低。基本水量成为传统污水处理企业的基本收入保障，一定程度上具有"旱涝保收"的特征。在这种机制下，通常还会约定在实际处理量超过设计规模时，政府对社会资本（或项目公司）的付费标准及付费金额相应调整机制（见图 3-1）。一般都认为，PPP 项目由社会资本负责具体实施，但顶层设计是地方政府做出的，因此包括项目规划不合理、最低需求预测不准确、配套设施不到位、出现竞争性项目等在内的事项导致的风险责任在于政府，相应的风险也应由政府承担。

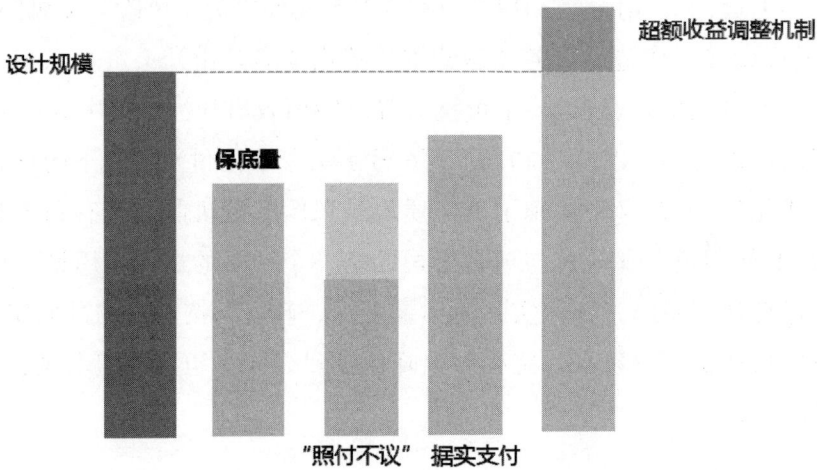

图 3-1　常见的最低需求风险分担机制示意图

在单体污水处理厂 PPP 项目上，政府对项目规划有最高决策权限，更有能力规划好和安排好水量，因此这类项目的最低需求风险由政府承担具有合理性。盲目把最低需求风险转移给社会资本方，在风险和收益相匹配的原则下，社会资本方将要求获得风险增加相应带来的风险溢价，最终将导致政府长期支出增加，也不利于达成 PPP 长期运营效率提高这一核心目标。

而在厂网一体化项目，风险分配和付费机制有两种。其一是项目在形式上打包但付费拆分处理，即污水厂按单体项目水价及水量付费（含基本水量），管网则采用"可用性付费+绩效服务费"的方式付费，整体上属于需求风险转移给政府方的狭义特许经营模式。其二是形式和实质均达到一体化，即将考核指标彻底改为污染物减排标准的效果支付模式，付费与绩效完全捆绑，不设保底水量。两者相比较，政府和社会资本哪方更有能力承担需求风险、承担此类风险的一方相应提出哪些要求、绩效考核是否清晰易行都是需要考虑的因素。后者在后叙的广东揭阳水务 PPP 项目上有所尝试，实际落地中还是存在很多困难不易克服。

4. 最低需求风险分配优化方向

最低需求风险目前主要由政府承担，但该风险还可以进一步降低或者优化设计。

一是合理预测，从源头上提高项目规划的科学性，适度超前设计、合理预测未来需求。中小城市、工业园区的环保 PPP 项目，尤其需要忠于实际，对人口增长、产业导入有合理的判断，不过分乐观估计测算未来需求。在将设计也纳入 PPP 合作范围的情况下，如部分采用 DBFO（设计—建设—融资—运营）模式的项目中，项目前期设计也由社会资本负责，政府更应对其中的项目规模及需求预测进行严格把控，以免政府及公众利益受损。

二是设计再谈判机制，包括再谈判的触发点、再谈判的程序和争端的解决方式等，降低再谈判的交易成本，有利于双方按照约定流程通过再谈判保障自身权益。比如部分县级城市实施的垃圾焚烧发电 PPP 项目"吃不饱"、污水处理 PPP 项目"晒太阳"的现象存在，让地方政府的付费意愿出现降低迹象。这种情形应在前期方案设计时有所预判，并合理设置再谈判机制。

三是探索风险内化，稳妥探索一体化、综合性项目，将最低需求风险内化到整体项目中，由社会资本方承担。以污水处理为例，2016 年，广东揭阳市 9 座污水处理厂项目打包污水处理厂项目落地签约，受到各方关注。该项目包括揭阳市揭东经济开发区新区，揭东区玉窖镇、新亨镇、锡场镇，揭阳市区西区、空港经济区及普宁市洪阳镇、占陇镇、里湖镇 9 座污水处理厂及其配套管网（揭东经济开发区新区实施内容仅包括污水处理厂），拟建总规模 13.5 万吨/日，拟建管网总长度 141.92 千米，总投资约 11.27 亿元该项目不设保底水量，而是建立环境绩效付费机制，根据污水处理厂月平均进水 COD 浓度，确定进水浓度系数，对各厂进水浓度进行考核，并以此作为污水处理服务费计算依据。

3.2.2 环保 PPP 失败风险不容忽视

需要注意的，在环保 PPP 项目设计中对于各类风险进行分配，并不意味着风险不会出现，也不代表风险就能做到真正的"共担"或"分担"。因为各种因素，包括但不限于审批延误、融资风险、建设风险、运营风险、项目唯一性、市场收益不足、市场需求变化、收费变更、法律变更、不可抗力等均可能导致环保 PPP 项目最终走向失败（见表 3-1、表 3-2）。实际上，这些风险，在当下的 PPP 发展阶段，依然可能出现。

表 3-1　16 个 PPP 失败案例情况

案例编号	项目名称	出现的问题
1	江苏某污水处理厂	2002—2003 年出现谈判延误，融资失败
2	长春汇津污水处理	2005 年政府回购
3	上海大场水厂	2004 年政府回购
4	北京第十水厂	Anglian 从北京第十水厂项目中撤出
5	湖南某电厂	没收保函，项目彻底失败
6	天津双港垃圾焚烧发电厂	政府所承诺补贴数量没有明确定义
7	青岛威立雅污水处理项目	重新谈判
8	杭州湾跨海大桥	出现竞争性项目
9	鑫远闽江四桥	2004 年走上仲裁
10	山东中华发电项目	2002 年开始收费降低，收益减少
11	廉江中法供水厂	1999 年开始闲置至今，谈判无果
12	福建泉州刺桐大桥	出现竞争性项目，运营困难
13	汤逊湖污水处理厂	2004 年整体移交
14	延安东路隧道	2002 年政府回购
15	沈阳第九水厂	2000 年变更合同
16	北京京通公路	运营初期收益不足

资料来源：亓霞，柯永建，王守清．基于案例的中国 PPP 项目的主要风险因素分析[J]．中国软科学，2009（5）．

表 3-2　PPP 主要风险因素

风险 ＼ 案例编号	1	2	3	4	5	6	7	8	9	10	11	12	13	14	15	16
法律变更	√		√											√		
审批延误				√												
政治决策失误/冗长				√			√				√					
政治反对				√												
政府信用	√	√			√	√			√		√				√	
不可抗力	√				√											
融资					√											
市场收益不足						√		√			√					√
项目唯一性								√	√		√					√
配套设备服务提供													√			
市场需求变化								√	√	√	√					√
收费变更										√						
腐败														√		

资料来源：亓霞，柯永建，王守清．基于案例的中国 PPP 项目的主要风险因素分析[J]．中国软科学，2009（5）．

通过对上述 PPP 主要风险因素统计表进行分析可知，融资属于企业风险，但融资失败最终还是会导致政府托底责任。因此，此类项目实施过程中，政府应当重视融资问题，并在合规的前提下协助项目公司融资，避免因融资出现项目失败风险。

市场需求变化、收费变更、收益不足这 3 项都属于需求风险问题和价格机制问题。按照我们的分类来看，a 类项目需求风险确实由社会资本承担，所以市场需求变化是社会资本在进入前需要充分估计的要素。所谓共担的部分就是由于政府基于公共服务托底责任，需要和社会资本充分合作。收费变更则走的是价格听证程序，政府也存在不确定因素，参与方应充分估计。公益性项目，定价风险较高，社会资本应避免过度估价。威立雅高溢价事件上，政府具有相当的主导权，可能推迟对公共服务价格调整。

当然，鉴于目前参与 PPP 项目的企业类型多样，且专业能力、业绩经验不一，我们也担心社会资本/项目公司本身提供的服务不符合绩效考核要求，从而导致合作失败。从这个角度来说，PPP 的风险防控，并非一方责任，而在于政企双方。

需要指出的是，导致项目失败的风险可能是单一的，也可能是多方面的。而从项目失败的结果，尤其是在环保领域，最终的损失必然是环境质量恶化及公众健康安全受到威胁、危害。从这一意义上说，在 PPP 实施方案等文本中对于项目的风险分配，更多是基于经济上考虑的一种激励相容的措施，可能是经济惩罚或者损失救济，目的是倒逼各方尽可能不让风险实际发生或者实际发生后尽可能减少损失、降低对各方利益的损害程度。对于项目失败本身将影响公共服务的供给，反而在一定程度上被轻视。

实际上，项目失败的风险最终还是由政府和公众承担。《国家发展改革委关于开展政府和社会资本合作的指导意见》（发改投资〔2014〕2724 号）明确政府和社会资本合作过程中，如遇不可抗力或违约事件导致项目提前终止时，项目实施机构要及时做好接管，保障项目设施持续运行，保证公共利益不受侵害。《关于印发政府和社会资本合作模式操作指南（试行）的通知》（财金〔2014〕113 号）规定社会资本或项目公司违反项目合同约定，威胁公共产品和服务持续稳定安全供给，或危及国家安全和重大公共利益的，政府有权临时接管项目，直至启动项目提前终止程序。尽管 113 号文规定"临时接管项目所产生的一切费用，将根据项目合同约定，由违约方单独承担或由各责任方分担"，但多数情况下，社会资本未必有能力承担违约的费用。从保障公共服务的有效供给而言，政府可能实际上不得不承担绝大多数 PPP 项目的失败风险。这种情形应在 PPP 前期设计中予以重视，并通过优化方案、充分竞争等方式降低或规避。

从 PPP 项目全生命周期管理的角度来说，降低项目失败风险、促进环境绩效达成，还需要在 PPP 项目信息披露、公众参与及社会满意度调查等方面加强。

项目唯一性、配套设备提供服务，属于专业属性紧密联合的部分。对于咨询公司来说，需要借助相关行业专家的积极参与做到真正的专业。

就环保来说，不同类型的项目收益风险各异。收益风险主要来源于市场需求不足和项目公司管理效率不高（成本过高）。a 类项目收益不足，政府有责任共同来解决，保障市政基础项目。对于 b 类、c 类、d 类，收益不足，应该是由于社会资本管理优化、成本控制的问题，由社会资本自行承担。

3.3　突出绩效考核

《关于规范政府和社会资本合作（PPP）综合信息平台项目库管理的通知》（财办金〔2017〕92 号）发布之后，以运营为核心、以绩效为导向的规范时代到来，PPP 由重建设向重运营转变。从回归 PPP 初心、正本清源来说，绩效是公共服务供给质量和效率是否提高最直接的体现。环保是 PPP 的热点领域，需要在环境绩效的达成考核基础上，体现按效付费，促进环保技术创新、环保企业进步及整个环保行业的持续发展。我们也注意到，财政部在政府购买服务、PPP 领域突出绩效考核，建议在相关政策出台及研究中引入行业部门协调、行业专家参与，提高细分行业绩效考核的专业性、实操性。

3.3.1　绩效核心在运营

1. 什么是"真运营"

突出真运营，是避免史部长所指出 PPP"运营内容淡化问题"的关键。在市政环保领域，真正意义上的"运营"实际上可以分为两类：一类是如后文提到的 a 类、b 类和 d 类实际上是典型的运营性项目，其绩效标准约束性强，按效付费机制已相当成熟；另一类是 c 类 PFI 项目，从工程化向具有约束性的运营或"准经营"转变。

其中，后者的"真运营"可以分为 3 个层面。

一是运营有难度，即政府自身做不到或者很难达成良好绩效，避免简单维护即为绩效的 PPP 项目。

二是运营强约束，本身具有很强的约束性，其绩效是真实、专业且真正影响付费，避免非专业社会资本随便进入、甚至"劣币逐良币"。比如医院项目，真运营应该是和其建筑相关的医疗服务，而非物业、绿化等简单运维。

三是运营长期性，不是短期达成，而是长期有效，绩效是长期考核的，必须在 10 年以上的合作期内均有约束性。

这 3 个方面是区别于工程（BT 长期化）、轻运营的关键要素，且缺一不可。比如在水环境综合治理领域，做真运营、做实绩效的 PPP 类型包括有明确水质考核标准的黑臭水体整治、具有清晰所属河道断面考核目标的水环境治理项目，也包括具有污染物实际削减量考核的厂网一体化和村镇污水治理项目。

对应 E20 市政环保 PPP 分类，不同类型的运营属性强弱各异，且和其绩效约束密切相关（见图 3-2）。

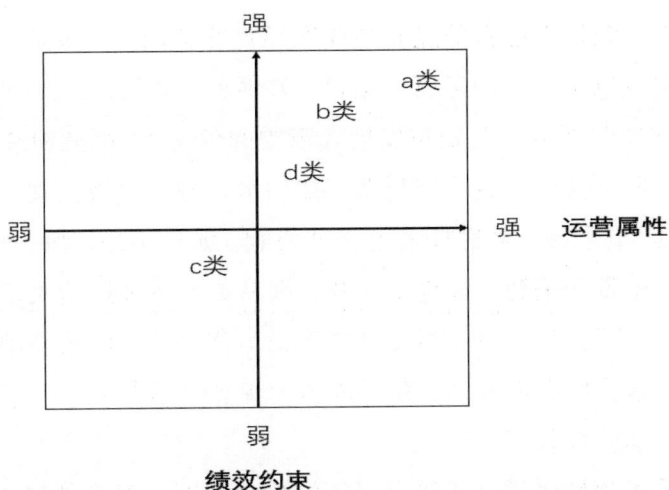

图 3-2　环保 PPP 绩效约束与运营属性强弱二维图

其中，a 类是直接向非政府的最终使用者收费的狭义特许经营项目（使用者付费，如供水、供热 PPP 等）、b 类政府购买类特许经营项目（可能涉及使用者付费，但 PPP 交易界面上由政府直接向项目公司付费，如污水处理 PPP、生活垃圾处理 PPP 等）、d 类属于政府购买服务类（少数采取 PPP 模式实施，如环卫 PPP 等）。因此，a 类、b 类和 d 类均具有真正意义上的运营属性。而 c 类政府付费 PFI 类，通常采用可用性付费+运维服务费的付费方式，因此处理不当很容易出现"工程化""假运营"或"轻运营"现象。以水务行业为例，c 类项目在水务等领域占比多，且中标社会资本已出现建筑、工程、园林等企业占据半边天的局面。

与此对应，c 类（PFI）的运营和绩效是 PPP 规范的重点。财办金〔2017〕92 号文之后的 PPP，规范是行稳致远的基本前提，也必然要求做真运营、做实绩效。**其中**

a类、b类、d类项目运营属性很强，且绩效约束强度呈现依次下降趋势，侧重强调针对性的核心边界和机制设计，规范起来较为容易；而c类PFI项目则应聚焦在长期维护绩效难以简单达成的"复杂"项目上予以实施，使其运营维护的属性更强或具有"准经营"属性，此类项目的数量、投资规模、建设内容、绩效标准和按效付费机制应成为PPP规范的重点领域。

2. 运营强弱的定性和定量分析

从环保PPP类型来看，不同分类的运营属性存在强弱差异。可以从定性和定量两个维度来进行判断。

定性分析可从以下4个方面来衡量。

（1）是否属于传统特许经营的经营性或准经营性领域。如果是，即直接向非政府的最终使用者收费且以量计价的经营性项目，如供水、供电、供热、收费公路等项目；以及以量计价的准经营项目（此处按发展改革委的定义），可能涉及污染者付费或受益者付费，但由政府直接向项目公司付费，如污水处理、垃圾处理、公共交通等，则属于"运营属性强"的领域，可适宜采用PPP模式。如果不是，则一般运营属性较弱。

（2）是否涉及融资和基建。如果不涉及，则易更多体现运营及绩效导向，具有运营属性强的特征，如环卫领域及存量资产"委托运营"等的市政基础设施、公共服务领域。如果融资和基建均有涉及，且建设成本大幅高于运营成本、可用性付费大幅高于运维付费，则其运营性较弱。

（3）是否涉及可用性付费。不涉及可用性付费，即付费全部来源于运营收入的，为运营性强的项目；如果涉及可用性付费，且可用性付费占比极高的，则运营性较弱。

（4）运营质量考核是否持续。运营是否是长期有效、长期考核，是否在整个合作期内均有约束性、均影响付费。如市政道路，出现维修、维护的频率可能间隔数月甚至更长时间，日常没有运营维护方面的必要，说明运营属性弱。

在定性的基础上，还可以从定量的角度进一步评估环保PPP的运营强弱。

（1）合作期限：短于15年多为运营属性偏弱，因为存在为符合PPP规范将合作期拉长至10年以上，主要为10～15年的情形；合作期限长于15年多为运营属性强的项目。

（2）成本构成：如果建设成本占比超过70%、运营成本不足30%，整体上可以判断其建设施工的比重大，项目运营属性弱。

（3）付费机制：如果涉及可用性付费，且可用性付费占全部付费的比例超过或略

低于 70%、运营维护付费占比低于或略高于 30%，可能说明该环保 PPP 项目在设计上更多为符合 92 号文绩效捆绑的基本要求，则可以判断该项目的运营属性弱。

（4）涉及多领域捆绑打包的，运营属性强的部分成本、付费占比低于 **50%**的情形，比如某些水环境综合治理项目中，有较强绩效约束的合作内容其成本、付费占比较低，说明该项目整体的运营属性较弱。

运营属性强弱，会直接反映在绩效考核的约束强弱上，进而反映在公共服务质量及效率能否真正提升。因此，从另一个角度来说，对绩效的强调，是运营为核心，真正做到 PPP "物有所值"的直接保证。

3.3.2　绩效类型及其优化

绩效考核的前提是有明确的绩效考核标准。不同类型的环保 PPP，其绩效类型不同，且实操中有些项目的绩效有较大优化空间。

1．不同分类的绩效类型

现有多份 PPP 政策文件对 PPP 绩效进行了明确。其中，《关于印发政府和社会资本合作模式操作指南（试行）的通知》（财金〔2014〕113 号）要求 PPP 实施方案应有 "产出说明"的内容，并指出："产出说明（Output Specification），是指项目建成后项目资产所应达到的经济、技术标准，以及公共产品和服务的交付范围、标准和绩效水平等。"《关于印发〈政府和社会资本合作项目财政管理暂行办法〉的通知》（财金〔2016〕92 号）要求 "（PPP）合同应当约定项目具体产出标准和绩效考核指标，明确项目付费与绩效评价结果挂钩"。

《PPP 合同指南》指出，政府和项目公司应当根据项目的特点和实际情况在 PPP 项目合同中明确约定适当的绩效标准。设定绩效标准时，通常需要考虑以下因素：① 绩效标准是否客观，即该标准是否符合项目的实际情况和特点，是否可以测量和监控等；② 绩效标准是否合理，即该标准是否超出项目公司的能力范围，是否为实施本项目所必需等。

从目前来看，市政环保中的 a 类（如供水）、b 类（如污水处理、垃圾处理）绩效均有严格的国家标准；c 类中，包含污水处理、黑臭水体在内的综合性项目通常会对水质有严格的绩效考核标准（如出水断面水质），其他不含污水处理、黑臭水体的水环境综合治理项目则多为人为打分的绩效考核机制；d 类一般为操作说明式的规范流程。

2. 绩效机制完善方向

如前所述，环保 PPP 绩效约束与其运营属性强弱密切相关。根据对运营属性强弱，市政环保可以较为清晰的分为维护性、运营性、经营性 3 个层次（见图 2-13）。

其中，包括供水在内的 a 类项目属于经营性项目，不合格就无从付费甚至受到经济处罚，因此实质上是 100% 的绩效捆绑。这类 PPP 项目投资规模相对较大，绩效方面有国家统一的行业标准。随着公众对环保的期待和要求提高，未来这类项目可能面临标准提高的压力。

污水处理及垃圾处理所处的 b 类、环卫及环境监测在内的 d 类体现的运营性特征，也有严格的国家行业标准，在环保督察趋严的情况下绩效约束性有所提升。b 类多为环境治理，因此其绩效标准更多是体现在如污水处理要求氨氮等污染物的消减水平。从过去普遍的一级 B 到现在一级 A 甚至地表四类水标准，反映 b 类项目在环境指标上有更加严格的趋势。d 类项目如环卫、环境监测类，工作相对比较简单，其绩效考核灵活、便利。

运营属性最弱的是维护绩效性，涉及海绵城市、生态景观、农村污水及管网等细分领域，即 c 类（PFI）。鉴于 PFI 现有主要的付费机制，实际上财政部 92 号文中关于"严格新项目入库标准"中提出"未建立按效付费机制""项目建设成本不参与绩效考核，或实际与绩效考核结果挂钩部分占比不足 30%，固化政府支出责任的"等相关情形不得入库，很大程度上是从坚持绩效导向、完善按效付费机制等角度对 PFI 项目的规范。其绩效机制完善的重点是针对各细分领域出台行业标准，比如海绵城市、农村污水处理等领域的绩效标准，以便与付费机制做到无缝对接。

目前在 PPP 规范中倾向将 c 类项目的绩效考核的优化，过度扩展到 b 类、d 类等运营类项目，实际上使本可以在项目边界完成的绩效约束手段扩展到了项目内部，比如建设成本和财务收益的决算和审计，比如业务管理的菜单式细节，这种趋势将严重影响这类成熟的运营项目边界考核模式所发挥整个项目期的激励相容机制的积极作用，也会从博弈论角度向前破坏了成熟的竞争规则，最终效果弊大于利，这种情况证明了仅仅从严谨的法律财务视角是不足以做好 PPP 的，需要结合项目前期竞争博弈和商业模式机制下激励相融的系统思维整体考虑。这个问题的出现，本质上也是第二章所述的分类不科学内在机理不明晰的原因带来的结果。

根据第二章第二节的分析，对于运营属性弱的项目，比如黑臭水体领域，应该做到科学规划和技术集成、工程实现和长期维护能力的"三合一"，真正做到系统化，实现最终的统一环境绩效。在对黑臭水体领域绩效考核实操的观察中，我们发现存在如下问题，亟须深入研究。

（1）整体效果绩效与菜单（及分项）绩效之间的矛盾，后者不能必然达成前者，甚至可能稀释前者的重要性。

（2）菜单绩效考核方式违背激励相容，由此降低了社会资本技术运营优化提升的动机。

（3）前期筹备能力和时间的不足导致方案粗糙，绩效约定脱离现实，或者盲目选择过于苛刻标准。

（4）项目边界划分不清，政府绩效选择性忽视自身责任以及存在社会资本所能控制的项目边界外的影响因素。

（5）政府绩效监审的多头参与和能力不足。

（6）政府契约精神不足，滥用绩效监管权力。

总而言之，仅仅无限加严的绩效考核并不能一定推向好的 PPP 项目实施效果，做到充分的前期筹备和方案科学、符合政企合作契约精神、理解激励相容和博弈规律等方面必不可少。

3.4　优化付费机制

付费机制是地方政府和社会资本最关心的事项之一，也是实现绩效监管和激励相容的最佳抓手。但是对不同类型的项目要区别对待：对于 a 类受制于公益性支出而成为关注的要点；对于 b 类、d 类则主要是选择社会资本阶段要做到合理充分的竞争、合理调价及契约精神；c 类则是付费与绩效的高度关联。《PPP 项目合同指南（试行）》（财金〔2014〕156 号）专门对付费机制进行了阐述。付费机制关系 PPP 项目的风险分配和收益回报，是 PPP 项目合同中的核心条款。实践中，需要根据各方的合作预期和承受能力，结合项目所涉及的行业、运作方式等实际情况，因地制宜地设置合理的付费机制。而在 PPP 专家纪鑫华看来，PPP 项下政府支付责任取决于项目公司的服务绩效，支付并不能在合同订立时可靠准确地测量，因此不应将 PPP 项下政府支付责任等同于负债。反过来说，项目公司获得相应回报的前提在于绩效达标，PPP 项目严格按效付费。

从环保分类的角度来看，不同类型的环保 PPP，其适用的付费机制也有所区别。a 类、b 类有较为规范的绩效考核标准，且基本均以量计价，其付费机制较为成熟，优化的方向主要在于价费机制的改革深化（第五章会深入阐述）；d 类目前多为政府购买服务，少数采用 PPP，且运营属性较强、绩效考核较严格规范。相比之下，c 类是付费机制优化的重点。

3.4.1 付费机制类型分析

与 E20 市政环保四分类相对应，不同类型的环保 PPP 有其独特的付费机制。

对于 a 类项目，如燃气、供水及供暖等项目，其回报机制为使用者付费。需要强调的是，在这一过程中，政府作为基础设施和公共服务的最终责任人，有责任对 a 类项目的供给标准、供给数量、服务过程、服务价格等进行行政监管。因此，a 类项目属于以量计价、按效付费的典型。以供水为例，水质合格是最基本的绩效要求，且在非特殊情况下，项目公司负有持续供水的责任（服务的可用性、稳定性绩效）。而在付费上，政府通过价格听证等方式确定水价，形成服务价格上的有效监管、公众参与机制。项目公司根据提供合格的自来水，按照家庭实际使用量计算收取的水费。

对于 b 类项目，其回报机制是政府付费。特别需要说明的是，尽管政府可能通过税、费等方式向公众或使用者（准确地说，应该分为受益者付费/使用者付费、污染者付费两种类型，详见第一章"市政环保九宫格的基本逻辑"相关表述）收取一定费用、减轻政府自身实际的资金支付压力，但从 PPP 项目本身的交易界面来看，本质还是政府与项目公司之间存在的直接交易关系，因此应归为政府付费。以这一类型中典型的污水处理、垃圾处理为例。按照 PPP 合同及相关法律法规，有效处理有关污染物，排放指标达到相关标准，这是绩效上的强约束，也是此类项目运营属性强的体现。在付费方面，政府根据实际处理数量、处理服务单价计算进行付费。b 类项目也是以量计价、按效付费的回报机制，区别于 a 类的特征在于需求量由政府承担、项目公司不直接向使用者（公众）收费、直接由政府付费。

c 类项目，近年来该类项目综合性越来越强，因此其付费机制也具有复杂性。总体上多为"可用性付费+运维服务付费"的模式，少数则还包括按使用量付费的成分。显然，这种付费多为政府付费，且和服务提供的数量无关，而是与建设成本及运营维护相关。从《预算法》强调财政支出进行全面绩效管理，将支出与绩效挂钩的规定来看，c 类项目付费机制在未来很长一段时间都是优化和完善的重点。此外，对于 c 类项目在政策制定及资金投入方面，也应因地制宜、因城施策。各个城市应根据自身的经济发展情况，确定灰色基础设施与绿色基础设施建设的投入比例，在保证灰色基础设施建设健全的基础之上投建绿色基础设施。一个城市在灰色基础欠账过多的情况下，大量投建绿色基础设施并非明智之举。沿海城市与内陆城市面临的风险不同，在政策制定及基础设施建设投入方面也应有所区别（详见附录 3-6）。

d 类项目，很少涉及基建和融资，运营属性强，更具有政府购买服务的性质，因此基本均为政府付费。服务质量是 d 类绩效的关键。目前，环卫、环境监测类项目已有较为成熟的实践。

此外，在有些环保 PPP 项目设计中，还可能涉及商业捆绑、资源捆绑的情形。这部分实际上是纯市场化经营的范畴，当然也可能会从环保部分获得外部经济效应，因此其付费机制上会更为复杂，对政府和社会资本的风险分配、收益分享会产生影响。

3.4.2 付费机制的优化

c 类项目是付费机制优化的重点，一方面是"可用性付费+运维绩效付费"本身如何更高程度体现以运营为核心、以绩效为导向；另一方面则是如何在经营性收入等部分体现激励相容。

1. 可用性付费的本质

E20 研究院在 2017 年 10 月曾对部分采取"可用性付费+运维绩效付费"的市政环保 PPP 项目进行分析。研究发现，在海绵城市、园林景观、综合管廊等领域，财政部所关注到的支出责任"固化"问题在有些 PPP 项目中较为突出。PPP 业界不少专家也指出，"可用性+运维绩效付费"的"政府付费"回报机制在地方实操中已经走偏。其中可用性付费总额为项目投资总额，加上融资成本，以及社会资本的合理投资收益，以项目竣工验收合格为依据，以建设可用性绩效指标为标准，自项目运营日起向社会资本逐年支付。而绩效付费仅限定为运营维护绩效付费，依据约定的运营维护绩效考核标准及考核程序，根据考核结果支付运营维护费用。甚至一些可行性缺口补助机制的 PPP 项目也变相成为政府缺口补助占绝大多数比重的情形。

E20 研究院当时对"可用性付费+运维绩效付费"提出优化的建议：一是突出绩效导向、依效付费，改变"重建设、轻运营"的局面，降低可用性付费比例、相应提高运维绩效付费比例；二是在第一点的基础上，将可用性付费与运维绩效进行实质性挂钩，以真正促进绩效达成，进而带来技术进步和产业发展。

不久之后，《关于规范政府和社会资本合作（PPP）综合信息平台项目库管理的通知》（财办金〔2017〕92 号）印发。严格入库管理中规定，"仅涉及工程建设，无运营内容的""项目建设成本不参与绩效考核，或实际与绩效考核结果挂钩部分占比不足 30%，固化政府支出责任的"等情形不得入库。这些规定对"可用性付费+运维绩效付费"进行了详细规范，符合 E20 研究院始终呼吁对 PFI 类项目进行规范优化的期待。

但"可用性"本身还有优化空间。在英国及世界银行对可用性付费模式的定义中，"项目可用性"通常是指项目在运营期内任一时间点（段）的可用性，而不是特指项目周期内的某个时间点（如竣工时点）的可用性[①]。但目前国内 PPP 合同中，可用性付费一般指项目按照既定标准完成建设（竣工验收合格）。因此，国内包括环保在内的 PPP 项目，即便是 92 号文之后的规范时期，"可用性"依然有很强的建筑施工属性，而非包括运营期在内的全周期设施的可用性、运营状态。

2. 经营性收入激励

在 PPP 规范发展时代，审慎开展政府付费类项目，因此地方政府更多关注使用者付费和可行性缺口补助项目。但对于经营性收入或使用者付费部分的理解和应用，目前出现了一些偏差。

《关于印发政府和社会资本合作模式操作指南（试行）的通知》（财金〔2014〕113号）对可行性缺口补助（Viability Gap Funding）的定义是：使用者付费不足以满足社会资本或项目公司成本回收和合理回报，而由政府以财政补贴、股本投入、优惠贷款和其他优惠政策的形式，给予社会资本或项目公司的经济补助。

《关于印发〈政府和社会资本合作项目财政承受能力论证指引〉的通知》（财金〔2015〕21号）对可行性缺口补助的计算给出了计算公式。该通知指出，对可行性缺口补助模式的项目，在项目运营补贴期间，政府承担部分直接付费责任。政府每年直接付费数额包括：社会资本方承担的年均建设成本（折算成各年度现值）、年度运营成本和合理利润，再减去每年使用者付费的数额。计算公式为：

$$当年运营补贴支出数额=\frac{项目全部建设成本\times(1+合理利润率)\times(1+年度折现率)^n}{财政运营补贴周期（年）}+$$
$$年度运营成本\times(1+合理利润率)-当年使用者付费数额$$

从这些规定来看，使用者付费是 PPP 项目回报中的减项。且使用者付费和市场需求、使用者付费意愿、付费能力及定价等多种因素相关。因此，在包括环保在内的各个领域，政府和社会资本对于使用者付费（经营性收入）的预测往往会走向两个极端：政府希望这部分越高越好，这样政府付费责任（可行性缺口补助）就会越小；社会资

[①] 明树数据：《可用性付费模式应用的国际经验总结与借鉴——以交通基础设施项目为例》报告，2017 年 10 月。

本则希望这部分越低越好，以获得较高的政府付费（可行性缺口补助）。无论如何博弈，在此基础上的均衡，都难以体现对社会资本扩大经营性收入的激励。

以餐厨垃圾处理为例。按照目前的处理工艺及商业模式，餐厨垃圾处理项目公司可以获得粗油脂销售收入、沼气/天然气销售收入、有机肥销售收入等多种经营性收入，政府还需要支付一定的可行性缺口补助。但在 PPP 项目实施方案和财务测算中，基本上都是确保社会资本获得一定的回报率为基础，因此其收入总体规模是相对固定的，差异仅在于多少来源于经营收入、多少来源于政府付费。基于"经济人"的理性假设，社会资本/项目公司收益一定的情况下，肯定会偏向风险最低，也就是政府付费（可行性缺口补助）最高的方案，减少经营性收入上的风险承担。

为破解经营性收入激励不足的困境，建议在 PPP 项目设计上约定政府参与投资或为建设付费的项目，所获得经营性收入在政府和社会资本中合理分配，原则上政府占少数权重、以激励社会资本的积极性。而对于社会资本自行建设、运营获得的其他经营性收入，特别是增量经营收入，建议其收益均为社会资本所有，政府方进行适当监管、确保公众利益得到保障即可。

值得一提的是，在环保领域的运用中，实际上按照财政部门的使用者付费来自两种情形：第一种是捆绑了高度关联的商业领域的收益，如黑臭水体治理捆绑广告、餐饮、旅游等业务；第二种是将污染物处理处置后的产物资源化，如有机肥、沼气发电甚至垃圾发电。其中，第二种又有区分，如有机肥的资源化最终消纳是进入第一种的商业领域，需要面对纯市场的需求风险；而垃圾发电、沼气发电的产品消纳整体不存在市场需求的商业风险，可以理解为一种可控的财政补助，也存在政府协调强制消纳固体废弃物的资源化产品，即政府承担了这一产品的需求风险，实际上使得第二种的前半部分在一定程度上具有财政补助的性质。需要指出的是，使用者付费与需求风险的承担是高度捆绑的；而财政补助的模式不承担需求风险，这决定了如果需求风险存在，就会存在风险共担的情形。与之相比，垃圾发电的发电收入其实并不是使用者付费，而应将之看成一种补助，项目类型则更有 b 类项目政府付费的实质。

3.4.3　重回激励相容

"激励相容"在 PPP 政策文件中出现较早是《关于推广运用政府和社会资本合作模式有关问题的通知》（财金〔2014〕76 号），具体表述是"项目评估时，要综合考虑公共服务需要、责任风险分担、产出标准、关键绩效指标、支付方式、融资方案和所需要的财政补贴等要素，平衡好项目财务效益和社会效益，确保实现激励相容。"

关于激励相容的学术表述，则是哈维茨（Hurwiez）在其创立的机制设计理论中将"激励相容"定义为：在市场经济中，每个理性经济人都会有自利的一面，其个人行为会按自利的规则行为行动；如果能有一种制度安排，使行为人追求个人利益的行为，正好与企业实现集体价值最大化的目标相吻合，这一制度安排，就是"激励相容"。

因此，延伸而言，PPP 的激励相容是实现社会资本趋利和政府实施 PPP 追求社会效益最大化的协调。用中国国际工程咨询公司研究中心投融资咨询处罗桂连博士的话说：PPP 合作关系中，政府更加强调公益性，企业更看重经营性，在强调政企之间风险分担的同时，还要强调激励相容，以整合各方资源和能力，实现项目全生命周期的综合效能最优。通俗而言，利益分享应当与贡献大小相关联，哪一方贡献大其利益分享就多。这也是为什么建议对优质建设运营服务的社会资本给予适当奖励，以及前述提出"经营性收入激励"的原因。

3.5　破解融资难题

早在 2016 年，财政部 PPP 中心有关负责人就指出："PPP 下半场就是融资问题。"随着融资难、融资贵现象日益突出，PPP 业界也逐渐意识到，选定 PPP 社会投资人、政府和中标社会投资人签订 PPP 合同并非项目落地的标志，这仅仅是万里长征的第一步。项目能否顺利融资才应该是项目落地成功与否的关键。融资难易程度通常从项目可融资性的角度来进行评估。

3.5.1　可融资性三大决定因素

项目能否顺利融资要看多个因素。项目自身的可融资性是基础。

国家发展改革委投资研究所吴亚平指出[①]：一个 PPP 项目的可融资性通常取决于项目信用、主体信用和政府信用这三大信用的组合。首先，项目信用来自于项目本身的可行性，如果这个项目技术上可行、经济上合理、财务可持续、风险上可控，那就是一个好项目，在项目资产或经营权上的信用是良好的。其次，如果项目本身的信用

---

① 2018 年 6 月 11 日，中国 PPP 咨询机构论坛、E20 环境平台、中国城镇供水排水协会排水专业委员会联合主办，国祯环保协办的"城市排水 PPP 模式健康发展及案例实践专题研讨会"上，国家发展改革委投资研究所体制政策室主任吴亚平所作"再论 PPP 项目的可融资性"为主题的发言。

不足，那要看投资主体是谁来做，也就是项目投资主体（城投或社会资本方）的信用，其专业能力、经营业绩、投资能力等都是加分项。最后，政府的信用支持，但政府信用不是兜底，而是合规情况下的投资补助、运营补贴，以及风险上的分担。

从 E20 市政环保 a、b、c、d 四分类来看，不同类型环保 PPP 项目可融资性存在很大差异（见表 3-3）。

表 3-3　不同类型环保 PPP 项目可融资性分析

分　　类	存　　量	新　　建	
		需求稳定	需求不稳定
a 类	▲▲△	▲△	△
b 类	▲▲▲	▲▲▲	▲▲
c 类		▲→▲△	
d 类	▲▲▲	▲▲▲	▲△

注　▲和△表示可融资性程度，▲表示可融资性较强，△表示可融资性一般，数量越多表示可融资性越强。

a 类，运营属性最强，但市场风险最高，因此整体可融资性较弱。其中，存量中优质的 a 类项目，类似"现金牛"，可持续、稳定产生现金流，可融资性较好。部分存量的 a 类项目还可以采取资产证券化等方式进行融资。但新建项目中，需求稳定的项目可融资性依然相对偏弱，需求不稳定的项目可融资性最低。

b 类项目市场需求风险由政府承担，投资体量大，具有重资产、强运营的特点，无论存量还是新建项目，项目的可融资性均较高。比如市政污水、垃圾处理为主业的企业，能够获得较高的银行信贷额度，且通过发行公司债、企业债、中期票据等方式进行多元化融资。当然，需求不稳定的 b 类项目，比如园区供水 PPP，可融资性会稍低，但相比其他项目类型其可融资性也较好。

c 类项目基本为新建项目，市场需求由政府承担，投资体量大、融资金额高，但目前属于 PPP 规范的重点领域，且其运营属性较弱，带来地方政府付费违约可能性高，因此可融资性低。这从 2018 年部分以 PFI 为主要增长动力的环保公司发行企业债失败得到说明。当然，如果 c 类项目绩效考核更为清晰、规范，甚至和 b 类项目进行打包，其可融资性有望获得部分提升。

d 类项目市场需求风险也是由政府承担，但投资额小，属于轻资产运营性项目，融资金额也小，加上运营属性强、现金流较为稳定，因此可融资性整体较高。部分需求不稳定或者付费机制不太成熟的领域，比如农村环卫，可融资性会弱一些。

3.5.2　主要融资工具的适用性问题

环保 PPP 可能用到的融资工具很多，包括银行贷款、短期融资券、中期票据、非公开定向债务融资工具、公司债、企业债、资产证券化、私募基金和融资租赁、资产证券化等十余种主要的融资工具。实践中，由于政策环境变化等因素，有些融资工具在使用上可能面临某些条件限制甚至被严格禁止。

1．环保 PPP 融资工具

根据性质不同，融资工具通常可以分为股权融资和债权融资。此外，融资租赁等渠道下还可以划分出物权融资的类型。对于不同的融资机构（途径），主要包括银行、保险、证券、资产管理机构和其他（融资租赁、资产交易所）等类型（见表 3-4）。值得注意的是，在不同的融资阶段，其适用的融资工具不同。

表 3-4　融资工具一览表

融资工具		融资类型			融资阶段	
		股权融资	债权融资	物权融资	首次融资	再融资
银行	银行理财资金（通过资管计划）	√	√		√	√
	银行贷款资金		√		√	√
	短融、中票、PPN（非公开定向债务融资工具）		√			√
保险	保险资金（通过资管计划）	√	√	√	√	√
	保险自有资金（直接投资）	√		√		√
证券	公司债、企业债（项目收益债除外）		√			√
	IPO、（被）并购重组	√				√
	资产证券化、项目收益债		√			√
资产管理机构	信托计划	√	√		√	√
	券商资管计划	√	√		√	√
	保险资管计划	√	√			√
	私募基金（有限合伙、契约）	√	√			√
其他	融资租赁		√	√		√
	资产交易所融资	√	√	√		√

资料来源：根据张继峰《PPP 项目融金术：融资结构、模式与工具》（法律出版社，2017 年 8 月出版）绘制调整。

在环保领域，银行贷款是主要融资渠道。证券（包括公司债、企业债、IPO 及资产证券化）也是重要的融资渠道。部分环保企业还会通过融资租赁的方式进行操作。由于篇幅有限，本书对每一类融资工具不做详细介绍。

但和国外注重项目及公司信用融资不同，我国金融机构提供融资的考虑因素有明显的优先级，或者说其专业能力对应着独特的行为模式。由于金融机构缺乏对项目深入且专业的评估能力，习惯上首先看项目是否为政府所参与或为政府所支持，即是否有政府信用作为基础；其次，是看项目主体的背景，央企和国企融资容易，民企难度则大得多；最后才是看项目本身的质量，是否有稳定的现金流做支撑。与此相关的是，国内为数众多的民企很难从银行获得资金，更多借助对政府信用、企业信用和项目信用之外的融资方式，比如与资产关联度高的融资租赁。

2．系列新规背景下融资工具的适用性分析

表 3-4 中汇总了十多种融资工具。表面上看，环保企业可以适用的融资工具非常多。但近年来基于"坚决打好防范化解重大风险攻坚战"等相关要求，国家有关部门出台了一系列规定，特别是《关于加强中央企业 PPP 业务风险管控的通知》（国资发财管〔2017〕192 号）、《关于规范金融机构资产管理业务的指导意见》（银发〔2018〕106 号）及《关于规范金融企业对地方政府和国有企业投融资行为有关问题的通知》（财金〔2018〕23 号）等系列规定的出台，不少融资工具适用性受到影响，值得业界关注。

先看 192 号文。该文中"由集团总部（含整体上市的上市公司总部）负责统一审批 PPP 业务""严控非主业领域 PPP 项目投资""累计对 PPP 项目的净投资原则上不得超过上一年度集团合并净资产的 50%""资产负债率高于 85% 或近 2 年连续亏损的子企业不得单独投资 PPP 项目""不得通过引入'明股实债'类股权资金或购买劣后级份额等方式承担本应由其他方承担的风险"等规定有的放矢。

再看"资管新规"。为规范金融机构资产管理业务，统一同类资产管理产品监管标准，有效防控金融风险，更好地服务实体经济，经国务院同意，央行、银监会、证监会、国家外汇管理局 2018 年 4 月联合印发了《关于规范金融机构资产管理业务的指导意见》（银发〔2018〕106 号，业界也称之为"资管新规"）。资管新规明确资产管理业务不得承诺保本保收益，打破刚性兑付；严格非标准化债权类资产投资要求，禁止资金池，防范影子银行风险和流动性风险；分类统一负债和分级杠杆要求，消除多层嵌套，抑制通道业务。这一规定实际上断了 PPP 项目通过资管计划解决资本金的后路。

还有一个文件"杀伤力"更大。财政部于 2018 年 3 月底《关于规范金融企业对地方政府和国有企业投融资行为有关问题的通知》（财金〔2018〕23 号）。关于资本金

审查，通知规定："国有金融企业向参与地方建设的国有企业（含地方政府融资平台公司）或 PPP 项目提供融资，应按照'穿透原则'加强资本金审查，确保融资主体的资本金来源合法合规，融资项目满足规定的资本金比例要求。若发现存在以'明股实债'、股东借款、借贷资金等债务性资金和以公益性资产、储备土地等方式违规出资或出资不实的问题，国有金融企业不得向其提供融资。"关于 PPP，通知进一步明确："国有金融企业应以 PPP 项目规范运作为融资前提条件，对于未落实项目资本金来源、未按规定开展物有所值评价、财政承受能力论证的，物有所值评价、财政承受能力论证等相关信息没有充分披露的 PPP 项目，不得提供融资。"

综上可以看出，PPP 项目资本金融资难度提高，且通过资管、基金等方式"明股实债"进行债权融资的路径基本被堵住。不少融资工具可能很难再被使用在 PPP 项目融资上。

3. 资产证券化可能是"杯水车薪"

PPP 融资难，不少环保企业瞄准资产证券化。不过，从目前的情况看，资产证券化对于环保 PPP 的融资可能只是杯水车薪，且远水解不了近渴。

资产证券化在 PPP 中并不是新鲜事物，在运营属性强保障性高的 b 类项目中，在特许经营的后期一直就有运用，市场化程度很高。如何将本轮 PPP 下的新模式做成资产证券化才是真正的难点。

政策方面，国家发展改革委和财政部均积极推进 PPP 领域的资产证券化。2016年 12 月，国家发改委和证监会发布《关于推进传统基础设施领域政府和社会资本合作（PPP）项目资产证券化相关工作的通知》（发改投资〔2016〕2698 号）。该通知明确重点推动资产证券化的 PPP 项目范围：一是项目已严格履行审批、核准、备案手续和实施方案审查审批程序，并签订规范有效的 PPP 项目合同，政府、社会资本及项目各参与方合作顺畅；二是项目工程建设质量符合相关标准，能持续安全稳定运营，项目履约能力较强；三是项目已建成并正常运营 2 年以上，已建立合理的投资回报机制，并已产生持续、稳定的现金流；四是原始权益人信用稳健，内部控制制度健全，具有持续经营能力，最近 3 年未发生重大违约或虚假信息披露，无不良信用记录。此外，该通知提出优先鼓励符合国家发展战略的 PPP 项目开展资产证券化，即各省级发展改革委应当优先选取主要社会资本参与方为行业龙头企业，处于市场发育程度高、政府负债水平低、社会资本相对充裕的地区，以及具有稳定投资收益和良好社会效益的优质 PPP 项目开展资产证券化示范工作。

2017 年 6 月，财政部联合人民银行和证监会发布《关于规范开展政府和社会资本合作项目资产证券化有关事宜的通知》（财金〔2017〕55 号）。该通知提出"分类稳妥地推动 PPP 项目资产证券化"，鼓励项目公司开展资产证券化优化融资安排、探索项目公司股东开展资产证券化盘活存量资产和支持项目公司其他相关主体开展资产证券化。其中，在"资产证券化盘活存量资产"方面，除 PPP 合同对项目公司股东的股权转让质押等权利有限制性约定外，在项目建成运营 2 年后，项目公司的股东可以以能够带来现金流的股权作为基础资产，发行资产证券化产品，盘活存量股权资产，提高资产流动性。该通知明确，优先支持水务、环境保护、交通运输等市场化程度较高、公共服务需求稳定、现金流可预测性较强的行业开展资产证券化。

但从 PPP 资产证券化的实际应用看，2014 年起掀起的新一轮 PPP 热潮中，大部分冠以 PPP 类型的项目还处于建设期或刚刚进入运营期，难以满足**建成并正常运营 2 年以上**的要求，且在一系列新规出台的背景下项目本身的合规性、现金流及基础资产质量等也需要经受时间考验。期限错配的问题也依然存在，PPP 项目合作周期通常在 10 ~ 30 年，而单个资产支持专项计划通常无法覆盖 PPP 项目的全生命周期。

以 PPP 项目为基础资产的资产证券化发行规模较小，只能"锦上添花"。根据 Wind 及相关证券公司的统计，2017 年资产支持证券基础资产类型发行统计中，基础资产为 PPP 项目的发行规模为 82.69 亿元，占比仅为 0.59%，平均发行期限为 7.48 年，平均利率为 5.01%。以不到百亿的 PPP 资产证券化规模，对应财政部 PPP 项目库 10 万亿元体量（截至 2018 年 3 月底，管理库投资额为 11.5 万亿元），可见目前资产证券化对于 PPP 项目融资的作用还较为有限。

3.5.3　融资突破路径

融资已成为企业参与环保 PPP 的一道"命门"。特别在新的宏观背景下，企业普遍面临融资渠道有限、融资难度增加、融资成本提高的难题。把握宏观政策是最基本要求（见本章附录 3-3）。项目所在的政府、项目本身的质量及社会资本自身信用等都会影响融资实操。因此，融资想要有所突破，在路径设计上需要重点考虑这些因素。

1. 融资难、融资贵已是常态

从整体融资情况看，我国社会融资（企业）平均融资成本已达到 7.60%。2018 年 2 月 1 日，清华大学经管学院中国金融研究中心等多家机构联合发布中国社会融资成本指数。指数显示，当前中国社会融资（企业）平均融资成本为 7.6%，银行贷款平均融资成本为 6.6%，承兑汇票平均融资成本为 5.19%，企业发债平均融资成本为 6.68%，融资性信托平均融资成本为 9.25%，融资租赁平均融资成本为 10.7%，保理平均融资成本为 12.1%，小贷公司平均融资成本为 21.9%，互联网金融（网贷）平均融资成本为 21.0%，上市公司股权质押的平均融资成本为 7.24%。项目负责人指出，社会平均融资成本为 7.6%，仅是利率成本，若加上各种手续费、评估费、招待费等，平均融资成本将超过 8%，对企业来说是很重的负担。而这只是平均融资成本，平均融资成本更多的是被较低的银行融资成本所拉低，中小企业融资成本大部分高于 10%。

而从部分地方进行的 PPP 项目融资统计数据可以看出，不同渠道下融资成本存在较大差异。2017 年 5 月，四川省财政厅政府与社会资本合作（PPP）项目融资成本信息（第一期）显示：截至 2017 年 2 月 28 日，全省 PPP 项目库（综合信息平台）内处于执行阶段的 90 个项目中，已签订融资协议的项目 42 个，总投资 458.28 亿元，完成融资金额 256 亿元。42 个已签订融资协议的项目，平均融资成本 5.84%，最低 4.35%，最高 11%。需要说明的是，四川这一期 PPP 项目融资成本信息还是 2017 年年初的数据，现在实际的融资成本已逐步提高。

42 个项目中，由银行业金融机构提供融资的项目 37 个，平均融资成本 5.50%。其中：国有大型商业银行提供融资的项目 23 个，平均融资成本 4.96%；全国性股份制商业银行提供融资的项目 4 个，平均融资成本 4.75%；城市商业银行提供融资的项目 10 个，平均融资成本 5.93%。由非银行业金融机构提供融资的项目 5 个，平均融资成本 8.34%。其中：基金公司提供融资的项目 2 个，平均融资成本 8.1%；信托公司提供融资的项目 1 个，融资成本 8.50%；证券公司提供融资的项目 1 个，融资成本 6%；财务公司提供融资的项目 1 个，融资成本 11%。

E20 研究院对环保 PPP 项目进行融资成本跟踪发现，平均融资利率呈现显著的上升趋势。如图 3-3 所示，从 2017 年多数 PPP 项目为 5 年以上贷款基准利率上下降 10%（财政部 PPP 示范项目融资条件更好，如《PPP 示范项目案例选编（第二辑）—水务行业》中的 10 个 PPP 项目，融资成本最高的为基准利率上浮 10%、最低的是基准利率下降 20%），到 2018 年年初已是上浮 10%~30% 的水平。

2018 年上半年少数环保公司发行企业债、中期票据不顺利，在一定程度上更加反映了新环境下，融资难、融资贵可能成为一种常态。

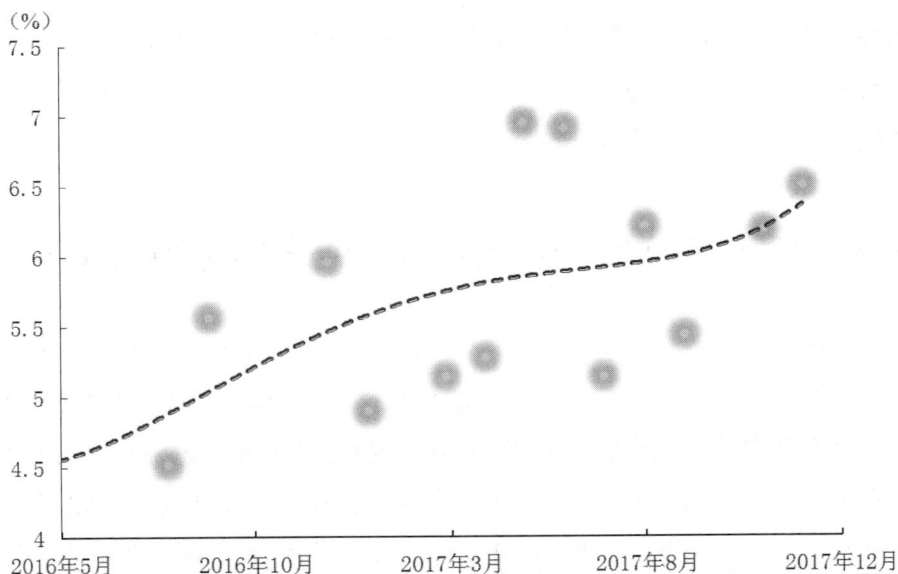

图 3-3　环保 PPP 融资利率增幅明显

2. 融资如何突破

2018 年 4 月 26 日，E20 环境平台组织了主题为"项目出库与金融降杠杆之下，环保 PPP 如何高质量推进"的第 79 期环境战略沙龙。相关领域专家给出了融资突破方面的建议，应该对业界会有所启发。

其中，财政部、国家发展改革委 PPP 专家库双库专家刘世坚指出，目前项目的融资成本可能是偏高，具体要看项目的位置和期限，也包括参与方和自身的征信问题。企业应该了解对项目放款银行的风控标准，这决定了单个项目融资的可获得性和成本高低。他认为，目前融资主要来自于政策风险和资金的占用，投资人承担的风险比较大，建议企业在项目的区域选择上一定要谨慎。

财政部、国家发展改革委 PPP 专家库双库专家李炜认为，规范、可控要求下操作实施的 PPP 项目从未遇冷。比如环保方面，有收费权的供水、固废等领域 PPP 毫无疑问是优质的，此类项目的融资不是问题。他建议通过合规实施增强市场信心、通过风险管控降低融资成本，在此基础上进一步拓宽项目融资与再融资渠道，如通过资产证券化、PPP 基金以及项目收益债等方式从资本市场获取低成本资金。

财政部、国家发展改革委 PPP 专家库双库专家陈民从银行视角分析 PPP 项目的融资特性，建议在前期方案设计上就应该考虑能否完成"项目融资"，包括金融机构关心的基本交易条件设计、风险场景下财务状况模拟、风险分担者评估 3 个维度，有针对性地匹配融资需求，提高项目的可融资性。

从 E20 研究院的视角来看，优质企业在优质地区进行的优质环保项目（"3 个优质"），融资不会是难题，关键还是看地方政府、社会资本和项目本身的质量。因此，融资的突破口需要在根源上解决，融资创新也需要在"3 个优质"的基础上进行探索。

附录 3-1 从环保 PPP 出库看"PPP 隐形正面清单"

来源：中国水网固废网 作者：安志霞 汤明旺 发表时间：2018 年 4 月 19 日

随着相应政策的不断完善，PPP 市场不断规范化，财政部 PPP 项目库管理趋严，库中项目亦愈来愈规范化。2017 年 11 月，财政部发布《关于规范政府和社会资本（PPP）综合信息平台项目库管理的通知》（财办金〔2017〕92 号，以下简称"92 号文"），旨在规范政府和社会资本合作（PPP）项目运作。92 号文发布之后，不少不合规 PPP 项目或者长期没有进展的 PPP 项目被集中清理出库。E20 数据中心在对财政部 PPP 中心数据库（以下简称"财库"）的集中关注后发现，财库一直对在库项目开展规范性管理，从 2017 年第二季度末开始不断进行集中式出库管理，规范性管理时间早于"92 号文"发布。因此本文所涉及的环保 PPP 出库项目时间从 2017 年 6 月 30 日至 2018 年 3 月 30 日；若无特殊说明，本文数据均截至 2018 年 3 月 30 日。本文"出库"指 PPP 项目由财库管理库或储备清单退至财库之外。出库信息主要通过对比 2017 年 6 月 30 日与 2018 年 3 月 30 日两个时点项目库得出，已考虑到项目重复及项目内容发生变更等因素。

本文分析角度从环保出库项目的总体概况、区域分布、细分领域分布、基于 E20 环境平台 abcd 分类下的环保 PPP 分类展开，以图从出库项目分析中发现财政部鼓励规范发展环保 PPP 的"隐形正面清单"。

E20 数据观察结果发现，环保出库项目占比 29%，环保出库比例低于非环保；若以所处阶段为参照，则环保出库项目中识别阶段占比最大；环保出库项目分布呈现西部地区出库最多、固废类项目出库比例最低、工业园区供排水项目出库比例高、危废项目（含一般工业固废）和土壤修复项目出库比例高的状况；在 abcd 分类下，a 类、d 类、c 类项目出库比例高。

E20 环境平台执行合伙人、E20 研究院执行院长薛涛总结到：出库清单显示出，严格意义的使用者付费类项目、运营绩效约束较低的项目出库比例大，无行业政策约束且完全依靠政府付费类的项目出库比例高，不符合 PPP 设计要求可以政府购买服务形式进行的项目出库多。而运营属性强、运营需求量又可估计可测算的使用者付费类项目、由政府承担最低需求风险的保底量项目、投资规模适中的项目，未来将成为受到社会资本及金融机构青睐的黄金类项目。

一、出库项目总体概况：环保占比 29%，出库比例低于非环保

截至 2018 年 3 月 30 日，以项目数量计，财政部 PPP 项目库在库项目中环保项目占 30%；而在环保项目中，水务类项目最多，其次是固废类项目；大气监测类项目最少，仅 1 个。具体如附图 3-1 所示。由于大气监测类项目不具有融资属性、亦不包含基础设施建设内容，基本以政府购买服务形式而非 PPP 模式开展，因此，该类 PPP 项目在库数量极少。

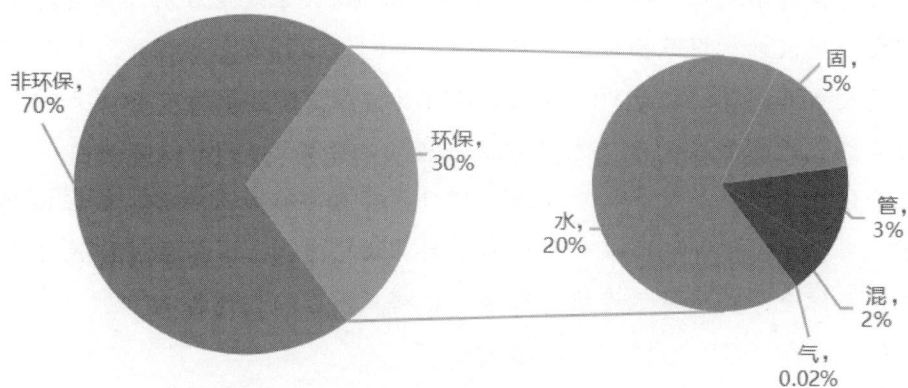

附图 3-1 财政部 PPP 项目库在库项目分布

截至 2018 年 3 月 30 日，E20 观察到财政部出库项目总数达 3 258 个。其中，环保出库项目 938 个，占所有出库 PPP 项目数的 29%，如附图 3-2 所示。

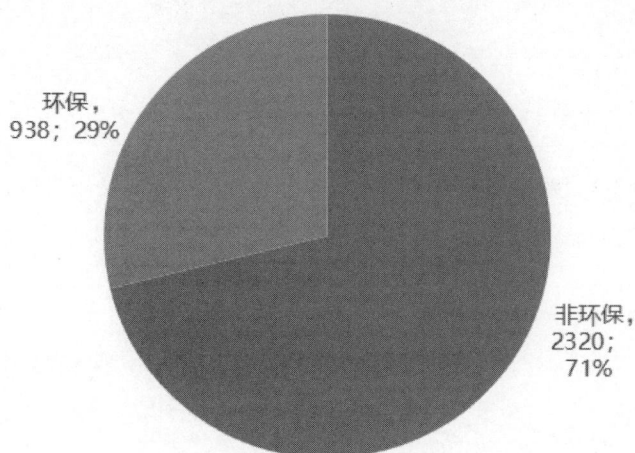

附图 3-2 财政部 PPP 项目库出库项目分布（按项目数量）

二、环保出库项目概况：识别阶段占比超 2/3

从所处阶段分析，处于识别阶段（储备清单）的环保 PPP 项目达 688 个，投资额约 3 536 亿元，项目数、项目投资额占比分别为 74%、68%。实际上大部分是非常早期的项目，甚至只是地方政府有意向、有想法想做的项目，可能只有一个项目名称，没有开展其他任何工作。因此，这类出库对环保 PPP 整体市场没有直接影响。

环保出库项目中，管理库项目 250 个，投资额约 1 657 亿元，项目数、项目投资额占比分别为 26%、32%。其中，处于准备阶段和采购阶段出库的项目合计占比为 20%（项目数计）、24%（投资额计），这类项目可以说是合规性问题最大的类型，特别集中于按效付费机制不到位、财政承受能力有限等原因，这是今后地方在推进环保 PPP 项目时需要合规设计、规范操作的重点。

值得高度关注的是，处于执行阶段的环保出库项目有 59 个，投资额达到 431.5 亿元，项目数、投资额占比分别达到 6%、8%，如附图 3-3，附图 3-4 所示。我们对这些执行阶段出库项目进行分析后发现，项目主要分布于水库水利、园区污水处理、湿地公园、乡镇供排水等几类项目。这些项目或运营性不强，或需求具有不确定性，或付费机制不健全，或融资迟迟难以落地，值得反思。

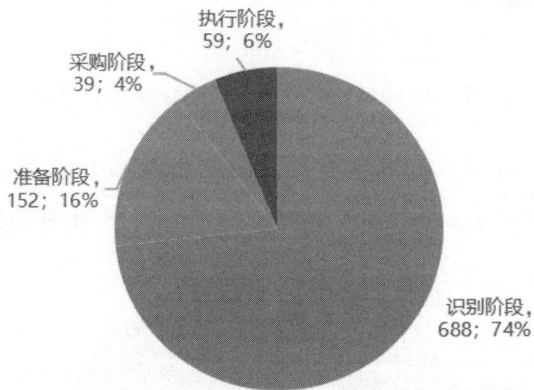

附图 3-3　财政部 PPP 项目库出库环保项目分布（按项目数量）

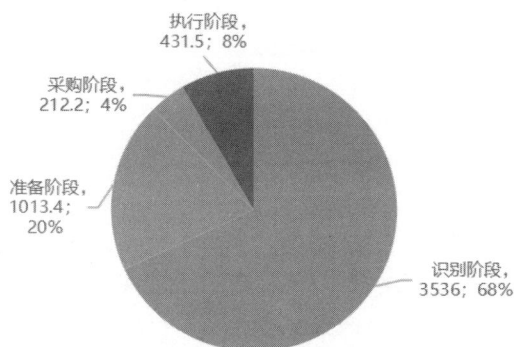

附图 3-4 财政部 PPP 项目库出库环保项目分布（按投资额）

三、环保出库项目区域分布：西部地区出库项目位次靠前

除此之外，各省环保项目出库差异较大，出库项目数量排前五的省份依次为：新疆、内蒙古、甘肃、云南、贵州（见附图 3-5）。出库项目投资额排前五的省份依次为：内蒙古、新疆、甘肃、云南、江苏（见附图 3-6）。出库项目较多的省份多为经济落后的西部地区省份，这些省份经济实力整体相对薄弱，而市政基础设施建设需求又相对较大，对 PPP 项目的需求意愿相对较强烈，最近两三年推出的项目数量、投资规模也位居全国前列。对比 PPP 管理库投资额与地方一般预算支出执行数发现，出库项目数量与出库项目投资额排名较多的省份均出现 PPP 管理库投资额大于地方一般预算支出的状况（见附图 3-7）。在中央强化地方债风险管控、强调财政承受能力 10% "红线" 约束下，相关省份的财库清理状况在所难免。

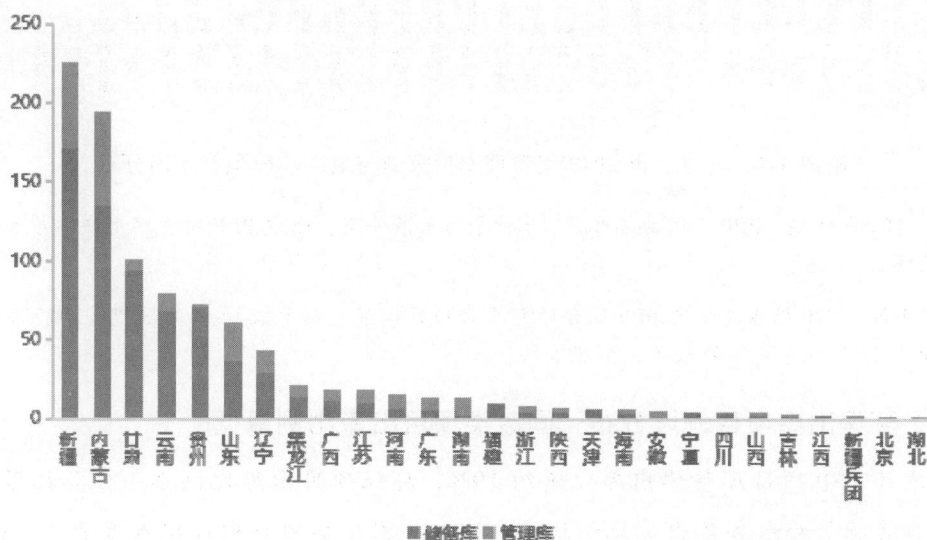

附图 3-5 财政部 PPP 项目库各省环保项目出库情况（按项目数量）

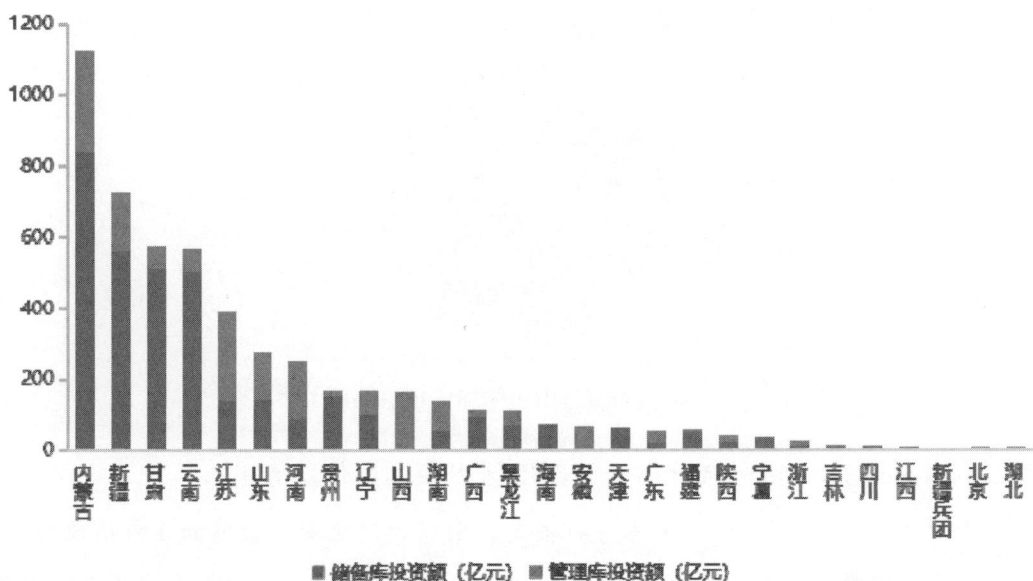

附图 3-6　财政部 PPP 项目库各省环保项目出库情况（按投资额）

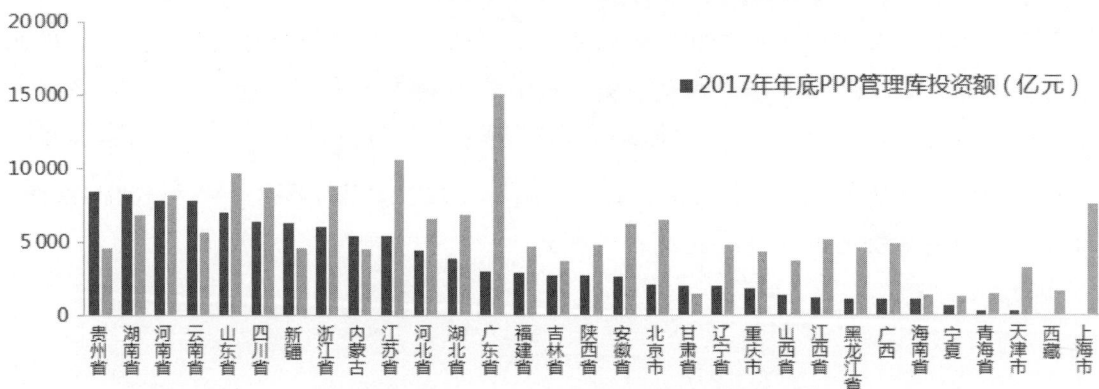

附图 3-7　各省区市 2017 年管理库投资额与地方一般预算支出分布

注："10%"红线、PPP 合作期不低于 10 年等约束条件下，地方 PPP 投资额上线约等于一般预算支出规模。

资料来源：E20 根据《全国 PPP 综合信息平台项目库第 9 期季报》、各省区市《2017 年预算执行情况和 2018 年预算草案的报告》整理绘制。

四、环保出库项目领域分布：固废类项目出库比例最低

财政部 PPP 项目库整体出库比例约 19%；环保项目出库比例略小于非环保项目；管网（含管廊）和水务类出库比例均为 18.7%；固废类项目出库比例最低为 18.2%。如附图 3-8 所示。

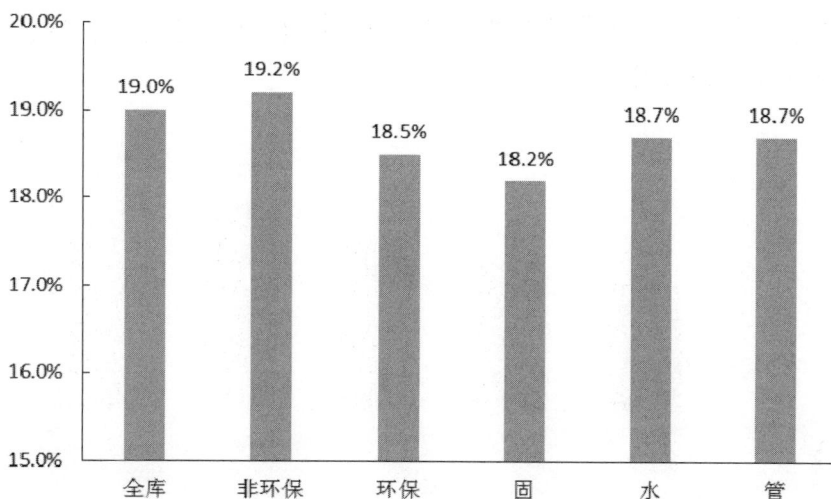

附图 3-8　财政部 PPP 项目出库情况对比

管网/管廊类出库较高的主要原因可能在于管网为政府投资、包装为 PPP 更多是"可用性付费+运维服务付费"模式，和 92 号文的规范相冲突，而管廊项目投资额大、入廊费机制执行有较大难度，进展难也会导致出库情形。

水务类出库，主要包括水利水库、园区供排水、乡镇供排水、海绵城市、偏景观建设的河道治理项目，这些项目在流程合规性、需求量稳定性和按效付费机制合理性、项目投资额过大、对社会投资人的吸引力等方面均存在不少问题，这些问题都是导致该类项目出库的重要原因。

环保项目中的固废类项目出库比例最小。固废类项目出库比例最小一方面是由于固废类项目多为运营类项目，另一方面在于固废类项目单体投资额较小。据 E20 观察，财政部 PPP 库中固废项目平均投资额为 3.3 亿元，水务项目平均投资额为 7.3 亿元，而海绵城市类项目平均投资额最高达 21 亿元。固废 PPP 项目运营属性强且项目运行之后现金流相对稳定，再加上投资额比较小，社会资本可承受的压力较低也更愿意参与，且金融机构也愿意为此类项目提供资金支持。固废项目出库率低从一定角度反映出财政部规范 PPP 管理的方向。

五、水务出库项目对比：工业园区供排水出库比例最高

E20 将水务类项目分为市政供排水（包含市政供水、市政污水处理、市政供排水一体化）、水环境（包含黑臭水体、海绵城市、景观类水环境）、村镇供排水（包含村镇供水、村镇污水处理、村镇供排水一体化）、工业园区供排水（包含工业园区供水、

工业园区污水处理、工业园区供排水一体化）、水利（包含原水、水库等）五类。不同类项目出库比例如附图 3-9 所示。

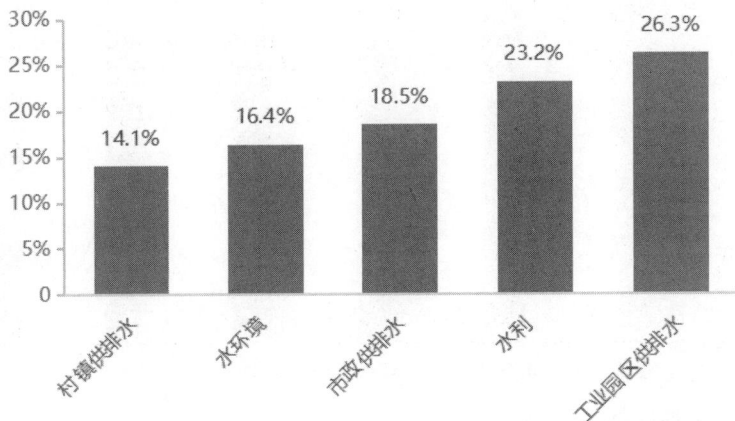

附图 3-9　财政部 PPP 项目库水务类项目出库比例（按项目数量）

（1）村镇供排水出库比例低，供水污水差异大。村镇供排水项目出库比例最低，仅 14.1%。其中村镇供水出库比例达 23%，可能由于农村供水付费主体不明，较多采用村民自建等形式，且集中式村镇供水商业模式并不太成熟；村镇污水处理出库比例较小，仅 11.8%，部分原因是城市市政污水处理市场发展不断趋近饱和，中国污水处理市场向中小城镇进行转移的趋势性特征的反映，且村镇污水处理很大一部分以集中式模式开展，处理模式类似于城市污水处理。

（2）水环境出库比例低于市场预期，偏工程、弱绩效类项目出库高。备受各方关注的水环境项目入库数量较多，但出库比例仅 16.4%。水环境项目中，海绵城市出库比例最大，为 25.9%；其次为景观类水环境，为 17.3%；黑臭水体出库比例最小，仅为 11.8%，且出库项目中捆绑污水厂运营的退库项目仅 1 个。海绵城市单体投资额巨大且不包含运营内容和相关的绩效考核，缺少政策端建设运行的紧迫性需求，且单体项目牵涉较多社会资本方，出库比例大。景观类水环境项目出库原因一方面是该类项目偏工程建设，缺少项目建成运行后的绩效捆绑约束；另一方面出库的景观类水环境项目多集中于西部地区及东北地区，且在行政区划上又集中于县城或小规模的地级市，这些地区的政府财政实力有限，在财承报告中不少景观类水环境单体项目的财政支出总额占年度一般公共预算支出数额接近 10% 的红线，甚至出现未来几年超出 10% 红线的状况，政府的支出责任较高。在"水十条"下，地方黑臭水体水环境治理任务艰巨，在政府端有相对较强的治理需求，而出库项目主要是水质考核内容较少、运维约束偏弱、投资体量大、政府财政支出责任过高的项目。

（3）市政污水项目出库低，带管网后出库概率增加。市政供排水项目出库比例为 18.5%。其中，市政供水出库比例达 25.2%，且出库项目多为较偏远地区县城或者城乡一体化供水项目。拟进入相关领域的社会资本应全面评估地方人口规模、使用者付费机制、政府财政支付能力等因素，降低投资风险。在市政污水处理项目中，污水厂单体项目出库比例较少为 14.2%；污水处理管网一体化项目出库比例相对较大，比例约 17.6%。

（4）多因素导致水利类项目出库比例高。水利类项目出库比例达 23.2%，由于该类项目多为工程项目，运营属性相对较弱；且投资规模大，对参与的社会资本的资金和融资实力有很高要求，但所能提供的收益有限（部分甚至为存量水利工程，属于政府盘活存量的情形）。

（5）同为园区类项目，供水、污水差异显著。园区供排水项目出库比例最大，其中园区污水处理出库比例为 23.2%，园区供水项目出库比例达 44.7%。园区供排水项目属于需求风险承担型使用者付费类项目。园区供水的需求风险由社会资本承担，而该类项目受制于外部宏观经济环境、区域经济发达程度、当地政府招商引资效果等因素，园区企业入驻率影响使用者付费从而导致园区供水 PPP 进程的缓慢及不确定性因素增加。园区污水处理项目的需求风险由政府承担，政府与社会资本方约定的保底水量会由于园区入驻率低而长期存在，政府是否仍如期支付费用成为制约社会资本方及金融机构积极参与的因素。与园区污水处理类项目相比，园区供水类项目的使用者付费类需求风险则完全由社会资本方承担，在一定程度上更大大制约金融机构对该类项目的投资意愿，进而削弱社会资本对该类项目的参与度，所以会出现其出库比率过高的状况。

六、固废出库项目对比：危废（含工业固废）、土壤修复出库比例高

E20 将固废类项目划分为生活垃圾处理、环卫、有机废弃物处理（含餐厨、病死畜禽、畜禽粪便、污泥、秸秆等）、危险废弃物处理（含工业固废）、建筑垃圾处理、静脉产业园、土壤修复七类，具体出库情况如附图 3-10 所示。

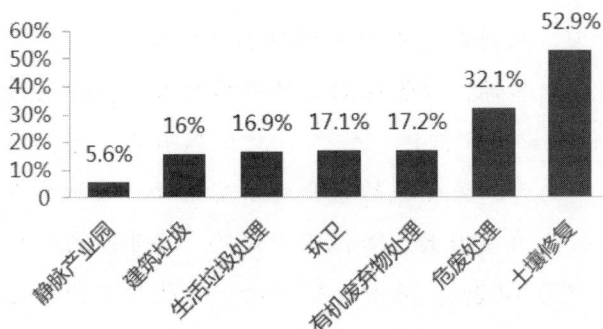

附图3-10 财政部PPP项目库固废类项目出库比例（按项目数量）

（1）土壤修复类项目出库高更多源于市场需求低。按照出库状况予以统计，土壤修复项目出库比例达52.9%（入库土壤修复项目数量亦较少），目前政府对土壤修复的紧迫性较低，市场需求较弱，除此之外，土壤修复类项目一般为工程类项目且不包含运营性内容，此类因素均会在一定程度上影响土壤修复项目的出库比例。

（2）非PPP的项目特性导致危废出库率高。假如将危废项目（含工业固废项目）划归为PPP类项目，则该类项目存在服务边界比较模糊的问题，危废项目为使用者付费，需求风险由社会资本承担且部分项目为商业性项目，该类项目不宜或不应该采用PPP模式开展，项目特性导致危废项目（含工业固废项目）出库率高。

（3）环卫处于市场化放量期，项目较多以政府采购服务开展。生活垃圾处理、环卫项目、有机废弃物处理出库比例基本持平，约17%。在环卫项目中，服务内容仅包含清扫保洁收运类的项目出库比例较大，绑定基础设施资产（如中转站、后端垃圾焚烧厂等）的项目出库比例较小。环卫行业正处于市场化前期，环卫项目处于快速放量期，各路社会资本在跑马圈地的快速发展期，在10%红线约束之下，地方政府PPP财政预算不足的现实情况叠加PPP程序相对烦琐等因素，清扫保洁收运类环卫项目会由PPP转为合作年份较短的政府购买公共服务形式；而绑定基础设施资产的环卫项目拥有融资及运营属性，较多以合作期限较长的PPP模式开展且出库率相对较低。

七、abcd分类下出库项目对比：a类、d类、c类项目出库比例高

基于E20市政环保领域PPP分类格局图对财政部库中水务类、固废项目进行分类，并分析其出库情况（见附图3-11）。

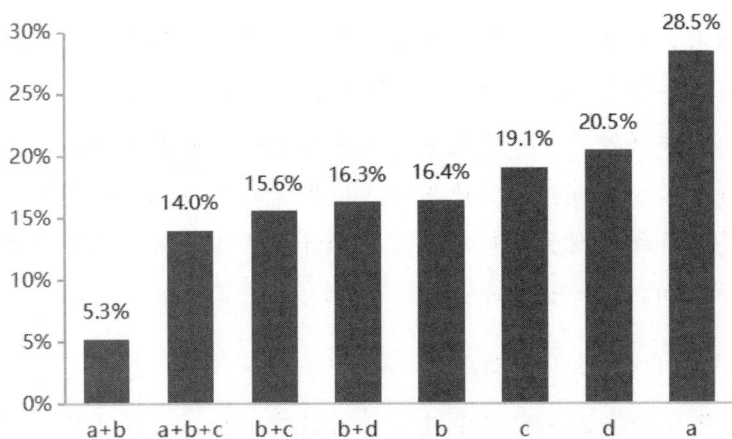

附图 3-11　基于 abcd 分类环保项目出库比例

（1）需求风险难以被识别导致 a 类项目出库比例大。a 类项目即严格意义的使用者付费类项目出库比例最大，原因在于不少属于供水项目。该类项目的需求风险由社会资本方承担，在这种情况下，一方面社会资本本身判断需求风险相对困难；另一方面由于非专业金融机构判断需求风险也较困难，社会资本与金融机构均无法判断项目需求风向。从出库项目中还可以观察到，该类项目在地域上多集中在园区供水、偏远地区县城或城乡一体化供水项目，使用者需求不太稳定，且使用者付费意愿、付费能力存在不确定性，导致金融机构不愿参与该类项目，而社会资本的积极参与度也很低，从而导致出库比例高。

（2）市场需求快，环卫 d 类项目转模式开展。其次是 d 类，主要服务内容为清扫保洁收运类项目。根据我们分析，退库的原因包括部分项目设计不符合 PPP 要求（如合作期限不足 10 年）、政府考虑 PPP 流程周期较长而转为政府购买服务实施等。从部分环卫企业反馈看，在 92 号文发布之后，政府和企业方均希望流程简化，希望能无须走"两评一案"特别是无须占用财政承受能力论证"10%"的份额，也避免难以入库与被清理出库的风险。

（3）政府付费的回报机制造成地方支出压力，进而波及 c 类项目。第三是 c 类（PFI）项目，c 类项目包括项目类型主要有水环境（包含黑臭水体、海绵城市、景观类水环境）、农村分散式污水处理、水利、土壤修复。这类项目是受 92 号文影响较大的领域，因为此类项目很多采用"可用性付费+运维绩效服务付费"的方式进行设计，但按效付费机制不符合 92 号文规定。而且部分项目捆绑打包的内容较多，投资规模较大，且基本采取政府付费作为回报机制，但地方财政支出压力巨大，甚至触及"10%"红线。

（4）整体面看，带 b 类项目处于安全范围内。其他分类项目，基本都包括 b 类项目（政府监管型特许经营，按量计价、按效付费的污水处理及垃圾处理等），b 类项目质量整体较好，出库率较低。尤其是 a+b 项目的出库率最低，该类项目多为市政供排水一体化打包项目，运营性较强、使用者的使用量相对可测、也多为存量项目；从财务角度看，此类项目相关财务指标可测算可预计，从各个角度均符合市场化条件，也符合政府推动的方向，因此出库率最低。

八、环保"PPP 隐形正面清单"

综上所述，环保领域出库的 PPP 项目普遍具有治理不紧迫或需求不稳定、商业模式不清晰或者尚不成熟、绩效约束较弱及按效付费机制不健全、项目体量过大导致政府财力难以承担等特点。与此相对，在环保督查、排污许可等政策导向下治理需求紧迫，商业模式清晰成熟、绩效约束性强、按效付费机制健全、项目体量适中和财政支出责任可控的环保 PPP 项目，可以说属于环保 PPP 领域的"正面清单"，是入库容易、出库风险较低的类型。

具体来说，在符合 92 号文属于公共服务范围、政府负有提供义务、包含运营内容、已建立按效付费机制等基本要求的前提下，属于"正面清单"的环保 PPP 项目主要包括：① 人口规模大、地方财力较好地区的市政供排水；② 生活垃圾处理；③ 含绩效约定的水环境治理；④ 含工程建设运营的城乡环卫一体化；⑤ 企业入驻率较高、污水产生量稳定的园区污水处理；⑥ 城镇化程度较高、经济实力较强地区的乡镇集中式污水处理；⑦ 其他治理需求稳定、绩效约束清晰、按效付费机制健全的环保项目。这也是 PPP 规范化时代中应该持续推进实施落地、代表公共服务领域市场化的重点领域，是建设美丽中国、打好污染防治攻坚战的必选动作。

附录 3-2　薛涛：拉郎配还是集团军？一则 55 亿环保 PPP 中标喜报背后

来源：E20 水网固废网　　作者：薛涛　　发表时间：2017 年 8 月 14 日

2017 年 8 月 11 日，在帝都夏末第一场小霾中，一则著名上市公司的喜报突然穿过重重 PM2.5 撞入笔者的眼帘。这家企业以先进的水处理技术近年来在 PPP 领域风生水起，技术加资本战略获得了大家的高度关注和资本市场的一片喝彩。然而，此次中标的项目名称却叫"……公路改建工程及……江岸改造项目工程招商……"，项目总投资超过 55 亿元……

笔者疑惑：把不相关的道路和水环境凑一起，搞这么个大包，让专业公司怎么发挥优势？两个基本不相干的项目打捆，看到这样的项目，笔者心里自然生出一个槽点——拉郎配！但不知冤不冤。

打开中标公告，看到项目描述分为两个子项目，第一个是公路，第二个是湿地景观等。差点冤枉了好人，这是一个项目下的两个分包？

对于在一些中西部及县级区域等财力有限的地方搞湿地景观类项目，笔者一直不看好。

个人认为这类项目，运营性较弱，采用 PPP 实在无法挖掘长期绩效，做来做去都像拉长的 BT；此类项目属于壁纸类高档装修，很有必要探讨是否属于地方财力所应该负担的急需项目，是否造成了严重的隐形负债？

作为中国最早做招标的那一拨人（招标是世行引入中国的，而笔者的第一份工作就是世行项目的招标），笔者继续往下看，觉得这个中标通知还是很蹊跷：理论上，一个招标项下各分包是独立的项目，应该是中标人分别中标。然而这个项目，一个水务公司却与一家道路领域赫赫有名的施工类央企结成了联合体，而且只有一个中标人和一个合同。

得，看来前面的槽点要回来了：所谓的两个子项目，其实还是一个包，县政府自己应该也知道，这是两个无关的项目……

E20 受财政部 PPP 中心委托，刚刚完成财政部示范项目案例选编水务行业篇。为了精选出十个项目本着优中选优的原则，我们对六七十个示范项目精挑细选。记得一个典型的场景，著名的海绵城市大咖车伍老师在第一次会议中就提出，某地所谓的水环境项目所打捆的河道、污水厂距离太远，物理空间上不存在得到整体绩效的可能，因此，本着宁缺毋滥的高标准，凡属于这类水务简单打捆的项目，都未能入选书籍。

然而，对于这类水务打捆项目，虽然以"水环境"命名名不副实（叫水环境项目就必须追求区域的整体集成绩效），但是至少在专业上是同一类业务，在选择专业公司上不会带来竞争中选优的干扰，一家公司来运营可以在管理上发挥打捆优势，在监管上也可以减少成本，多少还有其可取之处。

此外，笔者对最近大家批评的 PPP 环保项目包越大越大的现象有相对不同的态度，笔者一直坚持，虽然 PFI 类政府付费的 c 类项目。容易带来类 BT 拉长版的倾向，但是对于黑臭水体这类项目，存在区域环境技术集成的必要性和运营绩效压力，笔者认为可以通过强化可用性付费和运营绩效的捆绑以实现长期运营绩效的刚性化，使专业水务运营公司的核心能力得以发挥。同时，笔者并不支持"项目大了小公司无力参与，融资压力大了都被央企玩了，民企无力参与"等等这些简单的理由，来否定这些项目是否应该被推出。笔者坚持认为，判断PPP项目是否应该被推出的唯一标准，就是公共服务供给的效率提高——长期运营绩效是否能够被达成，而不是哪一类企业占了便宜或者吃了亏。

因此，如果长期运营绩效的压力可以被很好地设计到PPP的管理规则和具体项目模式中，那么中小企业应该选择的是与具有技术集成和运营管理能力，并具有融资能力的专业运营投资类社会资本进行生态合作，一起为地方政府提供有效的技术集成和运营解决方案，而在长期绩效考核压力下，跑不掉的社会资本自然也必须高度重视这方面的能力建设和上下游合作，项目选择过程也会高度关注这方面的竞争。

而无论是央企还是其他企业，如果参与PPP，导致的是赚完工程利润就跑路，导致重建设轻运营的情况恶化，那么无论它是央企还是民企，它们对项目的主导都应该被批判，中小技术企业自然也在这种模式中没有生存之地。

回到正题，从这个项目看，包越打越大，其合理性本质上要看作者所说的打包的必要性。不同要素打包之间的关联性，尤其是技术集成的必要性，和由此带来的整体绩效考核的可实施性。

可以想见，如开篇这个项目的绩效考核标准，怎么可能编出一个清晰、可操作的统一绩效来？一个修水公司和一个修路公司，在这样一个PPP项目中，一定还是各干各的……

那么，懂得招标基本规律的人都知道，联合体模式的缺点，就在于市场上可供选择的优秀组合减少，本来每个包都可以找到最优的供给者，盲目打捆，导致市场上仅仅为了拿项目，各投标人各自拉郎配，最优组合无法出现，也许只能退而求其次的其次……

在一个好的公共服务供给的模式选择中，各要素没有绝对的优劣，往往是综合平衡的考虑，比如笔者说过，长期限的PPP对外包运营效果的提高，不如短期限的委托运营来得更有效，但是这个要素需要屈就于融资的需求和付费的压力。

包越打越大，肯定带来的是有技术没融资能力的企业的参与度降低，但是这个要素也需要屈就于系统集成和长期运营统一绩效的需求（而这个项目却没有这个需求）；联合体模式，肯定带来选择优秀社会资本的竞争性的下降，但是这个要素也需要屈就于PPP项目不同专业能力集合的内在需求，而集合的出发点应该也是长期运营绩效，这时候联合体才能称之为集团军而不是拉郎配。

遗憾的是，这个项目的道路，就是一个其实找不到什么运营优化必要性的市政道路，而这个项目的湿地景观，也是运营压力较小的那种，这样的 PPP 项目，有必要存在吗？

笔者一直强调 PPP 政策制定的博弈论思考方向，作为参与 PPP 的企业，其基本目标就是利润，跟着项目的指挥棒无可厚非，当出现不合格的 PPP 项目时，最应该批评的，还是推出该项目的地方政府，而最应该深入思考的，却是制定游戏规则的中央主管部门。

这么大的项目，不光是找不到其存在的必要性，也可能会加大政府的债务风险，更可怕的是，这么一个县，能负担一个完全由政府付费的如此大的项目吗？

笔者不知道它的财政可承受力是怎么通过的？

结果，四处打听，最可怕的事情来了，风闻这个项目没有走 PPP 模式，没有做两个论证（那么估计也不在库里），那么，是不是走的 87 号文项下所针对的购买服务的方式呢？此时，标讯中"工程招商"4 个字冉冉升起！好悬呐，笔者放炮又要得罪人了。写了半天，感情这个本来就不是 PPP，那么，上面啰哩吧唆的，就算是笔者对 PPP 项目的"有则改之无则加勉"的提醒吧……

附录 3-3　从国发 43 号文到财预 87 号文，探寻中央管控地方融资冲动震荡背后的主线

来源：道 PPP　　作者：薛涛　汤明旺　　发表时间：2017 年 7 月 28 日
请手机扫码阅读

附录 3-4　三个月释放 36 个农水治理项目，湖北 364 亿大蛋糕甜不甜？

来源：E20 水网固废网　　作者：汤明旺　洪翩翩　　发表时间：2017 年 11 月 14 日
请手机扫码阅读

附录 3-5　薛涛：国际金融机构参与我国 PPP 的简要分析

来源：E20 水网固废网　作者：薛涛　发表时间：2018 年 2 月 1 日

请手机扫码阅读

附录 3-6　李曼曼：海绵城市建设之问题思考

来源：中国城市报　作者：李曼曼　发表时间：2016 年 11 月 28 日

近年来，中国城市发展迅猛，城市化水平从 1978 年的 18.6%上升到 2015 年的 56.1%。随着人口产业向城市高度集中，农田、湿地、河流等自然生态被不透水的高楼、硬地、马路所代替，城市可"呼吸"的通道被封锁。在气候变化背景下，极端天气事件频发，加上脆弱的城市基础设施，导致许多城市在气候灾害面前十分脆弱，"城市内涝""饮用水危机"等弊病百出，严重制约了城市的可持续发展。根据国家防汛抗旱总指挥部办公室公布的数据，仅 2015 年一年洪涝灾害对我国造成的直接经济损失就高达 1 661 亿元，约占同期 GDP 的 0.25%。因此，城市如何在重重挑战与危机中保持自身发展活力，是一个亟待解决的重要问题。

面对气候变化带来的威胁，一些国外城市纷纷采取措施建立弹性城市，尽管中国没有正式提出"弹性城市"的政策概念，但近些年由国家发展改革委、住建部等部门主导发起的低碳城市、生态城市、智慧城市、海绵城市等实践，均属于弹性城市建设的范畴。为了解决城市内涝、城市缺水等问题，水系统弹性城市——海绵城市的概念应运而生。2014 年 4 月，习近平在关于保障水安全的重要讲话中指出，解决城市缺水问题，必须顺应自然，建设自然积存、自然渗透、自然净化的"海绵城市"。2015 年和 2016 年财政部、住建部和水利部联合启动了第一批（16 个试点城市）和第二批（14 个试点城市）海绵城市试点。根据住建部城市建设司水务处提供的信息，2015 年的 16 个试点城市计划建设项目共计 992 个，投资 279 元。截至目前，已开工建设并形成实物工作量的项目 593 个，占 59.8%；完成投资 184 亿元，占 66.1%。

在过去两年多的时间里，全国海绵城市试点建设已初见成效，许多城市在规划、技术和建设上都有很多突破，但在建设过程中尚存在一些问题。

第一，近些年，在我国的快速城镇化过程中，城市雨洪基础设施（灰色基础设施）投入跟不上。许多城市对此认识不足，在灰色基础设施欠账过多的情况下，大量投建绿色基础设施难以达到防治城市内涝的效果。

第二，海绵城市建设理念片面，很多城市只关注诸如湿地公园之类的大海绵城市建设项目，而忽略了区域、街区等中小尺度的海绵城市建设项目，导致总体效果不佳，给公众造成海绵城市建设无法缓解城市内涝的错觉。

第三，投融资机制及相关配套制度不健全，无法解决长期配套资金问题。当前，海绵城市建设项目主要依靠政府补贴，而雨洪设施的建设需要巨大的资金投入，政府的公共投入仅能实现一部分的设施建设，大部分的资金都需要社会资本投入。

第四，部门协调机制不健全，相关技术标准尚未形成。海绵城市建设涉及规划、设计、建设、运营等各部门，各部门的技术及文件时有交叉，但缺乏统筹协调的机构及手段。

第五，海绵城市建设的公共宣传不足，公众对海绵城市的概念不清楚，对海绵城市建设带来的效益缺乏具体认识，社会参与度不高。

根据上述海绵城市建设过程中出现的问题，笔者提出以下若干建议。

第一，在城市基础设施的政策制定及资金投入方面，应因地制宜、因城施策。各个城市应根据自身的经济发展情况，确定灰色基础设施与绿色基础设施建设的投入比例，在保证灰色基础设施建设健全的基础之上投建绿色基础设施。一个城市在灰色基础设施欠账过多的情况下，大量投建绿色基础设施并非明智之举。沿海城市与内陆城市面临的风险不同，在政策制定及基础设施建设投入方面也应有所区别。

第二，探索研究新的政策激励措施，鼓励非公共建设区以及社会公众的广泛参与。对不同的城市建成区，根据其现有基础设施和城市建设情况，制定不同的雨洪管理策略和实施目标；对于不同的土地类型、开发项目，需要用不同的政策加以激励，以确保能够调动社会全员建设绿色基础设施的积极性。以海绵城市建设为例，通过大尺度的海绵城市建设项目与区域、街区等中小尺度的海绵城市建设项目相结合，才能从根本上解决城市内涝的问题。

第三，探索研究雨洪收费/税制度，建立灵活的雨洪额度交易市场，通过减税、补贴等相关的政策激励措施，鼓励社会资本更多地投入到绿色基础设施的建设中。美国费城在雨洪收费的基础上，对公用土地和私有土地制定了不同的雨洪政策。其中，对私有土地制定硬性开发标准，超过标准建设的设施可以抵扣部分的雨洪收费，并通过各种折扣、补贴和激励项目拉动社会资金，实现私人土地上雨洪设施志愿性改造。华盛顿特区则开创了雨洪信用额度交易市场：将房地产开发项目在实地滞留超出指标的雨水量和志愿雨洪建设项目的雨洪吸纳量转化为雨洪滞留信用额度，用于在雨洪市场上进行交易，获得额外收入。除雨洪信用交易外，华盛顿特区还设计了一系列针对个人、社区、公寓楼或小型公共设施的补助和支持项目，鼓励更多私人房地产主动改造不透水地面、管理雨洪。国外这些实践都值得我们借鉴。

第四，应建立部门协调机制或与海绵城市建设相适应的部门架构，对海绵城市建设进行统筹管理，统一制定与海绵城市建设相关的技术管理标准，打破现有制度障碍，避免碎片化管理。如深圳市成立了海绵城市建设工作领导小组，参与单位包括发改、规划、财政、水利、交通等多个部门和单位，形成协作推进平台，共同推动海绵城市建设。

第五，在未来海绵城市建设过程中，需要建立一种独具特色的评估监管体系，对"海绵城市"项目进行考量和认证。目前，国家以及各级地方政府积极建设试点项目，但是试点项目缺乏具体的评估标准。试点项目不经认证，其成效就难以保证和衡量。也就是说，所谓的"海绵项目"，虽然投入了大量的资金，但并不一定就是真正意义上的"海绵"。

（中国城市报/2016 年 11 月 28 日第 027 版）

| 第四章 |

抽丝剥茧：解析各环保细分领域 PPP

4.1　水务：从供排水到水环境的纵深发展

水务是最热门的环保领域，在一定程度上也可以说是最早的 PPP 项目领域，始于早期在供水领域引入外商投资 BOT 的阶段。目前，水务领域 PPP 已覆盖供水、排水及污水处理、城乡供排水一体化、水环境综合治理等各个细分领域。随着城市供排水市场逐渐趋于饱和，水务市场化更多体现在水环境综合治理及村镇污水、园区污水处理等新的业务机会。不同细分领域，其合作边界、风险分配、利益共享等方面都有自己的特点。比如，属于 a 类项目（第二章 PPP 四分类中的政府监管型特许经营领域）的供水 PPP，具有较强公益和政策属性，更多是价格机制对供水市场化的作用；属于 b 类项目（政府购买服务型特许经营领域）的污水处理 PPP，虽然模式涉及使用者付费（其实是"污染者"）、但实操是由财政予以支付的模式；此外，随着不同领域业界的业务延伸，包括外部"跨界"进入环保的情形，使得水务领域 PPP 内容综合化、主体多元化现象明显。不同细分领域的市场化对行业竞争格局产生影响，比如 B 方阵由供排水向城乡延伸，或者 A 方阵通过"混改"，具备区域环境综合服务商的身份。

在大生态要求下，水务领域越来越强调系统性、综合性。根据 E20 研究院的市政环保水务 PPP 常规分类（见表 4-1），水务各细分领域具有鲜明的特点，也存在 2 种或 3 种类型特征兼备的情形。比如厂网一体的污水处理 PPP，按目前实操的落地模式，实际是"污水厂狭义 BOT+管网 PFI"，其中污水厂属于 b 类，管网属于 c 类（非特许经营的政府购买型 PPP，即 PFI）。园区供排水则是 a 类、b 类和 c 类 3 种综合打包。

表 4-1 E20 市政环保水务 PPP 常规分类

	一级	二级		三级	PPP 检索对照
水	大水务	市政给排水	供水		a
			污水处理	污水厂	b
				污水厂+管网	b+c/b
			供排水	供水+污水厂	a+b
				供水+污水厂+管网	a+b/a+b+c
		村镇供排水	村镇供水		c
			村镇污水（小集中）	村镇污水厂+管网	b+c/b
			村镇污水（分散式）		c
			村镇供排水	供水+小集中/分散式	a+b/c
		园区供排水	园区供水		a
			园区污水	污水厂+管网	b+c/b
			园区供排水	供水+污水厂+管网	a+b/a+b+c
		水环境	绩效 黑臭水体	河道/流域、黑臭、截污	c/b+c
			绩效 海绵		c
			非绩效 景观	园林、公园、河边绿化及湿地等	
水利	水利		原水供应	引水、原水	b
			水库	水库	c
			灌溉、防洪	防洪、灌溉、引水渠	

4.1.1 市政供水 PPP

1. 行业背景

供水领域的 PPP 实践始于 1998 年前后，包括成都自来水厂六厂 B 厂等一批项目采取 BOT 的方式执行。这一领域在始于 2002 年的特许经营时代进一步发展。2015年 9 月，国务院印发《关于国有企业发展混合所有制经济的意见》后，供水企业的混合所有制改革增速，混合所有制改革从股权结构、决策机制和治理结构 3 个方面出发，有助于释放企业新的活力，增强企业独特的决策权，并为整个供水行业提供更大的市场机遇。

市场机遇方面，2017 年 5 月由住建部和国家发展改革委联合发布的《市政基建"十三五"规划》将"供水安全保障工程"列为重点工程，新建水厂规模共计 0.45 亿立方米，新建供水管网长度共计 9.30 万千米；对出厂水水质不能稳定达标的水厂全面进行升级改造，总规模 0.65 亿立方米/日；对受损失修、落后管材和瓶颈管段的供水管网进行更新改造，共计 8.08 万千米；对不符合技术、卫生和安全防范要求的二次供水设施进行改造，总规模 1 282 万户；在 100 个城市开展分区计量管理、漏损节水改造。此外，2015 年发布的"水十条"中提出，对使用超过 50 年和材质落后的供水管网进行更新改造，到 2020 年，控制在 10%以内，从而引发了社会对供水管网漏损率的高度重视。

据 E20 研究院预测，2020 年城镇公共供水综合生产能力将达到 31 000 万立方米/日，城镇公共供水总量将达到 610 亿立方米。"十三五"期间，我国城镇公共供水设施建设的市场规模将达到 675 亿元，"十三五"期间整体运营的市场规模将达到 6 400 亿元。

市场占有率方面，E20 研究院《中国水务行业分析报告（2017 版）》数据（见表 4-2）显示，威立雅供水已运营总规模位居榜单首位，为 1 135 万立方米/日，市场占有率达到了 3.08%，苏伊士和首创股份已运营总规模亦较高，超 700 万立方米/日，市场占有率分别为 2.6%和 1.93%。其中前五名供水企业（CR5）已运营规模占据了 11.02% 的市场份额，排名前十（CR10）的企业已运营规模占据了 16.47%的市场份额，因此，供水领域的市场集中度相对较低。

表 4-2　供水企业已运营规模排名（数据截至 2017 年 3 月）

企业名称	供水已运营规模（万立方米/日）	市场占有率（%）	企业名称	供水已运营规模（万立方米/日）	市场占有率（%）
威立雅	1 135	3.08	桑德集团有限公司	118	0.32
苏伊士集团	957.5	2.60	金州环境集团	72.5	0.20
北京首创股份有限公司	711.5	1.93	云南水务投资股份有限公司	67.5	0.18
中国水务投资有限公司	680.5	1.85	天津创业环保集团股份有限公司	55	0.15
北控水务集团有限公司	574.04	1.56	鹏鹞环保股份有限公司	40	0.11
中国水务集团有限公司	528.8	1.44	胜科（中国）投资有限公司	32.3	0.09
广东粤海水务股份有限公司	445	1.21	海天水务集团股份公司	30	0.08
中环保水务投资有限公司（中节能）	432.74	1.18	东莞市水务投资集团有限公司	29	0.08

续表

企业名称	供水已运营规模（万立方米/日）	市场占有率（%）	企业名称	供水已运营规模（万立方米/日）	市场占有率（%）
重庆水务集团股份有限公司	336.6	0.91	北京碧水源科技股份有限公司	25	0.07
成都市兴蓉环境股份有限公司	259.8	0.71	中信环境技术有限公司	20	0.05
长沙水业集团有限公司	225	0.61	中国葛洲坝集团投资控股有限公司	10	0.03
深圳市水务（集团）有限公司	190	0.52	安徽国祯环保节能科技股份有限公司	2	0.01
瀚蓝环境股份有限公司	180	0.49			
中国水业集团有限公司	164	0.45	中国水环境集团	0.5	0.00
南昌水业集团有限责任公司	149.5	0.41			

2. 设计要点

我们坚持认为，公共服务进一步市场化，应重点推进运营类项目，审慎推进非运营类项目。未来供水项目在县市或相对偏远地区依然有新建机会，包括存量资产盘活机会，将向产业链上下游延伸，朝纵向一体化趋势发展。对于供水企业影响较大的外部环境变化，就是公共服务市场化大的方向。这既是商机也是风险。平衡角度来看，地方有运营属性的专业平台也应被寄予厚望。考虑到这个领域的特殊性，我们的介绍除了 PPP，也包括了专业平台的市场化转型方向。

（1）存量盘活的供水市场可观。《关于加快运用 PPP 模式盘活基础设施存量资产有关工作的通知》（发改投资〔2017〕1266 号）文件中提到，拓宽基础设施建设资金来源，减轻地方政府债务负担。对拟采取 PPP 模式的存量基础设施项目，可通过 TOT、ROT、TOO、委托运营、股权合作等多种方式，将项目的资产所有权、股权、经营权、收费权等转让给社会资本。这个文件总的指导思想还是《国务院关于创新重点领域投融资机制鼓励社会投资的指导意见》（国发〔2014〕60 号文），该文件谈到要推进市县、乡镇和村级污水收集和处理、垃圾处理项目按行业"打包"投资和运营，鼓励实行城乡供水一体化、厂网一体投资和运营。

（2）混改及股权合作受鼓励。《国务院关于国有企业发展混合所有制经济的意见》（国发〔2017〕54 号）文件中指出，在水电气热、公共交通、公共设施等提供公共产品和服务的行业和领域，根据不同业务特点，加强分类指导，推进具备条件的企业实现投资主体多元化。值得注意的是，作为完全使用者付费的存量项目混改模式，很多地方操作时可能绕过 PPP 流程，当前并无实质性影响。供水企业向其他环保细分领域扩张实现转型升级，可以通过生态化合作优势，与其他环保技术企业或者其他有资源的央企国企以合资、合作等方式来提高自己的竞争力，同时也会打开企业的管理提升空间。

（3）向前延伸、一体化趋势日益明显。在供水领域，B 方阵（专营性地方国企）依然是主力，如兴蓉环境、重庆水务、杭州水务、南昌水业、珠海水控、中山公用、武汉水务、粤海水务、萧山环境等地方水司。在未来发展战略上，它们将立足供水主业，借助水务 PPP 机遇，积极从供水向排水、水环境、甚至向固废领域辐射延伸，从 B 方阵向 A 方阵升级。例如，南昌水业拓展至垃圾焚烧发电领域；又如中山公用收购名城科技，进军环卫行业前端。

在财政部 PPP 示范项目中，我们对 B 方阵企业的业务分布情况进行了统计，以了解其潜在的发展趋势和规律。从图 4-1 可以看出，对于 B 方阵而言，传统的市政给排水依然为强项，逐渐向水环境、水利、固废、混合类项目扩张。业务拓展最多的是水利类项目，占 21%；水环境类项目占 17%；此外，还有 10% 的生活垃圾处理项目，以及 3% 的管网项目。

具体来说，不少参与供水的企业开始从供水向产业链上游延伸，涉及前端原水项目。当然，前端原水有两种类型：一是带水库的项目，这类项目往往因为水库投资体量太大，整体表现为工程属性强，在回报机制上以"可用性+运维绩效付费"为主，因此表现为 c 类（PFI）；二是不带水库、以水渠为主的项目，因为后端自来水公司、用水企业及农户等有付费基础，此类项目可以采取按量付费的方式获得回报，运营属性强，可以设计为 a 类或 b 类模式。

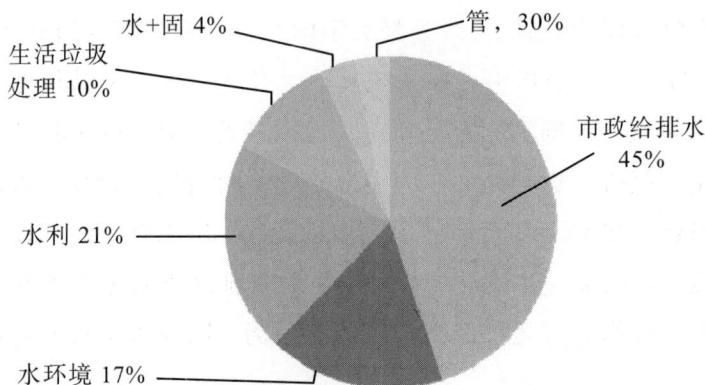

图 4-1　财政部 PPP 示范项目中 B 方阵业务分布情况

（4）地方专业性平台两大转型方向。 在地方债务危机愈演愈烈的情形下，水司作为地方有运营属性的专业平台，被寄予厚望。综合性的融资平台现在面临空前的压力，大部分都失去了投资能力；园区型平台目前不在供水产业能力考虑范围内。除了传统品牌的扩张和服务之外，供水企业可有 4 个方向的转型对策，包括横向扩充公共服务（如旅游、养老等）、产业链上下游延伸、PPP、土地开发或商业地产运营。其中比较适合地方专业性平台的是产业链上下游延伸和 PPP。如图 4-2 所示。可与中小企业在技术上合作，以回避短板，凸出长板。

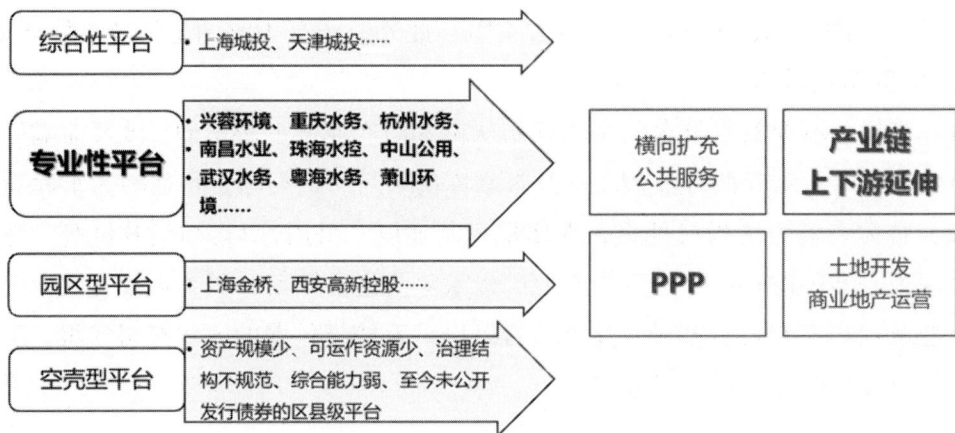

图 4-2　地方融资平台转型方向的建议

资料来源：根据罗桂连博士《融资平台与 PPP 模式的协同发展》绘制，中咨研究公众号，2018年 4 月 22 日

总的来说，供水企业因与民生息息相关，在环境企业飞速发展的时代显得比较保守。一方面，随着公共服务市场化进入深水区，供水企业如果不去积极进取，不在市场化的方向上探索得更深入，不去为政府更多地分忧，可能就会面临原有地盘被地方政府拿来转让的风险。另一方面，一些市场化程度较高的水司，他们不但处理污水，业务还扩展到了垃圾处理，甚至还到外地去做 PPP 项目。由此可看出，供水企业面临的挑战和威胁，反过来也可能是机遇。

（5）市政供水 PPP 风险分析。

1）运营风险。供水可以说是最基本的民生工程。水量不足、水质不达标、用户对供水服务不满意等因素都可能导致项目公司运营失败。

2）需求不足风险。供水的基本模式是 a 类狭义特许经营模式，由社会资本承担需求风险。因人口预测出现偏差、自备井存在、用户对服务的要求越来越高等原因，供水用水需求可能低于预期，供水服务需求可能高于预期，从而使项目面临诸多不确定的风险。供水项目由于其公益性特征，伴随新区扩张管网和供水厂建设成为必需，而新区用水需求风险则更容易成为政企之间的突出矛盾。因此，存量项目一般可以合理评估需求不足的风险，而新增项目如果需求风险过大，为避免失败，地方政府可能会选择设计保底量，即"按照供水量保底，按照售水量结算"，政府承担供水不足风险，项目公司承担售水风险。

3）管网配套建设风险。如供水管网等基础设施建设不到位，材质老化，管道漏损率高等现象。尤其在城乡供水一体化项目中，乡镇及农村供水管网普遍滞后，用户分散且管网维护成本高增加了管网配套风险。

4）价费机制风险。供水行业兼具公共性和经营性。从最初的事业单位发展成国企，再在市场化改革的推动下，使得供水企业在面对水价改革时常处于"尴尬"的境地：既要在公益属性极强的历史背景下承担公共服务的功能，又要以市场化方式谋生，保障企业自身可持续发展。那么，价费机制的完善对公共服务的市场化起到非常重要的作用。E20 研究院的前身——清华大学水业政策研究中心在 2003 年成立之初，研究的重点就是特许经营以及水价。关于水价，在《水污染防治行动计划》（2015）、《关于扎实推进农业水价综合改革的通知》（发改价格〔2017〕1080 号）、《扩大水资源税改革试点实施办法》（财税〔2017〕80 号）、《关于创新和完善促进绿色发展价格机制的意见》（发改价格规〔2018〕943 号）等文件中都提到，要完善居民阶梯水价制度、全面推行非居民用水超定额累进加价制度；深度推进农业水价综合改革；完善水资源税制度设计等。943 号文更是里程碑式地指出"建立充分反映供水成本、激励提升供水质量的价格形成和动态调整机制"。但具体到某一个供水项目中，供水价格能否适时调整取决于多重因素，具有不确定性。且供水价格的调整需要经过成本公开、成本监审、听证会等一系列过程，周期较长。现行水价时有出现成本倒挂的现象。而在城乡供水一体化 PPP 项目中，可能面临乡镇居民使用地下水价格低甚至免费使用的情况，由此带来实行同网同价的供水矛盾突出，水费收取难度大。因此，供水 PPP 项目中，水价是至关重要的因素，价费机制尚未理顺将给此类项目带来一定风险。

5）PPP 之特许经营收回的风险。 按照第二章的市政环保 PPP 四分类方法，供水 PPP 属于 a 类项目，即政府监管型的特许经营（狭义特许经营），在一定时期内在特定区域享有唯一性或排他性。供水 PPP 项目虽被授予行政垄断权，但如果出现供水服务质量低下、供水安全难以保障等情况，政府作为具有监管责任的一方，出于提升公共服务效率和保障公共服务效果的目的，水务企业会面临被收回特许经营权的风险。

以天门供水项目为例，2018 年，湖北天门政府网登载《关于举行拟取消天门凯迪水务有限责任公司特许经营权并实施临时接管听证会的公告》，天门凯迪水务有限责任公司作为天门市自来水特许经营的项目公司，涉嫌违反《市政公用事业特许经营管理办法》《湖北省城镇供水条例》等有关规定，为保障城市供水安全，维护公众利益，天门市住建委实施临时接管，最终收回了特许经营权。供水 PPP 项目因其需要保障民生的公益属性，涉及政府监管下的供水企业向民众提供垄断性服务的三元关系，地方政府需履行监管职责，而社会资本则往往会面临承担无法事先确定使用量所带来的需求风险。在该案例中，天门凯迪水务可能不够谨慎，对管网配套基础建设以及用水需求不足风险预估不够，或者上一条原因导致水价调整不及预期。总之，项目收益未能满足企业持续经营的基本要求，导致发生供水服务不稳定的局面（大面积非计划性停水、部分用户终端水压不足、乱收水费及管网改造费、水质感观差），即无法提供均一合格的公共服务。而政府具有托底的公共服务责任，只能收回其特许经营权。这种"双输"的结局大家并不愿意看到。**由本案例看到，在这类项目中为同时实现公共服务的效率和稳定性，供水 PPP 项目具有政府和社会资本"风险共担"的特征（b 类、c 类、d 类项目主要是风险分担），共担的是不确定的需求风险，基于这样的伙伴关系，需要政企双方建立详细的工作沟通机制、及时发现问题，发挥各自优势协同解决。PPP 的风险防控，并非一方责任，而在于政企双方。**

需要提醒的是，PPP 是政府和社会资本之间建立的长期合作伙伴关系，因此在参与 PPP 项目过程中，不应滥用政府信用及谨防脱离实际的预判，避免 PPP 项目合同显失公平，导致双方合作关系不可持续。比如，在廉江中法供水厂项目中，双方签订的《合作经营廉江中法供水有限公司合同》，履行合同期为 30 年。合同有几个关键的不合理问题。一是水量问题。本项目属于早期的供水市场化项目，情况类似著名的成都自来水六厂 B 厂模式，当时未采用需求风险由社会资本承担的 a 类模式，而是由政府方承担。合同约定廉江自来水公司在水厂投产的第一年每日购水量不得少于 6 万立方米，且不断递增。而当年廉江市的消耗量约为 2 万立方米，巨大的量差使得合同履行失去了现实的可能性。二是水价问题。合同规定起始水价为 1.25 元/吨，水价随物价指数、银行汇率的提高而递增。而廉江市每立方米水均价为 1.20 元，此价格自 1999 年 5 月 1 日起执行。脱离实际的合同使得廉江市政府和自来水公司不可能履行合同义务，该水厂被迫闲置，谈判结果至今未有定论[①]。

3．案例分析

（1）**项目概况**。沛县供水 PPP 项目[②]为存量盘活的典型。

投资规模：15.04 亿元（新建+存量）。

合作范围：原有沛县自来水公司供水区域及供水规划范围内的供水服务（城区范围）；13 个建制镇污水处理厂厂区内的污水处理服务；（供排水）市政管网运营维护服务。

建设内容：20 万立方米/日规模地表水厂改扩建工程、8.3 万立方米/日规模 13 个建制镇污水处理厂、市政管网以及农村饮水安全工程五部分组成。

（2）**付费机制**。本项目采用"使用者付费"+"可行性缺口补贴"+"政府付费"的综合回报机制。具体交易结构如图 4-3 所示。各类别项目回报机制如下：① 地表水厂，居民或企业等用户按照政府定价的供水水价，采取使用者付费；建设期、运营期设定不同的运行基本水量，不能覆盖经营成本及社会资本合理收益部分，由政府支付可行性缺口补贴；② 13 个建制镇污水处理厂，社会资本负责运营 13 个建制镇污水处理厂，政府通过购买服务费方式向项目公司支付污水处理服务的固定费用（含人员工资福利、管理费、修理费等）和可变费用（单位电费、单位药剂费、单位水费、单位污泥运输费等），其中可变费用根据实际污水处理量进行结算；③ 市政管网及农村安全饮水工程，社会资本投融资完成新建部分，政府将原有和新建部分委托运营给社会资本。项目为政府付费，管网包括新建和存量两部分。回报机制包含管网可用性政府付费和管网运营维护费两部分。

---

① 亓霞，柯永建，王守清. 基于案例的中国 PPP 项目的主要风险因素分析[J]. 中国软科学，2009（05）：107-113.

② 除非特别注明，本章项目案例信息均来自财政部 PPP 综合信息平台项目库。

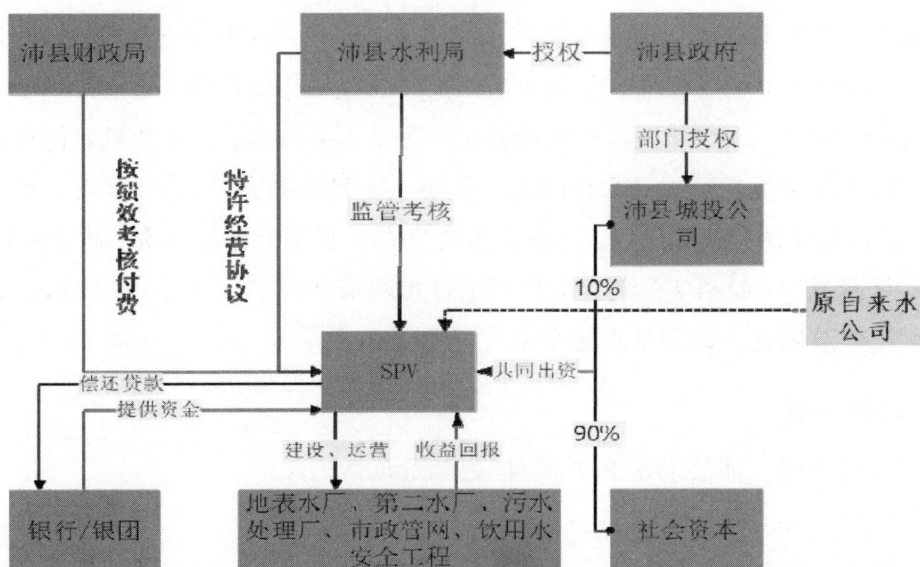

图 4-3　沛县供水 PPP 交易结构示意图（ROT）

（3）**案例简评**。本案例综合程度高，属于 a+b+c 类的复合项目，项目内容通常面临运营风险、融资风险等主要风险。由于该项目涉及下辖乡镇的供水管网维护实行委托运营以及县、乡两级污水处理设施建设—运营—移交，需要特别考虑管网建设不配套导致水量不足甚至设施"晒太阳"的局面。

当前市场上大量供水项目尤其是存量转让项目往往走股权转让模式且不入 PPP 流程（部分沿用特许经营），而本项目纳入 PPP 程序的原因是县级项目对财政补贴的依赖。

4.1.2　市政污水处理 PPP

如前文所述，污水处理的单厂狭义 BOT 模式一直是特许经营领域最成功的部分。而在 2017 年，根据财政部《关于政府参与的污水、垃圾处理项目全面实施 PPP 模式的通知》文件，污水处理作为"全面实施"的两个领域之一，更是环保 PPP 的热门，即便走入规范期。同时，在"水十条"等政策影响下，综合治理、提标改造等因素使污水处理 PPP 市场多方面保持热度。

1. 行业背景

"十三五"期间，污水处理能力、污水处理率以及管网等指标的增长仍将是市场需求释放的重点，但与此同时，治理效果的考核将升级市场需求释放的方式。市场反应则体现在单体项目减少，水环境综合治理型项目增加，以及在标准不断提高下，考核指标升级，但值得注意的是，服务费用与服务品质的匹配应受到行业重视。

规模增长方面，《"十三五"全国城镇污水处理及再生利用设施建设规划》中提出2020年我国将实现污水处理设施全覆盖，城市污水处理率达到 90%，县城不低于 85%；新增污水管网 12.59 万千米，城镇新增污水处理设施规模 5 022 万立方米/日，提标改造城镇污水处理设施规模 4 220 万立方米/日。提质增效方面，"十三五"规划以及《水污染防治计划》均提出全面实现敏感区域以及建成区水体水质达到地表水Ⅳ类标准，新建污水处理设施出水水质达到一级 A 排放标准或再生利用要求。因此，除规模要求外，对污水运营质量、运营效果的考核比重逐步加大，项目考核方式亦将从单体达标向综合治理质量提升方向转移。具体而言，当前以稳定达标为基本要求，未来必然寻求污染量削减的总体目标，而城市水环境综合运营的质量要求也会比现在的绩效考核高很多、标准复杂很多。

据 E20 研究院预测，截至 2020 年年底，城镇（包括设市城市、县城，不包含建制镇）污水处理能力将增加至 21 000 万立方米/日，按吨水投资 3 000 元计算，2017—2020 年，我国城镇污水处理新增投资额约计 900 亿元。污水处理量方面，截至 2020 年，城镇污水厂年处理量将达到 680 亿立方米。

市场占有率方面，E20 研究院《中国水务行业分析报告（2017 版）》数据显示，北控水务市场占有率超过 5.5%，碧水源、首创股份均超过 4%，行业龙头地位凸显（见表 4-3）。

表 4-3 污水处理企业已运营规模排名（2017 年 3 月收集的数据）

企业名称	市政污水已运营规模（万立方米/日）	市场占有率（%）	企业名称	市政污水已运营规模（万立方米/日）	市场占有率（%）
北控水务集团有限公司	1 001.25	5.51	中国水环境集团	140.98	0.78
北京碧水源科技股份有限公司	790	4.35	中信环境技术有限公司	135	0.74
北京首创股份有限公司	773.6	4.26	云南水务投资股份有限公司	112.4	0.62
天津创业环保集团股份有限公司	483.85	2.66	苏伊士集团	112.3	0.62
桑德集团有限公司	405	2.23	中国葛洲坝集团投资控股有限公司	95.5	0.53

续表

企业名称	市政污水已运营规模（万立方米/日）	市场占有率（%）	企业名称	市政污水已运营规模（万立方米/日）	市场占有率（%）
中国光大水务有限公司	387.5	2.08	深圳市水务（集团）有限公司	90	0.50
安徽国祯环保节能科技股份有限公司	378.5	2.08	鹏鹞环保股份有限公司	89.5	0.49
重庆水务集团股份有限公司	300.43	1.65	福建海峡环保集团股份有限公司	79	0.43
成都市兴蓉环境股份有限公司	284.14	1.56	中国水务集团有限公司	74.5	0.41
中环保水务投资有限公司（中节能）	278.04	1.53	瀚蓝环境股份有限公司	69.8	0.38
康达国际环保有限公司	245.15	1.35	广东粤海水务股份有限公司	68.5	0.38
广东省广业环保产业集团有限公司	238	1.31	东莞市水务投资集团有限公司	60	0.33
海天水务集团股份公司	228	1.25	金州环境集团	57.9	0.32
南昌水业集团有限责任公司	206.35	1.14	中山公用事业集团股份有限公司	38	0.21
中国水务投资有限公司	169	0.93	博天环境集团股份有限公司	22.55	0.12
威立雅	167	0.92	中国水业集团有限公司	19	0.10

2. 设计要点

（1）污水处理 PPP 项目设计需考虑其特点。

第一，污水处理 PPP 边界清晰，且原有考核模式就是全方位的绩效考核，实质上超过了绩效考核不低于 30% 的当前要求，这方面目前有些地方政府尚存在误解。按照第二章 E20 市政环保 PPP 分类格局，污水厂 BOT 属于政府购买型特许经营领域，为分类格局中的 b 类项目，具有强运营属性。而 30% 绩效捆绑是 92 号文中提出的对 PFI 的支出责任进行固化的修订措施，其针对的是可用性付费模式中的工程年均回款的漏洞。污水处理的绩效考核指标具有专业性、定量性和可操作性，考核的核心在于水量、水价、水质等方面，而非工程验收及其他绩效约束性弱的领域。此外，污泥处理处置与污水处理中企业与政府方的责任边界均应重点考虑合理划分。

第二，污水处理 PPP 严格执行按效付费机制。其实质是政府付费，当然有些地方将此类项目归为可行性缺口补助，可能是基于规避政府付费被审慎推进的政策。"财承"方面，我们认为此类项目的支出属于刚性支出，不做 PPP 也需要实施，建议重点在用可研来确定规模档次是否合理，而是否采用 PPP 与否不应受"财承"论证制约。按照《关于创新和完善促进绿色发展价格机制的意见》（发改价格规〔2018〕943 号）的提法，到 2020 年年底前城市污水处理费标准与污水处理服务费标准大体相当，前者指的是政府向居民收取的费用，后者指的是政府向社会资本支付的 b 类单厂狭义 BOT 模式的厂区内的总费用（详见附录 5-2　透视发改 943 号文，污水处理领域"强心剂下的风控点"）。

第三，保底量是污水处理 PPP 项目最低需求风险分配的制度安排，应当予以重视。关于保底量，我们在本书第三章已进行分析，此处不再赘述。

第四，其他方面也会影响 PPP 设计。例如管网方面，由于其历史遗症，以及在实际操作中的责权利问题，社会资本无法控制的进水超标事件将影响污水厂的出水标准考核，在当前的环保督查中，此现象更加突出。此问题也映射出不同部委管理分工间的不协调，引发的项目模式设计问题。例如，污水厂进水口前的水质保证与排水口的监测管理间的矛盾，即便采用厂网一体化模式也无法解决。此外，对于单厂项目不建议让政府授权主体参与合资合股，避免建设运营合作边界模糊与监管上的难以协调。

（2）合理评估厂网一体与厂网分离。污水厂网一体化项目有利于污水处理规划的统筹协调考量，从而避免因管网滞后问题导致的污水处理设施"晒太阳"现象，亦有利于提高污水处理的运营效率，尤其是针对当前污水管网输送污染物的效率较低的问题。但是这种推广厂网一体化的初衷在现实中存在诸多困难，下文中会对实践中的困难进行详细分析。

中国城市规划院王家卓在"2018（第十六届）水业战略论坛"中指出，过去一段时间非常重视城市污水处理厂建设，但对管网重视远远不够，导致当前污水收集系统效率低下、进水浓度低。他认为，未来非常重要的工作就是从厂到网，开始抓污水收集系统的提质增效；污水处理厂进水浓度也应该纳入考核范围，这样才能提升污水收集系统的收集效率和污水处理系统的处理效率[1]。以此为目的，市场化模式中的厂网

---

① 王家卓：城市水环境治理的现状、6 个问题与 10 个发展方向，http://www.h2o-china.com/news/view? id=272940

一体化被寄予厚望，但目前看该模式离期望还有很大距离，还需要更长时间的摸索。

厂网一体化项目最突出的特点应为效果导向的系统化考核，而非传统的以保底水量、保底水质前提下的出水标准的考核。例如，北控水务中标的揭阳PPP项目，按环境绩效付费，不设保底水量，且对进水浓度及运营结果相关的硬指标，如出水水质、污泥含水率等同时考核。这个项目实施中面临了许多困难，可见要达成厂网一体化PPP的目标还需要很长时间的摸索，但此项目是从效果出发的厂网一体化领域的重大突破。

厂网一体化项目中，对社会资本而言，无论是新建管网抑或是存量管网，均存在管理和运营维护难度较大的问题。存量管网目前质量普遍不佳，导致污染物未能全部送到污水厂或者外水进入浓度降低导致污水厂削减效率低下，而修复资金需求缺口大是市场化的难点。新建管网方面，在实际项目开展中管网投资远高于污水厂投资，且建设标准不高留下隐患，其他问题也是类似存量管网。

此外，社会资本对上游排污企业缺乏制约手段，政府监管不够尽责，导致污水厂进水水质与协议不符，从而导致出水不达标的问题，风险不可忽视，何况环保督察和处罚往往无视住建系统的意见或者协议约定。事实上，管网运营中的大量风险实际上政府比社会资本对其更具有承担能力，行政执法和协调能力方面更是无法转移给社会资本。因此在"风险与收益相匹配"的原则下，厂网一体的污水处理PPP项目，社会资本将要求更高的收益水平，最终很可能导致对比公建公营反而增加了政府财政的支出责任，而且最终实施效果也依然可能无法达到预期。目前很多所谓的厂网一体化项目中，厂为狭义的BOT项目，采用传统的边界硬指标考核；网采用拉长BT或者PFI类项目模式，以工程为主，后期的运营为相对保守可控的菜单式考核模式，并非从效果出发的系统性考核体系。

我们也注意到，有些城市如合肥明确走"厂网分离"的管理方式。其中，政府财政负责管网投资，由本地排水公司负责建设运营，由社会资本负责污水处理厂的投资、建设和运营。这种做法各方边界较为清晰，实施起来较为顺畅。尤其是当地城市排水管理能力较强的情况下。当然，不同城市排水管理能力不同，在厂网一体化模式或厂网分离模式的选择中，要考虑不同城市间的实际能力差异。

但从环境综合治理的角度，厂网一体化，或是后文提到的厂网河湖一体化理念均为效果导向，是从顶层规划思考的环境综合治理体系。E20研究院认为厂网一体化可以继续积极摸索，但要在其他配套机制上有大突破才可能真正有所成效。

（3）考虑提标改造及续建衔接问题。"水十条"对污水处理提标改造做出了明确要求："敏感区域（重点湖泊、重点水库、近岸海域汇水区域）城镇污水处理设施应于 2017 年年底前全面达到一级 A 排放标准。建成区水体水质达不到地表水Ⅳ类标准的城市，新建城镇污水处理设施要执行一级 A 排放标准。"目前，不少地方实际上已经要求新建污水处理厂及存量污水处理厂改造后达到地表四类水的更高标准。我们认为，在以效果为导向的水环境综合治理下，污水厂提高排放标准是必然趋势，但应控制在合理的范围内，并非所有区域均需以地表四类、地表三类为标杆，应因需而定，选择合理的技术工艺及排放标准，从而制定合理的污水处理服务费用（见附录 5-2）。

我们注意到不少项目分为二期甚至三期建设，因此涉及续建项目如何和已有存量项目衔接的问题。从技术角度而言，扩容和升级改造往往只有在整体厂区统一协调安排才能得到最大效率，后期管理上也是如此。因此对扩容或升级项目经常采取由原社会资本继承的方式。因此，在一期项目协议中充分考虑后期扩容可能性并约定价格协商机制和其他配套条件的制定原则十分必要。

以污水处理项目为例，一、二期设计规模、保底量与实际量有密切关系（见图 4-4）。可研报告中，保底量一般设置为设计规模的一定比例（如 80%）。一期实际水量将要接近一期设计规模时，启动二期建设，由此实现一、二期在建设运营上的衔接。

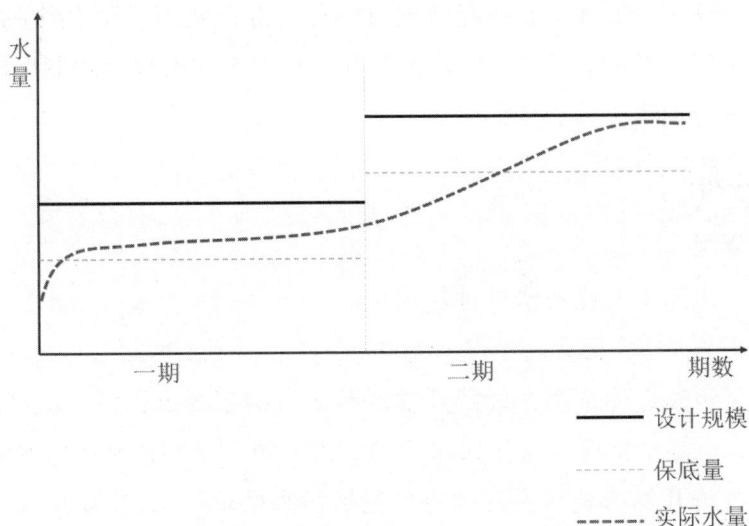

图 4-4　一、二期项目设计规模、保底量关系示意图

关于一、二期项目实操的程序问题，2017 年 11 月，E20 研究院曾组织业内专家就 PPP 政策动向及环保 PPP 发展趋势主题进行的内部研讨会中，特别注意流程的问题：要不要招投标？要不要补 PPP 的流程？财政部和国家发展改革委 PPP 双库专家

李炜指出，关键要看原来的协议，是否具有排他性或者不确定性。如果原来的协议已经包括二期内容，那就可以申请单一来源采购。如果不包括，则政府需要对二期进行项目设计，包括"两评一案"等流程，妥善安排与一期的衔接，通过公开招标等方式择优选择二期合作方。

（4）风险转移及后端价值生成。风险转移方面，应明确政府与社会资本的职责。例如，污水口进水水质保障的责任明确，污泥处理处置配套设施匹配的责任明确，以及官方标准提升后的污水处理服务费调价问题等。正如前文所述，厂网一体化的风险转移非常复杂，目前仍在探索中。

后端价值生成方面，两山论下的价值创造，将环境产业从成本中心向价值中心转移是环保领域的长远发展目标。厂网河湖一体化，山水林田湖草协同发展，与农业、旅游、其他配套服务等协同产生价值是整体规划下、系统性思维下的未来发展。但在目前阶段，在污水治理领域，仍需以环境质量改善为前提，确保水质的达标排放，可与水环境综合治理结合，与截污纳管、黑臭水体治理统一协调，但当前系统性问题尚未解决，后端价值生成更存较大差距。生态环境部《关于生态环境领域进一步深化"放管服"改革，推动经济高质量发展的指导意见》提出："探索开展生态环境导向的城市开发（EOD）模式，推进生态环境治理与生态旅游、城镇开发等产业融合发展，在不同领域打造标杆示范项目。"虽然受制于当前的土地和财政管理制度的制约，但继续在这个方向进行摸索十分必要。

3. 案例分析

（1）项目概况。

项目名称：揭阳市 9 座污水处理厂项目。

投资规模：约 11.27 亿元。

项目内容：包括揭阳市揭东经济开发区新区，揭东区玉窖镇、新亨镇、锡场镇，揭阳市区西区、空港经济区及普宁市洪阳镇、占陇镇、里湖镇 9 座污水处理厂及其配套管网（揭东经济开发区新区实施内容仅包括污水处理厂），拟建总规模 13.5 万吨/日，拟建管网总长度 141.92 千米。

项目安排：揭阳市人民政府牵头负责揭阳市 9 座污水处理厂 PPP 项目捆绑招商，并授权揭阳市住房和城乡建设局统筹采购事宜，作为采购人打包统一采购社会资本，普宁市人民政府、揭东区人民政府、蓝城区及空港经济区管委会或其指定机构作为项目实施主体。确定社会资本方后，由各区（市）政府（管委会）或其指定机构与项目公司签署 PPP 协议，并负责后期项目执行的监督管理工作。

付费方式：采用环境效益付费机制，不设保底水量，根据污水处理厂月平均进水 COD 浓度确定进水浓度系数，对各厂进水浓度进行考核，并以此作为污水处理服务费计算依据，具体交易结构如图 4-5 所示。污水处理服务费采用"一厂一价、按日计量、按月支付、按月考核"的方式。污水处理服务费的支付以当月出水流量作为处理水量，根据月平均进水浓度确定进水浓度系数，按照污水处理服务费计算公式进行计算。管网运营维护费按月支付，计费以起始日期为准。各子项目污水处理厂的污水处理服务费和管网运营维护费均按特许经营协议约定条款，由各市、区财政部门或项目实施单位按协议支付给相应的项目公司。

运作方式：设计—建设—融资—经营—移交（DBFOT）。

合作期限：30 年（含建设期 1 年）。

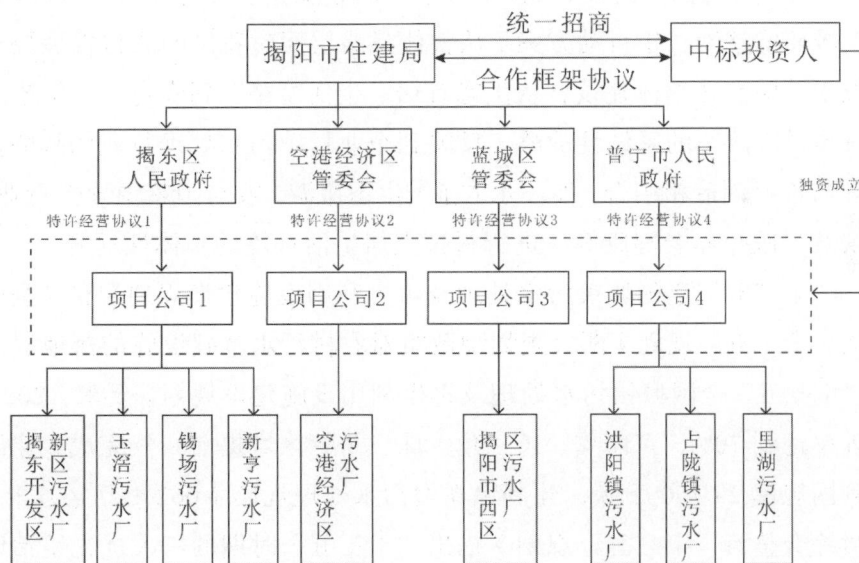

图 4-5　揭阳市 9 座污水处理厂项目交易结构

（2）案例简评。本项目是国家发展改革委第二批典型案例。各方对其亮点概括为 4 个方面：一是不设保底水量，按环境绩效付费；二是创新采用 DBFOT 运作模式，充分发挥社会资本优势；三是小规模污水厂捆绑打包，发挥规模效应，增加项目吸引力；四是该项目为我国第一个采用多阶段竞争性磋商程序采购的 PPP 污水处理项目。这 4 个方面确实是值得借鉴之处。当然，业界也应当注意，不设保底水量实际是将需求风险全部转移给社会资本，对社会资本的能力有更高要求，同时基于"风险与收益对等"会要求更高的风险补偿，从而带来污水处理单价的提高。此外，这类项目捆绑打包，涉及多个地方政府及实施主体，比如本项目要求分别成立项目公司实施，增加了社会资本对整个项目的协调管理难度，能否实现打包"规模效应"有待时间检验。

4.1.3　村镇污水 PPP

随着城市市政污水处理市场趋于饱和，污水处理市场逐渐向乡镇下移。特别是在国家推动建设美丽乡村、促进农村综合环境整治的背景下，村镇污水处理市场借由本次 PPP 热潮得以释放。但需要注意的是，村镇污水处理 PPP 项目所处的区域、人口及财力有自身的特点，因此村镇污水处理 PPP 在交易模式、处理工艺、付费机制和风险分配等方面尤其特殊。

1. 行业背景

2018 年中共中央、国务院发布的《中共中央国务院关于实施乡村振兴战略的意见》及《农村人居环境整治三年行动方案》从整体战略层面对我国的农村发展提出了深度布局，定位于美丽乡村整体建设，从生态宜居、生活富裕，到农村污水治理、生活垃圾治理、村容村貌改善的系统性战略。反映到企业村镇污水处理行业的战略而言，应将环境治理与价值创造相结合，如环水农业、生态旅游，或与国家倡导性行业相结合，例如精准扶贫、医疗养老健康等，进行村镇人居生活环境的整体性提升。

此外，《"十三五"全国城镇污水处理及再生利用设施建设规划》和《全国农村环境综合整治"十三五"规划》两大规划型政策对农村污水基础设施的落地提出了明确的指标。《"十三五"全国城镇污水处理及再生利用设施建设规划》要求，2020 年建制镇污水处理率达到 70%，京津冀、长三角、珠三角等区域提前一年完成，建制镇新增污水配套管网规模 28 750 千米，建制镇新增污水处理规模 1 062.4 万立方米/日。《全国农村环境综合整治"十三五"规划》提出"十三五"时期的三大优先整治区域，包括南水北调东线中线水源地及其输水沿线、京津冀和长江经济带，涉及 880 个县（市、区）8.14 万个建制村，约占全国市场的 58%。

就目前而言，村镇污水处理设施建设与规划相比仍存在较大差距。住建部的统计数据显示，2016 年，建制镇对生活污水处理的建制镇的比例为 28%，乡为 9%，村为 20%（见图 4-6）。与"十三五规划"中要求的 2020 年建制镇达到 70%的污水处理率差距较大。

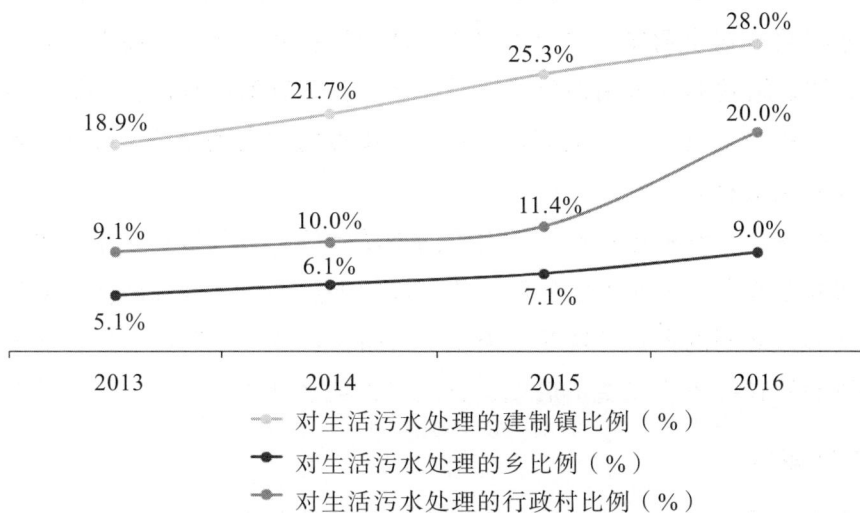

图 4-6 对生活污水进行处理的建制镇、乡、村的比例（%）

资料来源：住房和城乡建设部《中国城乡建设统计年鉴》（此处年鉴所显示数据为进行处理的计量单位的个数，非污水处理率，仅可近似比较）

据 E20 研究院所发布的《村镇污水处理市场分析报告（2017 版）》分析，村镇 2016 年污水处理厂处理能力达约 1 527 万吨/日，分散装置的处理能力大约 1 315 万吨/日；到 2020 年，污水处理厂处理能力将达到约 2 200 万吨/日，分散装置处理能力有望达到约 2 300 万吨/日。"十三五"期间，村镇污水处理厂投资将达到 750 亿元左右，分散式污水处理装置投资约 650 亿元。

2015 年国务院发布的"水十条"中明确提出"以县级行政区域为单元，实行农村污水处理统一规划、统一建设、统一管理，有条件的地区积极推进城镇污水处理设施和服务向农村延伸。"随着对农村环境治理力度的加大，农村污水处理领域势必形成一批 PPP 项目。

村镇污水处理存量资产可 PPP 市场化空间约 570 万吨/日，可 PPP 市场化占比基本为零，但存在存量上委托运营的购买服务市场。相对于市政供排水，村镇污水处理存量项目可 PPP 市场化的可能性较低，一方面原有设施不少运营状况糟糕无法转让；另一方面这类项目本身吸引力弱（建设运营难度大，无收费基础），存量很难盘活。从这一角度而言，村镇污水处理 PPP 多为新建项目，正是环境企业"跑马圈地"的阶段。

需要注意的是，村镇污水处理 PPP 项目具有 c 类项目特征。和 b 类相比，此类项目具有的运营属性较弱。这类项目由于水量及付费模式问题，较难采用简单的 BOT

保底量模式，往往做成了 c 类项目模式，采用可用性付费加运维服务付费的结算模式，使农村污水项目从这个角度来看更像是"水环境"项目。其运营性也受制于上述原因相对较弱，加强绩效捆绑可用性付费也是必需，但政府信用是前提保障，否则就不可能出现第二章中所提到的准运营属性。在不太理想的政商关系下，通过工程利润落袋为安仍为其必然选择。

此外，村镇尤其农村污水治理大大不同于城市污水。分散与集中的平衡选择，政府、百姓和社会资本的三元关系如何构建，长期维护如何得到保障，污染物削减的经济性和环境容量之间的考量，这些不但复杂，而且各地情况各异、如果前期不注重针对性的调研和设计，很容易造成后期运营效果差或者成本过高无法运行等问题。

2. 设计要点

不同于市政污水项目，村镇污水处理 PPP 项目涉及集中／分散处理、工艺路线选择、管网建设、基本水量、管理模式和绩效考核等一系列问题，尤其是回报机制及依效付费难题。村镇污水目前难以向居民全成本收费，因此只能依靠财政，但其绩效又不如城市市政污水项目清晰，付费依据可靠性较低，"晒太阳"情况较为普遍。实际维护运营的稳定性、监管考核方面的操作性，以及地方政府长期付费的保障性，都值得关注。

（1）按不同维度的打包组合。E20 研究院根据财政部 PPP 项目库村镇污水项目分析，村镇污水 PPP 项目均为打包类项目，可分为污水类打包项目，多领域内项目打包，或与农村环境综合整治类项目捆绑三类。污水类项目打包指多单体污水处理设施打包包括：单一建制镇污水治理项目（含单一镇的村户污水处理设施项目打包，多建制镇污水厂处理项目打包，以及城镇向农村延伸下的城镇村打包三类）；多领域项目打包（包括村镇的污水厂与管网打包，村镇污水与固废打包）；农村环境综合整治类项目捆绑（包括与道路、村容村貌改善、厕所改善等项目结合）。

根据我国环保治理从大城市到中小城市、从城市到乡村的逐层推进，可以判断，包括乡镇污水处理、环卫服务、垃圾处理在内的农村环境综合整治 PPP 项目还将继续释放。在单个乡镇体量有限的情况下，多个乡镇同类或关联项目进行打包操作，甚至全市、全县整体打包运作的做法对于政府和社会资本方均是有利的。政府可以一次性择优选择社会资本进行投资建设运营、便于监管，而参与的社会资本可以获得较大体量的项目，从而获得规模效应、协同效应。但应考虑市场主体是否足够，在市场主体不能提供复杂的打包项目时，应单体项目招标采购。此外，在打包项目中，应考虑关联性，而非简单的项目堆叠，尤其是从简化招标维度考虑的大体量项目的招标应谨慎。

（2）**运作模式上运营维护为主。**村镇污水处理市场化项目包括委托运营、BOT 等类型，其现阶段多以市场化运营维护为主。较多村镇污水处理项目付费来源依靠专项资金或试点项目补贴，尚未形成服务价格机制，村镇污水处理 PPP 服务产业化基础相对较弱，PPP 市场化率较低的现象将持续较长时间。其 PPP 市场空间多存在于有支付意愿且治理需求较强的省区，此外这些城镇化比例较高的发达地区，村镇污水一体化基础好，建设管理模式与城市污水处理类似，但在西部欠发达地区则完全相反。

（3）**处理工艺的多维度选择。**根据 E20 研究院的《村镇污水处理市场分析报告（2017 版）》，农村污水集中处理项目包括污水处理厂（站）和大型人工湿地，其中污水处理厂（站）适用的工艺包括传统活性污泥法、A/O 法、A2/O 法、氧化沟法、生物接触氧化法、SBR 法和 MBR 法。大型人工湿地包括地表流人工湿地、水平潜流人工湿地和垂直潜流人工湿地。分散式处理项目适用的工艺包括小型人工湿地、土地处理、稳定塘、净化沼气池和小型一体化污水处理装置。

总体而言，乡镇以集中式处理为主，其处理工艺与城镇污水厂近乎相同；农村则以小集中为主（以村为单位），或称为分散式处理方式。城镇污水厂式的集中处理的管理和控制模式相对成熟，且具有规模优势，但要求排水管网等配套建设需同步完成，且后端的污泥消纳需同时考虑；分散式污水处理的建设方式相对灵活，且管网建设施工难度相对较低，污水处理设施占地面积小选址容易，但亦存在运行成本相对较高，村级运营维护水平相对较低等问题。在实际项目开展中，由于村镇污水在输水距离、水量及水质、地形多样性，以及经济环境、风俗习惯、管控水平等方面存在较大差异性，污水处理方式应因地制宜地选择。

中国人民大学环境学院副院长王洪臣在 2018 年 5 月接受 E20 中国水网采访时指出，选择农村污水处理的技术，应以方便日后运行为最主要考量，一切不方便运行、不方便在农村运行的技术，都不适合采用。他认为，农村污水处理技术应具备 3 个基本特点：一是免运行、低维护，就是不用人经常盯着运行，且这种免运行应不是以自控为前提，检修维护量也要低，这是农村技术必须具备的要求；二是抗冲击负荷，农村污水水量水质早中晚一日三变，夜间断水，清早高负荷；三是低能耗，按照质量守恒和能量守恒基本原理，人工曝气的好氧处理技术，村级规模的吨水电耗往往超过 1 度电，这么高的电耗，必须采用低能耗的技术。

（4）**主要风险及应对。**在参与农水项目中，环保企业应特别注意做好风险防控。农水收集、管网配套、运维成本、绩效考核等都是需高度关注的方面。

设计规模与实际需求差额较大。某中部县级市共有 20 多个乡镇污水处理厂，设计规模多按乡镇总体规划的人数和污水产生量确定，但实际上乡镇人口逐年流出多，实际用水量、污水量减少，远低于设计规模，该市大多数乡镇污水处理厂污水量仅达日处理规模的40%左右。人口居住较为分散且随返乡高峰数量波动巨大，管网设施因资金等原因建设运营不到位现象不容忽视。实践中，有些乡镇处理项目因收集管网不全，雨污未分流，每天仅运行6~10小时，运行负荷率不足50%。此外，要重点考虑城市与村镇的排污比系数的差别，城市污水排放系数在0.7~0.9，村镇的排污系数在0.3~0.8，波动较大。

村镇污水处理工艺上还在探索中。多数项目直接套用城市污水处理厂处理工艺，工艺复杂、耗电量大、维护困难、运行成本高，与农村实际情况不符合。实际上，我国污水处理技术繁多，市场混乱，尚未针对农村污染物排放设计专用的技术标准体系，还没有明确的农村生活污染控制技术路线。考虑村镇经济实力，村镇污水处理工艺应尽可能运营简便高效，降低运营成本。但高效与低价如何取得平衡还是业界迫切需要解决的一个难题。村镇的污水规模小、水质水量波动大、南北方差异大、季节性变化大、可生化性好，应结合地方地理环境村镇及污水的特点，本着针对性强，技术成熟，投资合理，运行安全可靠，管理简单，维护量低，运行费用省的原则选择合适的处理工艺。

绩效考核标准尚未形成统一标准。如前所述，区域、季节等都会影响村镇污水处理项目的水质和水量。目前，村镇污水尚未形成类似城镇污水处理行业国家级的统一标准，部分省份已出台地方标准。不合适的村镇污水排放标准的选择，将受到经济环境、技术、管理水平等方面的制约，从而不能达到设定效果，因此对于全国村镇污水处理而言，不能采用"一刀切"的标准，即使同一省份的不同项目，亦应在部分指标考核或处理级别选择上采取差别对待。

村镇污水收费机制尚不健全。国家对村镇污水设施的资金投入，目前采用的是"以奖促治"政策，基本用于污水处理设施建设，但后期运行费用没有资金来源。和城镇污水处理项目相比，农水PPP污水处理服务单价各地差异巨大，从0.4元/吨到5元/吨不等，因此获得的收益高低值得注意。目前村镇基本为政府财政付费，普遍缺乏直接向居民收取费用的基础，只有少数发达地区城镇摸索按户或按人口收取较低费用。2018年6月，国家发展改革发布《关于创新和完善促进绿色发展价格机制的意见》（发改价格规〔2018〕943号）提出，在已建成污水集中处理设施的农村地区，探索建立农户付费制度，综合考虑村集体经济状况、农户承受能力、污水处理成本等因素，合理确定付费标准。如果价格机制到位，会提高村镇污水处理项目的运营属性，使其从

c 类项目向 b 类项目转变。

针对以上风险，一方面要求地方政府在项目设计时因地制宜、适度超前，在 PPP 项目实施方案中的风险分配、回报机制上妥善安排；另一方面则要求参与的环保企业慎重对待实际中可能面临的风险和问题，并在投资决策时予以考虑，通过合法合规的途径进行合理规避。

3．案例分析

（1）项目概况。

项目名称：安徽省安庆市潜山县 13 个乡镇污水处理一期工程 PPP 项目，项目交易结构如图 4-7 所示。

投资规模：13 164.44 万元。

建设内容：分别在潜山县的王河镇、黄泥镇、官庄镇、黄铺镇、黄柏镇、余井镇、水吼镇、槎水镇、龙潭乡、油坝乡、痘姆乡、塔畈乡、五庙乡等 13 个乡镇，新建污水处理厂/设施及配套的污水处理管网总日处理污水 6 450 立方米/日，配套污水收集管网总长度 43 737 米。

项目性质：新建。

运作方式：BOT。

合作期限：22 年（其中建设期 2 年，运营期 22 年）。

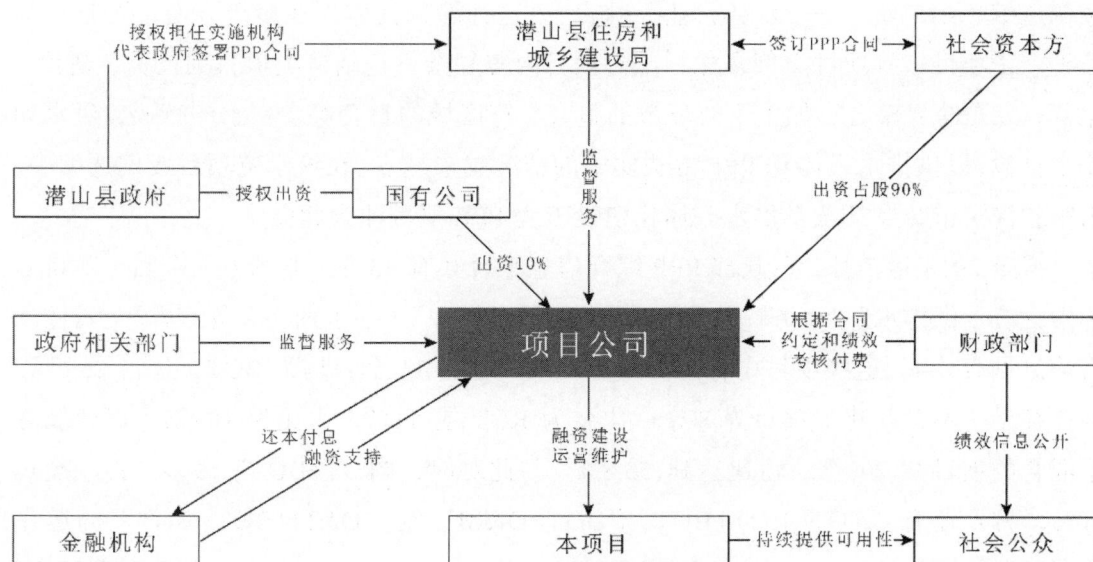

图 4-7 项目交易结构

（2）**案例简评**。本项目实施方案中，将项目付费方式表述为"可行性缺口补助"。实际上，从交易界面来看，项目公司是直接从政府财政获得收入，尽管可能涉及公众付费（自来水费缴纳时，含污水处理费，此项费用通过政府性基金预算"专款专用"），但公众付费占比较低（本项目合作期内"使用者付费"合计 2 797 万元，"可行性缺口补助"合计 32 122 万元、是"使用者付费"合计金额的 11.5 倍），且无论此项公众付费能否收缴到位、政府向项目公司支付的年度金额不受影响。因此，本质上应该归为政府付费类项目。

4.1.4 供排水一体化 PPP

随着各地在深入实施 PPP 模式，项目设计上更多体现综合性、打包性的特点。在城市供水与排水流域，城乡一体、供排水一体的项目越来越多。但需要注意的是，此类项目表面上虽为城乡一体、供排一体，但在风险分配、交易结构、绩效考核和付费上分别设计，以对应不同的类型。

1. 行业背景

财政部 PPP 中心和 E20 研究院联合编著的《PPP 示范项目案例选编（第二辑）——水务行业》指出，区别于以单体污水处理项目 BOT 为代表的 PPP1.0 时代，目前水务 PPP 已进入以打包项目、一体化项目为主的 PPP2.0 时代（见附录 4-1《PPP 示范项目案例选编（第二辑）——水务行业》前言）。这种综合性体现在多个方面：一是包括若干个子项目，且项目类型多样；二是项目内容复杂，包括各类项目的投资、建设、运营；三是跨界整合，如上下游环节的整合、跨区域的整合等。在水务行业，供水和排水打包，以供排水一体化 PPP 方式实施的情况越来越多。在该示范项目案例选编中，山东省济宁市金乡县城乡供水一体化建设工程 PPP 项目即为此类。

截至 2018 年 7 月，财政部 PPP 综合信息平台共有 43 个"供排水"项目（项目名称中含有"供排水""水务一体化""供水和污水处理""一水两污"等字样），具体项目信息见表 4-4。这些项目中，纯粹新建的项目数为 11 个，均为 BOT，仅占 25.6%；纯粹存量（不含新建）项目为 8 个，主要为 ROT 或 TOT，占比为 18.6%；新建及存量混合的项目共 24 个，占比达到 55.8%。与此对应，"TOT+BOT"最多，占比超过 40%，另外还有"TOT+ROT+BOT""BOT+O&M"及"O&M+ROT+BOT"的运作方式。

表 4-4 财政部 PPP 综合信息平台供排水一体化 PPP 项目清单

序号	项目名称	所处阶段	运作方式	投资额（万元）
1	*贵州省安顺市普定县水务一体化 PPP 项目	执行阶段	TOT+BOT	47 337
2	贵州省毕节市黔西县水务一体化 PPP 项目	执行阶段	TOT+ROT+BOT	109 128
3	*贵州省黔南州惠水县水务一体化 PPP 项目	执行阶段	TOT+BOT	92 162
4	*公主岭市水务一体化项目	执行阶段	TOT+BOT	54 300
5	陕西省咸阳市三原县高新区水务一体化及配套设施 PPP 项目	采购阶段	BOT	192 791
6	河北省邢台市南和县水务一体化工程	执行阶段	TOT	15 653
7	贵州省六枝特区水务一体化扶贫 PPP 项目（一期）	采购阶段	TOT+BOT	33 885
8	山西省阳泉市郊区水务一体化 PPP 项目	准备阶段	BOT	42 833
9	莒县夏庄水环境综合整治及水务一体化 PPP 项目	准备阶段	TOT+BOT	81 187
10	河北省承德市丰宁满族自治县县城及河北丰宁经济开发区供水和污水处理项目	执行阶段	TOT+BOT	30 000
11	*云南省红河州弥勒市"一水两污"示范项目	执行阶段	TOT+BOT	56 603
12	*云南省红河州建水县"一水两污"PPP 示范项目	执行阶段	TOT+BOT	107 920
13	云南省普洱市墨江县乡镇"一水两污"项目	执行阶段	BOT	52 766
14	云南省文山州 94 个乡镇"一水两污"项目	采购阶段	BOT	470 695
15	福建省漳州市诏安县城市供排水工程项目	执行阶段	DBFO	112 000
16	山东省威海市乳山市银滩供排水 PPP 项目	执行阶段	TOT+BOT	45 280
17	*四川省绵竹市城乡供排水一体化 PPP 项目	执行阶段	TOT+BOT	56 500
18	英吉沙县城供排水改扩建二、三期工程	执行阶段	BOT+O&M	9 937
19	新疆克州阿图什市城乡供排水一体化项目	执行阶段	BOT	219 800
20	山东省济南市商河县供排水一体化 PPP 项目	执行阶段	TOT+BOT	42 662
21	四川省广元市主城区供排水 PPP 项目	执行阶段	TOT	108 800
22	四川省宜宾市屏山县供排水运营、建设合作 PPP 项目	执行阶段	ROT	47 650
23	*贵州省黔东南州凯里市城镇供排水 PPP 项目	执行阶段	TOT	30 000
24	*河南省商丘市柘城县供排水一体化项目	执行阶段	TOT+BOT	83 903
25	*云南省玉溪市澄江县城镇供排水及垃圾收集处置 PPP 项目	执行阶段	TOT+ROT	39 515
26	*莎车县县城供排水改扩建	执行阶段	BOT	50 184
27	山东省威海市乳山市城区供排水 PPP 项目	执行阶段	BOT	48 137
28	云南省曲靖市富源县工业园区供排水一体化 PPP 项目	采购阶段	BOT	26 635
29	*陕西省渭南市合阳县洽川风景区供排水一体化 PPP 项目	采购阶段	BOT	9 740
30	湖南省永州市新田县城乡供排水一体化项目	采购阶段	TOT+BOT	100 000

续表

序号	项目名称	所处阶段	运作方式	投资额（万元）
31	甘肃省武威市天祝县全域供排水及垃圾无害化处理PPP项目	采购阶段	TOT+BOT	73 784
32	云南省楚雄彝族自治州元谋县工业聚集区小雷宰片区供排水设施建设项目	采购阶段	BOT	25 920
33	四川省凉山州会东县供排水一体化项目	采购阶段	TOT+BOT	28 070
34	云南省保山市腾冲市边境经济合作区供排水项目	采购阶段	O&M+DBFOT	49 490
35	房县城乡供排水一体化PPP项目	采购阶段	BOT	41 884
36	湖南省湘西州古丈县城乡供排水一体化PPP项目	采购阶段	TOT+BOT	29 553
37	黑龙江省哈尔滨市双城区供排水一体化PPP项目	采购阶段	BOT+存量作价入股	126 323
38	四川省宜宾市珙县统筹城乡基础设施和供排水厂网一体化建设、升级改造和运营项目	准备阶段	ROT	80 000
39	四川省乐山市犍为县城乡供排水一体化项目	准备阶段	TOT+BOT	24 620
40	湖南省怀化市会同县城乡供排水一体化工程PPP项目	准备阶段	O&M+ROT+BOT	47 934
41	山西省运城市稷山县供排水PPP项目	准备阶段	ROT	13 301
42	岳普湖县供排水一体化经营PPP项目	准备阶段	TOT	17 242
43	和布克赛尔县和什托洛盖镇供排水改扩建工程项目（PPP）	准备阶段	ROT	30 768

注　表中"*"为财政部PPP示范项目。因项目库动态管理，部分项目可能已"退库"。

　　需要指出的是，以上项目虽均为供排水一体化项目，但现实中供水、排水属于不同的PPP项目类型，且其主管部门一般不同。按照我们对环保PPP的分类，供水部分属于a类，污水处理部分为b类，管网则是c类。3个部分在付费机制上也存在差异，供水为使用者付费，污水处理是以保底量计价的政府付费，管网则多为"可用性付费+运维绩效付费"的政府付费。

　　有些地方将供排水一体化PPP项目综合设计为以量计价的政府付费项目（b类），可能导致其他问题出现。另外，现在来看存量资产的高溢价方式增加了项目后期稳定性的风险。**2007年年初，西北某政府将该市供水集团45%股权及污水处理项目，以17.1亿元的高溢价转让给外商投资企业，期限为30年。在实际操作中，这一捆绑打包的方式增加了参与社会资本的风险承担压力，最终则体现在公众承担高水价从而形成社会动荡和政府违约导致社会资本承担亏损的两难境地。**

2．设计要点

（1）**合作边界必须清晰**。此类项目通常包括市供水、乡镇供水及污水处理等多类子项目。且此类项目会因为城镇化建设及人口流动等因素，其建设运营维护的内容发生变化，从而导致合作边界调整的可能性。自来水厂、污水处理厂、供水管网和污水管网等设施建设标准应在 PPP 实施方案及 PPP 合同中尽可能明确，相关条款对因故调整的情形也应有清晰约定，且在绩效考核及付费机制等方面做相应的规范。

（2）**组合打包应有高关联度**。少数项目不仅是供排水环节的捆绑，还是跨区域包括城市供水、污水处理和垃圾处理在内的大综合。西南某地州乡镇"一水两污"项目涉及该州一市七县 94 个乡镇的供水、污水处理及生活垃圾处理设施项目（包括供水管网、污水管网、垃圾中转站及垃圾处理站等），总投资额达 47.6 亿元。我们认为，该项目覆盖的区域多、所涉及的领域广。加上涉及区域大、领域多，真正参与可能面临很高的协调成本，项目实施落地的难度依然很大，对社会资本是个不小的考验。可见，PPP 项目包不是越大越好，规模适度、边界清晰最重要，高关联度以及由此产生的系统绩效提升是打包最根本的目的。

（3）**交易结构应当合理**。供排水一体化项目往往同时涉及新建、改扩建及存量运营的项目，且本身既有供水又有排水，某些项目还覆盖城市及乡镇，综合性、复合性的特点突出，由此加大项目复杂性。交易结构是否合理，对吸引社会资本、保障各方利益至关重要，对项目最终能否持续实施也起着决定性的作用。

（4）**付费机制确保合规**。在回报机制上，应该采取可行性缺口补助或分别进行设计，确保按效付费的要求得到体现。从政府和社会资本（项目公司）交易界面看，污水处理属于政府付费类（b 类），尽管政府可以通过水费代收等方式获得部分污水处理费、降低实际对污水处理服务费的支付压力。但供水部分，按照 E20 市政环保分类及 PPP 格局图，属于典型的 a 类项目，可以采用使用者付费方式获得回报。两者综合打包起来的供排水一体化项目，自然不能仅仅使用纯政府付费或者纯使用者付费类这样单一的回报机制。

（5）**运作模式持续创新**。王强博士提出，水务一体化不仅仅是将供水和排水放在一个篮子里，还要做到水资源的循环利用，实际上是"水资源一体化管理"的概念[①]。比如北控水务在广东鹤山深度参与供水、排水、城乡供排水管网建设及水环境综合治理等领域。该项目特点是单一水务企业负责城乡供排水、厂网和水环境综合治理中的

---

① 王强：如何将水务改革进行到底？ http://www.h2o-china.com/news/view? id=272847

多个环节，避免多个责任主体互相扯皮的现象发生，降低了政府协调难度。同时单一水务企业通过内部考核、系统优化等手段能有效提高项目运营效率。需要注意的是，水务企业深度参与各环节并不意味着政府可以置身事外，政府仍然需要承担必要的责任。如在鹤山项目中，北控水务虽然深度参与排水环节，但是当地工业企业向污水厂中排放污水的数量却并非北控水务可以掌控，仍需要鹤山政府出面协调。

3. 案例分析

我们以财政部PPP示范项目——四川省绵竹市城乡供排水一体化PPP项目为例，说明此类项目的特点及需要主要的关键点。

（1）**项目概况**。本项目合作范围包括绵竹市为城市乡镇供排水一体化项目，包含近期的5个城市供水项目和22个乡镇供水项目、4个园区污水处理项目和19个乡镇污水处理项目，以及区域范围内远期城乡供排水一体化所涉子项目的投资、建设、改造和运营维护。

第一部分为供水项目，包括已建项目和新建项目。包括已建城市供水厂5个及城市供水管网114千米，设计总规模10万吨/日，目前实际供水量为3.5万吨～4万吨/日；已建乡镇供水厂21个及乡镇供水管网2 197千米，设计总规模为4.3万吨/日，目前实际供水量约为2.1万吨/日；新建乡镇供水厂一个及附属乡镇供水管网，预计设计规模0.1万吨/日。上述供水项目总规模14.4万吨/日，要求出厂水质达国家《生活饮用水卫生标准》。

第二部分为污水处理项目，包括已建项目和新建项目。包括已建工业园区污水处理厂1个及附属污水管网2.3千米，设计规模1万吨/日；已建乡镇污水处理6个及附属污水管网46.4千米，设计总规模0.84万吨/日；新建工业园区污水处理厂3个及附属污水管网，预计设计规模2.1万吨/日；新建乡镇污水处理厂13个及附属污水管网，预计设计规模0.85万吨/日。上述污水处理厂设计总规模4.7万吨/日，要求出水水质均达国家《城镇污水处理厂污染物排放标准》一级A标准。

项目总投资匡算为5.58亿元，其中TOT项目匡算为3.58亿元，BOT项目匡算为2亿元，ROT项目以实际金额为准。本项目采取"TOT+BOT+ROT"的运作方式，交易结构如图4-8所示。

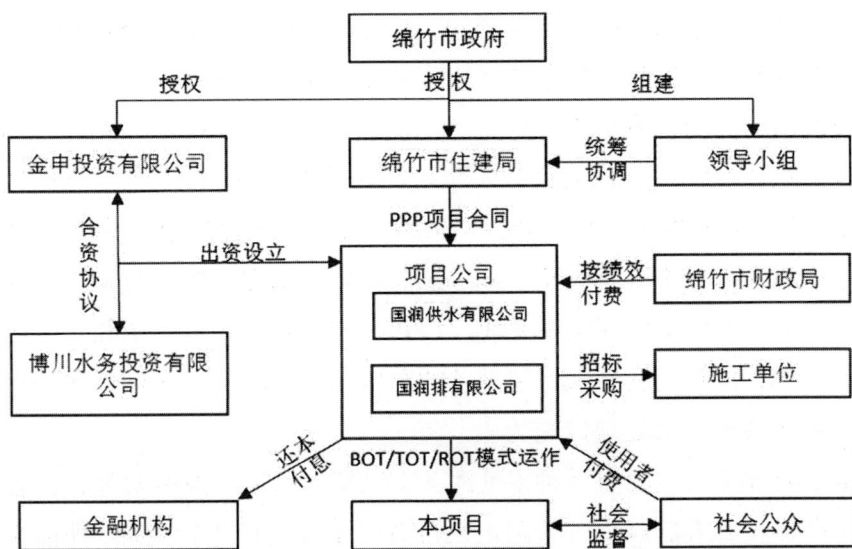

图 4-8　四川省绵竹市城乡供排水一体化 PPP 项目交易结构

项目回报机制方面，本项目为准公共产品属性的基础设施，采取可行性缺口补助的付费机制。基于绵竹市供排水公司当前的运营模式，拟由项目公司收缴本项目服务范围内的供水费和污水处理费（使用者付费），政府按照合同约定支付管网运维服务费，运营缺口部分（可行性缺口补助）由政府按照合同约定按期支付给项目公司。

（2）案例简评。本项目很好地反映了前面论述的供排水一体化 PPP 设计中应合理界定合作边界、关联组合打包、合理设计交易结构、优化付费机制和创新模式创新这 5 个关键点。

4.1.5　园区污水治理 PPP

1. 行业背景

（1）"水十条"催生园区污水处理市场。关于园区污水处理建设运营，"水十条"做出了明确的规定。"水十条"要求："集中治理工业集聚区水污染。强化经济技术开发区、高新技术产业开发区、出口加工区等工业集聚区污染治理。集聚区内工业废水必须经预处理达到集中处理要求，方可进入污水集中处理设施。新建、升级工业集聚区应同步规划、建设污水、垃圾集中处理等污染治理设施。2017 年年底前，工业集聚区应按规定建成污水集中处理设施，并安装自动在线监控装置，京津冀、长三角、珠三角等区域提前一年完成；逾期未完成的，一律暂停审批和核准其增加水污染物排放的建设项目，并依照有关规定撤销其园区资格。"这一规定最初并未受到地方的足够重视。2018 年年初，河北省政府印发通知，撤销河北唐山芦台经济技术开发区西部园区的省级开发区资格，这是全国首个因未完成"水十条"规定的工业集聚区水污染治理任务而被撤销的省级开发区。

原环保部水环境管理司相关负责人介绍，截至 2017 年 11 月底，全国经济技术开发区、高新技术产业开发区、出口加工区等省级及以上工业集聚区共 2 403 家，有 342 家未按规定建成污水集中处理设施，449 家未安装自动在线监控装置，完成率分别为 86% 和 81%；在污水集中处理设施方面，E20 研究院数据显示，依托城镇污水处理设施的园区为 53%，自行建设污水处理设备的园区为 39%，工业园区污水处理仍以预处理达标后，依托城镇污水处理设施为主。

园区污水处理模式主要有 3 种（见图 4-9）：第一种，工业废水经预处理达到入市政污水管网可接收要求后经市政管网汇入市政污水处理厂进行处理，即前文中提到的依托城镇污水厂进行园区污水处理；第二种，工业废水经预处理后排入园区污水处理设施进行处理，即前文提到的园区自建设备，处理达标后排入自然水体；第三种，园区企业将产生的污水回用，零排放。此外，在工业园区污水处理中，出现了一些创新型商业模式，工业企业与园区处理单位达成协议，企业将未预处理的废水经自建管网、罐车等方式运输至处理单位处理，企业按协议支付处理单位费用。按照现行规定，工业企业有义务自行建设或委托第三方对自己产生的废水废渣废气进行处理，达标后排放。这是工业企业的责任，属于市场化的第三方治理。比如邯郸钢铁企业向治理企业购买的环境治理服务。

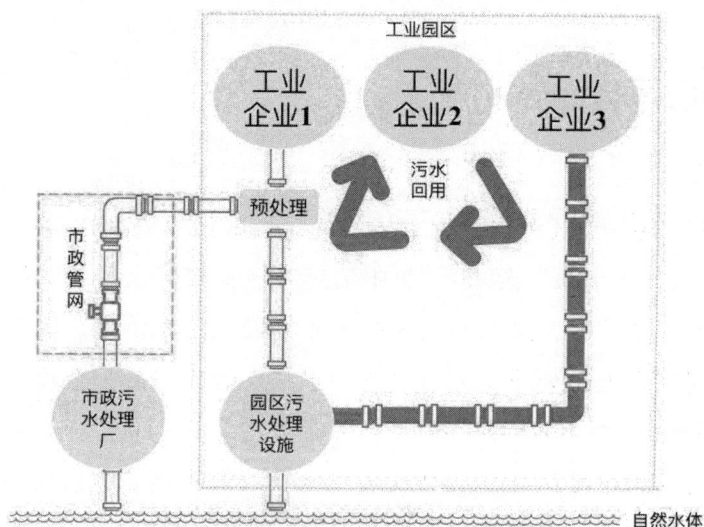

图 4-9 园区工业企业处理污水的三种模式

本章节所分析的工业园区污水处理为园区自建处理设施类，依托城镇污水处理设施类的分析见"4.1.2 市政污水处理 PPP"。

（2）园区污水处理 PPP 现状。截至 2018 年 8 月，财政部 PPP 综合信息平台有不少于 67 个园区（含工业园区、开发区、高新区及新区）污水处理 PPP 项目，其中 34 个处于执行阶段，落地率达到 51%。少数项目为国家示范 PPP 项目，如广西壮族自治区南宁市上林县象山工业园区污水处理厂工程 PPP 项目、安徽颍东经济开发区——煤基新材料产业园区污水处理及再生水回用工程、湘潭经济技术开发区污水处理一期工程、咸宁高新区污水处理厂和儋州市滨海新区污水处理工程等。

根据 E20 环境产业九宫格的分析，园区污水领域处于"工业"和"市政"两个服务指向的交界，由于园区市政管网的存在使其具有市政属性（不同于工业污水处理领域），但是其收集的污水来自工业园区内的企业，带来了园区污水 PPP 的复合属性。我们对处于执行阶段的工业园区类污水处理 PPP 项目信息进行分析发现，多数此类项目是按照常规市政污水处理项目方式进行推进。实际上，和市政污水处理项目相比，园区污水处理具有其特殊性，细节见第 4.1.3 节的"设计要点"。

以水质为例。相对于城镇污水处理厂的污水，园区因其产业结构复杂，水质水量不可控、污染物浓度高、污染物种类多且具有毒性及难降解的特性，其主要污染物及其来源见表 4-5。特别是工业园区污水主要来自园区工厂在生产过程中产生的污水和废液，主要含有随水流失的工业生产用料、中间产物以及生产过程中产生的污染物等。由于工业园区中工业类型繁多，而每种工业又由多段工艺组成，导致产生的污水性质差异较大。其主要特点有：成分复杂，污染物浓度高；具有一定毒性；可生化性较差；水质不稳定。因此，应根据园区水质特点选择适宜的处理工艺，确定最佳的运行操作条件，从而提高园区污水处理的效率[1]。

表 4-5　工业园区污水中的主要污染物及其来源

主要污染物	来　　源
汞及其化合物	氯碱、汞制剂农药、化工、仪表、电镀、汞精炼工业等
镉及其化合物	金属矿山、冶炼、电镀、化工、金属处理、电池、特种玻璃工业等
六价铬及其化合物	矿山、冶炼、电镀、化工、金属处理、电池、特种玻璃工业等
砷及其化合物	矿石处理、制药、冶炼、化工、玻璃、涂料、农药、化肥工业等
酚	焦化、煤气、煤油、合成树脂、化工、染料、制药工业等
氰化物	焦化、煤气、电镀、金属清洗、有机玻璃、丙烯腈合成、煤油工业及黄金工业等

[1] 李咏梅，周琪. 工业园区污水治理的现状与发展方向[J]. 给水排水，2016（3）：1-3.

续表

主要污染物	来　源
铅及其化合物	冶炼、化工、农药、汽油防爆、含铅油漆、搪瓷工业等
油	煤油、机械、食品加工、油田、天然气加工工业等
硫化物	化工、皮革、煤气、焦化、染色、黏胶纤维、煤油、油田、天然气加工等
游离氯	造纸、织物漂白、化工等
有机磷、有机氯	农药、化工等
多氯联苯	原子能工业、放射同位素实验室、医院、武器生产等

2. 设计要点

园区污水处理厂建设主要会遇到几方面问题：其一，园区企业入驻的进度和污水处理厂建设的进度不一致，污水处理厂建设积极性受影响；其二，工业污水的成分和规模难敲定，这些都带来了企业投资的风险；其三，预处理和集中处理之间难以统一协调，也会增加污水处理的难度。基于财政部 PPP 综合信息平台园区污水处理项目的分析，此类 PPP 项目设计时需要考虑以下因素。

（1）区分工业废水处理与园区污水处理边界。国家政策要求新建的产业项目由企业上预处理设施，或者委托第三方进行治理，达到行业排放标准/污水处理厂进水水质标准后，按照规定接入城市污水处理厂，最终达到一级 A 排放标准。

因此，实际上前端工业企业产生的废水需要自行处理或委托第三方治理，这部分的责任由工业企业自行承担，费用也由工业企业支付；而园区集中式的污水处理（自建设施）或接入城镇生活污水处理厂，则具有公共服务的属性，工业企业通过缴纳排污费（或环保税，自建设施处理达标后进入水体）或者污水处理费（接入排污管网/污水处理厂）等方式承担部分费用，大部分费用则由政府公共财政承担。但值得注意的是，若园区企业通过自处理后，可进行中水回用，达到零排放，则企业无须缴纳污水处理费，若污水处理费与自来水费一同收取，则应从中相应扣除。

PPP 应该是公共环境领域或市政领域，比如工业园区公共部分（工业企业预处理后的污水处理）。当然也有将两部分打包成 PPP 项目的情况，但需要区分工业企业付费的责任及政府付费的部分，不然边界不清晰，可能导致工业企业治污责任转移给政府以及财政支出责任增加的后果。

（2）进水量与产业招商、项目落地有极大相关性。在实操中，政府在规划阶段缺乏对工业废水收集的系统考虑、设计疏忽或资金不足等原因会导致配套管网建设不足、滞后。

E20 研究院曾对西北某园区污水处理 PPP 项目进行调研，发现处理量不足风险较高。如果落地项目少或者园区企业经营不景气，进水量难以维持较高水平，将影响收益。该 PPP 合同约定运营期前 3 年有保底水量，但第四年起存在处理量不确定性因素及双方再谈判风险。与园区经济、产业发展相对应，园区财力或税收能力又具有不确定性，因此可能导致政府方在款项支付方面的履约能力、履约意愿不高。

此外，园区污水处理进水量主要来自工业企业，而非当地居民生活，因此地方招商引资成效存在较大不确定性，可能发生项目未能按期入驻的情形，且项目即便入驻也可能因为市场需求变化、产能提升困难等原因出现经营状况不稳定的情况，这些都将导致水量不足的风险。例如，某园区在设定时以生物制药为主，后期因为招商需要，改为多元化招商，后期入驻企业类型分散，而在前期园区的污水处理设施设计中，按最初的商业业态设计，导致污水处理设施与后期需求不匹配，处理设施不能有效发挥作用。

（3）**进水水质难以控制，高度依赖环保督查力度。**排污企业一般自行管理厂区预处理设施，实践中存在偷排、漏排等违规现象。大规模成分复杂的工业废水进入园区污水处理厂，将对处理系统产生较大冲击和损害。由于园区污水处理 PPP 项目的项目公司没有监管权，无法对上游排污企业的预处理端进行管理，且目前很多工业企业尚难以做到排放废水的全面在线联网监控，因而整体上很难对排污企业排放工业废水的风险进行适时且有效控制。实践案例说明，进水水质超标导致出水水质超标，并不能保证免除园区污水处理 PPP 项目的项目公司责任。

（4）**中水回用可为园区污水处理拓展经营性收入，降低财政支出责任。**以财政部 PPP 示范项目——内蒙古自治区乌海经济开发区海勃湾工业园 10 000 吨污水处理及中水回用工程项目为例。该项目污水来自于海勃湾工业园区 5 个焦化厂的焦化废水及其他化工厂废水，还包括生活污水。本项目的污水处理规模为 10 000 立方米/日，污水处理系统出水为 420 立方米/小时，其中 357 立方米/小时作为循环水补充水，63 立方米/小时作为熄焦补充水，送回工业园区内焦化厂使用。在财务测算上，中水回用可每年为项目公司带来 107 万元的销售收入，整个合作期合计为 3 205 万元，相应减轻了政府对本项目的财政支出责任。

（5）**付费机制将逐步完善。**《国家发展改革委关于创新和完善促进绿色发展价格机制的意见》（发改价格规〔2018〕943 号）要求建立企业污水排放差别化收费机制。该通知还特别指出"工业园区要率先推行差别化收费政策"。E20 研究院对此解读认为，工业园区存在由于后期招商进驻的企业主营业务多样，多种废水未经有效预处理进入园区污水处理厂，导致不能有效处理的情况。因此，通过差别化收费，配合有效的督查处罚手段，将有效保障污水厂的进水符合标准，以及减少污染物的总量排放，其亦是水环境综合治理需重点关注的点源污染治理之一。此外，同一地区不同企业排放的污水中污染物的浓度不同，执行同样的收费政策，在某种程度上存在着不公平现象。但需注意的是，如何合理设置污染物浓度分档和差价标准需制定配套指引性政策，再由治理企业、排污企业、园区管委会共同商定执行标准，因地制宜。此文件的目的是，促进排污企业进行预处理，减少污染物排放，应避免最终结果仅为污水处理服务费用提高的结果出现。

3．案例分析

（1）项目概况。

项目名称：南宁市上林县象山工业园区污水处理厂工程 PPP 项目。

投资规模：8 045.09 万元。

建设内容：① 厂外管网：新建 DN200～DN800 污水管网共约 17.58 千米（含压力管），两个一体化泵站；② 厂内工程：新建污水处理厂 1 座，包括厂区土建、设备购置及配套和附属设施。

项目内容：处理工业园区的工业废水和生活污水。该项目建设规模按 0.6 万立方米/日设计，处理后的尾水水质指标达到一级 A 标准。

合作期限：21 年（其中建设期 1 年、运营期 2 年）。

项目采用 DBOT 方式实施，即政府和社会资本共同组建项目公司实施项目内容，具体项目交易结构如图 4-10 所示。

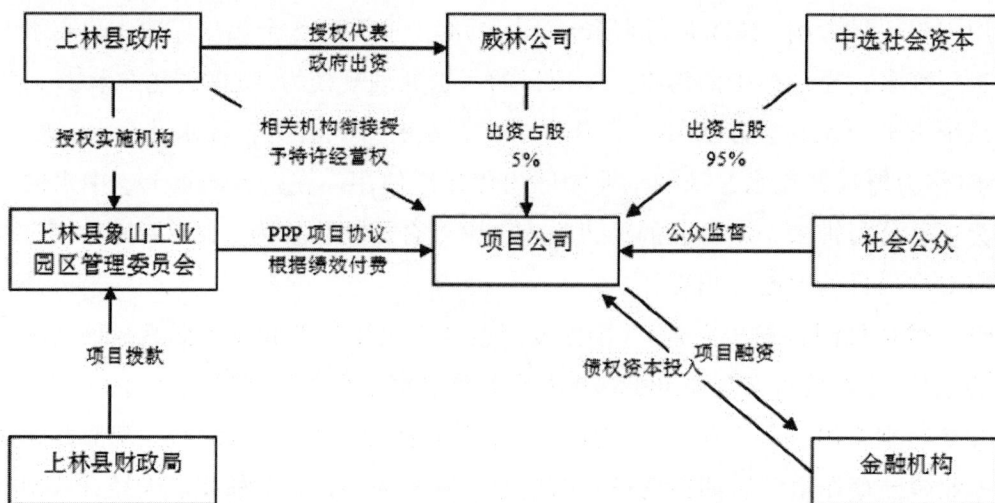

图 4-10　南宁市上林县象山工业园区污水处理厂工程 PPP 项目交易结构

（2）**案例简评。**此类工业污水和生活污水捆绑的园区污水处理 PPP 项目，应特别关注园区产业发展及项目落地的情况，可能对进水量产生很大影响。与此相关的是，保底量设置应合理，过高过低都可能影响双方长期合作伙伴关系。保底量过高，如长期进水量不足，政府财政支出责任较大，按约定付费的意愿可能降低；保底量过低，则社会资本将承担收益不足的风险。

4.1.6　污泥处理处置 PPP

污水处理经过 20 年的纵深发展，已进入行业的成熟期，然而污水处理后的产物，污泥的处理处置多年来未受到有效重视，"重水轻泥"严重。据 E20 研究院《中国污泥处理处置市场分析报告（2017 版）》数据显示，目前污泥的无害化处置率仅在 45%左右，而污泥的年产生量在 4 000 万吨左右，2 000 万吨的污泥处置去向不明，应引起行业深刻反思。

PPP 方面，从我们对于 PPP 的四分类角度，污泥处理环节具有 b 类特征；以资源化为导向的污泥处置环节因为有对第三方的经营性收入来源，则具有 a 类的特点。

1.　行业背景

在生态文明的总体战略之下，以及"水十条"等行动计划的指引下，近两年来我国水环境污染得到极大的改善，城镇污水处理率不断提高。但长期以来，我国"重水轻泥"现象十分严重，污泥问题一直未得到足够重视，进入"十三五"以来，作为城镇污水处理污染物减排的重要环节，污泥的妥善处理受到政策关注，正在由"重水轻泥"向"泥水并重"转变。

具体落地方面，《"十三五"全国城镇污水处理及再生利用设施建设规划》提出的建设目标是到 2020 年年底，地级及以上城市污泥无害化处置率达到 90%，其他城市达到 75%；县城力争达到 60%；重点镇提高 5 个百分点，初步实现建制镇污泥统筹集中处理处置，新增污泥（以含水 80%湿污泥计）无害化处置规模 6 万吨/日，2020 年将达到 9.75 万吨/日。

E20 研究院《中国污泥处理处置市场分析报告（2017 版）》数据显示，截至 2017 年已运营的污泥无害化处置规模在 5.5 万吨/日左右。假设 2020 年城市及县城的湿污泥无害化处置率均可达到 60%（2016 年为 39.5%，2017 年预计在 45%左右），按 300 元/吨的处置价格计算，2020 年污泥的运营市场空间将达到 100 亿元左右。

按照 E20 研究院环境产业九宫格的领域划分，污泥介于"水""固"污染介质之间，其来源于污水厂处理过程中产生的半固态或固态物质（几乎集聚了污水中所有污染物），由于其固体属性，因此一般将其作为固废进行无害化处理。污泥处理处置全过程包括预处理、处理和处置 3 个阶段，处置就是要实现污泥的最终消纳，处置之前为预处理、处理阶段。而污泥处置方式主要为填埋、土地利用、建材利用，污泥焚烧以及其他资源化方式，污泥处置方式往往影响着其处理方式的选择，从而导致了污泥处置决定处理的困局。

（1）污泥处理与污泥处置。污泥的出路决定污泥的处置，污泥的处置决定污泥的处理。而目前污泥处理处置市场的治理思路是先处理，处置方式依据当地多维因素，视情况而定，这就导致了污泥处置出路"成谜"的现象。当前各种污泥处理技术占比如图 4-11 所示。

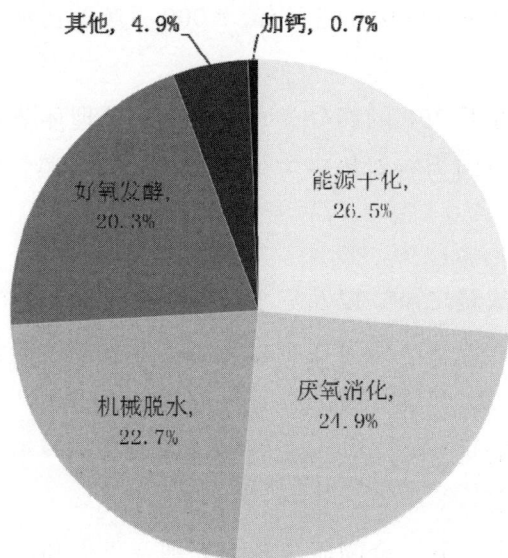

图 4-11　污泥处理技术占比

E20 研究院数据显示，污泥处置方面，采用焚烧方式处置的占比最大，达到了 30%，此外采用沼气利用、土地利用方式处置的项目均超了 20%，填埋占到 10% 左右。反观其产业链，其占比与处理技术占比的行业现象保持一致。

污泥被机械脱水、能源干化后，其处置方式均可以为焚烧或者填埋。两种处置方式与前端的干化脱水占比近似一致。厌氧消化后端可为沼气利用，而好氧发酵后端可为园林覆土、土壤改良等土地利用方式，因此厌氧消化、好氧发酵两种处理方式与其后端处置方式的占比亦近似一致。

（2）**污泥处理处置 PPP 现状**。近年来，污泥处理处置领域开始出现 PPP 模式实施的项目落地。截至 2017 年 11 月，财政部 PPP 综合信息平台中，污泥相关 PPP 项目数量达到 32 个，总投资额达到 104 亿元，项目清单见表 4-6。其中，已处于执行阶段的项目有 14 个，投资额合计达到 43.25 亿元。处于执行阶段、采购阶段和准备阶段的 20 个污泥相关 PPP 项目中，采用 BOT 模式的数量最多，达到 13 个，占比 65%；ROT 和 O&M 模式的其次，数量均为 2 个，占比均为 10%；其他 BOO、TOT 和综合（BOT+TOT）模式各 1 个。

表 4-6　污泥处理处置 PPP 项目清单

序号	项目名称	所处阶段	运作方式	投资额（万元）
1	即墨市污泥处置中心 PPP 项目	执行阶段	BOT	13 973
2	西宁市污泥集中处置工程	执行阶段	BOT	14 991
3	*青岛市小涧西污泥全资源化利用项目	执行阶段	BOT	12 000
4	潮州市第二污水处理厂一期工程及污泥处理中心	执行阶段	BOT	33 785
5	凯里市污水处理厂污泥处置工程	执行阶段	BOT	3 420
6	合肥污泥资源化利用工程	执行阶段	BOO	26 551
7	*长垣县污水、污泥处理设施 PPP 项目	执行阶段	TOT	32 464
8	*河南省洛阳市城市污水处理及污泥处理项目	执行阶段	TOT+BOT	144 000
9	咸宁市污泥处置	执行阶段	BOT	15 100
10	*长治市污泥餐厨（垃圾）处置	执行阶段	BOT	20 000
11	湖北省宜昌市中心城区污泥干化处理工程	执行阶段	BOT	6 836
12	清镇市利用水泥工业新型干法窑处置生活垃圾及污泥工程建设项目	执行阶段	BOT	8 250
13	延庆区污泥处置工程政府和社会资本合作（PPP）项目	执行阶段	O&M	8 654
14	山东省济南市（长清马山）生活垃圾暨污水处理厂污泥焚烧发电项目	执行阶段	BOT	92 506
15	郑州市八岗污泥处理厂 PPP 项目	采购阶段	ROT	31 500
16	河北省秦皇岛市污水污泥处理 PPP 项目	采购阶段	ROT	368 000
17	祝家污泥处置运营项目	准备阶段	O&M	67 500
18	吴川市污泥处理处置中心工程项目（首期）	准备阶段	BOT	3 500
19	西宁市污泥处理工程	准备阶段	BOT	15 000
20	河北省秦皇岛市北戴河新区污泥处理厂项目	准备阶段	BOT	15 727
21	六盘水市六枝特区污水处理厂污泥处理工程	识别阶段	—	1 240
22	阿荣旗那吉镇污泥堆肥处理处置工程	识别阶段	—	3 200
23	库尔勒老城区污泥处理处置工程	识别阶段	—	6 075
24	吉安市中心城区污泥粪便无害化处理厂建设工程	识别阶段	—	5 585

续表

序号	项目名称	所处阶段	运作方式	投资额（万元）
25	本溪市污泥无害化处置中心	识别阶段	—	8 300
26	（葫芦岛）污泥处理项目	识别阶段	—	7 500
27	绵阳市污水处理厂污泥处置项目	识别阶段	—	5 200
28	广元市城镇生活污泥及有机废弃物资源化综合利用项目	识别阶段	—	13 400
29	萍乡市生活垃圾、污泥干化焚烧发电项目	识别阶段	—	42 000
30	宁安市污水处理厂污泥处理项目	识别阶段	—	1 800
31	都匀市污泥干化中心	识别阶段	—	4 000
32	德令哈市污水处理厂污泥无害化处置和资源化利用项目	识别阶段	—	8 000

注 1. 本项目清单统计截至 2017 年 11 月 1 日。

2. 表中"*"为财政部 PPP 示范项目，共 4 个。

3. 因项目库动态管理，部分项目可能已"退库"。

2. 设计要点

（1）**污泥处理 PPP 未来突破或再资源化**。污泥处理市场化受到业内专家的关注。上海城市建设设计研究总院总工、行业知名专家唐建国曾对污泥处理提出处理好规模与能力的关系、处理好污泥与处理产物的关系、处理好单元技术与工艺全流程的关系、正确理解稳定化处理、正确理解重金属含量、创新处理产物出路等 6 点看法。"创新处理产物出路"方面，他指出产物土地利用是污泥产物资源化利用最大的载体，没有合适的利用方式，土地利用在我国就是空话。

当前污泥的处理处置从严格意义上讲，仍处于无害化处理阶段，大部分污泥的处置出路去向不明，产业链条尚未形成封闭的回路。对于污泥处理处置，薛涛倡导做成高阶项目（见附录 4-2），同时达到减量化、安全稳定化、资源化要求，或者至少在安全稳定的前提下达到减量效果非常彻底的技术路线。

以资源化为导向的污泥处理处置大致分为污泥的堆肥化处理技术、污泥的建材化技术、污泥的厌氧消化（制沼气）技术等多种路线，但具体的市场运用还在探索中。此外，污泥掺烧也是目前市场上的一种较为常见的处置方式，从某种程度上而言，它有悖于资源化导向，其方式忽视了磷的回收。

（2）**环境风险较高**。一方面，污泥如果未得到妥善处理处置，甚至未经处理而丢弃，需要跟踪实际处理处置情况，严格约定此类情形的处罚措施；另一方面，处理处置过程中可能导致再污染问题，对厂区周边环境造成伤害，需要在相关文件中落实环境风险分担。

（3）付费上亟待价费机制完善。关于付费机制，污泥处理处置基本均为政府付费。《中华人民共和国水污染防治法（2017 修正）》明确，"收取的污水处理费用应当用于城镇污水集中处理设施的建设运行和污泥处理处置，不得挪作他用""城镇污水集中处理设施的运营单位或者污泥处理处置单位应当安全处理处置污泥，保证处理处置后的污泥符合国家标准，并对污泥的去向等进行记录。"这些规定为污泥处理处置行业发展提供了政策支持。但现实中存在"重水轻泥"，不好监管、转移丢弃等问题，部分原因在于政府和污水处理企业推诿，水价中未包含污泥处置费用。

而与资源化相对应，则需要在引入社会资本时，将资源化部分纳入报价竞争的范畴，付费机制上设计为可行性缺口补助，降低政府财政支出责任。但在商业模式上需注意的是资源化后的需求风险，b 类的污泥处理处置项目，若考虑垃圾后端资源化的消纳问题，则将出现 a 类项目中的需求风险，与后文中提到的餐厨垃圾处理后端处置风险类似。

（4）协同处置需正视不同部门协调的问题。在前述污泥处理相关项目清单中，不少项目为污泥处理与其他项目协同处置方式运作，比如涉及污泥处理的 4 个财政部 PPP 示范项目均为此种情况。其中，青岛市小涧西污泥全资源化利用项目为生活垃圾处理和污泥处理协同；长垣县污水、污泥处理设施 PPP 项目，河南省洛阳市城市污水处理及污泥处理项目均为污水和污泥捆绑；长治市污泥餐厨（垃圾）处置则是污泥和餐厨垃圾协同处置。

由于我国污泥处理处置仍然面临着诸多挑战（如付费机制、技术路线上存在问题），因此这种协同处置的现象普遍存在。分析这些项目案例发现，污泥协同处置在技术工艺衔接、资源高效利用等方面存在一些好处，如协同燃烧污泥可减少污泥恶臭气体（硫化氢、氨气等）的产生，降低处理成本，使处理效率得以提升。**但同时需要强调的是，由于不同类型项目归属于不同政府管理部门，项目实施过程中将面临协调难的问题。**以污泥土地利用为例，住建、环保、农业和林业等相关部门缺乏良好的协调机制，且相关污泥土地利用标准及法规的协调和执行处于缺位状态。

3. 案例分析

污泥处理 PPP 项目较少，以财政部 PPP 示范项目——北京市延庆区水务局延庆区污泥处置工程 PPP 项目说明此类项目的主要特点和未来发展方向。

（1）项目概况。本项目位于延庆区旧县镇西南、常家营村东南（北京东祥环境科技有限公司院内）。根据初设概算批复，工程总占地面积约 3.25 公顷，工程处理规模为 130 吨/日，新建主要建构筑物包括：发酵车间、污水处理间、辅料堆料场、生物除臭滤池、雨水收集池、消防水池、综合管理用房及门卫房等配套设施，总建筑面积为 11 305 平方米。

本项目采用好氧堆肥工艺，拟通过 PPP 模式引入专业的污泥处置运营机构，保证污泥处置厂的正常运营，并提高运营效率。本项目由社会资本按要求在延庆区全资设立项目公司，北京市延庆区水务局与中标社会资本签订委托运营协议。项目公司负责本项目的运营、维护和管理工作，由实施机构对项目建设及运营进行全过程监管。特许经营期满后，项目公司将项目资产无偿移交给实施机构。

运作方式为委托运营。回报机制为可行性缺口补助，即项目公司通过营养土销售收入和政府支付的污泥处置补贴费用弥补其运营成本，并获得合理回报。

项目委托运营期限 8 年（可续签），自合同生效之日起连续计算。

本项目中标社会资本为北京首创股份有限公司。中标价是污泥处置补贴 268 元/吨；保底污泥量为 40 吨/日。

（2）案例简评。本项目为好氧堆肥工艺，回报来源为营养土销售收入和政府支付的污泥处置补贴费用。后端资源化利用（营养土）市场需求风险是最主要风险。此类项目中需要对此类风险进行清晰界定，建立对社会资本的激励机制，避免政府承担过多财政支出责任。

4.1.7 水环境综合治理 PPP

1. 行业背景

"水十条"的总体要求提出，以改善水环境质量为核心，按照"节水优先、空间均衡、系统治理、两手发力"原则，贯彻"安全、清洁、健康"方针，强化源头控制，水陆统筹、河海兼顾，对江河湖海实施分流域、分区域、分阶段科学治理，系统推进水污染防治、水生态保护和水资源管理。"水十条"的工作目标中提到："到 2030 年，力争全国水环境质量总体改善，水生态系统功能初步恢复；到 21 世纪中叶，生态环境质量全面改善，生态系统实现良性循环。"可见，水环境综合治理在国家实施"水十条"中占据非常重要的地位。

在"水十条"、《城市黑臭水体整治工作指南》等一系列需求政策下，水环境综合治理市场加速释放。2016 年，《关于全面推行河长制的意见》发布，更加促进了流域治理市场的快速落地。《"十三五"全国城镇污水处理及再生利用设施建设规划》提出，到 2020 年年底，地级及以上城市建成区黑臭水体均控制在 10% 以内。直辖市、省会城市、计划单列市建成区要于 2017 年年底前基本消除黑臭水体。随着 2020 年地级市黑臭水体市场的指标压力与县级市场的逐渐打开，以及区域联防联控理念在政府各层级之中的植入，水环境综合治理市场将向下级区域逐步蔓延。

（1）水环境综合治理 PPP 发展现状。水环境综合治理 PPP 市场巨大。据 E20 研究院测算，在《水污染防治行动计划》等政策压力下，"十三五"期间，水环境综合治理市场空间有望达到 4.6 万亿元。其中，"后十三五"期间，水环境综合治理可释放的潜在市场空间在 1 万亿元左右。加上目前已治理的黑臭水体中，部分为阶段性的临时治理，后期治理总规模将在 1.5 万亿元。但由于水环境综合治理项目所需资金较大，且目前受资管新规等文件制约，再加上前期已开展了 3 年的水体治理行动，行业发展较"十三五"前期相比，有所放缓。

（2）水环境综合治理 PPP 分类。我们对目前水环境综合治理 PPP 项目进行分析发现，此类项目实际有水环境治理、河道治理、水环境修复等各种名称，但从类型上可以概括为 3 类（绩效压力向下递减）。

第一类是黑臭水体为核心，主要基于"水十条"的要求，纳入住建部和生态环境部监管，在全国城市黑臭水体整治信息发布平台上的项目实施的 PPP，其建设运营的重点在于黑臭水体、绩效上有水质的严格考核，如贵阳市南明河水环境综合整治二期项目。

第二类是以河道修复为核心，主要基于城市水系改造和生态修复实施的 PPP，也包括海绵城市类，其建设运营的重点在于水系及生态修复、绩效可以通过水质或水量及其他生态指标加以考核，如内蒙古赤峰市中心城区防洪及环城水系治理工程等。

第三类是虽名为水环境综合治理，实为生态景观为主的偏园林类，建设运营的重点在于园林绿化、绩效上约束相对较弱。如吉林市温德河湿地水生态综合治理项目（其建设内容为河道门户景观及温德游园区景观、滨水运动区景观、中央休闲区景观及艺术生态湿地区景观等，景观为主）。

总的来说，水环境综合治理项目属于 c 类 PFI 类型，通常无法按照 a 类和 b 类以量计价进行核算，绩效考核方面规范性也不如 a 类和 b 类，更容易出现"重建设轻运营"等问题，因此成为 PPP 规范的重点领域。从绩效导向的角度来说，水环境治理应当推进绩效压力大的项目，才能做到物有所值。从财政支出责任的角度来看，水环境综合治理项目，投资体量大、无运营性收入来源，通常主要依赖政府付费或者可行性缺口补助，受财政承受能力论证的影响最大。值得注意的是，E20 研究院数据显示，在黑臭水体为主的水环境综合治理领域，EPC 仍为主要的治理模式，占比达到 76.4%，而 PPP 占比仅为 23.6%，且落地率较低，仅为 15% 左右（见图 4-12）。从区域分布来看，东部沿海发达地区 EPC 占比较高，而中部经济欠发达地区采用 PPP 模式的更多。E20 研究院分析，25 种现象原因在于东部经济发达地区地方政府融资压力较小，中部经济欠发达地区地方政府融资压力较大，且进入 PPP 库后，将受到强监管。

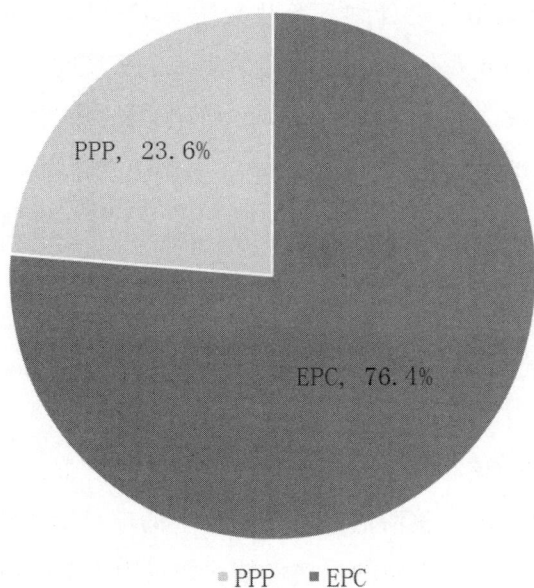

图 4-12 黑臭水体为主的水环境综合治理商业模式占比（2017）

2. 设计要点

（1）主要风险。如果涉及黑臭水体，则水环境综合治理项目的主要风险在于水质绩效达成风险。特别是在环保督察趋严的情况下，社会资本是否真正具备相关的技术能力、运营经验，能否保证水质绩效持续稳定，将是一大挑战。

此外，由于水环境综合治理项目投资规模较大，但一般难以形成经营性资产，无法产生经营性的现金流，因此融资难度较大，融资风险较高。水环境综合治理 PPP 项目中，上游污染治理风险、政府违约风险等也是需要特别注意的风险。

（2）水环境 PPP 绩效类型及其利弊分析。我们对财政部库里的部分 PPP 水务类示范项目进行研究，发现水环境综合治理 PPP 绩效考核可以概括为 3 种类型。这些类型各有其特点，在当前运营为核心、绩效为导向的规范发展时期，体现出绩效优化的特征。

1）断面考核、整体付费。断面考核是指以环境最终绩效为导向的系统性考核，是对绩效不同维度（如水质、水量、防洪等）的综合性评估，而非各子项单一工程绩效的简单评价。

以华南某流域治理 PPP 为例，其 PPP 绩效考核指标体系见表 4-7。该项目建设内容包括河道整治工程、河道截污工程、河道生态工程、沿岸景观工程、污水厂建设工程、海绵城市示范工程和信息监控工程等 7 项。该项目采用"全线多断面考核、按效付费"，形成城市内河综合治理绩效考核上的水质、水量、防洪三大考核指标体系。其中，干流及支流共设 4 个监控断面、4 个监控点，用于考核河道治理效果；对污水厂处理效果、配套设施设备运营维护状况、植物抚育养护和日常保洁管理等设置考核标准和权重，形成了 103 项子指标。

表 4-7　华南某流域治理 PPP 绩效考核指标体系

类　别	项　目	子　项	备　注
设施运营维护状况	上、下游污水处理厂	COD_{Cr}	入境断面（监测点 1、2）COD_{Cr}、BOD_5、TN、TP、NH_3-N 超过《污水排入城镇下水道水质标准》（CJ-343-2010）B 等级标准，且超标水量超过上游污水处理厂事故水池容量时适用免责条款，超标时段相关水质指标不扣减考核评分
		BOD_5	
		TN	
		TP	
		NH_3-N	
		SS	
		pH 值	
		粪大肠菌群数	
	配套设施设备	截污管道	完好率评判标准根据实际设施设备清单另行制定。每季度抽检一次，记录设备设施堵塞、故障、破损情况，并限期整改。运行情况包括设备、设施的运行状况和实际运行时间
		雨水滞蓄设施	
		提升泵站	
		监测系统	
		曝气设施	
		照明设施	
		堤岸护坡	
		河道闸坝	
		游憩设施	
	植物抚育养护	水生植被	根据苗木清单，每季度按照《城市绿化养护规范及验收要求》（广西壮族自治区地方标准 DB45-T449—2007）进行检查，记录存在的问题并限期整改
		陆生植被	
		修剪收割	
	日常保洁管理	河道卫生	评分标准另行制定，每周抽检 3 处，取季度平均值
		沿岸卫生	

续表

类　　别	项　　目	子　　项	备　　注
监控断面日常监测	监控断面 1、2、3、4	COD_{Cr}	入境断面（监测点 1、2）COD_{Cr}、BOD_5、TN、TP、NH_3-N 超过《污水排入城镇下水道水质标准》（CJ-343—2010）B 等级标准，且超标水量超过上游污水处理厂事故水池容量时适用免责条款，超标时段相关水质指标不扣减考核评分
		BOD_5	
		TN	
		TP	
		NH_3-N	
		DO	
		SS	
		SD	
		流量	

2）分项考核、分项付费。分项考核，这里是指对水环境治理项目各子工程（项目）进行逐项考核，根据各子项的类型，适用于不同的绩效考核标准，并分别对应其付费机制。

以西南某水环境综合整治二期 PPP 项目为例。在该项目中，污水处理部分：对主要污染物削减量、出水水质等进行绩效考核，其中出水水质为一级 A。污泥处理部分：泥饼含水率应小于 60%，处理后的污泥国家相关标准。河道治理及管网工程部分：对水体维护、水面保洁、河岸绿化保洁、沿岸截污沟及河道设施维护质量进行考评，政府有关部门采取定期（每月 25 日）和随机检查（以季度为考核周期，每季度安排 3 次），制作绩效考核评分表，以满分 100 分为基数，并将绩效考核总分（当期所有考核得分的算术平均值）作为当期河道运营服务费支付比例的确认依据。

3）综合考核、综合付费。综合考核，是指对水环境治理项目各子工程（项目）进行逐项打分（扣分），最终汇总得出一个综合考核得分，并以该得分作为项目的整体付费依据。

以华东某水环境综合整治工程河道治理 PPP 项目为例其 PPP 绩效考核指标体系见表 4-8。该项目建设内容包括 6 条河流综合治理和大学城污水处理厂尾水人工湿地深度净化及资源综合利用工程。项目运营维护工作包括污水管道日常养护、污水泵送、截污涵闸、水面保洁、水体绿化养护（水生植物）、水体绿化养护（浮岛绿化）、河道清淤、绿化养护（仅限于青龙河、陷泥河上盖公园）、潜流湿地（仅限于大学城湿地）、表流湿地（仅限于大学城湿地）等。该项目采取例行考核、随机抽查和公众调查相结合方式进行：例行考核每月 1 次，考核水质监测指标、水体感官指标、污水主管道充满度、积泥量和河道垃圾量；随机抽查由河道管理部门和排水管理部门结合日常管理工作负责，主要检查垃圾、水草、漂浮物、截污涵闸、井盖及污水溢流口管理等，实行倒扣分制度；公众问卷调查由业主或河道管理部门负责，每年进行一次，邀请环保志愿者和本地媒体共同参加，每条河流发放 20 份问卷调查表，实行倒扣分制度。

表 4-8　华东某水环境综合整治工程河道治理 PPP 项目绩效考核指标体系

水质监测指标 （30分）	监测 COD_{Mn}、NH_3-N、TP、SS 等 4 项因子，采取单因子评价法，取得分最低的因子为最终得分，高于 30 分的计 30 分，计算公式为：A=30×（B/C） A：得分 B：标准限值：COD_{Mn}≤50 毫克/升、NH_3-N≤5 毫克/升、TP≤50.5 毫克/升、SS≤10 毫克/升 C：实测浓度
水体感官指标 （15分）	透明度≥60 厘米得 7 分，每降低 10 厘米扣 1 分
	无色或浅绿、浅褐色 5 分，浅灰色 3 分，深绿、深褐色 2 分，深灰色 1 分，黑色或乳白色不得分
	无嗅味 3 分，偶有较轻异味 2 分，经常较轻异味 1 分，持续异味 0 分
污水主管网充满度 （15分）	（1）充满度≤80% 得 10 分，每增加 2% 扣 1 分，最低 0 分。 （2）积泥量≤20 厘米得 5 分，每增加 5 厘米扣 1 分，最低得 0 分
管理制度 （10分）	（1）顺畅的网络通信体系，信息畅通（0.5 分）；发现信息传达不畅通扣 0.5 分。 （2）实行河道每日巡查制（0.5 分）；发现未按照规定进行巡查的扣 0.5 分。 （3）确保水质维护设备正常运行，设备损坏停运应及时上报并维修（1 分）。 （4）按巡查和水质维护、监测内容记录台账，并按时上报各类报表、台账（1 分）；没有及时记录、上报或台账记录不全的扣 1 分。 （5）做好水质应急管理工作（3 分）；遇水质突发性恶化情况，需要及时做出响应。1 天未响应扣 1 分，2 天未响应扣 2 分，3 天未响应应急响应制度本项不得分。 （6）做好防汛应急工作（1 分）；应服从统一指挥，发生未服从统一指挥现象的扣 1 分。 （7）主动做好各类创建活动期间水质保障（1 分）；重大活动创建和检查期间未响应措施保障、水质未达标的扣 1 分。 （8）水质自行监测制度（2 分）；至少每 15 天自行组织监测水质一次，并根据水质情况及时进行处理，如遇特殊情况适当增加，及时记录台账并每月上报，未按要求进行监测的发现一次扣 0.5 分，没有及时进行处理的本项不得分。没有及时记录、上报的扣 1 分，发现一次报表或台账记录不全其中一项的一次扣 1 分
河道管理 （10分）	（1）两岸壁、观水平台及河底部坡度顺畅、平整，无缺损、塌陷，流水沟无沉陷，闸坝处平齐、光滑；（4 分） （2）两岸壁缝隙上无杂草，河底无高杆植物和垃圾，淤积物不成堆；（3 分） （3）护栏、警示标志等警示设施保持完好；（3 分）
绿化养护 （10分）	达到园林绿化养护等级标准二级标准得 10 分，达到三级标准得 6 分，达不到三级标准的不得分

续表

水生植物退化率（10分）	保持水生植物数量、质量，每退化 10 个百分点扣 1 分。 保持生态浮岛完好且美观，冬季及时收割、保温，载体破损未及时修复的，发现一次扣 1 分；植物缺失后未及时补植的，发现一次扣 1 分；冬季植物未及时修剪的，发现一次扣 1 分。 潜流湿地出现堵塞、断流等现象，发现一次扣 1 分
随机抽查	发现设备无故停运的一次扣 1 分，发现截污涵闸关闭不及时造成污水直排的，每发现一次扣 1 分，发现污水溢流口未及时处理造成污水溢流的（1 小时内降雨量超过 10 毫米的除外），每发现一次扣 0.5 分，每发现一处井盖缺失或破损扣 0.5 分，最高扣 10 分
	每 50 米内零星垃圾不超过 3 处，每超一处扣 0.2 分；每 50 米内发现成片垃圾超过 0.2 平方米，每处扣 0.5 分；河道内发现有动物尸体、家具等较大物品，一处扣 2 分；垃圾、杂物打捞上岸不及时或未送到指定垃圾中转站，扣 1 分，最高扣 10 分
	投诉至业务主管部门及 12345 市民热线的，经查实确属运维方责任的，每次扣 1 分，最高扣 10 分
	严禁采用可能对河道造成二次污染和生态破坏的技术手段和制剂（包括无机类和有机类絮凝剂、氧化剂、化学除磷剂、重金属盐类及存在生态安全隐患的各类微生物和动植物等），一经发现扣 50 分

4）三种绩效考核的利弊。从整个系统的环保绩效达成角度，断面考核的约束性最强，理论上会倒逼社会资本统筹本项目各项建设运营内容，确保运营维护质量达到 PPP 约定的绩效标准。当然，这类项目所覆盖的内容应该是系统的，或者说影响断面考核的前后端环节均应捆绑打包在一个项目中，否则很难形成规模集成的效果。在各地治理黑臭水体重任在身的情况下，断面考核是较为合理的类型。

分项考核中，有行业标准且运维质量易于评估的部分（如污水处理、污泥处理等）考核较为清晰；但采取打分制的部分（如水体维护、水面保洁、河岸绿化保洁、沿岸截污沟及河道设施维护等）具有较强的主观性，如果运维考核标准不具体、不易实施，将导致社会资本方和政府方难以达成共识。例如，个别地方此类项目把诸如道路、景观等相关性较弱的内容也捆绑打包，项目规模较大、建设内容庞杂，可能导致社会资本不得不组成松散的联合体进行投标，且整体绩效考核难度加大、付费机制复杂化。同时，各分项绩效考核指标合格，并不能保证水环境综合治理的整体绩效一定能够符合政府及公众要求。在部分带有黑臭水体的水环境综合治理项目中，就出现即便包括污水处理厂出水水质达标、河道清淤工程运维绩效打分合格，河道整体黑臭状况并未彻底改观的情形。个别冠有"海绵城市"字样的 PPP 项目，各分项工程运维绩效打分标准均有，但独缺海绵城市本应具有的年径流总量控制率等量化指标。

在没有强制性绩效约束内容（如断面考核、污水处理、污泥处理等）的情况下，综合考核看似综合、系统，实则操作起来主观性强，难以实施。从另一个角度来看，综合考核下的绩效标准较为笼统、模糊，因此在选择社会资本方的条件设置上很难体现专业运营的要求，最终参与的社会资本类型众多，有较强资金实力、施工能力但未必有很强运营能力的建筑型企业中标概率可能会更高。从多个类似项目的实施方案、招标文件可以看出，此类综合考核不少是建立在类似操作说明书的"绩效评分表"基础上。操作说明书式的考核，并不利于社会资本提升效率，能否达到最终绩效也存疑。不仅水环境治理领域，部分市政环卫 PPP 绩效考核有"人员不得少于××名""道路洒水不得低于××次/日""每日清运次数不得少于××次"类似的规定，否则影响考核得分及最终付费，并没有考虑机械化程度提高、持续雨天无须洒水等实际情况。

而从强化运营和绩效的角度，环保 PPP 项目的绩效优化方向应突出运营本身具有一定难度且运营需要具有长期性，最重要的是运营的效果（绩效）应和付费挂钩。从绩效考核实施的角度而言，可量化、易操作也应该成为绩效优化的重要原则。

（3）水环境综合治理 PPP 项目发展趋势研判。在 92 号文以来的 PPP 规范发展过程中，水环境综合治理 PPP 项目实际上受到的影响最为突出。另外，水环境综合治理 PPP 项目是最近几年水务公司快速发展的助力器。其未来发展趋势对众多水务公司制定和优化发展战略至关重要。从 PPP 相关政策的优化方向及类似 PPP 项目的实操来看，水环境综合治理 PPP 项目有以下几个趋势值得关注，在项目设计中应当予以考虑。

1）项目内容面临瘦身。PPP 新政策之下，运营性、经营性强的领域如固废处理、污水处理，受到的影响很有限，安全系数较高。而在黑臭水体等水环境治理领域，一方面因为"水十条"要求的治理压力和时限在，这类项目数量上不会少；另一方面，由于财政承受能力上要严守"10%"红线和建设成本要和绩效捆绑至少 30%等因素，此类项目的建设内容面临瘦身，比如和水环境治理关联度低的河道护坡、河滨小公园、周边道路等不会再包进去，大体量园林景观、生态湿地等内容应该也会有所减少。

从这个角度而言，水环境综合治理 PPP 项目将回归本真，更加聚焦水治理的核心，不为其他强建设、弱运营的工程所干扰。

2）运营性捆绑项目增多。财办金〔2017〕92 号努力推动 PPP 项目由重建设向重运营转变，建立绩效付费机制，具体有"四个防止"：防止政府对项目各项支出承担无条件的支付义务，使 PPP 异化为拉长版 BT；防止当前部分项目通过所谓"工程可用性付费"方式，以"项目竣工即应支付"的名义，提前锁定政府对建设成本的无条件支付义务，弱化项目运营绩效考核的约束力；防止为多上项目将财政支出责任过度后移，加剧以后年度财政支出压力、导致代际失衡；防止将财政支出责任集中前移，使社会资本快速回收大部分投资从而可以实现早期退出。

有关文件还特别提出"审慎开展政府付费类项目"，这对 c 类（PFI）水环境综合治理项目而言，今后入库的难度将明显提高。为确保黑臭水体、流域治理的任务能够完成，具体操作又合规合法，预计今后水环境综合治理项目更多的类型将是 b+c（政府购买服务型特许经营+PFI）的复合型项目，即在原来 PFI 的基础上尽可能将污水处理厂等具有运营性的内容捆绑打包到项目中，以体现运营绩效的属性及依效付费（以量计价+依质考核）。

3）绩效考核得到强化。 项目综合性越强，政府虽在前期 PPP 流程及招采社会资本方面比逐个运作省时、省力，但后期建设运营监管的工作量、实操难度将加大。这意味着地方政府监管标准也将是综合性的、系统性的，对实施机构的监管能力有更高的要求。具体的绩效考核方式需要根据项目情况予以合理设定。前面已将水环境绩效考核分为断面考核、分项考核和综合考核 3 种类型。随着外部督查的加强，水环境项目的推出方式会有变化，特别是对断面指标会有更强的绩效约定。

4）项目融资的难度可能加大。 从纯政府付费为主的 PFI 项目，到可行性缺口补助的 b+c（政府购买服务型特许经营+PFI）复合型项目，以及突出绩效付费和建设成本与绩效捆绑的比例不得低于 30%，这是 PPP 规范发展的进步。但从 PPP 可融资性的角度而言，金融机构对于此类项目的审核将趋严，放贷额度可能收紧。此外，加上《关于规范金融机构资产管理业务的指导意见》规范资管业务，也压缩 PPP 项目的融资通道。

水环境综合治理 PPP 项目如何顺利融资，是迫切需要解决的问题，也是影响项目落地的第一道坎。PPP 业界已逐步意识到，PPP 项目真正落地不是以社会资本签约为标志，而是以金融机构融资落地（签订相关融资协议）且融资实际交割为标志。

5）对社会资本运营能力提出更高要求。 PPP 进入规范发展阶段后，更加强调以运营为核心、以绩效为导向。这对参与水环境综合治理领域 PPP 项目的各类社会资本而言，实际上提出了更高的运营维护能力方面的要求。结合前述水环境综合治理项目更多的类型将是 b+c（政府购买服务型特许经营+PFI）的复合型项目这一趋势，参与的社会资本（或联合体）不能仅有普通的工程建设能力，还需要真正具有污水处理的专业能力。因此，提升技术优势、增强运营能力是应对这一新变化的唯一路径，也是进一步拓展水环境综合治理 PPP 项目市场、降低相关项目建设运营管理风险的必然选择。

具有较强投资能力、领先技术体系和成熟投资、设计、建设、运营和管理团队的综合型企业在水环境治理 PPP 项目上有较明显的优势。而对于业务较为单一的社会资本方，如以景观绿化为主的企业，或者从建筑施工跨界转入环保领域的企业，要形成承接复合型水环境治理 PPP 项目的综合投建运管能力还需时日。积极并购细分领域具有一定建设运营经验、具有技术积累的中小企业，可能是此类企业迅速构建业务多元化格局、更好介入综合性水环境 PPP 项目的可行选择。

3．案例分析

鉴于水环境综合治理项目实际类型多样，但在风险分配、交易结构、绩效付费等具有共性特征，本书以陕西省安康中心城市水环境 PPP 项目为例，说明此类项目实操中需要关注的关键点。

（1）项目概况。该项目包含 14 个子项目，分别为：中心城市江北污水处理厂提级改造及扩能、中心城市江南污水处理厂迁址重建（含中水处理）、中心城市周边污水处理设施、中心城市污泥处理厂建设、中心城市江北净水厂提级扩能、中心城市马坡岭水厂迁址及扩能、中心城市城区配水管网建设及完善、中心城市城区排水管网建设和完善、中心城市城区雨污分流管网建设与完善、中心城市应急水源地建设、中心城市黄石滩水源地改造、为关闭城区所有自备水源需建设和完善的设施、中心城市沿江排污口治理工程、中心城市城区排水（洪）渠综合整治。

项目总投资估算为 29.15 亿元。项目资本金比例为 30%（约 8.745 亿元），由水务集团和中标社会投资人共同筹集（出资比例为 20%∶80%），其中政府方出资约 1.749 亿元，中标社会投资人出资约 6.996 亿元；剩余 70% 的资金由项目公司融资解决。

运作方式上，本项目整体采用 "DBFOT" 模式，含有存量资产的改、扩建子项目采用 "ROT" 模式。

回报机制上，项目公司通过污水处理费收入、污泥处置费收入、供水服务费收入以及政府提供的可行性缺口补贴（准经营性项目）和可用性服务费、养护服务费（非经营性项目）获得项目收益。

本项目最终由信开水环境投资有限公司牵头、中建五局第三建设有限公司和中国市政工程东北设计研究总院有限公司等公司组成的联合体中标。

（2）案例简评。

1）水环境项目趋向"大捆绑"，要求社会资本有很强的综合运营能力。安康中心城区水环境 PPP 项目包括 14 个子项目，覆盖供水、排水/污水处理、管网、污泥处理等多个领域，且子项目之间存在直接关联。显然，逐个子项目设计为 PPP 进行操作的话，流程烦琐、主体众多、考核复杂，如能一次性择优选择专业的社会资本方，则有助于本区域整体水务及水环境业务的统筹监管、绩效考核和依效付费。

2）社会资本业务走向"多元化"，组成联合体参与团队作战。水环境综合治理项目"捆绑"的类型、子项目数量越多，对社会资本的能力要求也就越高。在不少类似 PPP 项目上，多方社会资本方组成联合体投标的情况很常见，因为此类项目并非一两家社会资本方能够承接的综合性很强的项目。我们注意到，个别 PPP 项目，联合体竟然有 5～6 家，包括设计单位、污水处理单位、园林绿化单位、财务投资人等。联合体成员众多，在 PPP 合同前期貌似形成"利益共同体"，但实际实施过程中利益关系复杂、出现难以协调的可能性极大。这种局面，对于实施业务多元化战略的社会资本方而言，具有一定的优势。

3）项目付费机制"复合化"，对社会资本绩效考核的难度加大。子项目性质不同，付费自然不一样。本项目中，项目公司通过污水处理费收入、污泥处置费收入、供水服务费收入，以及政府提供的可行性缺口补贴（准经营性项目）和可用性服务费、养护服务费（非经营性项目）获得项目收益。中标价是：首年供水单价 1.72 元/吨；首年污水处理单价 2.89 元/吨；可用性服务费为 15 399 万元。与此相对应，此类项目绩效考核难度明显加大，每个方面的运营效果都可能影响付费比例及付费金额。

4）地方政府监管标准"综合化"，对政企双方合作是极大考验。项目综合性强，政府虽在前期 PPP 流程及招采社会资本方方面比逐个运作省时、省力，但后期建设运营监管的工作量、实操难度将加大。如本项目涉及供水、污水及污泥等领域，具体有新建、提标改造、迁建等多种性质，并非每个单项绩效考核标准达标就"大功告成"。这意味着地方政府监管标准也将是综合性的、系统性的，对实施机构的监管能力有更高的要求。根据 E20 环境平台对包括财政部 PPP 示范项目在内的项目实施落地情况跟踪发现，PPP 合同对绩效考核、监管机制等多为原则性的约定，缺乏绩效考核管理办法和实施细则。在项目建设期结束、进入运营期前，相关办法和细则未明确，政府和社会资本方之间将难以操作。因此，对于水环境综合治理项目，地方政府和中标社会资本方应对 PPP 绩效考核及依效付费等事项进行细化、综合和具体化，方能可用、好用。

4.2　固废：从末端处置到前端环卫的全流程延伸

固废即固体废物，俗称"垃圾"，在 E20 环境产业九宫格中是根据废物传播的介质定义的"三废"中的一部分，也是环境产业中重要的组成部分。固废产业是固体废物的产生、收集、清运、处理处置的全流程管理过程。

固体废物的来源主要分为工业源、城市源和农业源。其中工业源中产生的固废主要分为工业固废和工业危废；生活源中产生的固废根据现行主流的垃圾分类方式可分为有机垃圾（厨余垃圾、餐厨垃圾、菜场垃圾、园林垃圾等）、有害垃圾（废灯管、油漆桶、含汞电池等）、可回收垃圾（以玻璃、金属、塑料、废纸等为主）、其他垃圾；农业源中产生的固废主要包括农业废弃物（秸秆等）、畜禽废弃物等。

工业源固废处理的服务主体和客体均为企业，属于纯商业领域，不适用 PPP 模式。而生活源固废处理则带有很强的市政公用属性，一般由政府负责直接管理及处理处置，是固废 PPP 模式应用的最主要场景。但值得注意的是，生活源固废的管理分为两个部分（"两网融合"中的两张网），即由城市综合管理部门负责清运、处置的"环卫网"，以及目前主要由拾荒者进行收集回收并已形成完整上下游链条的"回收网"。在实际工作中，"环卫网"负责的固废收集运输处理是城市基本功能的保障，具有较强的公共服务属性，因此适宜使用 PPP（BOT 为主）的模式建设、运营处置设施，如生活垃圾焚烧厂、餐厨垃圾处理厂以及环卫服务等；但"回收网"中的绝大部分经过历史形成纯商业领域，无法采用 PPP 的模式，例如废旧塑料、废弃家电拆解厂等，两网融合推进中的难点也恰在于此。后文中讨论的固废产业的 PPP 应用主要以生活源固废中的"环卫网"为主。

我国固废产业经历了从以填埋为单一末端处置方式的固废 1.0 时代，到衍生出焚烧–填埋二元处置的固废 2.0 时代，而今步入了生态文明新时代引领下的固废 3.0 时代（见图 2-30）。随着我国人口基数的不断增加，人民生活水平随着经济高速发展不断提高，导致城市垃圾的产生量和清运量随之逐年快速上涨；另一方面，生活水平的提高和社会文明的发展使得人民对城市环境卫生的要求也随之趋严，垃圾资源化利用，循环经济，垃圾分类等概念逐渐被人们所认识和接受，固体废物的分类也越发精细，现有的粗放式末端处理设施正趋于饱和。在实际工作中，不同的固体废物各具特点，管理、处理、处置方法也不尽相同，由此发展出了固废产业的各个细分领域。

从以上固废产业细分领域来看，PPP 最早发端于末端——生活垃圾处理的市场化（BOT、特许经营），现在已向前延伸逐步覆盖到前端城乡环卫、垃圾分类等环节的市场化。餐厨垃圾处理、厨余垃圾处理、畜禽养殖废弃物处理处置等在内的多个细分领域已有 PPP 模式的实践，并出现了将多个环节、多个细分领域综合一体化设计运作的静脉产业园 PPP 项目。固废 PPP 所涵盖的细分领域越来越多，这些市场机会的逐步释放，助推着固废产业近年来快速、健康发展。

4.2.1 以焚烧发电为主的生活垃圾处理 PPP

从早期狭义的 BOT /特许经营运作模式，发展到《关于政府参与的污水、垃圾处理项目全面实施 PPP 模式的通知》（财建〔2017〕455 号）文件出台后盛行的 PPP 模式，和污水处理领域一样，垃圾处理领域市场化程度已达到较高水平。不同于污水处理的是，污水处理厂建设期早于特许经营发起，因此存在大量公建公营的比例（垃圾卫生填埋类似），而垃圾焚烧建设期则恰在特许经营模式成熟之时，特许经营比例比前者高。垃圾末端处置的特许经营项目从类型上看属于 b 类 PPP 模式，采用狭义 BOT 模式在需求风险的分配上做出"保底量"的安排。值得注意的是，目前生活垃圾处理的 PPP 项目更多以焚烧发电为主，且市场正逐步下沉到县市，也因此面临一些新问题。

1．行业背景

生活垃圾处理是目前我国固废产业发展得最成熟的领域，也是政策最完善的领域之一。从最初的单一填埋式处理，到焚烧-填埋二元关系的出现，再到近年间火热的多元式循环经济/静脉产业园模式，我国生活垃圾处理领域已建立起相对成熟的商业模式，是各大固废企业重点竞争的主战场。目前，我国生活垃圾处理占比最高的方式仍是卫生填埋。据住建部《2016 年城乡建设统计年鉴》数据显示，2016 年我国城市及县城生活垃圾卫生填埋量约 1.68 亿吨，焚烧量约 0.8 亿吨，分别占总处理量的 66% 和 31%，如图 4-13 所示。

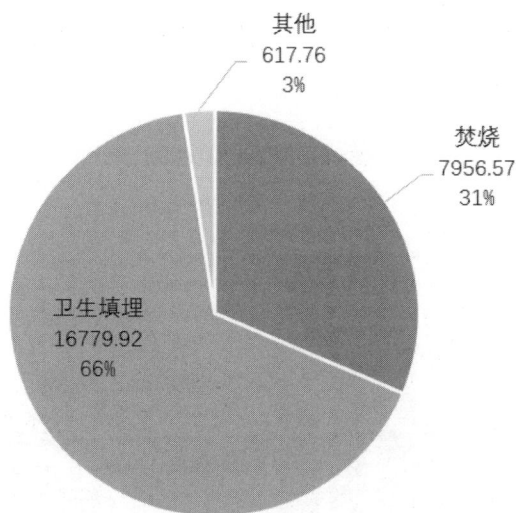

图 4-13　生活垃圾焚烧处理方式分布

资料来源：住建部《2016 年城乡建设统计年鉴》

　　另外，水泥窑协同处置生活垃圾的方式也逐渐在行业内拥有一席之地。2014 年 5 月，国家发改委等 7 部委（局）联合发布《关于促进生产过程协同资源化处理城市及产业废弃物工作的意见》，水泥窑协同处置技术热度攀升。《水泥窑协同处置废物污染防治技术政策》等推进政策不断出台，工信部发布的《建材工业鼓励推广应用的技术和产品目录（2018—2019 年本）》中，还明确将水泥窑协同处置垃圾焚烧飞灰技术、水泥窑协同处置原生态城乡生活垃圾技术作为鼓励推广应用的技术。这些都为水泥窑协同处置生活垃圾、危废等创造了政策条件。2018 年，中部某地级市推进城乡生活垃圾无害化处理全达标工作三年行动实施方案中，明确提出"提高生活垃圾转运和综合处理能力……建设生活垃圾水泥窑协同处置二期工程，日处理能力提高到 800 吨以上"。E20 研究院跟踪的生活垃圾处理 PPP 项目中，有少数项目采用的便是水泥窑协同处理工艺，且中标社会资本方为水泥生产企业。

　　而从增速来看，根据住建部近年发布的城乡建设统计年鉴数据，我国城镇生活垃圾卫生填埋能力由 2011 年的 39.4 万吨/日增长至 2016 年的 51.1 万吨/日，复合增长率仅为 5.3%；而焚烧能力则由 2011 年的 10.1 万吨/日激增至 2016 年的 27.8 万吨/日，复合增长率高达 22.4%，如图 4-14 所示。

　　近年来，在各类政策推动下，垃圾焚烧发展迅猛。《"十三五"全国城镇生活垃圾无害化处理设施建设规划》指出："到 2020 年底，设市城市生活垃圾焚烧处理能力占无害化处理总能力的 50% 以上（见图 4-15），其中东部地区达到 60% 以上。" 这一指标从目前来看，尚有逾半数省份仍有较大发展空间，在未来几年内，垃圾焚烧领域还将继续保持稳定增长态势。

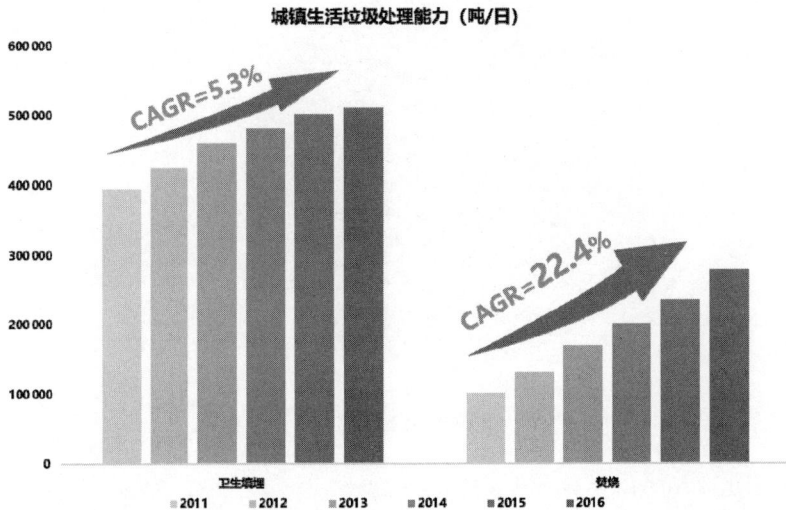

图 4-14　生活垃圾处理能力增长

资料来源：住建部《城乡建设统计年鉴》（2011—2016 年）

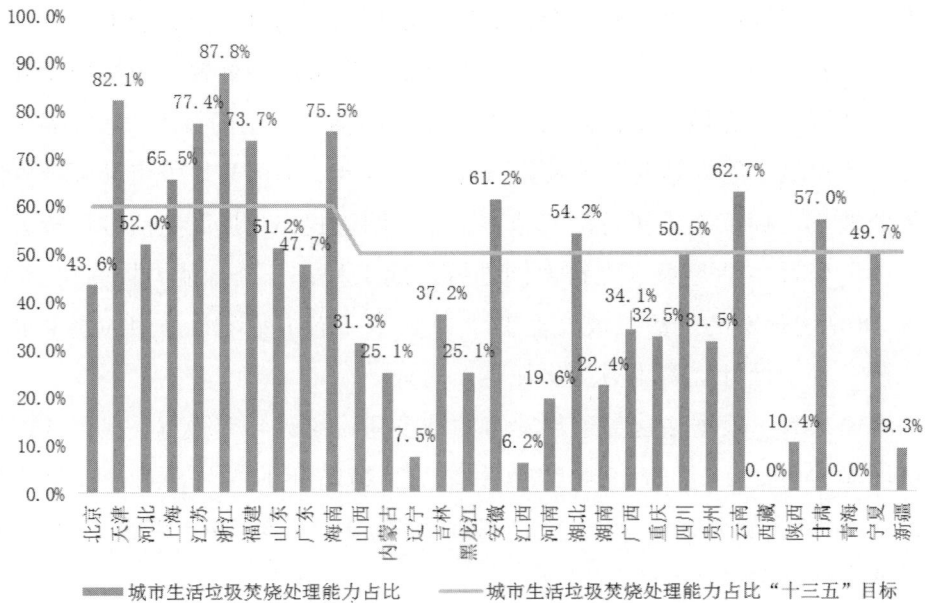

图 4-15　生活垃圾焚烧占比"十三五"规划

资料来源：住建部《2016 年城市建设统计年鉴》、E20 研究院

2. 垃圾处理领域的 PPP 应用

我国固废领域 PPP 应用呈现出几大特点。

第一，从时间轴上来看，填埋在先焚烧在后。在我国出现 PPP 模式前，就有大量生活垃圾填埋场已处于运营状态，绝大部分属于公建公营，直接由政府指定的事业单位进行运营、管理。在 PPP 模式出现后，小部分填埋场转为 PPP 模式交由社会资本（事业单位转制或国有企业为主）运营。而垃圾焚烧领域的大规模释放起始时间恰好在 2005 年左右，正是特许经营的发展阶段，大部分垃圾焚烧厂采用了特许经营的模式进行运营。**而在 2014 年 PPP 模式推广后，国家要求垃圾焚烧的特许经营项目应转为 PPP 模式。但是据观察，由于 PPP 的程序复杂，部分地区的项目依然采用特许经营模式来规避，给未来留下了不确定性因素，值得关注。**

需要注意的是，即便是公建公营的垃圾焚烧项目，基于市场上特许经营的成功实践和融资便利，参考 BOT 所特有的项目边界清晰的商业模式，这些公建公营项目也都约定了清晰的垃圾焚烧处理单价。这样，比较两者的价格差别就有一定的参考价值，前者称为市场化价格，后者称为属地性价格（见图 4-16）。

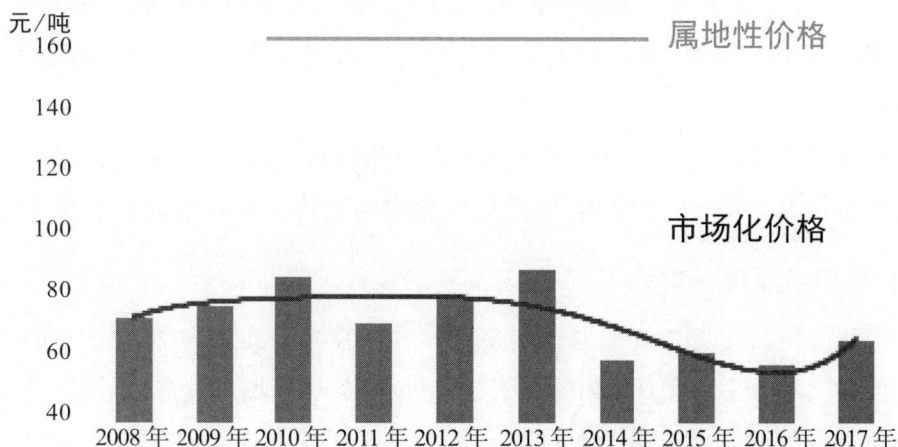

图 4-16　市场化与公建公营垃圾焚烧项目单价对比

通过对近年部分生活垃圾焚烧项目处理费价格进行调查发现，近十年来我国垃圾焚烧平均市场化价格波动幅度较大，平均价格在 65 元/吨左右，最大波动可达 50%。而相比之下属地性价格较稳定，几乎没有波动，长期处于 160 元/吨左右。可以看出，属地性的垃圾焚烧项目单价较高，且几乎没有调价机制，付费方式比较固化。而市场化后的垃圾焚烧项目在定价方面因地制宜，且有灵活的调价机制作为支撑，运营稳定，从侧面说明了垃圾焚烧领域市场化的优势。

第二，从 PPP 模式的应用数量来看，多焚烧少填埋。如上文所述，生活垃圾处理行业主要以卫生填埋和垃圾焚烧为主，BOT 的运作模式在这两个领域都已有大规模应用，非常成熟。根据 E20 研究院《中国城市生活垃圾处理行业分析报告（2017 版）》测算，截至 2016 年年底，全国已运行焚烧垃圾厂处理规模约 28 万吨/日，其中除部分运营较早的项目外，多数均采用 PPP（含特许经营）的模式；2020 年预计达到 51 万吨/日。2017 年到"十三五"末，新增量可高达 23 万吨/日，可以预见的是，新增生活垃圾焚烧项目将主要采用 PPP 模式。若按照行业内平均投资额 50 万元/吨计，至 2020 年垃圾焚烧 PPP 项目的投资需求超 1 000 亿元。

填埋场基本作为生活垃圾处理的兜底选择，近年的增长也已有所放缓。我国部分地区甚至制定了"至 20××年，基本形成原生垃圾零填埋"的规划要求，届时生活垃圾填埋场将仅用于填埋焚烧厂运营过程中产生的飞灰，对新增生活垃圾填埋场的需求将降至冰点。目前一些存量填埋场通过 PPP 的形式转让并衔接焚烧厂 BOT 的新的建设安排，既提高了填埋场作业的管理水平，又形成了焚烧+填埋的末端处置闭环，为焚烧中产生的飞灰提供了妥善处置条件，同时也为其中部分存量填埋场提供了复生或修复的有利条件，这样的焚烧+填埋的 PPP 模式，特别是通过 PPP 转让的存量填埋场衔接新建焚烧厂 BOT 的形式，最大限度地避免了选址困难，并有效缓解了当前土地紧张等问题。

除卫生填埋及焚烧外，其他处理方式还有有机处理，包括餐厨或厨余垃圾的好氧发酵或厌氧消化等，均有采用 PPP 形式进行建设、运营，在后续章节中将详细讲解。

3. 县市项目涌现，市场下沉

近年来我国生活垃圾焚烧领域发展迅猛，并将在未来几年内继续保持上升趋势。新增垃圾焚烧项目将主要采用 PPP 模式，由于垃圾焚烧领域运营属性较强，因此受近期 PPP 政策变动影响较小，垃圾焚烧投资运营领域正处在大规模市场瓜分的下半场。据 E20 研究院跟踪研究发现（见图 4-17），新增垃圾焚烧项目中，县域项目占比明显提高。

这与我国城市发展差异有极大关联。一线、新一线、二线城市经济较发达、城市化进程较快，随着本埠人口的增长及外埠人员的涌入，更早受到了"垃圾围城"的困扰。由于经济较发达，这些城市生活垃圾处理的市场化较早且进程较快。据住建部《2016 年城市建设统计年鉴》数据显示，2016 年我国一线、新一线、二线城市总体水平来看，生活垃圾焚烧占无害化处理比例达到 43%，超过全国水平 12 个百分点，并已接近"十三五"规划目标（见图 4-18）。

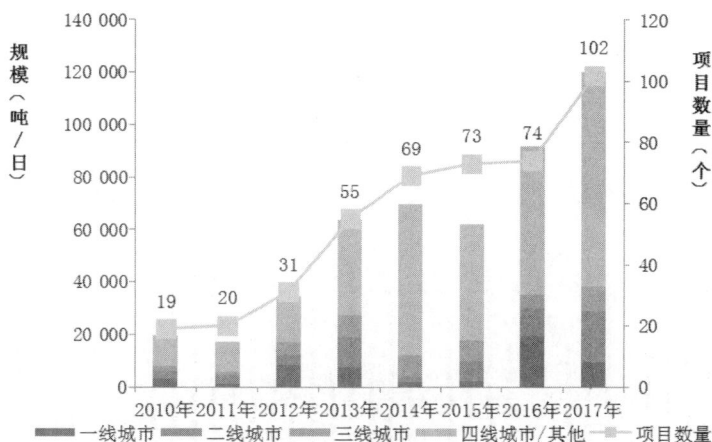

图 4-17　生活垃圾焚烧项目市场下沉

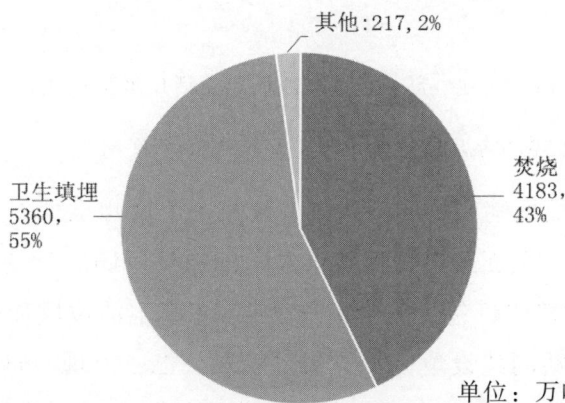

图 4-18　一线、新一线、二线城市生活垃圾处理方式分布

资料来源：住建部《2016 年城市建设统计年鉴》、E20 研究院

　　其中，部分城市已达到或超过到《"十三五"全国城镇生活垃圾无害化处理设施建设规划》中的"2020 年底，设市城市生活垃圾焚烧处理能力占无害化处理总能力的 50%以上，其中东部地区达到 60%以上"规划目标，未来几年新建项目需求将大幅下降，成为生活垃圾焚烧项目下沉至县市的重要诱因之一（见图 4-19）。

　　目前我国大部分省级政府已就生活垃圾焚烧做出短期、中期规划，一般规划目标为每个地级市至少建设 1 座生活垃圾焚烧设施，县市根据实际情况规划建设垃圾焚烧设施。但县市经济、人口等体量普遍不及大中城市，单个县市难以满足生活垃圾焚烧设施的垃圾入场量，同时也大多难以承受独立投资建设生活垃圾焚烧设施的经济负担。因此出现了多地共建垃圾焚烧项目的现象。

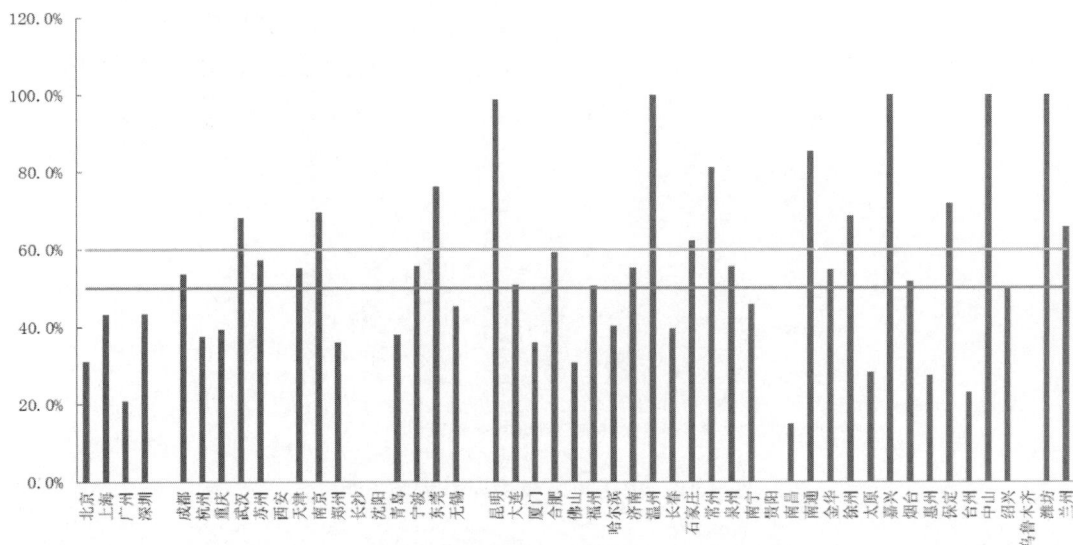

图 4-19　一线、新一线、二线城市生活垃圾焚烧能力占比

资料来源：住建部《2016 年城市建设统计年鉴》、E20 研究院

以湖南省为例，根据湖南省有关规划，按照每个市州至少 1 座生活垃圾焚烧发电设施的整体规划以及"全面覆盖、逐步推进"的总体思路，计划到 2020 年，规划投资 150 亿元，分 3 批整体打包、集中推进全省 28 座生活垃圾焚烧发电设施的建设。同时大量县级及多地共同建设垃圾焚烧项目的现象也已出现。如在 2017 年 12 月，岳阳汨罗市与中国光大国际有限公司和湖南现代环境科技股份有限公司组成的联合体正式签约。汨罗市城市生活垃圾焚烧发电项目总投资约 2.54 亿元，设计处理总规模为 750 吨/日，初始垃圾处理服务费为 57 元/吨。

有些地州市则多个区县联合建立垃圾焚烧发电项目，以满足炉排炉工艺的最小单体规模，目前我国炉排炉工艺的最小单体炉为 150 吨/日，常见的最小单体炉则是 250 吨以上，当前 PPP 项目中可见的最小规模炉排炉焚烧厂处理规模往往要求在 300 吨/日以上，小规模的其他处理方式尚不成熟。多区县打包的模式避免了区县单独建立垃圾焚烧项目在规模上的不经济。比如，永州市东部三县生活垃圾焚烧发电项目，预计投资 3.8 亿元，规模暂定 900 吨/日，拟按照 PPP 模式分两期建设，一期 600 吨/日，二期 300 吨/日。该项目由永州市城管执法局牵头，拟将永州东部新田县、宁远县、蓝山县三县统一实施垃圾焚烧 PPP 项目。又如，邵阳生活垃圾焚烧发电厂项目目前正处于环评阶段，工程总投资为 60 750.37 万元，设计规模为日处理生活垃圾 1 500 吨，分两期建设，一期日处理生活垃圾1 000吨，选用处理能力为500吨/日的机械炉排炉2台，配1台18兆瓦的汽轮发电机组；二期增设处理能力为500吨/日的机械炉排炉1台，增设1台12兆瓦的汽轮发电机组。该项目的服务范围同样涉及多个县市。

4．设计要点

E20研究院对国内部分垃圾焚烧发电PPP项目的跟踪分析发现，此类项目有几大风险需要重点关注，并相应进行优化应对。

（1）邻避效应及选址。尽管垃圾焚烧发电PPP项目一般均有环评、稳评、立项批复等前期手续，但随着公众意识加强，邻避效应之下垃圾焚烧发电项目选址迟迟难定，项目建设晚于预期半年甚至更长时间是常有的情形。以沿海某生活垃圾焚烧厂为例，该项目于2012年开始选址工作，直至2015年才同当地民众达成共识、准予开建。在全社会生态文明意识不断提升的当下，如何与居民保持良好的关系，变"邻避"为"邻利"已经成为对生活垃圾焚烧运营企业不小的考验。这部分的成功案例均需要政府与社会资本紧密合作互展所长。

（2）垃圾供给不足。这一风险在城镇化和经济发展水平较低的地级市及区县地区更为突出。随着一、二线城市市场的饱和，垃圾焚烧发电PPP项目已经出现向县域下沉的态势。但县域垃圾焚烧发电PPP项目出现垃圾量不足的风险却更高。这不仅与县城经济、人口体量均较小有很大关系，同时还与前端环卫收运体系、运距合理统筹等多个因素密不可分。

比如，个别人口不足30万的县城，甚至上马500吨/日处理规模的垃圾焚烧发电PPP项目，明显与其正常需求不符，以人均产生垃圾量为1千克/日计，30万人口总计每日产生生活垃圾仅为300吨，这其中尚未计算无法进入环卫收运体系的垃圾损失。另外此人均垃圾产生量为经济发展、城镇化程度如北京、上海等一线城市的平均值，一般县域人均垃圾产生量更不足以达到此规模。此类项目中应重点关注政府方对垃圾保底量的描述。

又如部分地区出现的多个区县联合建设垃圾焚烧发电PPP项目，则需要特别关注区县政府之间是否已签订具有约束力的协议，确保生活垃圾的优先配置权。此类项目最好由涉及的各区县共同所属的地级市政府部门牵头作为PPP项目的实施机构，对区县相关部门具有一定效力，才能确保所辖区域的生活垃圾能及时、足量运输至该垃圾焚烧发电PPP项目进行集中处置。

在垃圾焚烧发电PPP项目中，此类风险通常会约定由政府方承担，即设置基本垃圾处理量（"保底量"），规定当实际垃圾运送量低于这一标准时，政府按这一标准为基础进行付费。但从实际情况看，少数年份低于基本垃圾处理量时，政府通常能按约定支付垃圾处理费；若长期低于基本垃圾处理量时，政府按约定支付垃圾处理量的意愿便会下降，进而要求与企业方就调整基本垃圾处理量或垃圾处理服务费单价进行再谈判。

关于生活垃圾的收运，则应重点关注《关于规范城市生活垃圾跨界清运处理的通知》（建城〔2017〕108号）等相关规定。比如该通知规定"城市生活垃圾原则上应就地就近处置。本地不具备垃圾处置设施、条件或者处置成本较高的，在确保垃圾能得到合法妥善处置的条件下，移出方与接收方协商一致并经有关行政主管部门依法批准后，可以在本省域内异地或者跨省域转移处置生活垃圾。"

（3）环境风险（再污染风险）及税收优惠损失风险。国家对环境质量的标准不断提高，且对环保督察的监管力度逐渐强化，并走向常态化，对生活垃圾焚烧发电 PPP 项目日常运营管理的要求也越来越高。在焚烧发电过程中出现环境指标不达标的情形下，运营企业方将受到政府监管方在垃圾处理服务费上的扣费处理及环保部门相关处罚。目前应对环保监管，首先应确保"装树联"到位，即根据《关于生活垃圾焚烧厂安装污染物排放自动监控设备和联网有关事项的通知》，生活垃圾焚烧厂依法安装污染物排放自动监测设备、厂区门口树立显示屏实时公布污染物排放和焚烧炉运行数据、自动监测设备与环保部门联网。

尤其需要注意的是，被罚款可能导致企业在税收优惠上面临巨大损失。根据《财政部、国家税务总局关于印发〈资源综合利用产品和劳务增值税优惠目录〉的通知》（财税〔2015〕78号）："四、已享受本通知规定的增值税即征即退政策的纳税人，因违反税收、环境保护的法律法规受到处罚（警告或单次1万元以下罚款除外）的，自处罚决定下达的次月起36个月内，不得享受本通知规定的增值税即征即退政策。"因此，单次1万元以上的罚款，可能导致企业在增值税上3年内无法获得即征即退的优惠，损失可能在千万级以上。

（4）政府付费风险。根据前文的分类，垃圾焚烧发电 PPP 项目本质上属于 b 类政府购买型特许经营领域，常规上归为可行性缺口补助，即有一部分运营费用来源于政府付费。在当前经济"新常态"背景下，地方政府财力及履约意愿具有一定的不确定性。尤其是部分经济增速明显放缓的地区，财政收支也受到一定冲击，但地方刚性支出规模大，有可能会影响到及时支付包括垃圾焚烧发电 PPP 项目部分的财政支出款项。

应对这一风险的一个可行方案是政府端推进、完善生活垃圾处理收费机制。其中宁波在这方面已进行深入研究（见附录 4-3），该市生活垃圾处理收费机制研究采用"污染者付费"原则，研究设计一套适合宁波市的垃圾处理全成本覆盖、计量收费的收费机制，并辅以征缴机制、调价机制、法规政策宣传等配套，为宁波市建造健全、稳定的收费机制体系。

（5）付费机制的优化。生活垃圾焚烧发电 PPP 项目的具体收益分为 3 部分。

其一，上网发电销售收入。根据《国家发展改革委关于完善垃圾焚烧发电价格政策的通知》（发改价格〔2012〕801 号），以生活垃圾为原料的垃圾焚烧发电项目，均先按其入厂垃圾处理量折算成上网电量进行结算，每吨生活垃圾折算上网电量暂定为 280 千瓦时，并执行全国统一垃圾发电标杆电价每千瓦时 0.65 元（含税），即每吨垃圾处理约合 182 元；其余上网电量执行当地同类燃煤发电机组上网电价。基于使用者付费的补贴，如旅游项目，则风险应由社会资本承担，但垃圾焚烧发电不属于这一类。该部分收入可以看成中央和省级财政为鼓励垃圾焚烧发电设施的建设及推广进行的专项补贴。发电虽然并入当地电网，但实际上电网公司并不是使用者，也不需要考虑垃圾焚烧发电的风险分配问题，只是单纯的全盘接收。这部分的补贴实际进入了垃圾焚烧项目的收益测算，从而降低了地方政府购买垃圾焚烧处理服务的费用，因此地方政府对这部分补贴负有责任。未来如出现因国家政策垃圾发电补贴取消的情况，损失应由地方政府承担，这部分内容应在合同中有明确体现。可能出现的形式为取消每千瓦时 0.65 元的垃圾焚烧发电补贴，垃圾焚烧发电设施的发电全部按照燃煤发电上网电价计算。即使电网全部接收生活垃圾焚烧所发电量，但由于垃圾焚烧发电项目的本质是政府购买的环保服务，与火电厂仍存在本质区别，因此被取消的补贴电价可计入第二部分可行性缺口补助中。

理论上在协议的调价/风险分配条款中也应明确风险承担方为地方政府，出现补贴取消时，建议调价进行补偿（锁定企业财务收益）。当然地方政府也有可能采用成本核算的方式来计算并调整可行性缺口补贴部分的付费（保证政府成本）。

其二，可行性缺口补助。地方政府财政部门根据特许经营权授予方出具的生活垃圾处理量考核报告，按约定的生活垃圾处理服务费进行付费。

其三，超额收益。目前我国大部分垃圾焚烧厂的入炉垃圾量大于合同中规定的保底量。保底量一方面是被用来进行财务测算的，最终得到合同中约定的垃圾处理费单价，一方面在项目执行中当低于保底量政府是按保底量进行支付的。实际上，由于当前垃圾处理末端瓶颈明显，普遍存在的满负荷运营甚至超负荷运营带来了现有项目公司的超额收益，另外，几十年来城市消费升级带来的垃圾热值的不断提高，也是超额收益的另一个来源。这些超额收益，以及资本运作的一些内在需求，都成了目前垃圾焚烧领域领先的、规模较靠前的企业在抢新项目时低价竞争的外部原因。

其四，我国少数垃圾焚烧发电PPP项目还涉及其他收入。如生活垃圾焚烧热电联产项目，收益中还包括垃圾处理产生的蒸汽、供热销售收入等。但值得注意的是，发电属于刚性补贴性质，总体没有需求风险，垃圾焚烧项目的发电全部并入电网并由电网公司统一结算。供热在此方面有本质不同，供热的特性决定了其有较大需求风险，如工业端园区需求变化、价格变化、居民端采暖季以外的部分需求量将大幅下降等。由于需求风险较大，供热收益是否可以计入，或如何计入收益测算尚有待考证。根据国家发展改革委、国家能源局于2017年12月印发的《关于印发促进生物质能供热发展指导意见的通知》（发改能源〔2017〕2123号）："稳步发展城镇生活垃圾焚烧热电联产。在做好环保、选址及社会稳定风险评估的前提下，因地制宜，在大中城市及人口密集、具备条件的县城，依托当地热负荷，稳步推进城镇生活垃圾焚烧热电联产项目建设。'十三五'时期生活垃圾焚烧热电联产形成一批示范项目。"可以预见的是在未来几年内，我国将大力发展生活垃圾焚烧热电联产项目的建设，届时供热需求风险或将成为地方政府、企业面临的重大课题。

因此，实操中需要对垃圾焚烧有关的各项收入进行合理测算，并根据项目实际进行优化，确保政府、企业、社会公众利益得到保障。

（6）区域协调。如前所述，垃圾处理项目市场下沉，不少区县级别项目出现。由于单个县级区域人口总量有限、生活垃圾产生量较低，一般此类项目为多个区县集中处置。从理论上而言，这种设计可以达到规模效应。

但实操中，要特别注意不同区域之间垃圾收运体系的同步建设与系统连接、垃圾处理厂选址不同区域的"邻避"问题、垃圾处理日常监管及绩效考核、垃圾处理多方付费等问题，尽可能降低协调风险，维护各方合理权益。其中，不同县级政府之间是否签订具有约束力的协议，或者是否有上级政府相关部门牵头协调，都会影响到项目实际操作是否顺利。

目前，我国多地已在生活垃圾焚烧领域采用"区域补偿"机制，即由多地共建的生活垃圾焚烧设施，设施所属地可以在收取正常生活垃圾处理费之余，以外埠生活垃圾的处理量作为依据对相应地区政府收取生态补偿费用。此举有望进一步协调多地生活垃圾集中处理问题，推动资源高效、合理利用及分配，以期将多地共建生活垃圾焚烧处理设施的形式最优化。

此外，后面章节提到的垃圾分类可能影响进入焚烧环节的生活垃圾成分发生变化，且城乡环卫市场化程度加深也可能导致垃圾资源分流（不同主体收运的垃圾在同一区域后端处置项目中如何分配），这些都是可能导致垃圾处理量变化、超额收益受冲击等情形。

5. 案例分析

以河南省平顶山市生活垃圾焚烧热电联产项目为例。

（1）案例概况。

项目名称：河南省平顶山市生活垃圾焚烧热电联产项目。

投资规模：57 481.69 万元。其中建筑工程费为 13 648.59 万元，设备及材料购置费 26 810.16 万元，安装工程费 4 489.11 万元，工程建设其他费用为 6 421.09 万元，预备费为 4 109.52 万元，铺底流动资金为 327.41 万元，建设期利息为 1 675.80 万元。

建设内容：① 主厂房（包括垃圾卸料区、垃圾贮存区、垃圾焚烧区、烟气净化区、发电系统区等）；② 供排水工程、水处理系统、污水处理系统、总图运输、绿化及公用工程等；③配套工程（包括征地、给水排水管线、输电线路、施工临时用水用电，以及红线外与本项目配套的进场道路、施工应急道路、交通、绿化、给水、污水、照明等市政配套工程内容）。

产出标准：本项目设计处理规模为 1 200 吨/日，设计选用 2×600 吨/日垃圾焚烧炉及 2×12 兆瓦水冷凝汽式汽轮机；项目公司应按照《生活垃圾焚烧污染控制标准》（GB 18485-2014）等国家有关法律法规的有关规定和要求，进行本项目的运营与维护，并对垃圾处理过程中可能产生的废气、废水、废渣、噪声、恶臭、渗滤液、炉渣、飞灰等污染进行治理。

运营内容：项目的一期设计日处理规模为 1 200 吨，总设计日处理规模为 2 400 吨（二期实施时间将依据垃圾供应量由双方另行协商）。

运作模式：BOT。县住建局依照法定程序选定优秀的社会资本，由社会资本和宝丰县发展投资有限公司在宝丰县共同出资设立项目公司，由县住建局授予项目公司本项目的经营权。

回报机制：采用可行性缺口补助的回报机制。由项目公司通过获取生活垃圾处置服务费、售电收入以及供热收入的方式收回投资并实现合理的投资回报。

合作期限：30 年（建设期 2 年，运营期 28 年）。

本项目交易结构如图 4-20 所示。

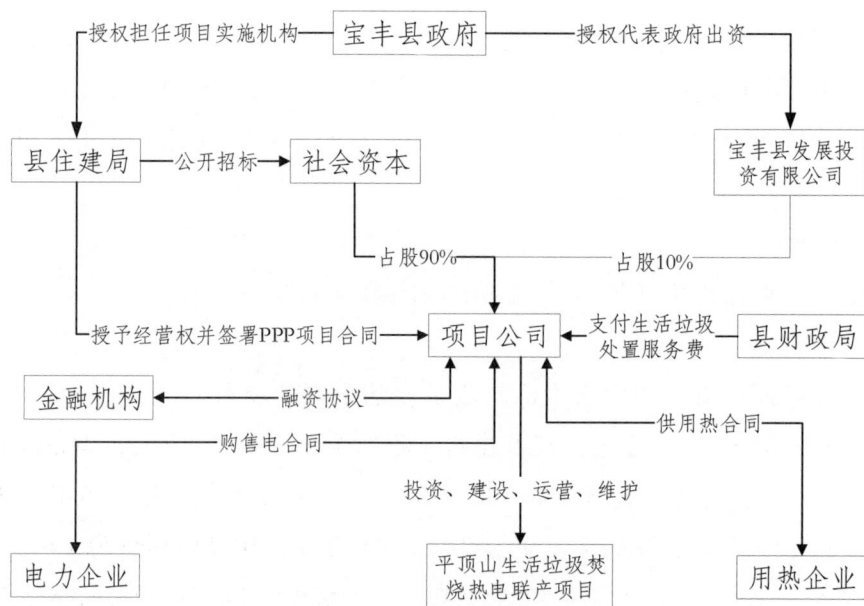

图 4-20　项目交易结构

（2）**案例简评**。平顶山市生活垃圾焚烧热电联产项目的特殊性在于实施机构为县级单位（宝丰县住建局）。从项目体量（一期设计日处理规模为 1 200 吨）上看，该县生活垃圾产生量肯定远远不够，其背后的逻辑可能是协同处置周边区县生活垃圾。E20研究院认为，此类项目要特别关注垃圾量不足的风险；如涉及多个地方政府，则需要有相关文件或协议确保生活垃圾转运系统理顺，且将垃圾集中到项目进行处理，避免实施落地难以协调的情形出现。涉及供热部分，则需要面对供热需求的季节性变化、供热收益的合理测算等一系列问题。

4.2.2　城乡环卫 PPP

随着环卫市场化的不断加深，加之垃圾分类将前端环卫行业与末端固废处置行业有机融合，环卫项目的内容逐渐由单纯清扫保洁向多环节、多区域打包转型。传统的政府购买服务的交易模式已无法满足环卫市场化的需求。由于环卫一体化项目中打包了设备的采购、设施的建设运营内容，部分地区的环卫市场化模式由政府购买服务升级为 PPP，在区域上一般都有所扩大，部分从局部覆盖到城乡全域，服务内容则由清扫保洁向多个环节打包转变。城乡环卫 PPP 正在固废产业中形成一个新的热点市场。

1．行业背景

（1）环卫市场化从政府购买服务到 PPP。环卫市场化，是指环卫服务本身的市场化运作。这种实践起步于 20 世纪 80 年代中期，北京、上海、深圳等地率先进行了一些探索。2003 年以后，不少东部沿海城市纷纷开始推动环卫市场化，部分城市甚至实现城区环卫全面市场化。特别是 2013 年《国务院办公厅关于政府向社会力量购买服务的指导意见》（国办发〔2013〕96 号）发布，意见明确指出："在公共服务领域更多利用社会力量，加大政府购买服务力度。"自此，各地环卫市场化力度明显增强。

在此期间，环卫市场化的主要方式是政府购买服务。此种操作与传统环卫自身的特点密切相关。传统环卫项目的建设周期短、资金周转快，本质上属于劳动力密集型。更重要的是传统环卫基本不涉及建设，其市场化主要是改变过去政府事业编制下人工清扫、转运的低效率及高成本局面，以机械化操作获得成本及效率优势，从而满足政府及公众对城市环卫保洁质量的要求。因此，按照 E20 市政环保领域 PPP 分类格局图，严格意义上的传统环卫市场化（垃圾清扫、收运，不含收运站融资建设）属于前文分类中的 d 类 PPP 化的政府购买服务，即不含融资和基础设施建设。具体方式上包括委托运营、托管运营等，大部分为轻资产服务模式，但是在拥有中转站及末端处置设施的情况下转为 PPP 模式。

2014 年以来的新一轮 PPP 热潮中，环卫也成为 PPP 适用的领域。目前各地环卫 PPP 项目数量明显增多，甚至地方政府明确要求将过去的政府购买服务转变为 PPP 模式。财政部 PPP 综合信息平台中，已有 50 多个环卫 PPP 项目（含清扫、收运）入库。根据 E20 研究院的测算，环卫行业存在超过 3 000 亿元的市场空间，具体如图 4-21 所示。

关于环卫市场化从政府购买服务转向 PPP，合规性是重要的促进因素。从实操的层面而言，环卫项目中通常包括对环卫设备方面的需求，部分环卫一体化 PPP 项目中还包含了垃圾中转站或公共厕所的投资、建设、运营管理等工作。而《关于坚决制止地方以政府购买服务名义违法违规融资的通知》（财预〔2017〕87 号）中明确规定："严格按照《中华人民共和国政府采购法》确定的服务范围实施政府购买服务，不得将原材料、燃料、设备、产品等货物，以及建筑物和构筑物的新建、改建、扩建及其相关的装修、拆除、修缮等建设工程作为政府购买服务项目。"**考虑到当前的环卫政府购买服务中设备更替升级普遍存在，但基础设施类则涉及可研批复，稳妥起见至少在涉及基础设施工程建设内容的环卫市场化项目上为避免和 87 号文冲突，应采用 PPP 方式。**

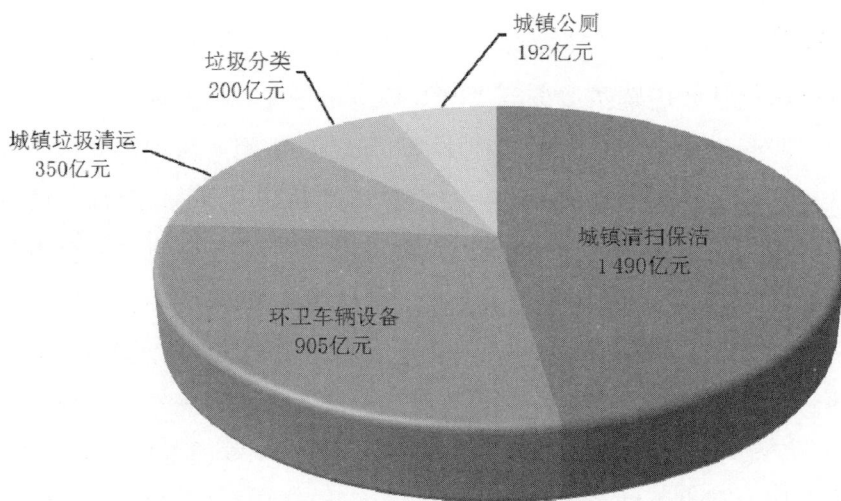

图 4-21　2020 年环卫市场空间：3 000 亿元

关于在环卫市场化中如何选择 PPP 或者购买服务两种形式，如图 4-22 所示。

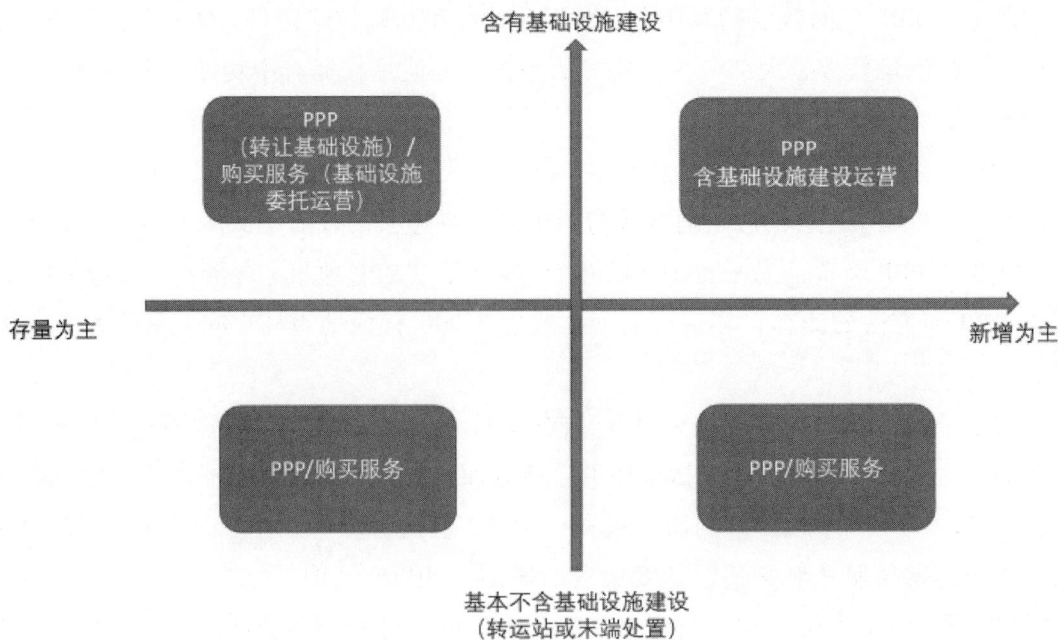

图 4-22　PPP 或购买服务在不同环卫市场化项目中的适用情景分析

购买服务和 PPP 是目前环卫市场化中最常用的两种模式，各有利弊。按照前文中关于 PPP 项目的分类，d 的环卫轻资产模式也可以采用 PPP 模式替代政府购买服务模式，并由此形成了环卫市场化的全面升级。

　　两者之间比较而言，PPP首先是程序复杂，且现在受制于财承和纯政府付费导致隐性负债的嫌疑（这部分暴露了当前政策的不合理），部分地方有回避倾向。但是PPP所给予的项目稳定性和长期性优势是政府购买服务模式所不可比拟的。PPP模式下，项目便于安排更多的装备升级、设施扩建甚至流程再造，带来投资和现金流的增加，稳定的合同关系使环卫PPP类似特许经营的污水厂、垃圾厂BOT（b类），更加符合资本市场的偏好。

　　而从政府购买服务来看，按照财政部《关于坚决制止地方以政府购买服务名义违法违规融资的通知》（财预〔2017〕87号）文件要求，"政府购买服务期限应严格限定在年度预算和中期财政规划期限内"，即3年，明显短于PPP模式的10年（长期）以上合作模式。此种模式的优势在于政府方更容易在期末根据项目实际作业效率替换社会资本（这是重资产的特许经营模式的缺点，因此在欧洲更多的选择DBO的轻资产市场化模式）；劣势在于对社会资本而言，稳定性、长期性的保障不足，很难满足环卫服务全面升级的需求。

　　在当前形势下，选择购买服务或PPP各有千秋，政策仍处于变动期，实际的选择完全取决于各地方不同情况和企业自身的考虑。不过，有些基本原则还需要注意，特别是以购买服务为方式进行的项目不允许包含基础社会融资建设的要求（财金〔2017〕87号文的规定）。如果含有较大比例的基础设施，无论新建还是转让基础设施，均推荐采取PPP的形式。

　　（2）环卫PPP新特点。根据对已落地环卫PPP项目的分析，我们发现以下几个明显的特征。

　　1）环卫PPP投资规模较政府购买服务大。由于PPP流程明显比购买服务复杂，小体量项目更倾向于选择政府购买服务模式，环卫PPP项目的体量（投资额）一般在3 000万元以上，这和政府购买服务模式相比项目体量明显较大。其中以城区生活垃圾清扫为合作内容的项目体量一般在1.5亿元以下，而以城市及下辖乡镇垃圾清扫、垃圾中转站建设甚至包括垃圾处理的一体化项目体量则很大。

　　截至2018年7月，云南省昆明市官渡区环卫一体化PPP项目是目前环卫领域体量最大的项目。该项目建设内容包括：新建固定公厕117座；改造固定公厕90座；新建垃圾中转站22座；改造垃圾中转站9座；改造垃圾房325座。具体合作期为20年。具体运营内容包括道路清扫保洁服务、垃圾收集及清运服务、公厕运营管理维护服务、绿化管养维护、河道湿地管养维护、景观亮化运营管理维护、车辆和船只设备更新运营维护以及其他服务等，中标年政府购买服务费用总价33 437.92万元，20年合作内总合同金额将达到 67 亿元。

2）参与主体上不同方阵优势不一。当前环卫 PPP 带来了整个环卫产业的升级分化，类似于十多年前的污水和垃圾领域。图 4-23 中我们根据 E20 数据中心上千家社会资本的资料分析了这些参与环卫市场化的企业来源。现在的投资运营集团在传统的 ABCD 4 个方阵均有产生。用环卫项目中标数量来分析投资运营参与主体的源头，以来自 C 方阵的投资运营商为主，而从中标项目体量上来看，来自 A 方阵和 B 方阵的投资运营商则优势相对较大。已落地环卫 PPP 项目中，中标社会资本包括本属于 A 方阵的启迪桑德、北控水务等，从传统环卫单位市场化 B 方阵升级到投资运营的北京环卫集团，以传统绿化保洁清扫物业等服务升级到投资运营的 C 方阵的劲旅环境、昌邑康洁环卫、深圳玉禾田等企业，以及从装备升级到投资运营的来自 D 方阵的福龙马、龙澄高科、中联重科和傲蓝得等。

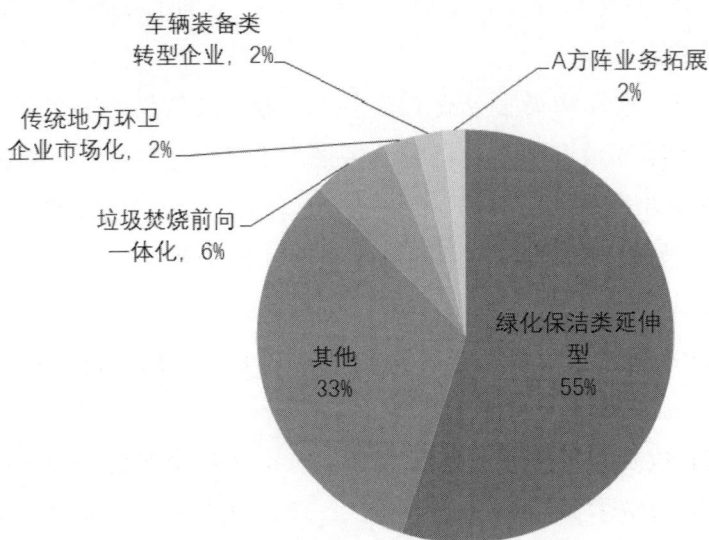

图 4-23　规模型环卫企业来源（按照企业数量）

从发展历史来看，相较于水务领域而言固废领域发展略晚，民企具有一定的优势，因此在社会资本中占有更大比例（见第二章第 2.3.3 和 2.3.4 节）。环卫更是如此，如图 4-24 所示，在环卫领域社会资本分布中民企所占份额明显高于国企和混合所有制企业，当然在未来发展中这一格局可能也会有所变化。

3）环卫 PPP 市场向县市下沉。近期新增环卫 PPP 项目主要以县域项目为主，除了海口市琼山区、昆明市经开区、大连旅顺口区等少数省会或计划单列市辖区项目外，其他均为县或县级市环卫 PPP 项目。其中原因在于，不少大中城市已基本实现环卫市场化，致使环卫 PPP 市场"蓝海"正在下沉，因此环卫 PPP 项目正体现出从大城市向县级城市延伸的趋势。

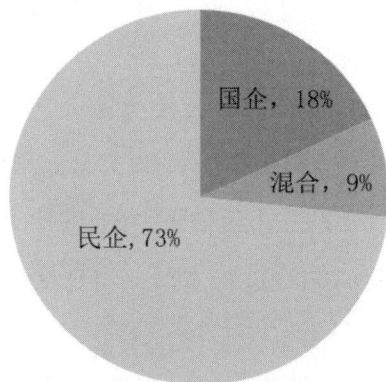

图 4-24　环卫领域社会资本分布

4）合作期限普遍较长。环卫 PPP 项目合作期限一般为 10 ~ 30 年，反映长期合作关系。政府购买服务模式下的环卫市场化项目，大部分服务期限设置为 1 ~ 3 年。近年逐渐开始向 3+N 或 3+3+3 的形式转变。"3+N"的方式主要原因在于，前文中提到的财预〔2017〕87 号文中规定政府购买服务期限要严格限制在中期财政规划范围内（3年），无论从政府端还是从企业端而言，为寻求项目的稳定运营，第一份合作合同的年限选择为 3 年的满期限最为合理，以后合同为单个还是多个，直至环卫设备折旧年限期满。而"3+3+3"的方式主要原因在于，根据财政部 2018 年 6 月草拟的《政府购买服务管理办法（征求意见稿）》中相关内容："政府购买服务应当与年度预算和中期财政规划相衔接，合同履行期限或项目实施期限一般为 1 年；对于购买内容相对固定、连续性强、经费来源稳定、价格变化幅度小的政府购买服务项目，合同履行期限或项目实施期限可适当延长，最长为 3 年。"因此连续选择最大期限的 3 年作为每一份合作合同的期限较为合理。

但值得注意的是，无论"3+N"还是"3+3+3"的形式，在项目长期稳定运营以及项目的延续性方面较合作期达 10 年以上的 PPP 模式相比均有不足。

而环卫 PPP 项目均在 10 年以上（含 10 年），部分含有垃圾中转站运营维护甚至垃圾处理的项目合作长达 20 ~ 30 年。PPP 模式下合作期限比政府购买服务模式延长，符合 PPP "长期合作关系"的本质，但也要求政府更为谨慎，择优选择真正具有丰富运营经验的社会资本。

5）按效付费机制完善。强调绩效付费，基本按年度付费。以 PPP 模式运作的环卫项目，必须严格遵从财政部有关可用性付费和绩效付费的要求，体现很强的绩效约束。例如，财政部第三批示范项目山东省德州市武城县城乡环卫一体化保洁服务项目中，环卫作业运营维护共设置三级共计 24 个绩效考核指标，分别从基础管理、环卫质量标准、垃圾收集标准、垃圾运输及转运标准、社会满意度 5 个方面设置。总分为 100 分，考核周期内得分≥90 分的，政府方按当日运营补贴支出上限的 100%进行支付；80≤得分<90 分的，政府方按当日运营补贴支出上限的 90%进行支付；70≤得分<80 分的，政府方按当日运营补贴支出上限的 80%进行支付；60≤得分<70 分的，政府方按当日运营补贴支出上限的 70%进行支付；当日评估的得分<60 分的，当日付费金额为 0。

6）多环节捆绑打包的情况开始出现。以财政部第三批示范项目山东省泰安市岱岳区城乡环卫一体化项目为例。该项目建设内容包括新建 16 处垃圾中转站，总占地面积约 5.01 公顷，总建筑面积 6 917 平方米；新购置 16 台套压缩设备及配套设施；购买环卫车辆 100 辆等。由社会资本负责岱岳区行政区域内城乡环境卫生保洁及生活垃圾清运、乡镇垃圾中转站的运行和管理、各乡镇垃圾中转站到垃圾处理厂的垃圾转运。

另外有些项目开始将清扫、收运和后端处置捆绑打包，比如同为财政部第三批示范项目的河北沧州河间市环卫服务市场化项目，总投资 8.6 亿元，内容包括河间市环卫服务市场化和生活垃圾填埋场市场化运营两部分。

7）区域性整体实施环卫 PPP。部分城市已将全市范围的环卫服务实现 PPP 模式操作。以海口市为例，通过实施环卫 PPP 项目，由京环公司、海口龙马公司、玉禾田公司、京兰公司等 4 家从事环卫一体化服务的企业分别接手琼山区、龙华区、秀英区、美兰区 4 个区的环卫工作。全市共有 3 584 条道路、总面积 6 810 万平方米，水域岸线 160.16 千米、总面积 4 910 万平方米已全部纳入 PPP 项目公司管理，实现了环卫一体化管理的全覆盖。

从实操角度来看，环境企业应聚焦区县环卫 PPP 市场，尽快"跑马圈地"，做大市场份额；创新参与方式，做强环卫业务链；同时，主动整合行业资源，寻找兼并重组机会，争取在竞争中成为环卫领域的"领跑者"。

2. 环卫 PPP 市场竞争日趋激烈，一体化、智慧化趋势明显

（1）环卫走向一体化。环卫 PPP 项目的一体化目前主要体现在两个维度：一是区域上，不同城市、区县和乡村的环卫服务整合打包为更大体量的一体化项目；二是产业链上，环卫上下游，包括道路清扫保洁、垃圾收运、垃圾处理以及垃圾分类等都有打包为一体的趋势，即传统"小环卫"逐渐向"大环卫"转变。

环卫一体化 PPP 项目顺利实施，将在项目层面实现规模效应、协同效应，降低投资、建设及运营成本，对政企双方均有利，也有助于提高整个城市的环境质量，最终有利于社会公众。对于参与的相关企业，环卫一体化 PPP 项目整合程度越高，意味着项目本身带来的整体收益越可观；地方政府则可以通过实施环卫一体化项目，一次性解决本地城乡、环卫上下游各环节问题，便于从"大包大揽"中解放出来，专注于项目的运营监管和绩效考核。

（2）环卫操作机械化。环卫从"扫大街"到"城市环境综合服务"的转变，是人工清扫为主向环卫机械化操作为主的转型。我国城市道路机械化清扫率从 2012 年的 40.43%提高到 2016 年的 58.95%；县城道路机械化清扫率则从 2012 年的 24.42%提高到 2016 年的 50.60%。未来，这一趋势仍将进一步加深。操作机械化在减少人员数量、降低人工费用的同时，也意味着人员结构的优化、设备操作及管理要求的提高。

（3）智慧化渐成标配。"智慧环卫"依托现代物联网技术，可实现对环卫工人和环卫设备的实时动态监控，同时及时反映所辖区域垃圾产生量、垃圾清扫效果、垃圾收运动态等信息，能在整个系统内进行任务分配、提高对突发事件应对能力，提高环卫企业管理效率，降低管理成本，从而获得更高的经济收益。另外"智慧环卫"更是"智慧城市"的重要切入点和主要数据接口。未来，真正掌握"智慧环卫"数据并能够充分解读和利用这些数据的企业，将获得更强的竞争优势。

3. 设计要点

（1）明确合作边界。根据原建设部《城市环境卫生当前产业实施办法》的定义，环卫行业是指为有效治理城市垃圾、粪便等城市生活废弃物，为城市人民创造清洁、优美的生活和工作环境而进行的垃圾、粪便的收集、运输、处理、处置、综合利用和社会管理等活动的总称。同样是原建设部发布的文件，《城市环境卫生质量标准》明确环卫行业所涵盖的作业内容包括：① 道路清扫保洁；② 生活垃圾和粪便收集运输处理；③ 公共场所环境卫生。

这里，前者是"大环卫"，是包括垃圾清扫、收运、处置及综合利用系列活动的总称；后者是"小环卫"，是指包括道路清扫保洁、垃圾分类、垃圾收运等一系列的作业行为，也被称为传统环卫。

环卫 PPP 项目的合作边界非常重要。如果是大环卫相关项目，其交易结构将复杂得多，可能需要针对每个环节设计运作方式及回报机制（见图 4-25）。即便是小环卫相关项目，比如县域环卫项目也需要明确具体覆盖的范围是县城及下辖乡镇范围还是包含村落，包括道路清扫、收集、运输和处理哪些环节，涉及哪些投资建设（如设备购买、中转站建设、垃圾焚烧发电设施建设等）等内容。

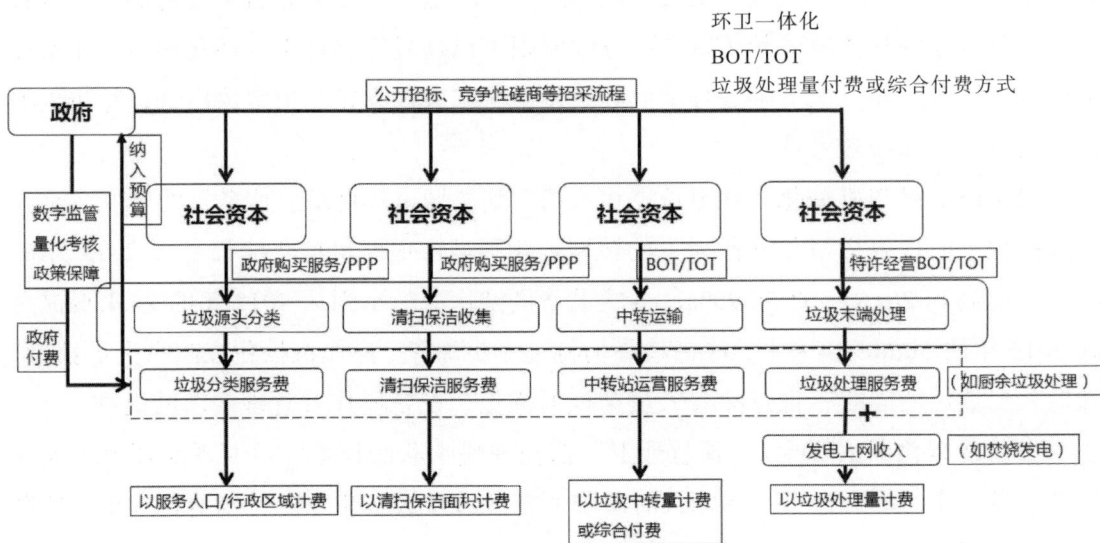

图 4-25　"大环卫"（固废处理全产业链）PPP 模式示意图

（2）严格绩效考核。 环卫 PPP 目前在绩效考核方面存在两个极端。

一是"菜单式考核"。比如某些环卫项目包含绿化维护内容。E20 研究院走访南方某环卫企业得知，市场化管理之后，政府方要求所有环卫车辆设备安装 GPS 定位系统，以便实时、动态监管，并以此作为付费的重要依据。因此即便出现下雨，环卫企业也不得不按考核标准安排车辆按照计划路线进行绿化洒水，避免由于未出车而造成扣分、减少付费等后果。即便社会资本有更好的方式，但是为了满足绩效考核要求，固化处理模式，从而实际剥夺了社会资本在确保运营效果的基础上提质增效的实施能力。

二是以效果出发进行约定。此种方式逻辑性较强，但对地方政府要求过高，不利于操作，同时监管的难度、成本均较高。目前主要尝试用两种相结合的方式，具体操作方式还需考证。

另外我们还观察到以效果出发中有一种极端现象，即"以克论净"。所谓"以克论净"，是由宁夏中卫市首先提出的"一级道路要求每平方米尘土不超过 10 克，垃圾路面滞留时间不超过 10 分钟；部分重点区域地面尘土，人工清扫每平方米不超过 5

克，垃圾路面滞留时间不超过 5 分钟"，达到"道牙无尘，路无杂物，设施整洁，路见本色"的考核标准。中卫经验不仅在宁夏全区进行推广，更在 2015 年的全国城市环卫保洁工作现场会上得到高度肯定。2017 年年初《西安市城市道路"以克论净深度保洁"作业标准（试行）》发布，引起热议。按照这种考核标准，政府考核人员在路段上随机选取一平方米范围扫取积尘，通过称重，再根据标准要求，对道路保洁情况进行考评。但这种标准对于市民自律和文明程度、外部环境变化缺乏考虑，对环卫工作人员近乎苛求的做法，无疑将增加环卫企业的运营难度以及经营成本，甚至加大环卫作业人员的安全风险。

因此，环卫 PPP 绩效考核标准还需要各方根据国家有关标准，结合本地实际进行合理设计。

（3）研究使用者付费可行性。E20 研究院对国内环卫 PPP 项目进行梳理分析发现，部分项目已经开始对居民进行收费。以山东某县城乡环卫一体化 PPP 为例（见表 4-9），该项目按照"谁受益、谁付费"的原则，建立起县、镇、村分级投入机制，县政府承担投资和城区环卫运营项目支出，镇街区环卫运营项目支出按照县、镇、村 4∶2∶4 的比例分担支出。项目回报机制为可行性缺口补助，使用者付费（实际属于污染者付费）即向城区居民及农村居民按户进行收费，不足部分为财政缺口补助。从该项目文件附表可以看出，每年使用者付费约占当年付费总额的 23%。但受制于收费机制不完善、公众缴费能力低下及支付意愿有限等因素，环卫 PPP 项目使用者付费在实操上可能很难落实，尤其是对农村居民部分的收费会面临更多问题。

表 4-9　山东某县城乡环卫一体化 PPP 项目可行性缺口补助测算表

序　号	年　份	使用者付费金额（万元）	政府缺口补助金额（万元）	年付费总金额（万元）
1	2016	633.85	2 087.63	2 721.48
2	2017	633.85	2 095.18	2 729.03
3	2018	633.85	2 103.09	2 736.95
4	2019	697.24	2 304.73	3 001.96
5	2020	697.24	2 313.44	3 010.68
6	2021	697.24	2 322.57	3 019.81
7	2022	766.96	2 544.82	3 311.78
8	2023	766.96	2 554.87	3 321.83
9	2024	766.96	2 565.41	3 332.38
10	2025	843.66	2 810.40	3 654.06

（4）妥善处理存量资产与安置原有人员。环卫 PPP 项目一般都会遇到存量资产（原有环卫设施设备）及原有人员安置的问题。

资产方面，政府现有环卫设备设施如何处理（购买、租赁或无偿移交使用等方式），对新建设施设备有哪些要求（购买、更换及维护等）。

人员方面，原有人员（有编制人员及临时人员）如何安置，政府和社会资本（项目公司）应明确约定安置方案，一般原则上稳妥过渡、自主选择，"新人新办法、老人老办法"等。

4．案例分析

（1）案例概况。

项目名称：云南省昆明市经济技术开发区环卫一体化项目。

投资规模：估算投资为 13 389.85 万元。其中，建安工程费 2 501.40 万元；设备及工器具购置费 7 290.00 万元；工程建设其他费 2 023.80 万元；基本预备费 1 121.40 万元；建设期利息 453.25 万元。

项目内容：清运昆明经济技术开发区八个片区的生活垃圾，各片区设置垃圾转运站。需要建设的生活垃圾转运站共 13 座，其中，120 吨/日转运规模的垃圾转运站共建 5 座，60 吨/日转运规模的垃圾转运站共建 5 座，改建 3 座原有垃圾转运站。

回报机制：本项目使用者付费产生的收益不能覆盖社会资本的投资及合理回报，项目回报机制适用可行性缺口补助方式。其中使用者付费部分来源于垃圾清运、工地代保洁和广告、固定资产租赁等收入，可行性缺口补助来源于经开区一般公共财政预算。

PPP 合作期限 25 年。

本项目交易结构如图 4-26 所示。

（2）案例简评。本项目为垃圾清运及垃圾中转站投资建设运营两个环节打包的环卫 PPP 项目，不含前端清扫保洁环节。亮点在于对于不同的垃圾中转站（新建、存量）有针对性地设计模式，包括 BOT、BLT 和 ROT 3 种方式的组合，可为同类环卫 PPP 项目提供借鉴。

当然，从环卫市场化程度加深的趋势来看，地方设计从前端清扫保洁、中间收集转运、中转站投建管到后端垃圾处理处置更多环节的一体化 PPP 项目，可能更有利于发挥社会资本的专业优势及综合项目的规模效应、协同效应。

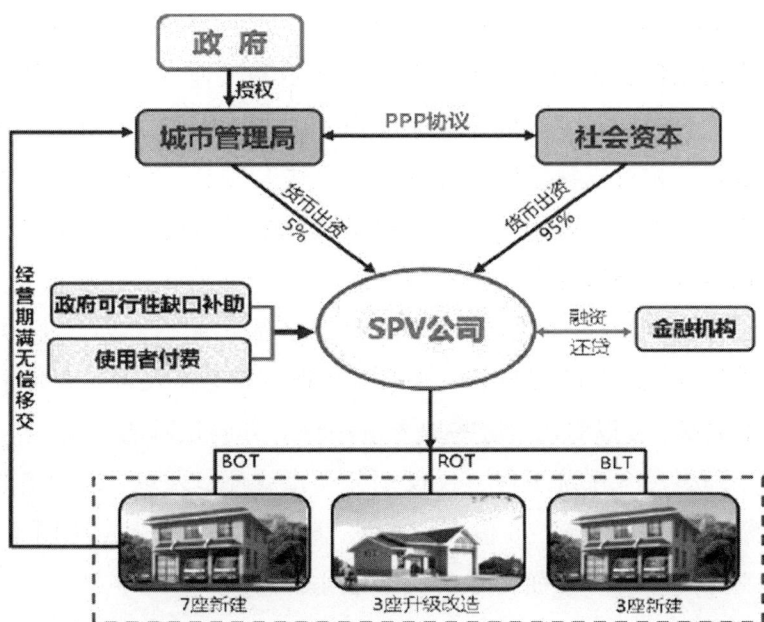

图 4-26　云南省昆明市经济技术开发区环卫一体化项目交易结构

4.2.3　垃圾分类 PPP

随着国家对垃圾分类的重视程度越来越高，这一细分领域的市场化热度也不断提升。目前，垃圾分类仍以政府购买服务为主，少数项目在探索 PPP 模式。从财政部综合信息平台查询，截至 2018 年 8 月，该平台上带有"垃圾分类"字样的 PPP 项目共有 3 个，即格尔木市生活垃圾分类处理 PPP 项目、阜康市垃圾分类收集处理工程 PPP 项目、湖南省常德市津市市集镇污水处理和垃圾分类体系建设及毛里湖生态治理 PPP 项目。但从这 3 个 PPP 项目的实际内容看，并不属于严格意义上的垃圾分类。

1. 行业背景

（1）垃圾分类以政府购买服务为主。E20 研究院认为，市场化改革将有力推动垃圾分类的实行。但目前垃圾分类的方式、盈利模式等尚不成熟，处于探索阶段。同时由于大部分垃圾分类项目属于轻资产的服务模式，最佳方式均为以短期政府购买服务的方式进行尝试、探索，待稳定成熟后（或打包加入环卫一体化项目）方可考虑使用长期 PPP 模式进行稳定运营。

目前，垃圾分类市场化试点可分为 3 种。

1）环卫一体化试点。将一定区域（一般以区或县为单位）内的生活垃圾收集、运输、处理、利用及路面保洁、公厕管理等与环卫相关业务一起"打包"，由当地政府通过招标等形式外包给一家大的企业来运作。这种模式开始于2000年初期，最近3年开始兴起，模式也相对成熟，但未将垃圾分类纳入其中。目前，全国很多城市，如北京、广州、深圳、海口、贵阳等，基本都是这种模式，代表企业有北京环卫集团、桑德集团、北控水务、侨银环保、玉禾田等。

2）垃圾分类投放环节市场化试点。这种模式主要集中在江苏、浙江等沿海地区，成都也试过这种模式。这种模式的主要特点只是把垃圾分类投放这个环节单独外包出来，进行市场化试点。可以看出，这些地方市场化的方向是对的，但方法还有待提高。因为垃圾分类处理是一个系统工程，仅仅把分类投放环节外包，并没有把分类收集、运输、处理等整个"产业链条"外包：一方面，整个"产业链"由不同主体参与，"产业链"没有建立起来；另一方面，运营成本也比较高。

3）垃圾分类市场化试点。目前，安徽合肥，浙江金华等少数地方，在尝试把垃圾分类投放、收集、运输、处理等各环节连接起来做市场化试点，这个方向是对的，也值得肯定。但垃圾分类相关的法律法规、运营机制、补贴机制以及多元共治的格局均未建起来，因此，还有很多的工作要做。需要说明的是，补贴机制是根据居民户数按一定数额来补贴企业，这一点值得商榷。

E20研究院在2018年1月曾对两个月内垃圾分类中标项目数据进行研究。分析发现，有近8成的项目签约服务年限在1年及1年以下（其中正式运营项目多为1年，少数试点运营项目少于1年，最低仅为3个月），而1年以上的项目仅占不足20%。E20研究院认为，造成垃圾分类运营项目普遍较短的主要原因是，垃圾分类的全面实施尚属于试验阶段，全国范围内尚无绝对完善、可复制的运营模式。在"按效付费"的年代，签订短期运营合同，期间进行考核，运营效果好再进行续约的形式更符合政府主管部门的需求。而从这些中标项目的合作内容及合作期限等要素看，均属于政府购买服务的范畴。

按照中标的社会资本类型，中标企业主要可分为科技类、环卫类、资源循环再生类以及其他四大类。该次统计的垃圾分类相关项目中，无论从中标项目个数还是中标项目总金额来看，科技类企业占比均过半，总金额更是占到了全部项目的80%。以伏泰科技为例，其主要从事业务为环卫信息化相关的软硬件开发、系统实施和运营维护，已成为中国环境卫生信息化行业的领军企业，专注智慧环卫，业务覆盖政府、环境企业，在全国100多座城市拥有300多个项目。而以启迪桑德、中国天楹等为代表的环卫企业以及以北京环卫集团旗下北京城市矿产资源开发有限公司等为代表的资源回收企业也继续在环卫产业链上进行横向扩张，共计拿下了 20% 的垃圾分类运营项目。

（2）垃圾分类下的固废细分市场。回顾我国垃圾分类的历史，早在 2000 年，原建设部就公布了首批生活垃圾分类的 8 个试点城市，生活垃圾基本分为 3 类，即可回收垃圾、有害垃圾和不可回收垃圾，也就是以后所说的"三分法"。但是此次试点工作没有取得良好的效果，也造成了民众对我国是否能够实施垃圾分类产生了怀疑。怀疑的主要原因在于当时我国各地没有配套的分类处置设施，造成了先分后混的局面，大大打击了居民参与垃圾分类的积极性。在国家发改委、住建部发布的《生活垃圾分类制度实施方案》指引下，46 个垃圾分类试点城市中的多个城市陆续出台了地方生活垃圾分类制度相关计划或实施方案。部分城市垃圾分类工作进展较好，此次生活垃圾分类试点工作中将生活垃圾分为四类成为主流，即可回收垃圾、有害垃圾、厨余垃圾和其他垃圾，即"四分法"。图 4-27 所示为三圈图城市垃圾区的内环，里面我们又详细地绘制了居民源分类垃圾的管理逻辑：曲线左端的垃圾原本是通过居民混合投放、由环卫进行统一收运，现在要求的是尽量通过居民主动分类投放、由环卫分类收运，而右端的垃圾传统上就是居民单独投放（或弃置）、由环卫或其他单位单独收运的。

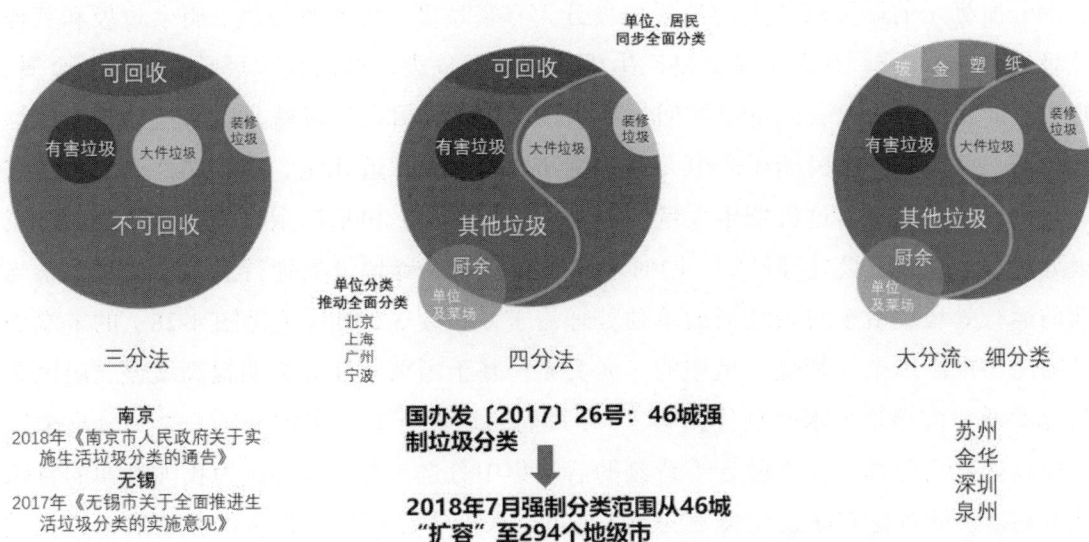

图 4-27 垃圾分类的几种主要方式

在政策的指引、推动下，以有机质为主的湿垃圾（厨余垃圾）成了这一轮垃圾分类工作的关注重点，从而催生了目前关注度极高的厨余垃圾处理厂。从全国 46 个生活垃圾分类试点城市来看，推广生活垃圾分类工作的模式基本可分为两类。第一类，以北京、上海、广州等地为代表的城市以先易后难为原则先通过对单位进行强制分类激活厨余垃圾处理需求，并同时启动相应厨余垃圾处理设施的建设以匹配垃圾分类所产生的厨余垃圾处理需求，随后开始逐步进行居民生活垃圾分类的全面推广。首先选择单位进行生活垃圾强制分类是因为单位垃圾管理较容易，处罚机制较居民端更为简单。而第二类，是以厦门为代表的城市对生活垃圾分类工作进行全面统一规划，在规划之初就提前建设厨余垃圾处置厂，居民端和非居民端的垃圾分类推广工作同时进行。2017 年住建部共召开两次全国生活垃圾分类工作研讨会，分别在宁波和厦门，可见住建部对这两个城市的模式和工作效果的认可。另外，我国还出现了与日本、德国等较为相似的"七分法"，即以深圳和苏州为代表进行"大分流、细分类"，这种分类方式对末端分类处置的要求更高，适用于垃圾分类已取得一定成效，且分类收运、分类处置的配套设施相对完善的城市。 E20 研究院认为，结合我国目前分类的水平，采取干湿分离的"四分法"将是垃圾分类工作的主要发展方向。

总体来说，将在我国得到逐步普及的主流垃圾分类模式是将"三圈图"中中间圆圈部分所标示的居民端产生的生活垃圾分为有害垃圾、可回收垃圾、厨余垃圾和其他垃圾的"四分法"。有害垃圾就是产生于生活源的危废，可回收垃圾是以玻璃、金属、塑料、纸制品等为代表的可以被回收再利用的垃圾，厨余垃圾就是以有机质为主的湿垃圾。除此之外，居民端还产生大件垃圾和装修垃圾。近几年，多个文件要求分出来的垃圾要分类处理，这将催生大量细分领域市场机会，包括厨余垃圾处理厂、大件垃圾处理厂、装修垃圾处理厂等。同时在监管趋严的餐厨垃圾处理行业也将逐步改善当前的运行处境。由于厨余垃圾的单独处理需求，固废 3.0 时代（见图 4-28）的末端处理随之出现了厨余—焚烧—填埋的三元关系。基于国情（社会文明提高缓慢、居民参与程度低、前端管理水平低等因素），在我们的垃圾分类工作中，每一类"分出来"的垃圾处置之前都需要一种近乎苛刻的后端集中分选工艺，这将成为我国长期的特殊技术需求。针对这方面正在爆发的市场空间，长期专注于分选设备的苏州嘉诺正在做各种分类固废的后端分选装备的研发升级，他们在城市矿山、建筑垃圾、有机垃圾、可回收垃圾、大件垃圾乃至一般垃圾等方面都有相关的解决方案。

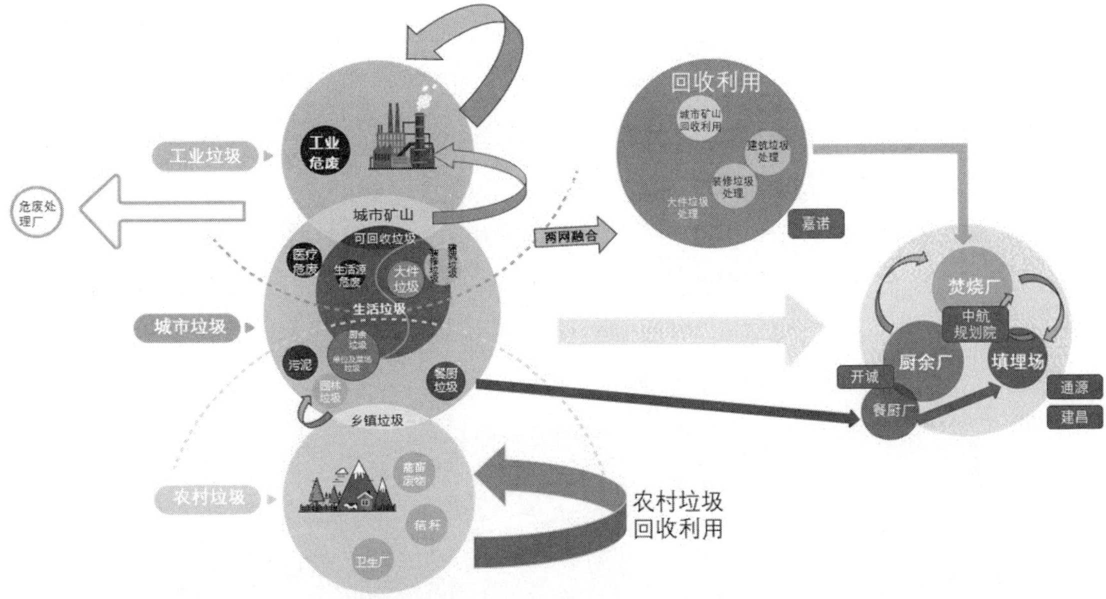

图 4-28 固废 3.0 时代（合久必分）

其中，垃圾分类不能光在短期看经济性差和群众参与度低的负面因素和阻力，深刻了解发达国家在这方面的努力背后，垃圾分类有精神文明建设的重要外溢价值。结合我国国情，需要政府先做好才能逐步带动百姓积极参与，单独的收运体系和单独的厨余垃圾处理处置厂必然需要被先建设起来。由此产生后面展开论述的厨余垃圾 PPP市场。E20 研究院固废中心负责人潘功认为，无论是哪种方式，生活垃圾源头分类都将是一场持久战，是一项系统工程，需要完善的末端分类处置设施的保障，需要分类收集、分类运输体系的支撑，需要智慧化、系统化、平台化固废管理体系的辅助，更需要法律法规的及时配套和全民意识的普遍跟进（见附录 4-4）。

目前我国固废产业中另一关注热点为建筑垃圾处理领域。这个领域之前发展受阻的核心问题是前端收集和后端资源化两方面的需求风险不可控。根据 2018 年 4 月习近平总书记考察长江流域时提出的"共抓大保护，不搞大开发"重要讲话精神，"依法从严从快打击非法排污、非法采砂等破坏沿岸生态行为"，采砂遭到遏止，建筑材料价格开始上涨，使得建筑垃圾资源化利用的产品价值出现极大提升。建筑垃圾资源化利用 BOT 项目有望在近年出现并逐渐发展壮大。

2．设计要点

（1）实践中多为垃圾分类捆绑其他环节实施 PPP。在目前的实践中很难见到垃圾分类的 PPP 项目，一个原因在于垃圾分类本身属于轻资产性质。更重要的原因可能在于环卫的系统性。垃圾分类不是一个独立的行业，而是垃圾处理的一个环节。因此，前端垃圾分类一定要与中端收集、运输，后端处理及利用相结合。

从这个角度来说，纯粹的垃圾分类PPP可能很难出现，更多是将垃圾分类、清扫、收运及处理等多个环节打包成为一个综合型PPP项目。

（2）服务内容突出多重"分类"。 国家已提出普遍推行垃圾分类制度，加快建立分类投放、分类收集、分类运输、分类处理的垃圾处理系统，形成以法治为基础、政府推动、全民参与、城乡统筹、因地制宜的垃圾分类制度，努力提高垃圾分类制度覆盖范围。垃圾分类示意图如图4-29所示。

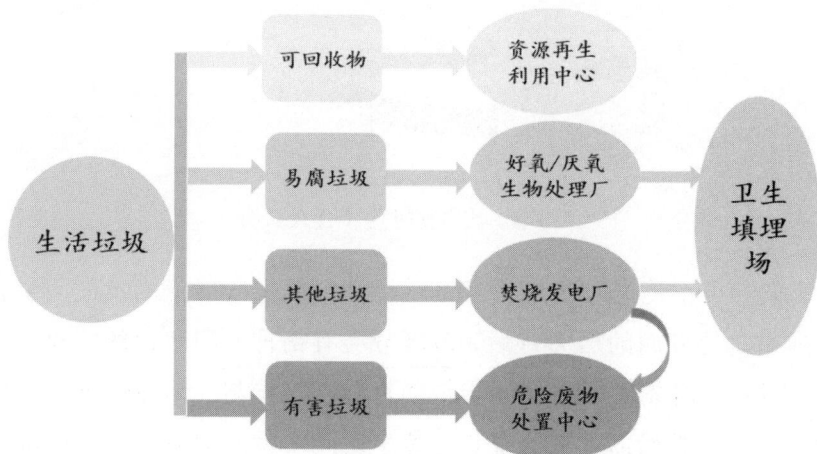

图4-29　垃圾分类示意图

资料来源：刘建国在2017（第五届）城市垃圾热点论坛上的主题发言课件

清华大学教授刘建国表示我国垃圾分类实际上可以分为3个阶段。

首先是起步阶段，后端决定前端。如北京此前只有垃圾填埋厂，没有垃圾焚烧厂，垃圾只能进入填埋厂。在没有现代化分类处理设施的情况下，分类运输也就没有意义，只能是作秀；分类投放只在培养习惯和方便"拾荒者"方面有意义。

其次是当前的发展阶段，前端制约后端。如北京、上海已经有了分类的、多样化的垃圾处理的设施，但实际分类投放率还较低，分类桶内实际上还是品质略有提高的混合垃圾。混合垃圾导致分类处理设施无法正常运行发挥效益。当前我国垃圾分类各环节还存在着一系列的问题，如图4-30所示。

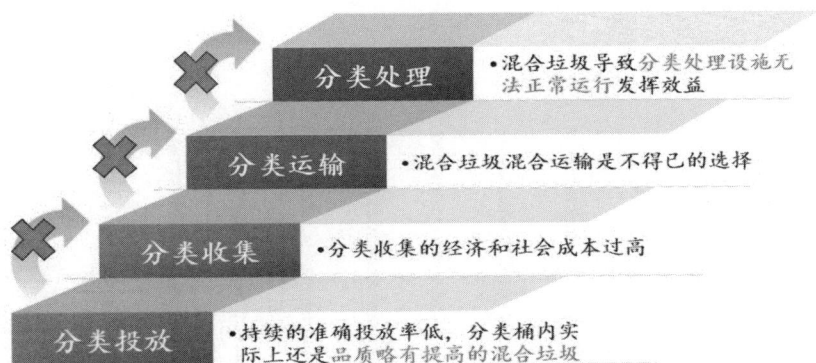

图 4-30　当前我国垃圾分类各环节存在的问题

资料来源：刘建国在 2017（第五届）城市垃圾热点论坛上的主题发言课件

　　第三阶段，成熟阶段，真正做到分类投放、分类收集、分类运输和分类处理（见图 4-31）。分类投放准确率提高，能够得到高品质的垃圾；分类收集的经济和社会成本合理化；分类垃圾严格分类运输；分类垃圾也能得到高效处理及安全利用。

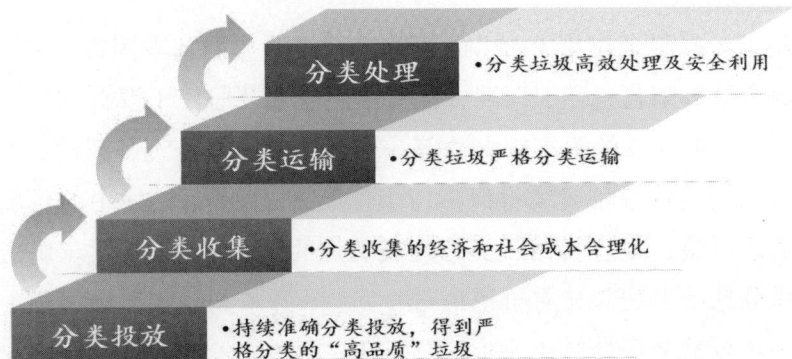

图 4-31　我国垃圾分类四个"分类"

资料来源：刘建国在 2017（第五届）城市垃圾热点论坛上的主题发言课件

　　目前处于第二阶段，因此在垃圾分离项目设计上要突出 4 个"分类"，四者缺一不可、且必须紧密衔接，任何一个环节不到位都会影响最终绩效的达成。

　　（3）厨余垃圾 PPP 市场在分类下得以形成。 随着垃圾分类工作的进一步推进，厨余垃圾的巨大产量和市场空间将在近几年逐步释放。垃圾分类下的厨余垃圾处理市场空间如图 4-32 所示。我国厨余垃圾成分具有特殊性，处理技术上的难度比餐厨垃圾还要大，未来中国特色厨余垃圾处置路线将会逐渐成熟，成为垃圾处理行业的下一个增长点。

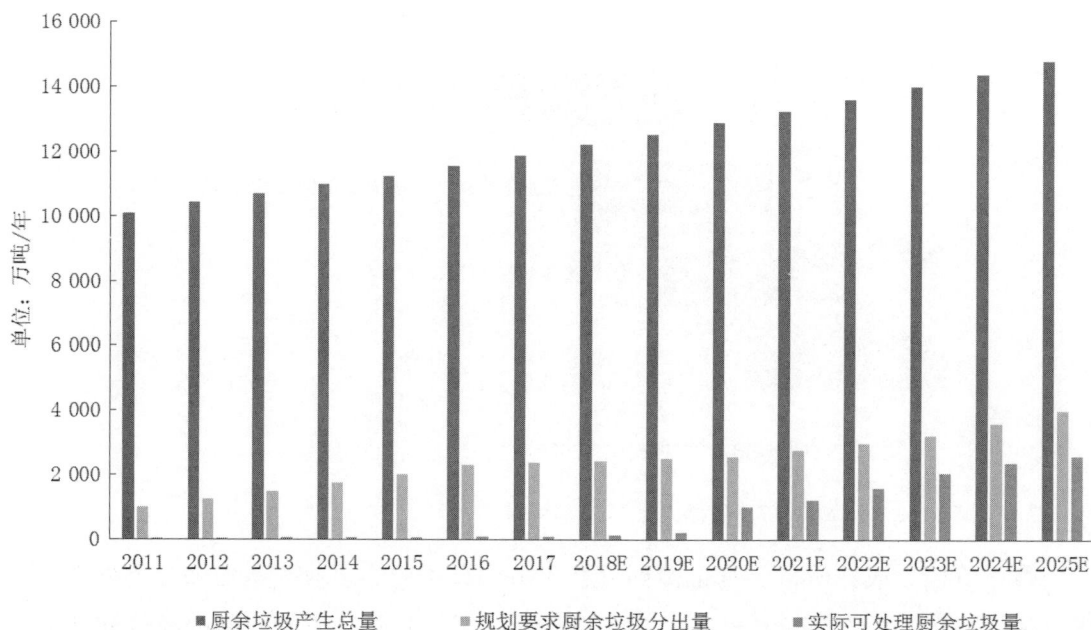

图 4-32　垃圾分类下的厨余垃圾处理市场空间

我们之所以看好厨余垃圾 PPP，除了响应垃圾分类的基本国策以外，还有一个重要的原因：厨余垃圾来自"环卫"网，在前端逐步普及居民干湿分离后，分出的湿垃圾价值依然低下，不具备像餐厨废弃物等一样被非法收集处理的风险，稳定的环卫收运体系中所分离的湿垃圾收运线将保障厨余垃圾狭义 BOT 模式中的保底量的达成，前端不存在需求风险，很容易做成类似垃圾焚烧的 b 类 PPP 模式。厨余垃圾生物反应之前的机械分选筛上物部分有价值的可以回收，达不到盈亏平衡的筛上残余混合物建议依然送去垃圾焚烧厂焚烧比要求达到零出厂标准的全部回用，在环保和经济性考量上更可取。厨余垃圾唯一的痛点是当前的技术路线还未能解决沼渣还田的问题，在低碳角度缺乏循环要素，仅仅从能源化角度与垃圾焚烧比较在全系统低碳和经济性评估方面说服力尚显不足。

苏州市环境卫生管理处副处长何晟在 2018 年接受 E20 中国固废网专访时指出，由于垃圾分类的全面推广，某个城市可能会增加新的类别的垃圾，建议在原有市场化模式的基础上，探索新增的某一类或者几类垃圾的纵向全产业链模式。他认为，垃圾分类中的热点和难点——厨余垃圾，可以探索厨余垃圾的分类投放—分类收集—分类运输—分类处置全流程市场化模式，形成完整的产业链（见附录 4-5）。E20 研究院认为，考虑到厨余垃圾处理需要处理设施及设备投资，且运营属性强，在全国深入推行垃圾分类的大背景下，此领域有望催生一批 PPP 项目。

3．案例分析

（1）**案例概况**。世行贷款宁波厨余垃圾处理厂项目是财政部 PPP 示范项目，也是厨余垃圾处理 PPP 的典范。该项目交易结构如图 4-33 所示。宁波市是国内首个利用世界银行贷款进行生活垃圾分类的城市。2013 年 6 月，世行贷款宁波市城镇生活废弃物收集循环利用示范项目举行签约仪式，标志着宁波市生活垃圾分类工作正式启动。在垃圾分类达到较高水平（2015 年城区生活垃圾分类收集覆盖面已达 65%）时，宁波市决定推进厨余垃圾处理项目。

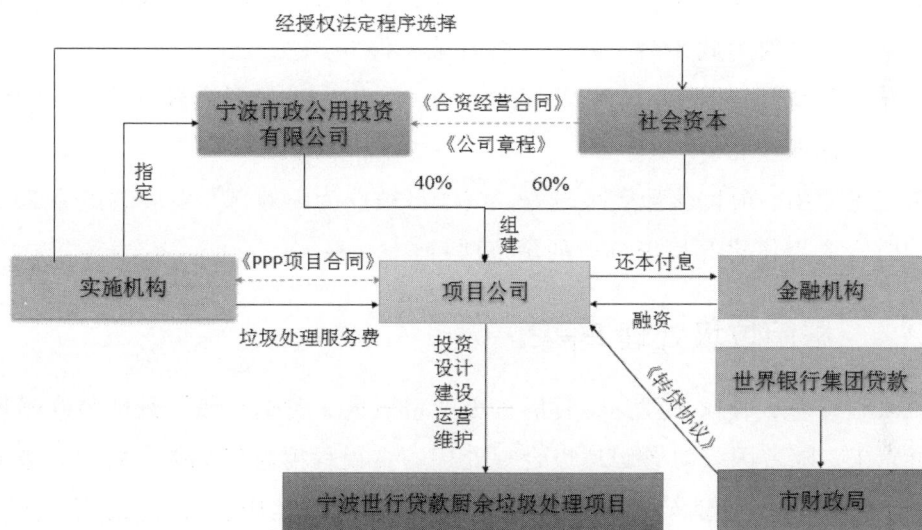

图 4-33　世行贷款宁波厨余垃圾处理厂项目交易结构

该项目包括但不限于垃圾预处理系统、厌氧发酵系统、沼气处理系统、污水处理设施、沼渣处理设施、除臭设施、公用工程以及环境教育中心。设计处理量将按一期日处理厨余垃圾 400 吨，二期日处理 800 吨的规模设计。

该项目由首创环保投资有限公司中标。2018 年 6 月，该项目已建成并投入运行。

（2）**案例简评**。本项目主要亮点在于以下方面。

第一，利用世行贷款，一方面获得了低成本、长周期的资金；另一方面得益于世行注重顶层设计，区别于传统的单体项目，世行在该项目的规划中不但对垃圾分类的能力建设进行规划，还对垃圾处理成本调研、垃圾收费机制以及末端循环经济园等进行了整体规划，分阶段、分角度进行推进。

第二，项目管理制度完善。本项目从前期规划、设计、方案编制、采购流程、绩效考核等方面遵循严格的规范。

第三，项目招标方式先进。本项目的招标采购选用了世行经典的"两步招标法"，在规范流程下确保了充分的市场竞争。两步招标法适合市场上技术方案不确定性高，政府没有能力做好技术文件，以及市场上技术方案流派差别大两种情形，而本项目这两种情况均有涉及。

第四，宁波市政府成立了由薛涛任组长，世界银行曹星、毕马威邢佶勇、中伦律所周兰萍、宁波大学李兵、华北市政院闵海华和宁波开诚朱华伦等组成的专家组与 PPP 咨询公司共同参与项目招标采购的全过程，且招标前筹备非常充分。

第五，厨余垃圾处理项目需要前端垃圾分类、厨余垃圾收运以及垃圾收费等制度作为保障，当地政府为此出台了系列配套政策文件。

第六，该项目被安排在一个统筹规划科学，附带先进的群众教育功能的固废产业园中，各方面标准较高。

基于以上原因，项目落地效果较好，该项目被选为财政部、发展改革委 PPP 示范项目；同时也成为住建部垃圾分类的示范项目。

4.2.4　餐厨垃圾处理 PPP

我国人口众多，餐饮业发达，餐厨垃圾产量巨大，餐厨垃圾处理的潜在市场不容小觑。近年来，随着国家对餐厨垃圾合规处理的重视程度越发加大，餐厨垃圾处理因其具有政府主导、企业参与的特点，开始有 PPP 模式的运用实践。从实操角度而言，前端收运与后端资源化利用所带来的需求风险是该细分领域 PPP 推进的主要影响因素。

1. 行业背景

自 2010 年第一批餐厨废弃物资源化利用和无害化处理试点城市建设以来，我国全面打开餐厨垃圾处理的市场，已有 100 个城市试点餐厨垃圾资源化利用与无害化处理。目前我国餐厨垃圾处理行业进入快速发展阶段，E20 研究院的《餐厨垃圾处理市场分析报告（2018）》指出，近年来我国经济快速发展，餐厨垃圾以每年 10% 的增速不断增长，E20 研究院认为，以城市生活垃圾产生量为基准，按照餐厨垃圾占比 45%进行估算，2017 年我国餐厨垃圾的产生量将在 9 700 万吨以上，到"十三五"末期，餐厨垃圾将突破 12 000 万吨，我国的餐厨垃圾处理市场空间巨大。据 E20 研究院测算，"十三五"期间，收运环节市场空间可达 100 亿元，处理环节为 200 亿元，运营方面将产生 190 亿元左右的市场空间，整个餐厨垃圾处理建设可落地市场空间合计有望超过 300 亿元。E20 研究院对"十二五"与"十三五"期间餐厨垃圾处理各环节市场空间进行了统计对比如图 4-34 所示。

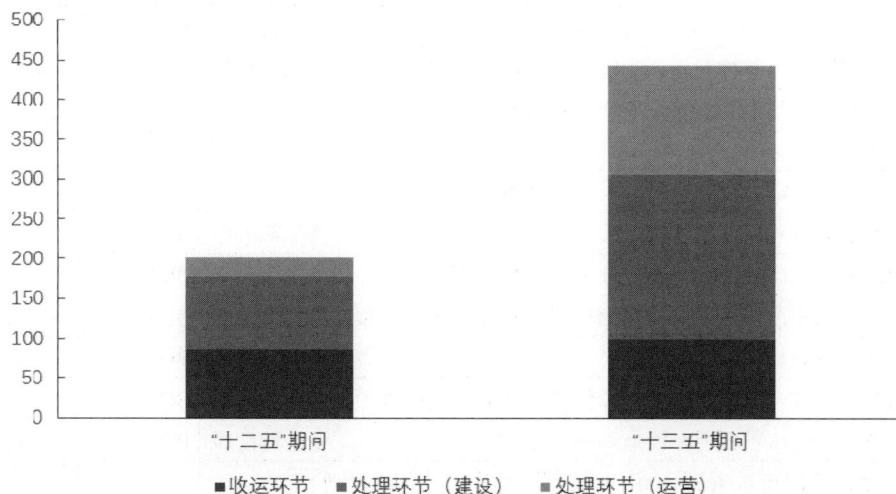

图 4-34 "十二五"与"十三五"期间餐厨垃圾处理各环节市场空间统计对比

（1）餐厨垃圾处理 PPP 概况。在 2014 年以来的 PPP 热潮中，餐厨垃圾处理领域也有部分项目采取 PPP 模式实施。截至 2018 年 8 月，财政部 PPP 综合信息平台中，共有 23 个餐厨垃圾处理 PPP 项目（见表 4-10），其中 14 个已进入执行阶段，落地率达到 61%。当然，从目前发展来看，餐厨垃圾处理工艺、边界条件、盈利模式尚在完善中，这一领域的 PPP 实践也还有不少问题亟待解决。

表 4-10 餐厨垃圾处理 PPP 项目清单

序号	项目名称	所处阶段	运作方式	投资额（万元）
1	*铜陵市餐厨废弃物资源化利用和无害化处理工程	执行阶段	BOT	7 998
2	包头市餐厨废弃物处置项目	执行阶段	BOT	9 563
3	宁波市餐厨垃圾处理厂迁建工程	执行阶段	BOT	20 882
4	*福建省福州市餐厨废弃物处理及资源化利用项目	执行阶段	BOT	25 926
5	*福建省莆田市餐厨垃圾处置场项目	执行阶段	BOT	22 656
6	*晋中市餐厨废弃物处理 PPP 项目	执行阶段	BOT	6 079
7	浙江省绍兴市循环生态产业园（一期）餐厨垃圾处理厂项目	执行阶段	BOT	27 000
8	丽水市餐厨废弃物处置中心项目	执行阶段	BOT	8 664
9	*长治市污泥餐厨（垃圾）处置	执行阶段	BOT	20 000
10	*黄石市黄金山餐厨废弃物处理厂项目	执行阶段	DBOT	8 092

续表

序号	项目名称	所处阶段	运作方式	投资额（万元）
11	宿迁市餐厨废弃物资源化利用和无害化处理项目	执行阶段	BOT	12 000
12	*海口市餐厨垃圾无害化处理工程	执行阶段	BOT	6 721
13	徐州市餐厨废弃物资源化利用和无害化处理项目	执行阶段	股权合作	15 000
14	*内蒙古自治区赤峰市餐厨废弃物资源化利用和无害化处理项目	执行阶段	BOT	8 017
15	广东省佛山市禅城区餐厨垃圾处理 PPP 项目	采购阶段	DBFOT	11 388
16	广西北海市餐厨垃圾处理工程	采购阶段	BOT	8 196
17	河南省洛阳市餐厨废弃物处理工程 PPP 项目	采购阶段	BOT	13 800
18	四川省绵阳市餐厨废弃物资源化利用和无害化处理项目	采购阶段	BOT	7 450
19	顺义区餐厨垃圾处理厂	采购阶段	BOT	10 181
20	河北省邯郸市餐厨废弃物资源化利用和无害化处理项目	采购阶段	BOT	13 505
21	安徽省亳州市餐厨废弃物处理 PPP 项目	采购阶段	BOT	12 708
22	湖北省黄冈市区餐厨废弃物资源化利用及无害化处理项目	采购阶段	BOT	7 151
23	浙江省绍兴市嵊州市城区餐厨垃圾收集处置 PPP 项目	准备阶段	BOOT	7 299

注　1. 项目信息来源于财政部 PPP 综合信息平台，E20 研究院整理。
　　2. *为财政部 PPP 示范项目。
　　3. 因项目库动态管理，部分项目可能已"退库"。

根据国家发展改革委、财政部印发的《循环经济发展专项资金支持餐厨废弃物资源化利用和无害化处理试点城市建设实施方案的通知》（发改办环资〔2011〕1111 号）精神，国家发改委、住房和城乡建设部、原环境保护部、农业部等中央四部自 2010 年起开始组织开展城市餐厨废弃物资源化利用和无害化处理试点工作。"十二五"期间，已成立 100 个餐厨垃圾试点城市，覆盖了 32 个省级行政区及一、二、三线城市，总体布局基本形成。根据华中科技大学环境科学与工程学院教授陈朱蕾对我国餐厨垃圾处理试点项目工程技术发展态势的数据分析，目前我国餐厨垃圾无害化处理和资源化利用项目，从处理规模上来说，5 批试点项目日处理规模分布差异不大（除第一批有 16 个大于 200 吨/日的项目），平均处理规模为 110～195 吨/日。目前的态势是由大规模为主转向中小规模，其中 100～200 吨/日的处理规模最具代表性，占比 46%（见图 4-35）。据 E20 研究院观察，从"十二五"末至今的形势看，新建项目开始由大规模转为中小规模，或者通过分期建设的方式逐渐缩小体量。

在处理工艺方面，厌氧发酵仍是餐厨垃圾处理的主要工艺，好氧堆肥和饲料化占较少，常见于 50 吨/日以下的中小规模项目。试点城市工艺技术分析如图 4-36 所示。

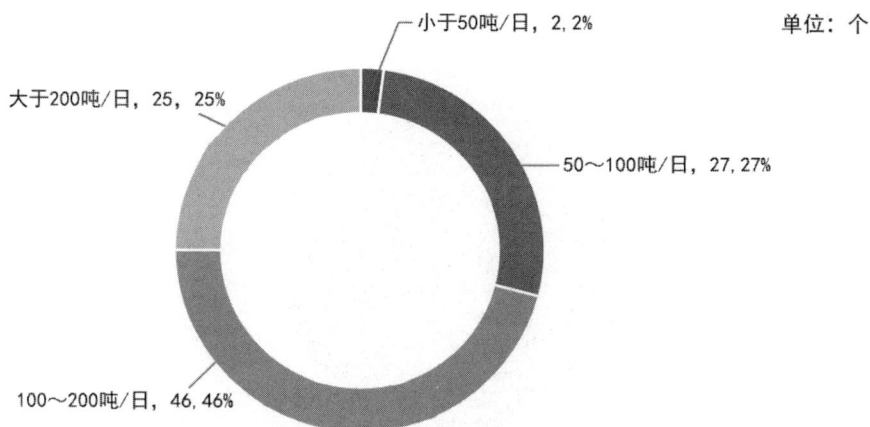

图 4-35　5 批试点城市不同处理规模项目数量统计

资料来源：华中科技大学陈朱蕾教授

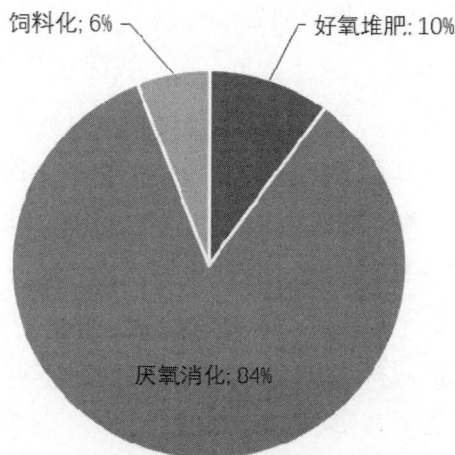

图 4-36　试点城市工艺技术分析

资料资源：华中科技大学陈朱蕾教授

单座处理设施的平均项目投资约为 1.09 亿元，其中 5 000 万～10 000 万元投资的餐厨垃圾处理厂最具代表性。以代表性规模（101～200 吨/日）为测算参照，试点项目单位投资为 40～80 万元/吨·日。试点城市项目投资规模统计如图 4-37 所示。

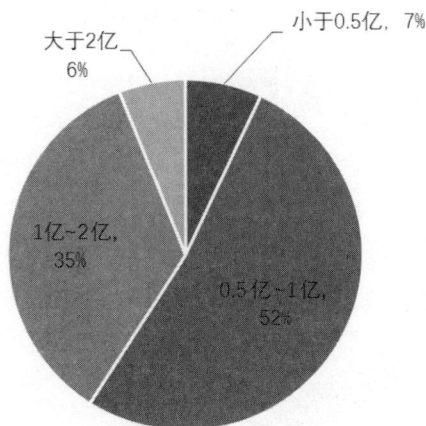

图 4-37 试点城市项目投资规模统计

（2）三大痛点束缚餐厨垃圾处理行业发展。 E20 研究院调研显示，目前我国的餐厨垃圾处理行业仍然存在以下几个问题。

1）起步较晚，体系不健全。"十二五"期间我国才开始重视餐厨垃圾的合规处理，而长期以来餐厨垃圾分类、收运模式不够健全，政府缺乏对餐厨垃圾收运、分类的统一管理，多数文件仅停留在政策层面，落地情况不佳，监管、执法等问题层出不穷，致使产业链上下游衔接不畅，进而直接导致餐厨垃圾处理厂原料供给不足，餐厨垃圾合规处理率低，使得某些餐厨垃圾处理厂运营困难。

2）运营模式不成熟。我国餐厨垃圾处理主要本着政府主导、企业参与的原则，投资模式目前主要有政府投资、BOT、BOO 等。据 E20 研究院统计，目前在我国的餐厨垃圾处理项目中，主要以 BOT 模式为主。

餐厨垃圾处理项目的建设和运营日趋专业，但是大部分城市尚未形成整体的长效运营机制。由于餐厨垃圾中包含"地沟油"等高价值资源，极易流向"黑作坊"等长期存在的非法利益链，其产业链上下游的衔接是一大难题。在餐厨垃圾从产生到处理的全流程中，如何攻克收运难题，打通全产业链是目前传统项目中值得关注的关键一环。由于餐厨垃圾处理处置是民生工程，在餐厨垃圾产生单位、政府部门、餐厨垃圾处理企业三者之间，如何打造一种有效的运营模式，保证整个餐厨行业良好有序的运转，仍然需要不断探索。

3）盈利模式尚未理顺。已运行项目可持续盈利能力有限，商业闭环尚未形成。规模化的餐厨垃圾处理项目主要依靠资源化产品销售收入，还需要政府补贴。企业销售资源化产品时，需要进行销售渠道的搭建，产品销售收入的稳定性难以保证。分布式的处理模式则以社区的公益性服务为主，大多为垃圾分类的推广环节之一，基本运营依赖于社区居委会、物业及部分公益基金会提供的人力和物力补贴，产物（有机肥）大多由居民以垃圾分类奖励产品的形式领取，并无资源化产品收入。

餐厨垃圾处置具有一定的公益属性，政府有义务进行政策和经济方面的扶持，但过度依靠政府补贴的病态商业模式势必难以为继，探寻完整的商业闭环将是行业和政府需共同面对、克服的瓶颈之困。

（3）**PPP 是餐厨垃圾处理的可行模式**。据 E20 研究院统计，餐厨垃圾项目的处理规模大多在 200 吨/日，在此前试点中有一半以上的项目投资为 0.5 亿～1 亿元，单座处理设施的平均投资为 1.09 亿元。此类项目合作期一般为 20～30 年，符合 PPP 项目 10 年以上合作期限的要求。

就餐厨垃圾的行业特点而言，在餐厨垃圾的收运及处置过程中，需要政府部门的管理和监督，以保障餐厨项目的正常运行。政府在管理过程中，以收运处理一体化的方式将特许经营权交给企业，且这些企业多为民营企业，承担着试点城市的建设项目。由此可以看出，餐厨垃圾处理项目具有典型 PPP 模式的特点。

2. 设计要点

（1）**最大风险在收运**。在 2016（第十届）固废战略论坛中，北京工商大学环境科学与工程系主任任连海分享了"十二五"期间餐厨废弃物领域的进展及"十三五"期间需要面对的问题。其中，餐厨垃圾收运是他强调的一大问题。他指出，很多餐厨垃圾处理工程都运行得不好，锅搭好了没有米，设备建好了不能满负荷运转。

E20 研究院在 2018 年 3 月对财政部 PPP 综合信息平台中餐厨垃圾处理项目进行了数据分析，发现收运确实成为餐厨垃圾处理 PPP 的主要难点。因存在地沟油等潜在利润，收运难成为已建成投产的餐厨垃圾项目实际运行中的一个挑战，餐厨厂吃不饱的状态非常突出。

餐厨收运模式可划分为三种：第一种模式，政府负责安排收集运输餐厨垃圾，之后直接运送至餐厨垃圾处理厂集中处理；第二种模式，政府委托第三方开展收运，第三方与负责范围内的相关餐饮单位签订收运协议开展单独收集作业，之后运送至餐厨厂集中处理；第三种模式，一家企业完成餐厨垃圾收运到处理的全过程运作。第三种模式简称收运一体模式，而另外两种模式简称非收运一体模式。前述宿迁市餐厨废弃物资源化利用和无害化处理项目中，实际上属于收运一体化模式。该项目实施方案指出，餐厨废弃物的收运是餐厨废弃物规范管理中的一个重要环节，收集运输质量的把握和效率的高低直接影响到终端处置的正常运行，其成本主要包括收运系统的折旧、收运车辆的维修及运营、收运人员的工资等。该项目采取收集、运输、处理和处置一体化方案，有利于提高餐厨废弃物的收运质量，便于后续的资源化处理，但该环节不产生任何收入来源，其运营成本需要政府全额进行补贴。

E20 研究院对入库餐厨垃圾处理项目进行统计分析时发现，四成餐厨项目以收运一体化模式开展。在项目实际运作过程中，收运一体模式又可被划分为两类：一种尽管为收运一体模式，可能存在两个单独协议，收运协议与处理协议由一家社会资本同时签约，这类模式与政府将餐厨交由第三方收运并无实质区别；另外一种一体化模式中，政府会设置反向保底。反向保底是对传统保底方式的反转，由项目公司向实施机构提供最低的处置量保证，承诺项目公司只有达到承诺保底处置量，才能按正常单价获得处置费。若未能实现，则只能按照实际处置量接受低于正常单价的处置费。同时，在项目公司超额完成保底处置量的情况下，实施机构将给予一定奖励。由于收运是处置的前提，通过"反向保底"机制的设计，少罚多奖，可以有效激励项目公司主动甚至超额完成收运工作。反向保底的设计机制，将餐厨收运难的问题完全转移至社会资本方，政府则退至监管角色。据 E20 研究院统计，有四成项目设置了反向保底。反向保底情形的存在，在某种程度上反映出收运本身难度之大。

除此之外，为攻克收运环节的难题，有项目通过设置"目标处理量"指标的要求，来对政府及社会资本的风险和收益进行权衡调整，以期实现风险共担和利益激励。在宿迁市餐厨废弃物资源化利用和无害化处理项目中，目标处理量是政府给予社会投资人的服务销售量保障，当项目运营未能达到目标处理量要求时，政府按预定补贴价格和实际处理量支付补贴，本着"风险共担"的原则，实际处理量与目标处理量之间的不足差额按补贴价格的 40% 支付；如果项目运营收运量超过了目标处理量，则政府将按预定补贴价格和目标处理量支付补贴价格，本着"利益共享"的原则，实际处理量与目标处理量之间的超额处理量按补贴价格的 60% 支付。可见，目标处理量既是基于项目运营目标而建立，又是对餐厨废弃物处置项目服务水平的基本要求，出于目标激励的要求，如果项目运营处理量超过了目标处理量，则项目公司可以获得超额的收益奖励，若项目运营尚未达到目标处理量，则项目公司会面临收益损失。

（2）**根本出路在创收**。和生活垃圾处理效率最大化一致，餐厨垃圾处理良性的运作模式或者发展方向是资源化，即创造更多经营性收入来源。

餐厨垃圾资源化产品大致分为：生物柴油、提纯沼气、有机肥 3 种。生物柴油一方面价格浮动范围较大；另一方面很多地方政府部门对生物柴油的推广还在试验过程中，进入成品油销售体系诸多条件尚不成熟，还不能全面推向市场。生物柴油产品也需通过国家有关权威部门的监测，才能保证后端销路问题。沼气提纯后往往用于沼气车辆使用，然而因前端餐厨废弃物收运数量质量问题，沼气产量存在不稳定性供应问题，产品的稳定输出对销售体系有不少影响。另外，沼气提纯成本不菲，而产品的可替代性较强，市场竞争力不大。大多中等规模的厌氧发酵型餐厨垃圾处理企业，其沼气均以厂区内自用，或在静脉产业园内供给其他企业实现上下游资源流通为主，输出并取得盈利仍有难度。有机肥亦存在产业链打通问题，由于农业端有机肥产品准入许可严苛，而我国餐厨垃圾成分复杂，产品无法实现顺利归土也是摆在现实面前的一道难题。此外，近年来出现了以"黑水虻""蟑螂"等为代表的新兴生物处理模式，利用生物处理餐厨垃圾后制成高蛋白饲料进入农业市场，这种处理模式已在广州等地有所实践。新兴生物处理方式在盈利能力方面具有一定优势，但其潜在的种群可控性问题、传染疾病风险及可能带来的邻避效应，使其短期内还无法大规模复制推广。

餐厨垃圾处理之后资源实际利用的困境，和后文畜禽养殖废弃物处理的能源化、肥料化难题是相似的，这里不再赘述。

（3）**主要风险在两头。**餐厨垃圾处理 PPP 项目，其中间处理环节在技术上不是问题，主要风险在两头——前端的收运风险、后端的需求风险。后者实际是可以生产出资源化产品，但这种资源化产品面临市场需求不足、难以变现的风险，这在"根本在创收"已进行说明，此处不再赘述。

需要强调的是，前端收运风险。从理论上说，餐厨垃圾收运的对象是机关、企事业单位、学校、餐厅，比居民厨余垃圾收运更集中、供应量波动较小，也不同于居民生活垃圾收运供应不稳定。但由于非正规渠道处置，如地沟油、泔水养殖等所带来的可观经济利益诱惑，导致高附加值成分（如地沟油）被截留，由此合法合规的餐厨垃圾处理 PPP 项目可能无法完全获得餐厨垃圾资源，或者只能获得高附加值成分被分离后剩余的餐厨垃圾。在餐厨垃圾收运环节，政府不能缺位，应当在制度建设、日常监管方面有所作为。

在技术层面上，"智能化设备+物联网管控+大数据分析"可能成为行业突破的重点，颠覆传统收运模式，实现餐厨垃圾管理与信息技术的无缝融合，有效提高餐厨垃圾全程监管的效率，并降低餐厨垃圾处理 PPP 项目的整体运营成本[①]。

（4）**实施基础在制度。**餐厨垃圾从收运到处置、考核及付费的各个环节，涉及多

---

① 对话：市场红利何在？餐厨垃圾处理或将走向智能化、数据化、协同化，E20 水网固废网，2018-06-27。

方主体。项目的顺利实施需要完备的制度作为基础。

以财政部示范项目——晋中市餐厨废弃物处理 PPP 项目为例。项目所在地晋中市于 2014 年 9 月被列入国家第四批餐厨废弃物资源化利用和无害化处理试点城市。当地先后出台《晋中市餐厨废弃物管理办法》，并编制完成《晋中市整治餐厨废弃物油脂联动执法实施办法》《晋中市餐厨垃圾收运处理暂行方案》等配套文件，确保项目各环节有制度作为支撑。2018 年，该市还研究出台《晋中市餐厨废弃物管理条例》。

宁波餐厨 PPP 项目也同样在制度上做了很多准备工作，包括出台《宁波市餐厨垃圾管理办法》，委托第三方编制《宁波市餐厨垃圾处理项目运营绩效考核管理办法》《宁波市餐厨垃圾处理项目运营绩效考核实施细则》《宁波市餐厨垃圾处置考核支付管理办法》等配套政策。

目前我国尚未在国家层面出台详尽的政策配套标准，餐厨垃圾处理项目大多依靠地方政策的配合进行探索。行业的规模化发展离不开规则的完备，未来国家层面餐厨垃圾处理行业的统一规范、配套政策的出台不可或缺。

3．案例分析

（1）案例概况。宿迁市餐厨废弃物资源化利用和无害化处理项目总投资约 1.2 亿元，其中一期工程投资额约 0.8 亿元。

该项目的收运范围一期将实现宿迁市辖区（宿城区、宿豫区、宿迁经济技术开发区、洋河新区、湖滨新区和苏宿工业园区）范围的全覆盖，二期预计将覆盖到宿迁市的沭阳县、泗阳县、泗洪县。项目主要包括餐厨废弃物及废弃油脂的收集运输、预处理、全混厌氧发酵、废弃油脂处理、沼气利用及除臭等。光大国际于 2016 年 1 月公布中标宿迁餐厨垃圾处理项目，光大国际占股 80%，宿迁市政府占股 20%。

本项目主要采用厌氧消化工艺，处理规模为 200 吨/日，分两期实施，其中一期规模为 100 吨/日，二期规模为 100 吨/日；废弃油脂的处理规模为 28.3 吨/日，采用油脂提取工艺进行处置。

本项目的回报机制为典型的可行性缺口补助，且有较好的激励相容特征。该项目实施方案显示，项目投资收益主要包括：① 以政府购买服务的形式定期支付项目合理的餐厨废弃物处理服务费；② 餐厨废弃物资源化利用（沼气和粗油脂）带来的收入。本项目实施方案测算时，将投资人的项目投资收益率确定为 8%～10%，并且规定在投资人谈判时，由社会资本提出投资收益率，要求不高于一个确定的比例（8%），作为未来二期扩建时的参考。

项目合作期为 30 年。

该项目交易结构如图 4-38 所示。

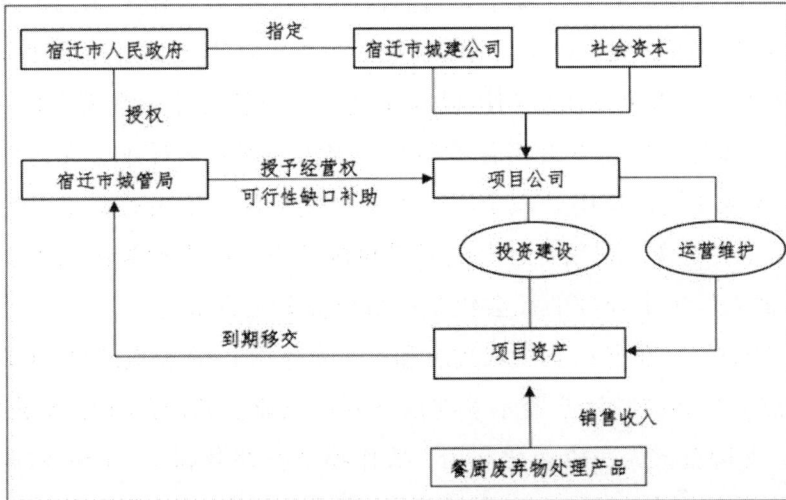

图 4-38　宿迁市餐厨废弃物资源化利用和无害化处理项目交易结构

（2）案例简评。在整个项目收益机制设计中，餐厨废弃物处理服务费采用保本微利的原则，沼气和粗油脂的利用和销售部分允许社会资本获得相对超额的利润，以提高社会资本在餐厨废弃物资源化利用方面的积极性。如前所述，项目实施过程中需从制度等方面确保餐厨废弃物收运到位，避免出现"地沟油"非法收运及处置，从而影响合法合规餐厨 PPP 项目的实施落地。

4.2.5　畜禽养殖废弃物处理 PPP

畜禽养殖废弃物是农业面源污染的主要来源之一。随着农村环境整治工作逐步深入，畜禽养殖废弃物处理领域渐渐出现 PPP 项目机会。

1. 行业背景

《国务院办公厅关于加快推进畜禽养殖废弃物资源化利用的意见》（国办发〔2017〕48 号）："坚持政府支持、企业主体、市场化运作的方针，坚持源头减量、过程控制、末端利用的治理路径，以畜牧大县和规模养殖场为重点，以沼气和生物天然气为主要处理方向，以农用有机肥和农村能源为主要利用方向"；"鼓励在养殖密集区域建立粪污集中处理中心，探索规模化、专业化、社会化运营机制"；"支持采取政府和社会资本合作（PPP）模式，调动社会资本积极性，形成畜禽粪污处理全产业链"；"地方财政要加大畜禽养殖废弃物资源化利用投入，支持规模养殖场、第三方处理企业、社会化服务组织建设粪污处理设施，积极推广使用有机肥。"

《关于整县推进畜禽粪污资源化利用的通知》（发改办农经〔2017〕1352号）提出了具体支持措施。2018—2020年，国家发展改革委、农业部重点选择200个以上畜牧大县开展畜禽粪污处理和资源化利用设施建设，每个县按养殖规模支持3 000万元到6 000万元。支持的内容包括规模化养殖场（粪污处理利用设施、粪污处理配套设施改造升级）、区域性粪污集中处理中心、大型沼气工程。中央投资重点支持包括畜禽粪污收集、贮存、处理、利用等环节的基础设施建设。中央预算内重点支持规模养殖场（户）、畜禽粪污集中处理的社会化服务组织等第三方机构。

此外，《关于深入推进农业领域政府和社会资本合作的实施意见》（财金〔2017〕50号）："重点引导和鼓励社会资本参与以下领域农业公共产品和服务供给：（一）农业绿色发展。支持畜禽粪污资源化利用、农作物秸秆综合利用、废旧农膜回收、病死畜禽无害化处理，支持规模化大型沼气工程……"《中共中央 国务院关于实施乡村振兴战略的意见》（2018）要求加强农村突出环境问题综合治理，加强农业面源污染防治，推进有机肥替代化肥、畜禽粪污处理。

在技术层面，畜禽粪便的主要治理思路是资源利用"两化"——肥料化（有机肥）和能源化（沼气）。

畜禽粪便等农业源废弃物与餐厨垃圾同属于有机固体废弃物，在处理技术、产品销售模式等方面有诸多相似之处。如何将原料、资本和市场有机结合起来，是畜禽养殖废弃物处理行业面临的主要难题。

2. 设计要点

畜禽养殖废弃物处理PPP设计需要重点考虑现实难点，回报机制与商业模式创新。

（1）四个难点。第一，责任主体问题。按照现行规定，污染者（养殖户）应自建自管污染处理设施，或者委托第三方建设管理。但通过PPP，政府实际介入这一领域，可能增加政府财政支出责任。

第二，相关方付费意愿问题。理论上来说，此类项目应由污染者（养殖户）付费。在PPP模式下政府可能也承担部分支出责任。涉及后端诸如农业经营，则可能包括使用者（种植户）付费的安排。但从实践中，各方付费意愿普遍偏低。

第三，资源利用问题。如畜禽养殖废弃物处理后端资源化利用为产出有机肥/沼气，资源产品存在是否具备稳定性、安全性/无害化、便利性、消费季节性等不确定因素，会影响资源化利用的效率，反过来影响整个畜禽养殖废弃物处理 PPP 项目的实施落地。

第四，运营风险。畜禽粪便处理的末端环节大部分都将与农业衔接，但对环保企业而言，农业经营属于高风险领域。此外，农业种养还涉及土地流转问题，在当前农村耕地家庭联产承包责任制下，和农户利益协调的难度较高。与餐厨垃圾资源化产品类似，畜禽粪便的末端产品有机肥、沼气亦存在产品可替代性，从而面临销路风险。

总体而言，畜禽粪便处理行业与餐厨垃圾处理行业商业风险类似。但由于畜禽粪便处理产生端集中在农村地区，作为第三方付费的商业行为，政府无法强制消纳资源化产品，为其建立完整的销售渠道并完成上下游整合贯通，在整体支付能力较弱、集约化程度极低的农村地区相较之下难度更大，产生需求风险、财务脆弱的风险也更大。

（2）回报机制与商业模式创新。顺利实施畜禽养殖废弃物处理 PPP 项目，需要明确合理的路径：一方面，处理是基础；另一方面，利用才是出路。因此，一般来说，参与主体为环保治理+生态产业运营商的组合或企业集团，付费机制上则是经营收入为主、政府财政可行性缺口补助为辅。当然，核心在于回报机制与商业模式的合理设计。就目前而言，成功的项目比较少，也是政府的难点之一，在探索过程当中我们还看到可以分为畜禽养殖废弃物处理和资源化利用"种养结合"捆绑及"种养结合"拆分两种模式（见图 4-39、图 4-40）。

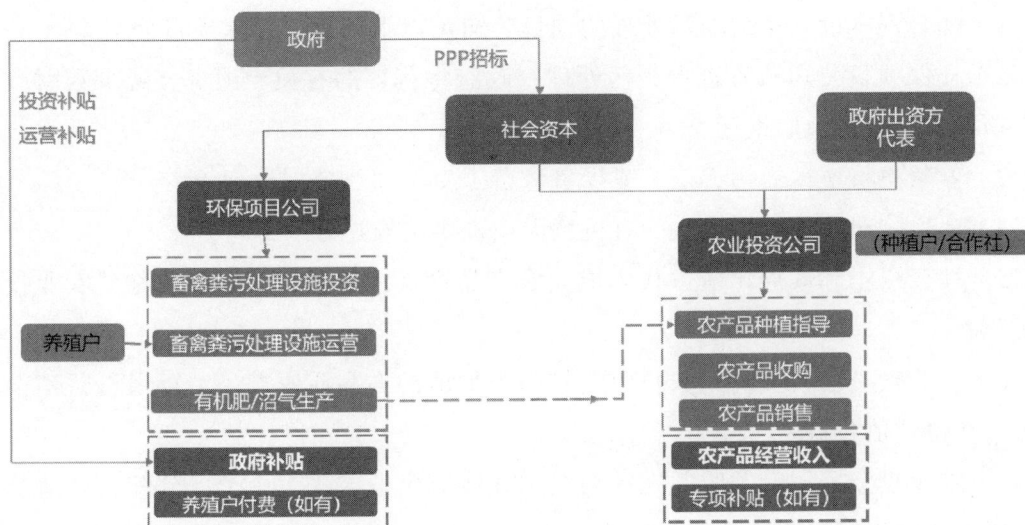

图 4-39 畜禽养殖废弃物处理和资源化利用——"种养结合"捆绑模式

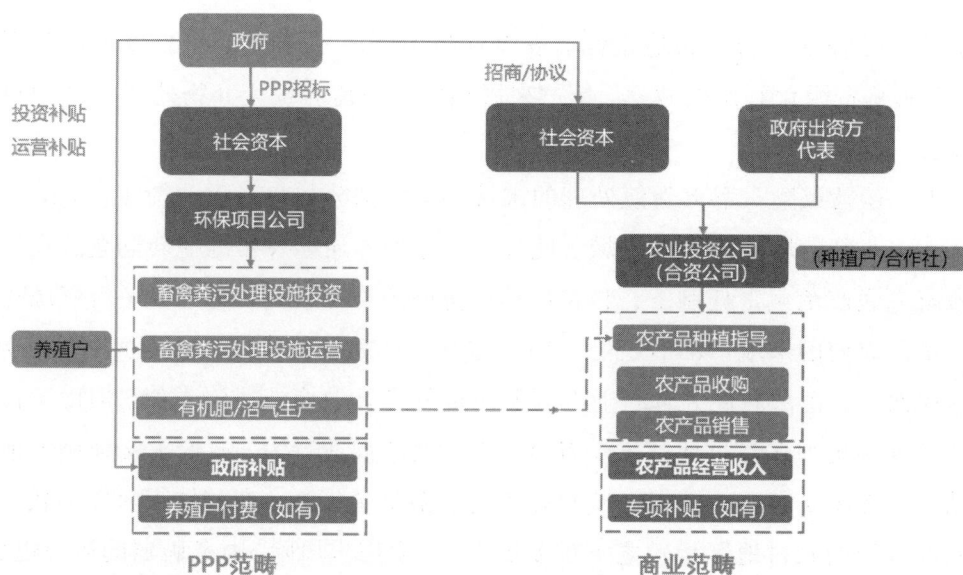

图 4-40　畜禽养殖废弃物处理和资源化利用——"种养结合"拆分模式

其中，在"捆绑模式"中，政府一次性引入社会资本，由社会资本独资或合资实施畜禽养殖废弃物处理处置设施的投资、建设和运营；同时，由社会资本与地方政府出资方代表合资设立农业投资公司，负责农业端的种植（指导）、农产品收购与销售等经营活动。

而在"拆分模式"中，具体操作流程包括：

1）社会资本设立畜禽粪污处理的项目公司（以下简称"环保项目公司"）。

2）环保项目公司负责畜禽粪污处理，政府将获得的有关专项资金或少数财政用于本项目设施建设及后期运营。

3）养殖户将畜禽粪污无偿（或少量付费）交给项目公司处理。

4）项目公司将处理后产生的有机肥无偿提供给农户。

5）社会资本和政府出资方代表成立农产品投资销售公司（以下简称"农业投资公司"）。

6）农业投资公司负责从农户收购较高附加值的高品质农产品，再通过营销渠道销售，获得增值收益。

7）农业投资公司有关收益在社会资本和政府出资方代表中予以分配，并适当向社会资本方倾斜、以弥补环保设施建设和运营投入。

3．案例分析

（1）案例概况①。

案例 1：湖北仙桃经验——政府投资+养殖户付费+合作社运营

仙桃三伏潭镇年产生畜禽干粪、粪水各 2 万吨，曾是畜禽粪污污染的重灾区。近年来，该镇在各级畜牧、环保部门的支持下，探索出了 PPP 粪污综合利用模式。政府出资 490 万元，建设了粪污集中发酵处理池、水肥一体化过滤池、吸污车、移动喷灌车、田间输送管道、中转池及其他田间工程等。这些设施设备，全部由政府出资建设和配套，并交给镇华新蔬菜专业合作社使用。合作社定期上门收集养殖户的粪水，并按每只鸡 0.5 元、每头猪 10 元的标准向养殖户收取粪污处理费。收集的粪水经发酵池发酵腐熟后，为合作社 6 000 亩蔬菜基供肥解渴。据测算，每年可收集处理畜禽养殖粪污 2 万吨，可全面解决全镇畜禽规模养殖场粪水处理难、利用难的问题。同时，种植蔬菜每亩节约肥料 200 元，每亩提高单产与价格增收 500 元，每年为合作社增收 420 万元，取得了明显的环保效益和经济效益。

案例 2：四川模式——政府补贴投运+种养户付费+沼肥资源化利用

2014 年以来，在省财政厅支持下，四川省在西充、蒲江、遂宁大安区等 6 个县（市、区）启动 PPP 模式推进畜禽粪污综合利用试点——探索以政府农业主管部门作为项目发起人，以沼渣沼液等畜禽粪污综合利用产品经销权为基础，以政府采购依法公开选择合作伙伴，以财政补贴为主要投资方式，以沼肥异地还田利用为主要形式的畜禽粪污肥料化利用 PPP 模式。

以蒲江为例。蒲江公开选择 8 家社会投资人开展伙伴式合作，在 6 个乡镇试点。购置抽渣车每辆补 5 万元，建田间沼液贮存池每口补 2 万元，转运每立方米政府补 20 元、养猪户筹 5 元、种植户筹 18 元。项目实施后，项目区 8.38 万头生猪的 10 万余立方米粪污变沼肥，还田 3.35 万亩，亩化肥施用量减 10%，土壤有机质年均提高 0.1 个百分点。土色变深，果品提高，果农亩节本增收 450 元以上，为蒲江做强有机农业奠定基础。

案例 3：安徽阜南模式——政企合作+可行性缺口补助付费+肥料/沼气

安徽省阜南县农业废弃物沼气与生物天然气开发利用 PPP 项目投资总额为 10.44 亿元。项目资本金 25%，政府方占股 15%：社会资本方占股 85%。

建设产出为 15 个沼气和生物天然气处理站点及产业相关设施的建设，对覆盖区

---

① 现下三个案例信息均来自媒体报道，E20 研究院整理。

范围内的 80%的畜禽粪污和 10%的农作物秸秆直接处理；日产沼气 18 万立方米（折合生物甲烷 10.8 万立方米），年产沼肥 16.63 万～20.99 万吨；对覆盖区内乡镇的燃气用气供应和工业园区燃气供应。

运营内容包括以下几点。① 农业废弃物处理：授权范围内畜禽粪便、秸秆、病死动物等农业废弃物的收集、中转、储存和处理。② 肥料供应：有机肥和有机无机复混肥供应。③ 生物质天然气发电；生物质天然气热电联产。④ 燃气供应：包括 LPG 供应、管道天然气供应。⑤ 项目所属设施和设备的维修、养护。合作期限：31年（1 年建设期+30 年运营期）。项目已落地，2018 年建成投产。

（2）案例简评。从以上案例可以看出，资源化、特别是与后端产业联通是畜禽养殖废弃物处理的主要出路。这也符合农业部《畜禽粪污资源化利用行动方案（2017—2020 年）》（农牧发〔2017〕11 号）中提出的"源头减量、过程控制和末端利用"的思路。该行动方案还就不同种类的养殖场提出了处置指导意见。根据农业部《畜禽粪污资源化利用行动方案（2017—2020 年）》总结绘制的不同类型养殖场废弃物处置方式如图 4-41 所示。

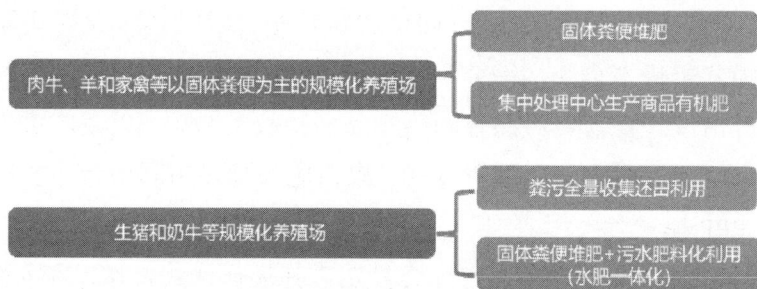

图 4-41 不同类型养殖场废弃物处置方式

4.2.6 静脉产业园 PPP

随着我国城市化、工业化进程的不断推进和人民生活水平的逐步提高，城市生活垃圾、工业固体废物、危险废物以及电子废弃物等各类固体废物的产生量越来越大，建设各种类型的集中处理处置设施已经成为解决固体废物的重要措施，园区化管理也为越来越多的城市管理者所接受，由此催生了中国静脉产业园区的建设需求，陆续出现一些静脉产业园 PPP 项目。

1. 行业背景

在土地集约利用、固废"三化"特别是资源化程度加深的背景下，静脉产业园项目增多，且部分项目采用 PPP 模式实施。

（1）**静脉产业园概念。**静脉产业是以废弃物为中心的资源再利用过程，是完成循环经济闭环的重要组成环节。循环经济的两大命脉如图 4-42 所示。废弃物的处理由收运—中间处理—最终处置 3 个过程组成，从物流的观点看，这 3 个阶段中废弃物的物流，刚好与第一、第二、第三产业的物流是完全对称的。而静脉产业正是围绕自然资源利用后排出的废弃物开展，通过回收利用其中有价值的部分，从而在一定程度上弥补动脉产业发展所需资源不足的问题。静脉产业的整个物质循环过程可总结为废弃物—回收转化—再生资源 3 个阶段。

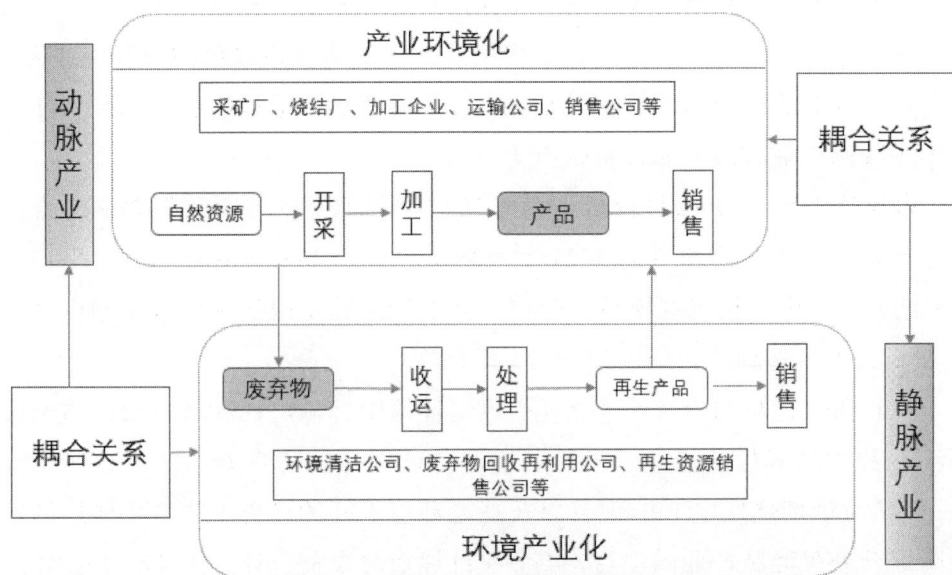

图 4-42 循环经济的两大命脉：动脉产业与静脉产业耦合共生

而静脉产业园则是指建立以静脉产业为主导的生态工业园，通过静脉产业尽可能地把传统的"资源—产品—废弃物"的线性经济模式，改造为"资源—产品—再生资源"闭环经济模式，实现生活和工业垃圾变废为宝、循环利用。静脉产业园区最重要的特点是以保障环境安全为前提，将从事静脉产业生产的企业聚集在一起，实现污染治理设施的共享，同时构建上下游产业链，以实现再生资源的最大化利用。

基于"资源共享、设施共建、物质循环、能量梯级利用"的理念，静脉产业园以形成围绕生活垃圾焚烧发电项目为核心，餐厨垃圾处理、危险废物处置、污泥处理处置、病死畜禽无害化处理，配套建设集中供热中心、污水处理中心和技术研发中心等协同处置的完整产业链，在减少时间与用地的同时，也能实现变废为宝（垃圾焚烧可发电、垃圾处理过程产沼气等）。我国静脉产业园的雏形是最早在广东等地建造的生活垃圾综合处理基地，随后一些城市依托原有垃圾卫生填埋场建设了处理园区。2006年9月，原国家环保总局颁布实施了《静脉产业类生态工业园区标准》（HJT275-2006），这标志着中国静脉产业作为一门独立产业的真正发展。2006年9月，我国第一家静脉产业类生态工业园区——青岛新天地静脉产业园区，得到了国家环境保护总局批函同意创建。

2017年10月29日，国家发展改革委、财政部和住建部联合印发《关于推进资源循环利用基地建设的指导意见》，明确"到2020年，在全国范围内布局建设50个左右资源循环利用基地，基地服务区域的废弃物资源化利用率提高30%以上，探索形成一批与城市绿色发展相适应的废弃物处理模式，切实为城市绿色循环发展提供保障"的总体目标，资源循环利用举措写进政策，有望将静脉产业园实施推向新的阶段，也为各地推进静脉产业园战略布局提供有力支撑。

（2）静脉产业园 PPP 项目分析。截至 2018 年 2 月，入库财政部 PPP 综合信息平台的静脉产业园 PPP 项目总共有 15 个，规划总投资约 173.65 亿元，项目平均投资额为 11.58 亿元。其中，投资规模最大的项目为处于采购阶段的湖南省岳阳市静脉产业园 PPP 项目，项目规划总投资约为 30.31 亿元。

处于执行阶段的项目有 4 个，分别是康恒环境中标的广西壮族自治区梧州市静脉产业园项目和黄岛区静脉产业园项目、启迪桑德中标的阿克苏地区静脉产业园（东区）——生活垃圾焚烧发电 PPP 项目以及高能环境中标的乌鲁木齐甘泉堡经济技术开发区固废综合处置静脉产业园项目，4 个项目规划总投资合计约为 47.94 亿元。

国家示范项目有 4 个，包括湖北省孝感市静脉产业园（一期）PPP 项目、乌鲁木齐甘泉堡经济技术开发区固废综合处置静脉产业园项目、阿克苏地区静脉产业园（东区）——生活垃圾焚烧发电 PPP 项目和广西壮族自治区梧州市静脉产业园项目，4 个项目规划总投资合计约为 36.88 亿元。

具体项目情况见表 4-11。

表 4-11　静脉产业园 PPP 项目清单

项目名称	所处区域	投资额（万元）	所处阶段
广西壮族自治区梧州市静脉产业园项目	广西梧州	171 900	执行阶段
安徽省安庆市静脉产业园（生产、生活垃圾终端处理）PPP 项目	安徽安庆	57 613	执行阶段
黄岛区静脉产业园项目	山东青岛	167 237	执行阶段

续表

项目名称	所处区域	投资额（万元）	所处阶段
阿克苏地区静脉产业园（东区）——生活垃圾焚烧发电 PPP 项目	新疆阿克苏	35 601	执行阶段
乌鲁木齐甘泉堡经济技术开发区固废综合处置静脉产业园项目	新疆乌鲁木齐	44 306	执行阶段
荆门市静脉产业园项目（一期）	湖北荆门	61 350	执行阶段
泰顺县静脉产业园生活垃圾无害化综合处理 PPP 项目	浙江温州	17 380	执行阶段
盐城市静脉产业园生活垃圾焚烧发电 PPP 项目	江苏盐城	66 470	采购阶段
南阳静脉产业园环保能源热电联产 PPP 项目	河南南阳	40 324	采购阶段
湖北省襄阳市宜城市静脉产业园	湖北襄阳	58 434	采购阶段
湖南省岳阳市静脉产业园 PPP 项目	湖南岳阳	303 100	采购阶段
浑源县静脉产业园 PPP 项目	山西大同	35 000	采购阶段
湖北省孝感市静脉产业园（一期）PPP 项目	湖北孝感	57 249	准备阶段
广西柳州市静脉产业园近期项目基础设施建设 PPP 项目	广西柳州	27 580	准备阶段

注　由于 PPP 项目库动态管理，部分项目已调出项目库或内容有所调整。

（3）静脉产业园分类。对财政部 PPP 中心入库的 15 个项目进行分析后发现，以建设内容作为维度，总体可分为 3 类。

1）单一类型集中的静脉产业园。这类静脉产业园主要处理某一类垃圾，或生活垃圾或工业固废。例如，单一处理工业固废的乌鲁木齐甘泉堡经济技术开发区固废综合处置静脉产业园项目，单一进行垃圾焚烧的浑源县静脉产业园 PPP 项目和阿克苏静脉产业园（东区）——生活垃圾焚烧发电项目，也包括将垃圾焚烧和垃圾填埋打包为一体的广西南宁市静脉产业园（江南）。

2）小规模复合类型集中处理的静脉产业园。此类项目通常是将生活垃圾和少量其他类型垃圾处理（如医疗处置或餐厨处理）集中处理的静脉产业园。如将生活垃圾焚烧发电和医疗处置集中在一处的河北省廊坊市三河市静脉产业园生活垃圾焚烧发电厂 PPP 项目。

3）全面综合型集中处理的静脉产业园。此类项目是将生活垃圾焚烧、餐厨垃圾处理、污泥处理、危废、建筑垃圾处理等几乎所有固体废弃物均集中在一处进行处理。比如，以"生活垃圾焚烧+餐厨垃圾处理+污泥处理+医疗废物处理"为建设内容的广西梧州市静脉产业园项目、以"生活垃圾焚烧+餐厨垃圾+污泥处理+垃圾填埋+建筑垃圾处理+电子垃圾处理"为建设内容的河北省保定市静脉产业园 PPP 项目、以"生活垃圾焚烧+餐厨垃圾处理+污泥处理+医疗废物处理+建筑垃圾处理"为建设内容的湖南省岳阳市静脉产业园 PPP 项目、以"生活垃圾焚烧+餐厨垃圾+污泥处理+建筑垃圾处理+危险废物"为建设内容的湖北省襄阳市宜城市静脉产业园。苏州光大静脉产业园区也采用了综合类静脉产业园区的布局形式，对生活垃圾、餐厨垃圾、危险废物、再生资源等进行综合处理处置[①]。

以上3种类型的静脉产业园，其建设内容、处理的垃圾类型、投资总额、项目协调难度各不相同，呈现上升的态势。值得关注的是，全面综合型静脉产业园的PPP项目数量比例最高。**在城市固废的可回收垃圾中，一类来自于回收网所覆盖的城市矿山，一类则为环卫网中分类收集的可回收垃圾。当前，我国城市环卫系统和再生资源回收系统的两网融合尚未完全打通，难以用公共服务去覆盖回收网的商业领域。**城市矿山类固废收运、处置已发展为纯商业行为，强制收运难以实现，政府不能为其提供保障。以城市矿山中的电子废弃物等为例，这类可回收资源处置的商业化程度较高，一方面，传统的后端再生资源回收企业发展成熟，如格林美年回收处理废弃物资源总量在300万吨以上，已建成覆盖广东、湖北、江西、河南、天津、江苏、山西、内蒙古、浙江、湖南十省市的十六大循环产业园，商业闭环清晰完整，政府难以以PPP模式强行介入；另一方面，前端环保领域的部分龙头企业也大举进军，如启迪桑德成立了综合型再生资源企业集团——桑德再生资源投资控股有限公司，产业涉及电子废弃物处置、危险废物处置、报废汽车拆解及再制造、锂电池回收利用、产业园区、深加工等，逐步形成了覆盖回收、初加工和深加工全产业链的格局。受制于前后端两网融合的衔接不畅，商业性明显的城市矿山类固废无法由政府介入保底，城市矿山类静脉产业园PPP还暂未出现。而来自于环卫系统的可回收垃圾，由于公共服务属性强，可以采用PPP基本模式。

（4）部分省份推动加快推进静脉产业园（基地）建设。浙江省发改委等多部门2017年7月14日联合发布《浙江省静脉产业基地建设行动计划》提出，到2020年，以设区市为重点，规划建设一批静脉产业基地。《山东省生态环境保护"十三五"规划》提出"构建区域回收和综合利用系统，促进再生资源集聚区发展，打造城市静脉产业园"；江苏南京、苏州等地的《"十三五"循环经济发展规划》均提到发展静脉产业、建设静脉产业园。部分省份对于静脉产业园建设制订了明确的计划。河南省的目标更加明确、具体，2016年4月，河南省政府办公厅印发了《关于推进静脉产业园建设的指导意见》。根据该指导意见，静脉产业园包括3类：第一，各地区根据"城市矿产"资源情况、产业基础等，依托现有产业集聚区、产业园区等，以"区中园""园

---

① 常杪，郭培坤，邵启超.中国静脉产业园区发展模式与案例研究[J]. 四川环境，2013，32（5）：118—124.

中园"形式规划建设"城市矿产"类静脉产业园；第二，省辖市城市依托现有城镇生活垃圾处理场地，规划建设一批以生活垃圾、建筑垃圾、餐厨垃圾等低值废弃物资源化利用为主的静脉产业园；第三，对于规模较小的省辖市城市和省直管县（市），可以规划建设综合类静脉产业园，实施低值废弃物以及各类生产废弃物集中处理。河南省计划建设 9 个静脉产业示范园区，分别是濮阳市静脉产业园区、宝丰县静脉产业园区、南阳市静脉产业园区、沁阳市静脉产业园区、光山县静脉产业园区、兰考县静脉产业园区、汝州市静脉产业园区、长垣县静脉产业园区、滑县静脉产业园区（见附录 4-6）。

（5）环保企业参与情况。根据中国固废网不完全统计，截至目前，光大国际、锦江环境、首创环境、中国环保、瀚蓝环境、绿色动力、启迪桑德、康恒环境、高能环境、三峰环境、上海环境等不少环保企业已经参与到静脉产业园的项目建设中。

以光大国际为例。光大国际近年来不断发力，取得的静脉产业园项目已逾 10 个。例如，2017 年 11 月 17 日，光大国际和江苏大吉环保能源大丰有限公司组成的联合体成功中标 6.6 亿元的盐城市静脉产业园区生活垃圾焚烧发电 PPP 项目，合同期限 30 年，建设内容主要为生活垃圾焚烧发电；2017 年 9 月 22 日，光大国际取得 4.36 亿元的河南省汝州市静脉产业园固体废弃物综合处理 PPP 项目，建设内容涵盖生活垃圾发电、餐厨垃圾、城市污泥等领域，合同期限 30 年；2017 年 1 月 25 日，海南省陵水县政府与光大国际签订逾 20 亿元的静脉产业园战略合作协议，建设内容涉及生活垃圾焚烧发电、污水处理、水环境治理及环卫一体化等。此外，安徽省安庆市公管局 2018 年 1 月 22 日发布公告，宣布"安庆市静脉产业园（一期）PPP 项目"将以单一来源方式采购，拟由北京环境有限公司与中国光大绿色环保有限公司联合体为本项目供应商。该项目总投资 140 208.11 万元，建设内容包括：危险废物处理中心、有机废物处理中心、配套的园区污水处理厂和园区管理中心。

启迪桑德也紧跟市场导向，在静脉产业园建设中有所斩获。2017 年 10 月 26 日，启迪桑德成功中标高达 91.7 亿元的济南市环境科技产业园投资人（社会资本方）招标项目，建设内容涉及生活垃圾暨污水处理厂污泥焚烧发电项目、餐厨垃圾处理中心项目、医疗废物处理中心项目、环保产业投资项目四部分；2017 年 7 月 7 日，启迪桑德成功中标 3.56 亿元的新疆阿克苏地区静脉产业园（东区）——生活垃圾焚烧发电 PPP 项目，建设内容以生活垃圾焚烧发电为主；2017 年 3 月 31 日，启迪桑德与湖北黄冈市人民政府达成合作框架协议，拟共同兴建"黄冈市静脉产业园"，项目总投资高达 50 亿元，建设内容包括园区基础设施、景区建设、水系治理、垃圾焚烧发电、社会停车场、城市污水处理以及城市环卫一体化综合利用，乡镇污水治理等。

部分企业则侧重以固废综合处理为核心的固废环保产业园模式，这也属于广义静脉产业园的类型。其中，瀚蓝环境拥有 3 个从源头到终端全产业链的固废处理环保产业园，包括佛山市南海固废处理环保产业园、佛山市顺德区顺控环投热电项目和开平市固废综合处理中心项目。

2．设计要点

未来各地有望出现一批静脉产业园项目的机会。和垃圾焚烧项目、餐厨处理项目相比，静脉产业园 PPP 项目数量并不多，但静脉产业园单个项目投资体量大，建设内容多，对于社会资本方而言可以获得规模效应和协同效应。而在"邻避效应"等因素影响下，生活垃圾处理、污泥处理、危废处理、建筑垃圾处理等固废处理在选址上集中有一定的必然性。

静脉产业园合作边界设置时，需要考虑固废细分领域的部门归属、技术协同、资源衔接等因素，也应厘清不同类型项目的风险、绩效及付费。比如涉及城市矿山的部分，包括废旧电器拆解等属于完全商业领域且具有经营性收入，政府不承担需求风险。

目前静脉产业园 PPP 中标的情况，多为两家或两家以上社会资本组成联合体中标。因此，不同主体之间的责任边界、合作协同至关重要。E20 研究院对个别静脉产业园的调研也发现，普遍存在共用设施及资源化利用上下游环节衔接的现象。E20 环境平台一直在推动环保产业从成本中心向价值中心转变，静脉产业园如能通过 PPP 方式充分发挥社会资本的专业优势，促进资源再利用、价值再延伸，将成为生态产业化的典型。

3．案例分析

（1）案例概况。

项目名称：安庆市静脉产业园（一期）PPP 项目。

投资规模：项目总投资估算 140 208.11 万元，其中第一阶段 77 208.11 万元，第二阶段 63 000 万元。考虑到一期项目第二阶段的实施时间、投资额度、固体废弃物处理量的不确定性，一期项目第二阶段总投资估算仅供参考，不作为本次财务测算范围。但一期项目第二阶段列入此次 PPP 项目的实施范围。

占地面积：静脉产业园（一期）PPP 项目占地面积 445 亩（1 亩约等于 666 平方米，实际征收 660 亩留作项目二期用地）。

建设内容：危险废物处理中心、有机废弃物处理中心、园区污水处理厂和园区管理中心，该建设内容包括了安庆市静脉产业园（一期）项目红线范围内的所有固体废弃物处理子项目，以及园区红线范围内、外为园区配套的市政设施。

服务内容：本项目拟采用"建设－运营—移交（BOT）"的政府和社会资本合作模式实施，采购人授权项目公司：① 为安庆市城区范围提供餐厨垃圾的收储、运输、处理和处置服务；② 为安庆市城区范围提供城镇粪便的处理和处置服务；③ 为安庆市市域（四区六县一市）及周边区域提供危险废物的分类收集、运输、处理和处置服务。

建设周期：新建安庆市危险废物处理中心（第一阶段包括危险废物焚烧设施和安全填埋场，焚烧和填埋都需增设物化预处理工序；第二阶段包括危险废物焚烧设施和安全填埋场扩容、危险废物综合利用车间、危险废物物化处理车间）；有机废弃物处理中心（第一阶段包括餐厨垃圾处理、废食用油脂处理和城镇粪便协同处理等，第二阶段包括餐厨垃圾和城镇粪便协同处理扩容、厨余垃圾处理）；配套建设园区污水处理厂、园区管理中心（含园区环境监测项目）。

回报机制：本项目中餐厨垃圾、厨余垃圾和城镇粪便处理部分为公益性项目，政府将给予可行性缺口补助；危险废物处理处置为经营性项目，项目公司通过向废弃物产生单位收取处理服务费，回收投资并获得收益。因此本项目采用"使用者付费+政府可行性缺口补助"的付费方式。

合作期限 30 年，其中建设期为 1 年，运营期为 29 年。

本项目的交易结构如图 4-43 所示。

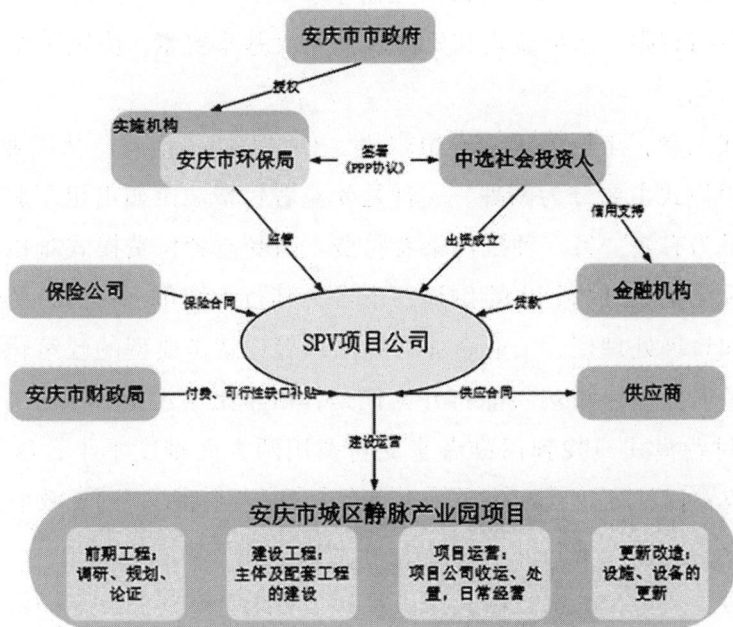

图 4-43　安庆市静脉产业园（一期）PPP 项目交易结构

（2）**案例简评**。安庆市静脉产业园（一期）PPP 项目将餐厨垃圾处理、厨余垃圾、城镇粪便处理及危废处理在地理空间上高度集聚，可节约利用土地并避免"邻避效应"；交易结构上综合设计，将经营性及非经营性的相关项目进行捆绑打包，融合使用者付费和可行性缺口补助两种付费方式，可降低政府财政支出压力，同时增强项目可融资性。

当然，静脉产业园作为多种项目类型捆绑打包的综合项目，项目合作边界、招投标条件设置等方面应考虑实际操作时可能遇到的问题，比如子项目属于不同的主管部门管理、市场上同时具备多种子项目建设运营管理能力的社会资本数量多寡等。

4.2.7 部分固废细分领域不适用 PPP 模式的分析

尽管固废诸多细分领域适用 PPP 模式，且在实践中逐渐成为较为成熟的模式，但在土壤修复、危废处理等领域，由于某些原因，并不适宜采用 PPP 进行推进。某些地方在危废领域以特许经营或 PPP 方式实施，本质上也属于 PPP 适用范围"泛化"的情形，在合规性上存在一定瑕疵。

1. 土壤修复：施工为主，商业模式无法适用 PPP

"土十条"出台后，业界对土壤修复市场抱有很高期待。而在 E20 研究院看来，对于土壤相关市场前景，要谨慎看待（见附录 4-7）。

（1）**市场空间有限**。回报模式和资产属性两大基本要素，决定了土壤治理本身不会形成很大的市场。

从回报模式上看，土壤治理领域很难建立有效的回报模式。从商业模式角度看，公共服务的回报模式主要分为两种，一种是受益者付费。比如出租车服务、燃气供应等，这种模式最为有效。另一种是污染者付费。当受益者付费模式难以建立，依靠强大的政策支持和强迫性外力，也能倒逼污染者为其行为埋单。目前，部分环保市场已经比较成功，如垃圾处理厂、工业企业污染治理等，就是典型的政策化市场、外部市场，只要政府监管到位，市场就能打开。但是，由于土壤污染涉及方方面面的问题，在找到受益者付费模式或找到污染者来支付费用两方面难度不小，缺乏具体支付主体，土地增值收益回补项目受制于土地开发管理的限制无法打通，政府的财力又十分有限，很难建立适合的商业模式，要想打开土壤治理市场困难不小。

从资产属性上看，土壤治理不具备资产属性，很难融资。土壤修复的工程投入很难作为固定资产计入资产负债表。资本市场不认可，难以通过常规金融系统进行债务融资，主要靠政府投资。如果没有有效的信贷系统支持，没有大量资本加入，土壤治理就很难形成很大的市场。

此外，从技术层面看，目前土壤治理技术在市场化基础上有欠缺。目前土壤治理主要有两类：一类是搬土，将污染地块的土壤转移填埋或焚烧处理，即异地修复；另一类是治土或养土，通过化学药剂或者植物治理等方式对土壤进行治理，即原位修复。前者见效快、费用相对后者较低，后者见效慢。总体来看，除了搬土法这种污染转移方式以外的其他模式价格都偏高，只有少量企业和科研院所在国家经费的支持下才开展了少许项目。因此，从产业主体来看，目前的土壤治理市场尚不规范。其中偶有上市公司，其主要利润也并非来自土壤治理。没有好的产业主体，很难有好的市场。

（2）土壤治理市场难以形成投建管的全周期需求。 从市场发展方向看，土壤治理突破口在污染者付费系统上，打通受益者付费的环节。

一是土壤监测市场，主要是政府购买服务。特别是在"土十条"实施过程中，应启动全国土壤污染状况详查，组织实施污染土壤治理与治理试点项目，建立规范的污染场地联合监管机制。这部分主要是监测服务，帮助政府摸清家底，如建立工业园区的土壤监测点，完善土壤信息系统、建立大数据平台。这将能够形成几百亿元的市场。

二是通过明确土壤标准，倒逼城市灰地的治理。可以通过完善国家的土地开发利用标准，对土壤开发提出刚性标准，如住宅开发需要达到什么样的土地标准，倒逼政府在拍卖土地使用权之前，对无人治理的城市灰地进行治理。也可以在具备受益者付费商业化模式的局部，实现土壤治理公司和房地产开发公司有效合作，房地产开发商付费，在土地质量、海绵城市方面，通过治理同时达到要求。但需要面对的现实是，我国土地开发一、二级市场价值流程断裂，一级开发是土地拆迁平整，二级开发是通过土地招拍挂获取土地。所以，企业很难在土壤治理过程中获得收益。

三是有机农业领域企业自发进行土壤治理，可能形成一个颠覆性的土壤治理市场。这部分公司既不是环保公司也不是农业公司，它们具有强大的产业链前伸和后延能力。有些新农业领域的公司已经在尝试这一模式。这种企业自发改善土质，通过产品销售回收土壤治理成本。这种经营性开发替代环保支出的模式，理论上来说，是环境治理中最受鼓励的模式，是未来的发展方向。这是纯粹竞争市场，市场总量无法统计。

四是强化工业追责，倒逼企业为土壤污染埋单。例如，国外对土地污染实行终身追责，工业企业必须经常向国家报告企业土地的污染情况。如果想要流转，就必须将土地治理到一定程度。而我国现在还没有土地污染的追溯系统，这就造成大量污染场地无人为治理买单。一旦建立追溯系统，企业就会把土地污染的成本纳入总成本，建立土地治理基金，或主动对土地进行治理。只有将环境成本内化为企业成本，最终由消费者（受益者）买单，才是最健康的发展模式。

但从以上4个主要的市场机会来看，和污水处理、垃圾处理等领域不同，土壤修复目前更多只是施工属性，无须PPP项目所体现的投资、建设及运营管理的全流程合作。其中在期限上，当前土壤修复项目通常采取"将污染地块的土壤转移填埋或焚烧处理"的简便方式推进，一般在1~6个月，无法满足当前PPP政策规定合作期至少10年以上的要求。

（3）土壤修复应远离PPP。E20研究院在2018年对财政部PPP综合信息平台退库的数据分析显示，土壤修复项目出库比例高，在实践中难以推进。土壤修复项目出库比例达52.9%（入库土壤修复项目数量亦较少），目前政府对土壤修复的紧迫性较低，市场需求较弱。除此之外，土壤修复类项目一般为工程类项目且不包含运营性内容，此类因素均会在一定程度上影响土壤修复项目的出库比例（见附录3-1）。

土壤修复类项目没有维护和系统集成的要求，通过工程达标达到项目效果较容易，如果采用PPP模式，也就背离了其核心目的，很可能沦为单纯的融资工具。因此，E20研究院认为在土壤修复领域暂时不宜采用PPP模式。

2. 危废：转向商业经营市场，无须采用PPP模式

在工业领域，包括危废在内的"三废"治理如火如荼。当前，"三废"中的工业废水和废气治理主要以EPC模式为主，围绕优质大客户的委托运营甚至投资运营模式开始出现，第三方治理逐步落地。近年来不少环保公司及新进入环保领域的"跨界者"在危废领域实现快速扩张，但项目未来的环境风险不容忽视，且未来盈利能力是否能够稳定还存在隐忧。基于危废行政许可有限垄断格局被打破、危废价费机制市场化等特征，危废无须也不应采用PPP模式。危废分类如图4-44所示。

（1）危废经营垄断被打破。目前，我国危废管理较为严格。根据《危险废物经营许可证管理办法》，在我国境内从事危险废物收集、贮存、处置经营活动的单位，应当依照该办法的规定，领取危险废物经营许可证。具体而言，危废经营许可证按照经营方式，分为危废收集、贮存、处置综合经营许可证和危废收集经营许可证。因此，在危废经营许可证管理办法下，我国危废经营天然具有特许经营的性质。我国危废经营许可资质实行分级审批制度（资料来源《危险废物处置市场分析报告（2016）》，E20研究院）。2013年12月，国务院公布《国务院关于取消和下放一批行政审批项目的决

定》，其中由国务院环境保护行政主管部门负责的危险废物经营许可审批下放至省级环保部门。医疗废物集中处置单位的危废经营许可证，由医疗废物集中处置设施所在地设区的市级人民政府环境保护主管部门审批颁发。危废收集经营许可证，由县级人民政府环境保护主管部门审批颁发。上述前三款规定之外的危废经营许可证，由省、自治区、直辖市人民政府环境保护主管部门审批颁发。随着危废经营许可审批的逐级下放，危废领域有限行政垄断的格局被打破。因此，在特许经营数量的垄断实际上被取消，危废实际上从 a 类走向了纯商业领域（私有化）。

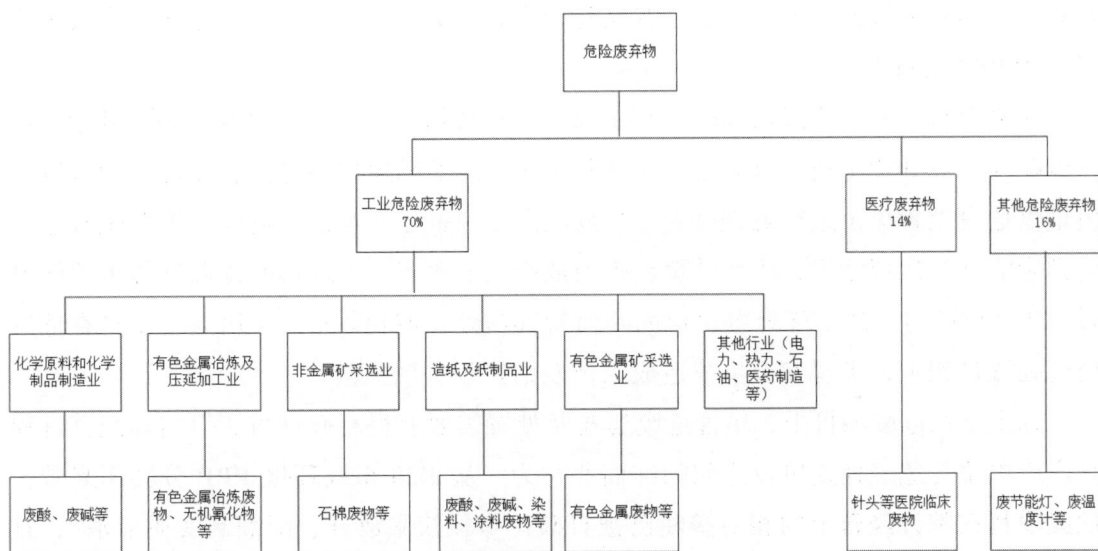

图 4-44　危废分类

资料来源：危险废物处理市场分析报告（2017），E20 研究院

（2）政府无须介入交易界面，交易深度商业化。危废项目多为纯市场化的商业行为，交易在危废产生单位与危废处理单位之间。在 E20 研究院看来，危废项目为使用者付费，需求风险由社会资本承担且部分项目为商业性项目，该类项目不应采用 PPP 模式开展。从具体实操来看，危废确实也多以纯市场化的方式进行操作。获得危废项目经营权的企业，有权向其相关的危废产生企业收取危废处理费用，由政府约束、规范、监督。

据 E20 研究院统计，目前我国危废处置项目主要采用 BOO 模式，即由企业自主投资并建设，由政府授予项目的经营权，占比 74%。企业对项目资产拥有所有权，在运营阶段属于政府监管下的市场化运营，政府对整个项目没有直接投资，由企业自主经营、自负盈亏，政府仅以提供最低处置量以及一定的政策倾向作为运营阶段的保障。

此外，在价格方面，虽然不少地方对危废处置价格制定了政府指导价，但实际价格由危废产生单位与危废处理单位基于市场行情协商约定，更具有市场交易特征。

不同于基础设施和公共服务领域因公益性而并购受到诸多监管限制，危废行业间频繁的收并购也反映出危废交易商业化特征明显。根据 E20 研究院的分析，危废行业中除传统危废处置企业快速跑马圈地以扩大市场份额外，大量新进入者也在通过跨界并购、股权增资等方式介入市场，危废行业新格局在新一轮并购潮加快形成。

（3）危废各项风险基本均由企业承担。从风险分配的角度来说，因为危废处理行业本身的纯商业属性，导致几乎所有风险均由企业方自行承担，由此也体现出其不同于一般 PPP 的特点。

危废项目主要面临经营风险、需求风险、环境风险、安全风险等风险。其中，经营风险与危废处置单位经营管理水平密切相关；需求风险主要是指有无足够的危废产生量供危废处置单位进行处理处置，当危废产生量低于预期时，危废处置单位收益会受到影响甚至出现亏损；环境风险是指因危废处置不当，出现影响外部环境事故的风险，此种风险将导致危废处置单位面临监管部门处罚或罚款；安全风险主要是在危废处理处置过程中，出现安全事故造成人员及财产损失的风险。

综上，在危废项目中，尽管危废运输及处置需要获得行政许可，但实际经营过程是产废单位与危废处置单位之间的纯商业行为。从 E20 市政环保 PPP 分类图来看，危废项目在特许经营上的相对垄断已被打破（审核权限放开、配额制实质取消），且价格在地方指导价基础上、由市场主体自行约定（而供水在内的 a 类有规定的价格听证制度，政府价格监管严格，具有刚性特征），产出绩效上也多为危废处置单位与产废单位之间基于相关法规规定进行约定（而供水在内的 a 类产出绩效由政府严格规范，对全程进行监管及公众深度参与），因此危废实际已超出 a 类政府监管性特许经营（PPP）的范畴，不宜以 PPP 的方式操作。

附录 4-1　PPP 示范项目案例选编（第二辑）——水务行业前言

国家政府和社会资本合作（PPP）示范项目的行业引领、区域带动和创新示范效应已逐步显现，PPP 模式已得到更为广泛的关注与运用。

水务行业是国内 PPP 实践较早、发展较为成熟的领域，也是当前 PPP 合作边界日益延伸、商业模式不断创新的热点。为此，财政部组织开展了对前三批 PPP 示范项目中已落地环境类项目的评估工作，积极推进水务领域案例选编项目。通过水务领域 PPP 示范项目案例剖析，以期达到规范 PPP 项目操作流程、提升项目落地质量、促进 PPP 持续发展、改善公共产品供给、推进政府职能转变的目的。

对比 2004 年《市政公用事业特许经营管理办法》出台后政府和社会资本主要在供水、污水处理等领域实施特许经营项目，自 2013 年国家推广 PPP 模式以来，水务 PPP 呈现出几大新特点。第一，范围更广，从过去城市供水、排水和污水处理拓展到原水、流域治理、农村供排水等领域，住房和城乡建设部、水利部、环保部等相关部门都有所参与。第二，商业模式创新，从供水、污水处理的单体项目扩展为区域环境综合项目；结算上政府付费、使用者付费和可行性缺口补助多种付费方式并存，并在以量计价的基础上增加了绩效付费方式。第三，《水污染防治行动计划》（以下简称"水十条"）发布之后，黑臭水体、海绵城市、水利建设、农村污水处理等多个热点被高度关注。第四，区别于以单体污水处理项目 BOT 为代表的 PPP1.0 时代，目前已进入以打包项目、一体化项目为主的 PPP2.0 时代。这种综合性体现在多个方面：一是包括若干个子项目，且项目类型多样；二是项目内容复杂，包括各类项目的投资、建设、运营；三是跨界整合，如上下游环节的整合、跨区域的整合等。与此相对应，各地对此类项目如何整体打包、长期维护如何实现、绩效如何有效约束、付费机制如何设计等问题进行了积极思考及实践探索。

总之，"水十条"发布以来，我国水环境治理进入以水生态、水经济为主要目标的水环境综合治理阶段，越来越突出区域联防联控，强调综合治理与自然修复结合，追求景观建设与生态重构。因此，选取一批流程规范、绩效清晰、有所创新的水务综合类 PPP 示范项目，供各地参考、借鉴很有必要。

为此，财政部政府和社会资本合作中心组织了一批来自行业主管部门、环保行业智库、PPP 咨询机构、律师事务所、财税及投融资等领域的专家参与本案例编写工作，针对案例从行业、政策法律、流程程序、财税、融资等方面进行了分析。

在案例选择上，专家着重从付费是否体现绩效导向、风险是否合理分配、社会资本选择是否充分竞争等维度，对财政部前三批示范项目 102 个水务行业类项目进行三轮筛选，并组织多次研讨，最终确定 10 个案例。在内容编排上，本书案例篇首先对水务行业进行了总结，就引水（原水）、供水（复合项目）、水环境综合整治（黑臭水体治理）、污水处理（农村污水）、海绵城市几个子领域，全面总结说明此类项目的特点与方向，从实操、财税、融资等角度分别凝练共性特征，提出优化建议，并归纳本案例选编中各项目值得借鉴的亮点和创新；其次从项目摘要、项目识别论证、项目采购、项目落地情况、项目监管及项目点评六部分，对 10 个项目案例进行深入剖析。从政策法律、流程程序、财税、融资等方面进行了分析和思考，为各地设计及实施此类 PPP 项目提供经验和借鉴。

附录 4-2 多种路线分步解决中国污泥处理处置问题

来源：中国水网 作者：薛涛 发表时间：2014 年 9 月 12 日

看待一个污泥处理路线的发展机会和市场路径，需要对包括政府行为偏好在内的多重制约综合分析，而不仅仅就技术或成本进行论证。本文集合笔者观察污泥市场十多年的发展，希望综合技术、市场、政府管理等方面的要素，讨论和预判一下这个特殊行业的发展。

开篇：从晒盐和煮盐说说污泥处理处置产业发展中的特殊性

本章导读：环保历来是与政府强相关性的市场，技术选择必须重视技术之外的要素。

晒盐和煮盐作为历史上制盐的两种工艺，后者虽然成本更高但却在中国历史的很长阶段都是主流工艺，除了占地等其他一些制约因素以外，最重要的原因是制盐一直是官办，而作为官方采购的定价方式，运行成本并没有便于管理重要，而煮盐在生产方面更容易被管控。这样的道理，在环保产业这样与政府采购高度相关的行业一样重要，因此，看待一个污泥处理路线的发展机会和市场路径，需要对包括政府行为偏好在内的多重制约综合分析，而不仅仅就技术或成本进行论证。本文集合笔者观察污泥市场十多年的发展，希望综合技术、市场、政府管理等方面的要素，讨论和预判一下这个特殊行业的发展。

一、技术引进秘方在污泥领域的失灵

本章导读：中国的特殊国情和特殊泥质导致期望通过惯有的市场换技术来解决中国的污泥问题并不顺利，各类污泥处理处置技术发展仍在战国时代。

经过 30 年的从无到有，到覆盖县镇的污水厂建设，我国的污水处理设施建设已经进入了一个新的阶段，对比印度等国，可以说又是一个我国政经体制在市政基础设施建设发展上独具优势的佐证。技术引进的开端主要是利用国外政府贷款等资金引入国外污水处理先进技术，并最终促成了这些技术在国内被完全掌握和国产化。同时，

伴随这样的引进也形成了像金州集团、麦王公司等以进口代理升级到 EPC 环保服务甚至投资的环保公司，更形成了包括宜兴环保产业园内诸多的国内环保设备技术公司。此外，建设部在初期的建设规范要求中，也设定在仅要求污泥脱水至含水 80% 即外运的标准，客观上促成了现在污泥市场的完整爆发，当然我们可以完全理解，从无到有中不可求全责备，成功启动和顺利普及污水处理仍然是大功一件。

引人反思的是，改革开放以来通过市场换技术的方式，从污水治理乃至通信、高铁、核电等技术引进方面百试不爽的成功模式，在污泥治理方面，虽已经过近 10 年的摸索，却不能得到很好的复制，比如唐家沱消化干化、石洞口干化焚烧等项目。简单引进国外的技术，存在无论是技术、造价还是管理等各方面表现出与中国国情适用性不足的明显问题，其原因有：中国雨污合流、市政工业污水合流等管网建设滞后带来的不同的污泥属性；出于经济发展限制和政府财力仍不富裕，对环保的重视和投入分配仍需加强的阶段性局限；全国各地经济、地理、人口、气候等条件的极不均衡和复杂；主导污水技术并在污泥路线上有强大发言权的主流市政设计院对污泥所涉及的各种跨领域学科的不熟悉；污泥处置自身的特殊性。

但是，污泥遗留问题需要解决已经刻不容缓，从 5 年前雷声大雨点小的前奏，到现在已经成了各地政府真正无法回避的环境灾难。而国外技术的引进和其在国外自身的变革反思和升级，以及国内各种更具适应性和"阶段性"的处理路线的层出不穷，甚至鱼龙混杂的某些乱局，都构成了污泥处理处置产业发展和设施建设的一道非常独特的风景。

二、污泥技术路线选择考虑的几个重要因素

对于中国的污泥处理处置技术路线选择，有哪些重要的因素需要考虑呢？

1　无害化、稳定化必须被首先确保，减量化视地区条件可能被突出，资源化之破题可能

本章导读：面对不容乐观的污染现状，率先解决无害化和稳定化，同时在东部发达地区减量化，更被视为当前之急需，资源化之蓝色经济思想可能能破除高成本和完全处置之间的矛盾，劣质建材化必须停止。

1.1　"推责"之不能倒逼出的污泥处置商机在低价要求中徘徊

正如前文所述，20 年前的引进和建设的标准，留下了含水 80% 的污泥，而这些作为污水中几乎全部污染物（很多成分同时也是资源）载体的污泥，直接进入填埋场破坏其正常结构并导致二次污染的发生，更普遍的是填埋场拒绝接收后被不当弃置，这方面的案例太多。值得注意的是，随着排水条例的发布，不同于以往的得过且过，

在江苏省南京等城市，去年开始已经有官员为此背责的案例出现，以类似于北京何某被判刑的"门头沟污泥第一案"的方式推脱责任给第三方（通过不合理低价却在合同条款中声明要求安全处置的污泥处置外包合同来转嫁风险和责任）的逃避模式已经不能再次被采用。近期的福建和厦门的污泥处置项目招标连续流标的根本原因，首先是投标企业不愿意在不合理低价和技术不成熟的情况下，接手这"烫手山芋"涉险挣钱。

福建和厦门案例另一个代表性的特征是，两个项目提出的处理费价格都是110元/吨污泥（我理解是基于每吨80%湿污泥的BOT价格），路线分别是干化或者堆肥，这样的不合理价格也是导致流标的直接原因。虽然政府已经开始真正重视环保问题，但当事关政府投入时还是不能痛下决心，成为污泥行业乃至整个环保行业面临的最大制约。

1.2 低价和政府指令导致干化填埋成为一个历史阶段的过渡措施

80%污泥直接填埋甚至弃置导致的危害这里不用细谈，因此，在资金仍不富裕的背景条件下，把无害化和稳定化作为当前首要的任务先予以保证是急迫的任务。因此，环保部提出的含水率50%的污泥进填埋场的脱水标准成了高干脱水获得大发展的一个重要契机（正如开篇提到的煮盐说所现）。第二个原因就是价格因素和信息不对称（不能深入了解和信任其他资源化加技术）。最终污泥处置手段仍然更多采用相对保守和便宜的填埋方式，由此减量化也被当作了重要的指标。一般而言，减量化技术本身往往同时可以兼顾到安全、稳定，而减量的程度取决于付出的成本。

甚于上述原因，近几年，在低成本前提下完成将湿污泥脱水至含水率50%以下并保证处理后污泥的安全稳定的技术获得了现实中的很多市场，尽管这类项目实际运行中仍需规范。基于经济上的现实压力，我国曾经有低成本为特征的以石灰搅拌实现含水率下降及稳定化的路线，但由于增量、对污泥泥质的彻底毁坏导致后续处置受限以及违背循环经济的原则，已经开始走向消亡。随后，在我国的污泥处理中出现了以山东景津为代表的板框脱水方式（也包括利用同济大学的科研能力在技术上进行了优化的上海同臣独特的叠螺式污泥脱水机），这一曾经很受关注、近期却由于为破水而必须添加化学物质而受到争议但仍在努力突破的中国式特色路线，也出现了脱胎于韩国的电渗析的国产电干化等受到关注的不需添加物质的干化技术，作为上述受制于低成本前提下的阶段性脱水的替代方向，但后者也面临很多需要克服的难题。

1.3 考虑到社会全成本，资源化终究是未来方向，国家政策全面到位前，污泥资源化企业的产业链整合能力和政策推动能力尤为重要

资源化并不是要把污泥本身当作重要的资源和财富，如果对此存在误解会进一步

带来污泥处理资金投入更加不足的尖锐矛盾，这一点在若干年前已经与垃圾资源化的偏颇理解一起被厘清了。污泥资源化的含义不是变废为宝，而是取宝于废。更重要的是，如果把农田、大气等其他非直接环境因素和成本考虑在内，资源化也许是唯一最合算的处理处置手段。当然，这样的计算和压力想完全体现到实际商业竞争中，需要政府的一系列法规和税费设计，在此之前，资源化企业利用自身在产业链整合中的能力，通过资源化的后端价值实现来减轻前端的处理费价格需求，对其相应技术在市场上的推广而言就显得尤为重要。

公认可行的资源化路线包括以中科博联、沃土为代表的好氧堆肥等将养分还原于土壤和从国外技术引进后国产化的包括安阳艾尔旺、青岛天人在内的厌氧消化将沼气热量重新利用的两大方向，还有像天津裕川的提取蛋白质（BOT 成本在 150~200 元）这类比较独特的资源化方式。

值得一提的是，由于消耗在城市的有机物多年不能得到回补，中国的耕地缺失有机质严重，带来对水环境和大气的污染，也带来化肥失效，农产品品质和产量下降和重金属含量提高的问题（土壤有机质除了本身的增产和提质作用，同时可以增加化肥的吸收减少对化肥的需求，和减少重金属被带入产品量），导致国家越来越重视提高有机肥施用的比例，这个给一直艰难的坚持土壤有机质回归土壤的资源化技术厂家以曙光，这方面也包括对嘉博文为代表的餐厨、粪便土地利用处置方向的积极影响。与之比较，虽然消化产沼气对能源实现了利用，并且由于产业链延伸方面比其他两类资源化路线简单，一直得到建设部有关方面的主推，但是，将宝贵的有机质作为能源消耗掉，其实根本上是受困于产业链延伸不易的次优选择。

由于农业部的要求，为了避免工业污水和生活污水不能完全分离，污水中的重金属通过污泥进入食物链，污泥制肥进入农肥目前存在困难，这是很多堆肥项目最终失败的一个重要原因。不过，中科博联打通了园林用肥渠道，而嘉博文本身一直有农肥的许可证，为这个重要方向的突破带来曙光。对于裕川的蛋白质提取，工艺中保证了重金属不会进入蛋白质，而蛋白可以用于工业制品，也可以进入农业，但这些也都要裕川自身完成产业链整合的工作。

在过去十多年中，污泥资源化在中国，可以用"看上去很美"来形容，其发展的步履维艰主要是受制于以下几个原因。

（1）受制于技术不够成熟以及后端产业链整合难度，早期资源化的项目大部分不成熟，包括大量不成功的堆肥项目，也包括下述的建材资源化，使当前的资源化项目取得用户信任方面面临困难；同时，由于污泥技术路线选择多样，用户在选择上也会容易迷茫，E20环境平台近期推出的环境医院就是希望在这两个方面取得突破。

（2）资源化项目产业链延伸和政策推动的难度较大，对企业的综合能力要求高，而E20污泥联盟希望在这方面能集合群力有所贡献。

（3）一些包括碳化、提蛋白等资源化的实现往往需要跨专业的工艺突破，主流设计院和行政主管部门并不熟悉，很难在政府常规项目技术路线选择中被采纳，失去了利用政府资金采购推广的机会。

（4）一些资源化项目对泥质的变化敏感性高，导致推广中不稳定。

（5）资源化方向多，较难形成准确的定义和清晰的规范。

1.4 低成本的建材化和协同处理必须禁止

值得一提的是，污泥资源化的另一个方向，即建材化，曾经以低成本方式（BOT价格在100以下）在国内出现，但不久就由于在实际应用中发生了普遍的品质低劣和二次污染现象，已落到声名狼藉的地步；这种处境，类似某些所谓可以不再产生污泥的污水处理厂改良技术，也已不被行业所普遍认可。建材化，如果做到足够安全，其成本并不低，这一点，在日本等发达国家的成功案例中可以看到。

类似的情况还发生在利用水泥窑或电厂掺烧的早期案例中。如果对污泥前期的干化预处理不足，直接掺烧对工艺和环境的影响都不容忽视。由此，浙江天通在电厂掺烧的方案中对利用余热干化做了重点突破。

2. 成本和管理能力的重要制约和分步实施接口的提前考虑

本章导读：中国地区差异巨大，受资金能力所限，能够达到彻底处置或者高度资源化的高阶项目只能适应部分地区，根据木桶理论，重视低成本下实现脱水到50%达到初步减量要求并保证处理后污泥的稳定安全的技术路线是当务之急，同时，应考虑上述权益路线不能对下一步的处置进阶带来不良影响。

2.1 笔者眼中的高阶项目其实就是安全稳定又不需要填埋作后期处置安排的项目

所谓的高阶项目，在笔者的理解里，就是同时达到减量化、安全稳定化、资源化三方面要求，或者至少在安全稳定的前提下达到减量效果非常彻底的技术路线，比如上海石洞口焚烧、上海白龙港消化、高碑店污泥消化、重庆唐家坨消化及热干化、无锡国联惠联自持焚烧项目、襄樊国新天汇热水解消化CNG及沼渣堆肥、天津裕川滨海污泥提蛋白及渣土园林利用等项目。在上述项目中由于国内泥质特殊、高额运行成本和运营管理能力等因素的限制，很多进口设备为主的项目后期运行并不顺利，即便是未来，当面对更多的中小污水厂、县、镇级政府和中西部地区的需求和实际条件，再推进"高阶"项目时必须因地制宜考虑。

成本的重要制约，是当下污泥路线选择的最主要的因素，上述高阶项目中，采用国外技术的 BOT 全成本（全面考虑建设成本和运行维护费用的生命周期全成本）大多都会超过 500 元/吨 80%含水率的湿污泥），摊到每吨污水中接近 0.4 元，对于全国平均不到一元的污水处理费用而言无疑过高，这也是前述为什么国外技术引进和推广困难的原因之一，更何况，类似石洞口、唐家坨这些引进类的高端项目，在适应中国污泥的复杂成分方面都发生了一些问题。

现阶段，在地方政府债务压力日益加重、税源收入仍然不足、融资模式尚未突破并反而受限的前提下，虽然对环保的重视和政策性资金的支持会促进一些以进口的先进技术为代表的高阶项目的产生，但这些高阶项目更多的会出现在北京、上海、广州等一线发达城市的 30 万吨以上的大型污水处理项目中，污水厂体量符合高阶项目的规模经济需求，并具有示范项目的性质，为未来的技术发展提供模板。

2.2 国产高阶项目正在节节突破

同时，我们欣喜地看到，国产技术为主体的高阶污泥项目在二、三线城市的大型污水处理厂中找到机会，包括国内也在自主研发具有中国特色的高阶处理处置路线，比如无锡国联开发的板框干化加后续热循环干化燃烧的方式，作为高阶项目，BOT 全成本已通过国产化自主开发降低到了近 300 元/吨泥（80%含水率），不过上述价格可能未完全覆盖由于前端板框干化方式添加物所带来的更高的尾气达标处置和焚烧后飞灰作为危废安全处置的成本，即便如此，这样的价格也远远低于国外同类路线的价格，体现了国内环保装备技术的长足进步。

在日本，除了比较常见的焚烧处理以外，还有碳化技术作为另一选择。通过引进日本巴工业的核心技术，由湖北博实开发的污泥干化加碳化技术，最终被央企中节能集团看重并收购成功，就是基于这方面的考量。虽然碳化技术仍显昂贵，但是生产出的碳粒可以成为商品出售，一定程度上回补了运行成本，成了高阶项目部分国产化（部分核心设备仍需从巴工业进口）的一个代表之作。

国产化的高阶项目中，天津裕川的污泥提蛋白及渣土园林利用和国新天汇的襄樊热水解消化沼气作 CNG 和沼渣堆肥制园林两个资源化项目也非常有特点，两者的共性都是利用了资源化的后端降低了前端的 BOT 取费要求，两者的难题也都是需要很好的打通产业链后端才能获得收益和实现全链条的消纳。相比而言，裕川的工艺路线比国新天汇的相对简单，最终价格也较低（150～200 元 BOT 成本，国新天汇在 200～250 元）。对于国新和裕川的共同的考验都是如何打通后续产业的连接问题，包括裕川的蛋白液利用的后续产业（作为发泡剂的消防产品和建材，以及回归土壤的营养液），国新的 CNG 进加气站，以及两者共性的利用园林消纳渣土的出路。但是，如果能够在这方面顺利突破，高阶项目将可以在价格上具备相当的竞争力，这个是难能可贵的，毕竟，真正要在市场上获得成功，成本是最大的制约因素。

虽然高阶项目国产技术节节突破，我们还是可以关注到，在北上广这样的一线城市的超大型污水处理厂的污泥处置，资金相对充裕的地方政府还是倾向选择国外的成熟技术，北京高碑店百万吨污水厂的污泥热水解+消化+沼渣作荒山覆盖土的项目中，普拉克和热水解的国际代表企业挪威 CAMBI 公司联合体获得了历史性的大单，不但标志着热水解技术在厌氧消化技术中的更广泛的应用，也体现了上述倾向。

2.3　高阶项目需考虑管理能力的制约，结合资源化的产业链贯通需求，从第三方服务角度带来商机

在这样的高阶项目推广中，除了成本制约必须被充分考虑意外，还有中国地区发展差异巨大所带来的欠发达地区常见的人才缺乏的瓶颈和因此带来的污水处理厂专业建设管理和运营人才的不足。当面对高阶的污泥项目建设和运营时，比如消化、热干化、碳化和焚烧都需要更好的前期项目筹备和后期运营，其所涉及的专业管理能力和资金的限制一样，一定程度上成为现阶段高阶项目能够普遍推广中需要克服的问题。

在这个问题上，借着"十八大"的政府采购公共服务的春风，更多地在污泥高阶项目中推进 PPP 类型的项目，通过 BOT 或者 DBO 这样的形式，解决地区人才和管理瓶颈，是高阶项目推广的一个重要途径，更何况资源化的高阶项目所需的跨行业的产业链整合能力，更要求污泥资源化技术企业不但要把项目"扶上马"，还要"送全程"。其实，这样的需求不但是责任，何尝不是难得的商机，这方面的代表作包括中科博联的松江项目，通过 DBO 模式，由上海市政府出资建设，又考虑到污泥产品的消纳需要对接下游企业，中科博联由此可以继续运营该项目，处理费据说在 200 元以上，获得了很好的商业收益。类似的，嘉博文和裕川的资源化项目也在这方面有很强的获利能力。

2.4　除了有序推进高阶项目，我们也要注重低阶项目的安全稳定性

那么，在目前的资金投入不足和地区发展不平衡的阶段性压力下，对于 2012 年所统计的 3 000 万吨含水率 80% 的湿污泥，有多少能有机遇在未来五年内被送到这样的高阶处理处置项目中实现彻底的妥善处置呢？估计会像我们的高考一样，千军万马过独木桥，仅有少部分优等生有机会最终考入"211"院校。正如当前中国教育的发展应注重大力完善职业教育一样，笔者呼吁中央一级主管部门，不但要关注高阶项目的示范，更要关注作为中低端的处理处置路线是否能满足安全稳定化和部分减量化的

需求，这就是木桶理论的原理，类似一个城市，将同笔资金，首先用于大幅提高污水收集和处理率，会比将某个本已经完备的污水处理厂从一级B升级到一级A甚至到回用在控制污染方面更有意义。

因此，在这样的价格阶段压力下，分步实施是技术路线选择时一个需要考虑的措施。分步实施的含义既包括在有条件的城市中选择有条件的大型污水处理厂建设"高阶项目"作为示范，也包括注重三线城市及中小城镇等地区选择成本相对更低但同时保证稳定安全化和适度减量化的路线作为第一阶段，该路线选择应对未来处理处置方式的升级有所考虑和预留接口，避免投资浪费和带来其他问题。根据目前国内污泥处置的现状，脱水到含水率至50%或以下并能够保证稳定安全性的较低成本的技术路线就像是钉在木桶短板处的急需的一块木板，虽然这些路线存在妨碍资源化的缺点需要改进，却可以在相对较低的成本下应对当前最急需的需求。

2.5　高干脱水项目与未来升级的接口

如前章所述，脱水到含水率50%的路线，包括板框脱水路线、电干化和利用工业余热的干化方式。脱水后的污泥去向填埋场只能是一个阶段性措施，因此，后段升级可能是在目前一些相对欠发达地区钉短板时必须兼顾考虑的问题。接口板框脱水受限于目前仍然不能解决不添加石灰、三氯化铁（絮凝剂）或强碱等对污泥用于土地利用资源化有妨碍的物质，因此，如果板框后接工序是无锡国联的自持焚烧，或者协同处置的水泥窑或电厂混烧，那么再减量化上可以实现得较为彻底，因此，这样的技术路线，可以分步实施，先用板框脱水填埋处置，再进一步上焚烧或混烧措施，实现全处置的目标。正规负责的板框脱水的代表企业有山东景津、浙江兴源和广州新之地，以及类似路线的上海同臣，BOT成本大约在150元（少数不良厂家有100元的价格但有不安全的风险），可以作为分步实施的一个选择。

国产电干化也是分步实施的另一个选择，相对在国内推广的并不多，无论国外还是国内的技术。这种路线所面临的问题是无法有效地降低电耗成本及对不同污泥适应性不足。据笔者了解，进口电干化包括来自韩国的电渗透技术，以及来自加拿大的平板电干化技术，国产也有包括桑德在内的两三个厂家实现了国产化。韩国电渗透虽然在韩国早已成为主流处理技术，电干化技术还在加拿大、美国、日本某些地区普遍得到成功运用甚至在日本、加拿大和美国均有成功运用。不过，受制于电耗在150千瓦时/吨80%含水湿污泥（加拿大平板电干化产品标称则达到了200千瓦时），导致仅电费开支就达到120元/吨湿污泥之多，BOT成本达到了200元，此外，国外雨污合流带来的污泥含沙量高，以及不同地区的污泥的电导率不同的问题电渗透或电干化设备一直未能很好地适应，上述两个原因导致无论国外还是国内的电干化设备在国内的推广都比较困难。电导率的差异轻则电干化设备无法脱水到60%，重则会发生电极板击穿现象。因此，作为电干化产品的生命力，一方面是要能够适应国内复杂的泥质；另一方面是如何有效降低电耗。作为上述电干化的后续处置路线，在韩国有微波干化和电加热干化两种路线，由于在前一阶段的电干化中已完成最难解决的脱水问题，后续工艺在国内的设计开发都将会比较容易。此外，电干化的污泥在实际使用上也有做覆盖土、园林培植土和林业用土的成功案例，但仍需农林有关检测机构的进一步验证。

3　周边条件制约和引导污泥处理处置路线的选择

本章导读：由于周边条件的限制或者可被利用也会很大程度地影响污泥处置路线的选择，我国的污泥处理处置必将出现百花齐放的格局。发达地区减量化要求高需要更有效的利用周边条件降低成本，3个类型的高阶项目中，资源化项目的破题在于结合周边条件的后端产业链的一体化，余热将不再是免费的午餐，而混烧会受制于电厂或水泥厂的协调。西部土地资源广阔应妥善利用降低成本，污泥堆肥等其他资源化路线。

3.1　污泥处理处置的"核心二难"与协同处置

污泥处理之所以复杂，其实前端难在"低成本的脱水"以普遍性的覆盖当前之短板，后端难在"最终的处置"。污泥不同于污水的处置，必须结合其周边条件来安排污泥的最终出路。彻底的资源化路线通过相对复杂的产业链延伸，消纳了后段的污泥资源化产品（气、肥、渣、蛋白……），而彻底的减量化路线（脱水到50%、焚烧、碳化甚至硫化）之所以和彻底资源化路线并称为高阶项目，其中一个原因就是由于污泥的彻底减量化使它的剩余物后续处置相对将是非常简单和不易受制约的，无论进行填埋、焚烧还是建材化，都在处置阶段具有可以灵活和低成本的特性。

3.2　协同处置，特别的高阶项目

但是，彻底减量化需要相对更高的投资和运营成本，而当某城市有水泥厂、电厂等情况下，开发混烧技术，或者利用余热作干化，可以通过这些配套条件降低成本，这是中国近几年不断尝试的路线。经过近些年的尝试，业内普遍总结出的结论是湿污泥直接混烧会带来板结、烟气超标等大量的问题，不可操作，使前文所述的如何实现"低成本的脱水"——湿污泥破水工艺依然重要。这方面的代表企业浙江天通，实际上走的是典型的协同处置的路线，利用电厂余热干化，再最终掺烧，飞灰资源化利用，利用协同效应在降低成本的同时达到了高阶项目的全处置标准。

值得注意的是，工业节能的日益推进也使余热不再是一个无偿的热源，该项成本需要从长考量。此外，协同处置的制约因素是需要有第三方（电厂或水泥厂）配合，存在协调难度，在部分达到条件的地方有一定竞争力。当然，这种选择也存在上述水泥或发电产业本身结构调整的风险。不过，近期国家发展改革委下达的鼓励水泥和电厂协同处置废弃物的文件，为这个方向带来利好因素。

总结来说，同样具有高阶项目的潜力，协同处置路线普遍推广所面临的难点类似资源化项目，同样需要跨行业的产业整合能力，而不是在单点上就可以完成项目。

3.3 高阶项目的总结：3 个类型

总而言之，达到全处置的高阶项目，在国内想获得商机必须克服高成本的难题，而在多年摸索后我们看到具备竞争力的高阶项目可以总结为 3 个类型。

（1）通过国产化和更高效热平衡计算降低成本要求的全减量型高阶项目——代表企业：无锡国联的自持焚烧、中节能博实的中温碳化。

（2）通过协同处置降低成本要求的高阶项目——代表企业：浙江天通的盘式热干化。

（3）通过资源化后端降低成本要求和实现全消纳的高阶项目——代表企业：天津裕川的提蛋白、北京嘉博文的制肥、中科博联的堆肥。

3.4 利用周边条件的其他选择

受制于前述的成本和管理因素，那么，结合最终处置的条件，针对投资承受力的薄弱和我国各地条件差异大的背景，必然出现各种污泥处理路线因地制宜在不同地区呈现出多样化的局面。在各种处置条件中，进入填埋场，即使达到环保部要求的含水率 50%，恐怕也是最无奈和短期的处置出路，因为随着城市化的推进，连垃圾都没地方埋而要选择被迫高价焚烧了。

不能简单地一埋了之，又没有资金和能力一步到位地选择高阶路线实现彻底减量化，那么，分析当地土地环境也成为选择污泥处置技术的重要出路之一：在盐碱地、沙化地较多的地区或者林区（往往也是西部、北部贫困地区等待发展地区），可以在较低的成本上选择仅达到稳定化安全化要求的处理后的污泥作为改良土用于土壤改良或者林肥。即使在北京，也正在考虑在大型消化设施之后，选择将消化后脱水的污泥（经过充分消化的污泥，脱水会变得相对容易）用于周边荒山的覆土，可见污泥处置充分利用周边条件的重要性。

4　分散与集中、运输、规模限制、用地、扰民、尾气、飞灰

本章导读：除了周边条件，还有很多细节需要在选择污泥处理路线时一并考虑，政府管理偏好、投资产权体制、分散和集中的关系对于中小污水厂的污泥处理统筹安排是个需要认真考虑的问题，项目占地尤其是扰民的问题，随着城市化和公民维权意识的提高，变得越来越棘手，也为除臭技术带来商机。

正如开篇所述，污泥技术路线首先面对的问题是政府管理偏好，依赖政府协调产业链后端基本没有前途，这个在早期堆肥项目中已经证明，所以，资源化或协同处置路线方面的公司必须自己来解决相关产业对接和协调的问题，否则很难推广。另外，在政府路线选择中的信息不对称，也是污泥资源化路线推进中需要克服的难题。

在污泥处理环节的技术路线选择中，污水处理厂规模、设施占地会直接限制配套污泥设施的技术路线选择，而从一个城市统筹考虑，除了第3条提到的周边条件以外，污水处理厂的分布情况、投资体制（BOT还是专营）以及运输条件等方面都成为选择污泥处置路线必须要考虑在内的因素。由于在小型污水厂建设消化设施肯定不适合，在城市内的污水处理厂建设堆肥项目肯定会在场地和扰民方面碰到限制。如果要建立集中的大型设施，那么将其他污水处理厂的污泥事先做初步干化再运输会节省运费，就这方面而言，无锡国联的板框干化后接集中焚烧有特殊的优势，可以很好地灵活应对分散与集中的协调问题。此外，现在大多数城市中往往有BOT也有专营的国有污水处理厂，建设大型集中污泥处理设施时必须也要考虑这方面的问题。

在土地相对紧缺的东部城市，技术路线选择必然倾向于减量化更明显、项目占地更少的技术路线。同时，还需考虑臭味扰民等问题，可见，堆肥路线在东部城市推广还需面对这一日益加剧的矛盾导致项目选址上的难题。征地的困难，已经从垃圾处理厂扩展到了污泥处置方面，为某些发达城市的主管部门带来困扰。但这也意味着除臭技术正在城市化的推进和公民维权意识的提高中迎来巨大的商机。

三、主要技术路线的一般性比较

本章导读：利用表格总结各类技术路线的优缺点，并期待我们的国产污泥技术能够像华为一样能够走向世界。

最后，结合总体情况，笔者尝试给出每种技术路线的优劣势比较，并通过表格化希望能够清晰醒目，见附表4-1。

附表 4-1　污泥处理处置主要技术路线对比

工艺路线	处理/处置方式	技术思路	技术优势	技术劣势
高压板框压滤	处理方式，后接卫生填埋、焚烧或混烧	利用高压和添加剂破壁（石灰、絮凝剂、强碱）对污泥进行压滤	（1）可实现污泥的稳定化；（2）建设和运行成本较高；（3）占地面积较小，可适应小型污水厂需求，分散处理后再安排集中处置；（4）操作简单效果稳定	（1）添加剂增加干物质，石灰或絮凝剂导致增量严重；（2）石灰或酸碱法产生新有害成分影响填埋场渗滤液 pH 值，填埋场氨气超标；（3）如采用焚烧混烧，添加剂中三氯化铁导致烟气难达标；（4）任何一种添加剂都导致无法做任何安全的土地利用；（5）无法循环利用污泥中有机物的热能或肥力
污泥电干化	处理	电场作用下，通过电泳和电渗作用实现泥水分离	（1）可实现污泥的稳定化和减量化；（2）占地面积小，同时可适应大中小型污水厂需求，可分散处理后再安排集中处置；（3）操作简单、效果稳定；（4）后续深脱水容易，并可根据后期处置路线灵活选择，继而可利用有机物的热能或肥力	（1）设备电耗高；（2）可能不适应国内雨污合流和工业水掺杂，适用泥质范围窄；（3）含重金属的工业污泥不能土地利用；（4）高热值污泥的热量利用不如厌氧消化充分；（5）对电导率要求苛刻，不能适应污泥成分变化；（6）后接土地利用稳定性不够，缺乏安全性认可
好氧堆肥	处理处置	利用好氧菌对污泥进行吸收氧化、分解	（1）成本居中、操作简单；（2）有机物回归土壤利用肥力；（3）可适应小型污水厂需求，可分散安排	（1）减量不明显；（2）占地大、周边恶臭污染扰民；（3）农业部环保部不允许农用导致产品出路受限；（4）含重金属的工业污泥不能土地利用；（5）达到农肥标准成本上升
缺氧碳化	处置方式，前段需接干化	将污泥通过缺氧燃烧的方式脱去污泥的含水率	（1）除类似焚烧的下述优势外，可免除尾气和飞灰的处理难题；（2）并可与其他有机质废物混合处理	（1）成本相对较高；（2）需要半程热导干化预处理；（3）运营维护复杂；（4）仅适合大中型污水厂
全程热干化	处理处置	通过加热的方式，破坏污泥中的细胞质或胶体物质，改善污泥脱水性能	（1）相对彻底地实现了污泥的减量化、无害化；（2）如周边有热源可实现循环利用降低成本	（1）成本高昂；（2）热源受限；（3）运营维护复杂；（4）仅适合大中型污水厂

续表

工艺路线	处理/处置方式	技术思路	技术优势	技术劣势
焚烧	处置方式，前段需接干化	将污泥半程干化后直接焚烧	（1）减量化最彻底；（2）在污泥热值高的前提下，可利用焚烧预热配合其他热源对已部分干化的污泥做进一步干化满足焚烧要求；（3）可适应集中和分散的灵活要求	（1）成本相对较高；（2）尾气和飞灰处置成本偏高；（3）需要半程干化预处理；（4）运营维护相对复杂
提蛋白资源化	处置方式是渣土利用	提取蛋白后渣土利用	（1）蛋白中不含重金属，在资源化路线中对污泥成分适应能力强；（2）资源化后减低处置成本；（3）渣土可用于建材或园林，实现全消纳	（1）需要整合后端产业链；（2）运营维护相对复杂
传统厌氧消化	处理方式，后可接部分处置方式	利用厌氧菌作用将污泥中的有机物转化为沼气	（1）可回收污泥中的能源，高热值污泥可获得售气收入；（2）消化后污泥脱水容易	（1）要求污泥有机物含量高；（2）厌氧消化后的污泥仍然需要进行脱水处理和处置；（3）由于沼气系统的存在使得安全系数较低；（4）需前端热水解提高产气率；（5）运营管理复杂；（6）仅适合大中型污水厂；（7）投资和运行成本略高；（8）沼气发电不经济，作CNG后端相对复杂

　　总之，在国内，污泥产业虽然经过甚至还在经历鱼龙混杂、泥沙俱下的混乱局面，但是，主要的技术方向和阶段性适应技术应该说已经渐渐清晰，这个产业也许甚至存在国内技术再次占领国外市场的可能。而我国各地的建设主管部门和水务投资运营商，在选择污泥处理处置路线时，一定要兼顾现在和未来，因地制宜，最终将污水处理画上完美的句号。

附录4-3　破题垃圾收费难：宁波生活垃圾处理收费机制研究项目启动

来源：中国固废网　　作者：李少甫　　发表时间：2017年9月28日
请手机扫码阅读

附录 4-4 E20 研究院潘功：垃圾分类下的固废产业新格局

来源：中国固废网 作者：李少甫 发表时间：2018 年 8 月 7 日
请手机扫码阅读

附录 4-5 （热议）何晟：我们要怎样的垃圾分类市场化？

来源：中国固废网 作者：洪翩翩 发表时间：2018 年 7 月 17 日
请手机扫码阅读

附录 4-6 《关于印发河南省静脉产业园建设三年行动计划（2018-2020 年）的通知》（豫发改环资〔2018〕148 号）的更高要求

到 2020 年，静脉产业园成为全省各类城乡低值废弃物无害化处置和资源化利用的主阵地。其中，中心城市、户籍人口 100 万人以上且城区人口超过 20 万人的县（市），规划建设以生活垃圾、餐厨垃圾、城市污泥等低值废弃物资源化利用为重点的大型综合性静脉产业园；生活垃圾日产生量超过 600 吨、餐厨垃圾日产生量超过 50 吨的县（市），规划建设静脉产业园，应协同处置城市污泥、建筑垃圾等其他废弃物，有条件的可将农作物秸秆、危险废弃物纳入静脉产业园综合处置；生活垃圾日产生量低于600吨的县（市），鼓励以省辖市为主体，统筹推进辖区内相邻县（市）共建共享静脉产业园。

附录4-7　土壤治理有哪些投资空间？

来源：中国环境报　作者：李莹　发表时间：2016年2月15日

"土十条"出台正加快推进，有人预计土壤治理市场将在"十三五"期间蓬勃发展。我们想知道，土壤市场潜力到底有多大？如何挖掘土壤市场潜力？环保企业当何去何从？

薛涛，北京大学环境学院E20联合研究院副院长、E20研究院执行院长，资深市政环境产业与政策专家。财政部PPP中心专家库成员，天津大学特聘讲师。在市政环境领域曾有8年采购经验，12年PPP咨询及5年市场战略咨询经验，曾为GE及多家上市公司提供咨询服务。2014年加入E20环境平台，致力于产业与政策研究、PPP以及企业市场战略指导等。

对话人：北京大学环境学院E20联合研究院副院长薛涛

采访人：中国环境报记者李莹

土壤治理市场潜力如何？

■对于土壤相关市场前景，要谨慎看待。

中国环境报："土十条"出台正加快推进，业界对于土壤治理的关注度也不断升温。您认为，土壤治理领域目前处于什么样的状态和水平？

薛涛：从技术层面看，目前土壤治理技术在市场化基础上有欠缺。目前土壤治理主要有两类：一类是搬土，将污染地块的土壤转移填埋或焚烧处理；另一类是治土或养土，通过化学药剂或者植物治理等方式对土壤进行治理。前者见效快、费用相对后者较低，后者见效慢。总体来看，除了搬土法，这种污染转移方式以外的其他模式都价格偏高，只有少量企业和科研院所在国家经费的支持下才开展了少许项目。根据统计，2015年市场总规模为20亿~30亿元。从技术角度来说，很少有公司对自己的技术有着绝对的信心。

从产业主体来看，目前的土壤治理市场尚不规范。其中偶有上市公司，其主要利润也并非来自土壤治理。没有好的产业主体，很难有好的市场。目前，一些企业在跑马圈地，与政府草签协议的很多，但正式签协议的却很少。

中国环境报：那么，您认为土壤治理市场前景如何？

薛涛：我认为，对于土壤相关市场前景，要谨慎看待。从现有条件看，土壤治理领域形成巨大市场的条件尚不成熟。回报模式和资产属性两大基本要素，决定了土壤治理本身不会形成很大的市场。

从回报模式上看，土壤治理领域很难建立有效的回报模式。从商业模式角度看，公共服务的回报模式主要分为两种，一种是受益者付费。比如出租车服务、燃气供应等，这种模式最为有效。另一种是污染者付费。当受益者付费模式难以建立，依靠强大的政策支持和强迫性外力，也能倒逼污染者为其行为埋单。目前，部分环保市场已经比较成功，如污染处理厂、工业企业污染治理等，就是典型的政策化市场、外部市场，只要政府监管到位，市场就能打开。但是，由于土壤污染涉及方方面面问题，在找到受益者付费模式或找到污染者来支付费用两方面难度不小，缺乏具体支付主体，政府的财力又十分有限，很难建立适合的商业模式，要想打开土壤治理市场困难不小。

从资产属性上看，土壤治理不具备资产属性，很难融资。为什么？这一点很容易理解，为什么挣工资就能贷款买房？因为房子是资产，是抵押物，房主还不起贷款了，还有房子给银行作抵押。但河流、土壤治理却完全不同。治理河流、土壤，工程投入很难作为固定资产计入资产负债表。资本市场不认可，难以通过常规金融系统进行债务融资，主要靠政府投资。如果没有有效的信贷系统支持，没有大量资本加入，土壤治理就很难形成很大的市场。

地方政府会不会加大对土壤治理的投入？

■钱要用在刀刃上，土壤污染流动性差，很容易被忽视。

中国环境报：地方政府的积极性是否能够充分调动起来，创新方式、方法，将社会资本引入土壤治理领域？

薛涛：从总体上看，环境治理成本支出占有很大比例，地方政府的刚性支付压力一直很大。钱要用在刀刃上，必然有先后轻重次序的选择。

"十三五"环保工作的重点是解决人民群众最关心的问题，不断改善环境质量。什么是老百姓最关心的问题？污染物的流动性决定其影响力。大气的流动性最强，发生雾霾谁都逃不掉，所以地方政府对大气的问题可能最为重视。水的流动性仅次于大气，水体被污染很难被掩埋和隐藏，容易带给公众不良感受，引起公众不满，制定消除黑臭河流的工作任务和目标正是基于此。而土壤污染的流动性最差，堆在一处不易造成污染扩散，很容易被忽视。我认为，治理土壤污染应是个大治理过程，而不是要马上投入几万亿元。应该强调的是风险管控。管控土壤污染风险要通过改变土地使用方式，而不是简单依靠巨大的资金投入。对污染的土壤要加强监测监控，不让污染继续发展。鉴于此，我认为，土壤治理应先监测摸清家底、控制污染趋势，然后做一些示范项目，找到一些可行的技术，而不是把重点放在立即花大钱上大项目上。

中国环境报：如今，公众对食品安全问题的重视程度不断提高，土壤污染关乎食品安全，这会不会从另一个层面推动地方政府加强土壤污染治理？

薛涛：理解中国的环境问题，首先要理解中央与地方政府的事权财权关系。根据新环保法规定，地方政府对当地环境质量负责。也就是说，地方政府是保护和改善环境质量的主体。

我们知道，商品流通是自由的。以镉大米为例，甲地的大米出了问题，人们可以买乙地的大米，甲地的群众也可以买乙地的大米。而一地的河道被污染了，这个污染当地百姓看得见、闻得到，无法逃避。食品安全的可排他、可替代性，可能会造成地方政府对土壤污染的重视不够。

中国环境报：食品安全问题被曝光后，农产品销量必然会受到严重影响，这能不能倒逼当地政府强化土壤治理？

薛涛：这个问题可以从经济性上来理解。看待地方政府的行为，要理解地方政府的行为逻辑。我们可以将地方政府作为一个人来看，追逐利益是人的天性。就像人一样，政府也愿意为能够获得收益的事情埋单，这可视为是受益者付费的模式，如项目开发、引进企业等。没有好处的事情，地方政府也不愿意干，如果必须要干，也必须有强大的外力逼着，这可以理解为污染者付费的模式。

确实，一些地方政府可能因为当地产品的销售受到影响从而强化治理，形成受益者付费的行为逻辑。这就如同一些地方对城市新区的黑臭水体治理较为积极主动。因为，环境改善直接带动房地产开发，地方政府能够获得更大收益。

但从目前的情况看，土壤污染的治理成本和收益并不对等。所以地方政府通过治理土壤污染提升农产品质量，提高当地收入的意愿并不强烈。在一些高价值的领域，可能会由市场力量按商业逐利模式形成受益者付费的良性循环而打开少部分局部非典型的市场，如部分地区有社会资本参与有机农业中对土壤质量进行改良和提升等。

土壤治理领域的发展方向是什么？

■在污染者付费系统上，打通受益者付费环节。

中国环境报：如您所说，土壤治理领域形成较大市场的条件尚不成熟。那么，您认为土壤治理领域还有哪些投资空间？

薛涛：土壤治理未来的发展方向是在污染者付费系统上，打通受益者付费的环节。

我认为，"土十条"出台后，有以下几大领域具有一定的投资空间。

一是土壤监测市场，主要是政府购买服务。未来环保工作的走向应该是完善信息系统，逐步扩大信息公开，通过民意倒逼地方政府履行监管职责。"土十条"出台并全面实施后，应启动全国土壤污染状况详查，继续组织实施污染土壤治理与治理试点项目，建立规范的污染场地联合监管机制。要防控土壤污染首先要布设足够的土壤检测点位。只有这样，才能准确了解工业园区的土壤污染情况，及时发现污染偷排入地下等问题。现在的土壤监测点位布设远远不能满足需要。由于土壤的监测点位布设需要深入地下，存在一定技术难度，且工作量较大，需要社会力量加入。

鉴于此，我认为，土壤污染防治领域PPP市场最大的空间在于政府购买服务，主要是监测服务，帮助政府摸清家底，如建立工业园区的土壤监测点，完善土壤信息系统、建立大数据平台。这将能够形成几百亿元的市场。

二是通过明确土壤标准，倒逼城市灰地的治理。可以通过完善国家的土地开发利用标准，对土壤开发提出刚性标准，如住宅开发需要达到什么样的土地标准，倒逼政府在拍卖土地使用权之前，对无人治理的城市灰地进行治理。也可以在具备受益者付费商业化模式的局部，实现土壤治理公司和房地产开发公司有效合作，房地产开发商付费，在土地质量、海绵城市方面，通过治理同时达到要求。

这部分市场主要是源于受益者的需要。一个需要面对的现实是，我国土地开发一、二级市场价值流程断裂，一级开发是土地拆迁平整，二级开发是通过土地招拍挂获取土地。目前，我国对一级市场公司的收入比例有明确的限制，所以，企业很难在土壤治理过程中获得收益，要改变这一状况，需要在制度上有所突破。

三是有机农业领域企业自发进行土壤治理，可能形成一个颠覆性的土壤治理市场。这部分公司既不是环保公司也不是农业公司，它们具有强大的产业链前伸和后延能力。如仓储、物流、销售等，能够通过移动互联方式，打破割裂的流通环节，将好产品销售出去。目前，新农业领域很多公司正在尝试。这种企业自发改善土质，通过产品销售回收土壤治理成本。这种经营性开发替代环保支出的模式，是环境治理中最为鼓励的模式，是未来的发展方向。在这方面，政府要进行鼓励，比如完善认证标识系统、强化信息公开。这是纯市场竞争市场，市场总量无法统计。即便是在西方，土壤治理也属于投入产出比较低的领域。

四是强化工业追责，倒逼企业为土壤污染埋单。我们刚刚谈到，很多土壤污染治理之所以难，是因为常常没人埋单，找到了埋单者，就可以形成污染者付费的商业模式。国家形成了对土地的严格全面监管，土地的第三方治理市场就会打开。

例如，国外对土地污染实行终身追责，工业企业必须经常向国家报告企业土地的污染情况。如果想要流转，就必须将土地治理到一定程度。而我国现在还没有土地污染的追溯系统，这就造成大量污染场地无人为治理埋单。一旦建立追溯系统，企业就会将把土地污染的成本纳入总成本，或建立土地治理基金，或主动对土地进行治理。只有将环境成本内化为企业成本，最终由消费者埋单，才是最健康的发展模式。

| 第五章 |

见微知著：展望生态环保未来发展方向

伴随着城市化进程的加速，人口产业向城市高度集中，农田、湿地、河流等自然生态被高楼、硬地、马路所代替，城市可"呼吸"通道被封锁。气候变化背景下极端天气事件频发加上脆弱的城市基础设施，导致许多城市在气候灾害面前不堪一击。有学者研究发现当城市化水平达到50%左右时，城市化速度达到极限，这一时期是城市问题、社会矛盾和环境污染不断累积进而达到激化失衡状态的关键点[①]。当前我国正处于这一发展遭遇瓶颈的阈值阶段（2011年，我国城镇化率突破50%，2017年提高至58.52%），大气污染、水污染、土壤污染等问题不断加剧，给人民的生命财产安全带来了严重的威胁，环境生态恶化成为制约经济发展的重要因素。

然而，当前国内环境保护依然主要来自政府政策背书以及公益基金支持。政府层面，财政负担日益加重，财政资金利用效率低；社会资本层面，因缺乏市场化的核心驱动，参与积极性不高。如何获得可持续的资金来源是制约我国生态环境保护的关键因素。党中央高度重视生态环境保护工作，党的"十八大"将生态文明建设纳入"五位一体"总体布局，发布了一系列的政策支持生态环境建设（见图5-1）。"绿水青山就是金山银山"的"两山论"也间接揭示了生态资源的经济属性，为生态环境保护市场化指明了方向。

本章将尝试从环保（环保公共服务价费机制改革）和生态（生态资源资产化、生态资产资本化）两个维度来对生态环保领域市场化做一些趋势研判，以期为生态环保领域可持续资金来源的问题解决提供一些参考建议。

---

① 李璐颖. 城市化率 50%的拐点迷局——典型国家快速城市化阶段发展特征的比较研究[J].城市规划学刊，2013（3）：43-49.

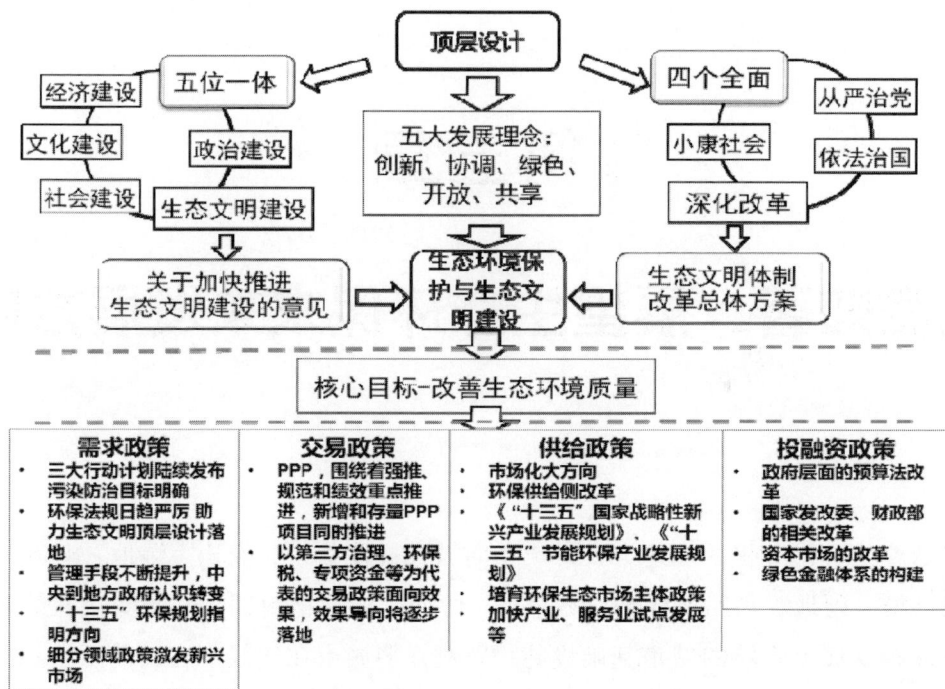

图 5-1 党的"十八大"以来的生态政策

5.1 环保公共服务价费机制改革研判

5.1.1 公共服务供给过程中存在的问题

1. 央地事权与财权分配的冲突

改革开放以来，中国城镇化飞速发展，基础设施投资需求激增，地方政府面临的融资需求随 GDP 增长而高速增长，不少成本被消化到城市扩张的土地销售收入中。然而有得必有失，我们学习香港的地价模式在城镇化增长的中前期阶段有着特殊的国情优势，却又与房产税系统天然冲突，可持续的市政公共服务收入来源缺了一条腿。但是在房价和城市扩张逐步放缓的趋势下，经济周期性下滑、结构性拐点、供给侧改革（包括财税改革、营改增）三重交汇，无疑给地方政府带来"短期面对减收、长期需要重建"的地方财政效应。地方政府财税体系面临着巨大的压力，与此同时，类似新环保法及"水十条"等法规文件所体现的，都是中央在强化地方事权支出责任。据 E20 研究院测算，在国家环保支出中，地方支出占比超九成（见图 5-2）。地方财政职能从"越位""缺位"向"归位"发展转变。此消彼长，地方财政所面临的压力变得空前巨大（见图 5-3），央地财权事权错配的局面进一步恶化。

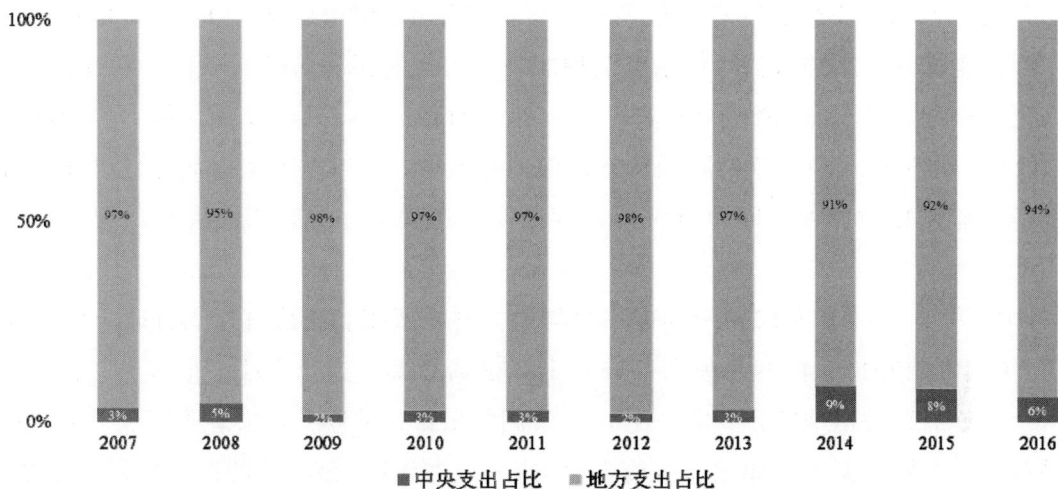

图 5-2 2007—2016 年中国财政环保支出构成

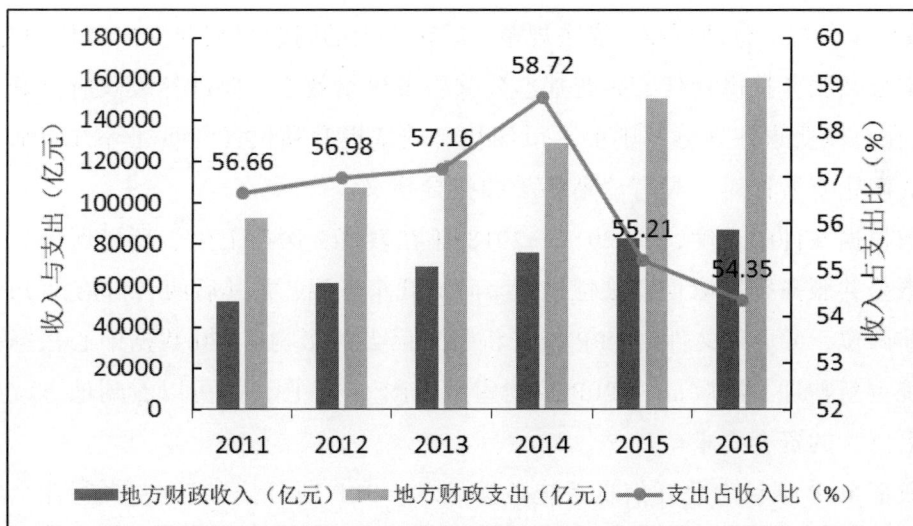

图 5-3 地方财政收支占比

各种压力趋势下，改革的方向自然会掉转回来去重新看待事权分配对应的央地财权分配问题，因为 1994 年分税制的理由——"集中力量办大事"的背景条件已经开始有了明显的变化。简单而言，造成中央、地方财权事权错配现象产生的原因主要有 4 个：第一，与经济发展密切相关的增长性强的税种大都属于中央税或者中央占较大比例的共享税；第二，中央转移支付本身透明性和长期稳定性不足，地方政府无法可规划地自由支配；第三，共有事权本身划分并不清晰；第四，央地财权事权分配并未法制化规范化，"中央点菜、地方买单"的现象时有发生。

党的十八届三中全会启动了很多对国家治理根本问题的改革，PPP 只是其中一元，目标是构建未来国家治理体系和治理能力现代化的新一轮财税体系改革被启动。而在过渡期间，财政部也推行了一系列措施来缓解地方收支不平衡的问题，包括推行 PPP 改革、推进存量债务置换降低地方政府债务成本、发行地方债、允许财政赤字的扩大等措施来用时间换空间，也包括"营改增"过程中存量改革的税收分配向地方倾斜。

2016 年 8 月，《国务院关于推进中央与地方财政事权和支出责任划分改革的指导意见》（国发〔2016〕49 号）发布，在整个 PPP 研究圈，这个文件被很多人忽视了。而这个文件后续的落地安排，也许比 PPP 条例的出台，对整个公用事业行业（包括专业平台和社会资本两类产业主体承接方）的影响更加深远。该文件的纲领性作用很强，从指导思想中可以看到，财税体制的改革恰恰是以提升公共服务的供给效率为核心，这也决定了 PPP 与之高度关联的属性："科学合理划分中央与地方财政事权和支出责任，形成中央领导、合理授权、依法规范、运转高效的财政事权和支出责任划分模式，落实基本公共服务提供责任，提高基本公共服务供给效率，促进各级政府更好履职尽责。"而在总体要求和划分原则上，市场化、效率提升和权责利匹配等方面都对之前所存在的问题有所针对，具有清晰科学的指导意义。

目前根据文件的进度，要 2017—2018 年在教育、医疗卫生、环境保护、交通运输等基本公共服务领域取得突破性进展。而这几个方面，尤其后两者恰恰是 PPP 吸引投资的前两位，可见该文件对 PPP 未来将带来巨大的影响。E20 数据中心根据自己的分类系统重新整理了财政部的 PPP 数据库，由图 5-4、图 5-5 可以看到地方政府在环保投入上巨大的资金要求。

财政部 PPP 项目库公开信息系统数据显示，PPP 项目分布于 19 类行业；其中，分类名称与环保直接相关的类别仅为生态建设和环境保护，项目数量 633 个，占总项目数量的 6% 左右（见图 5-4）。然而，在对入库项目内容仔细核对和梳理后发现，除生态建设和环境保护类别外，市政工程、水利建设、城镇综合开发等 PPP 类别均散落着环保 PPP 项目，亦是被环保企业所参与的领域及机会。这类 "泛" 环保 PPP 市场机会分布于 13 类行业，涉及 4 001 个项目，数量占比高达 36%，环保相关入库项目总投资金额近 3 万亿元，占财政部入库项目总投资额的 22%（见图 5-6）。

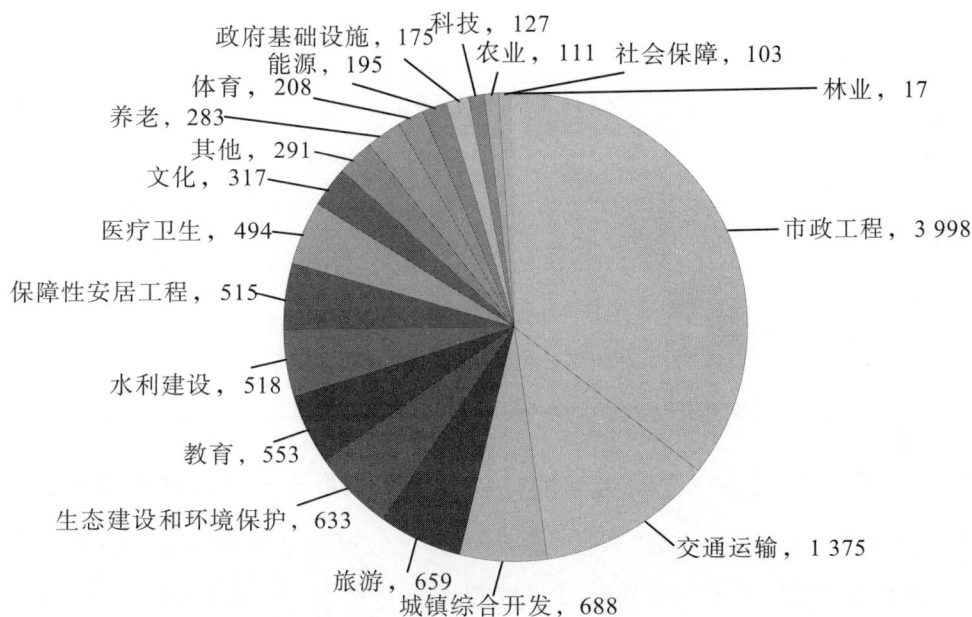

图 5-4　财政部 PPP 入库项目数量对比分析（按财政部分类）

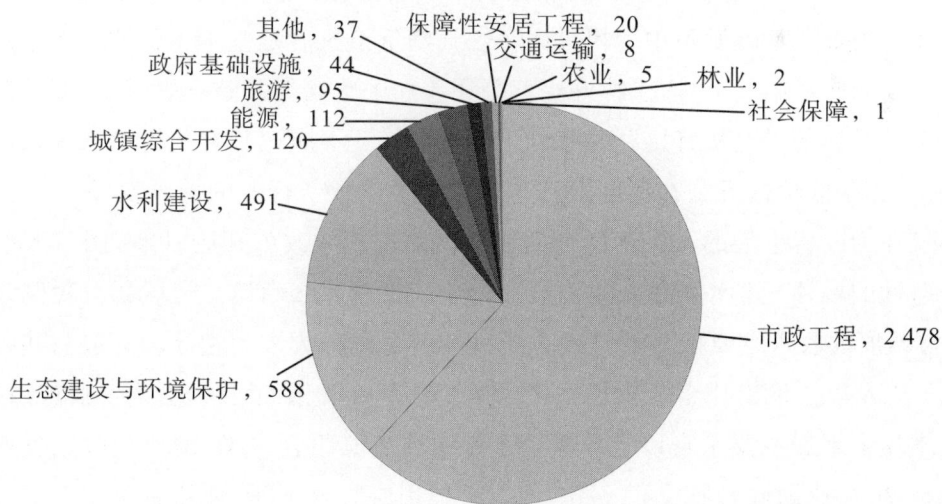

图 5-5　财政部 PPP 入库的环保项目散落于 13 类行业（按 E20 数据中心分类）

环保项目数量

环保相关
4001个，36%

财政部PPP
入库项目
11260个

投资规模（亿元）

环保相关
29872亿，22%

财政部PPP
入库项目总投资
135000亿元

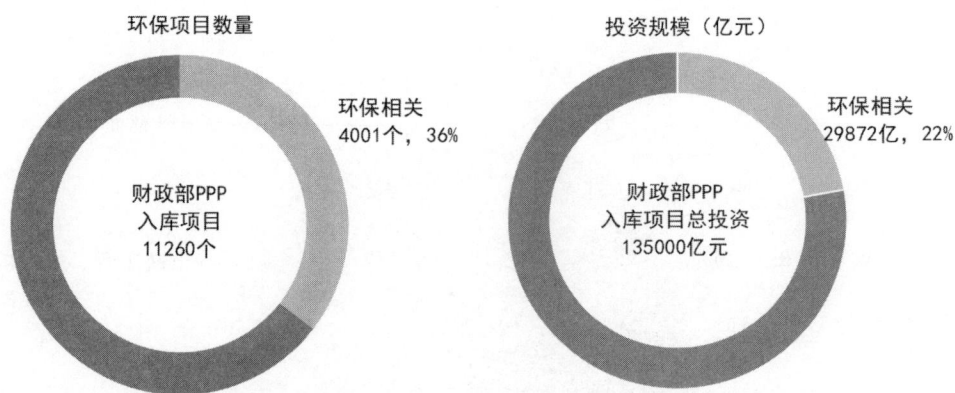

图 5-6　财政部 PPP 入库项目中环保相关项目数量及资金占比

2. 公共服务的可持续性与当前地方政府脉冲式可支配收入体系的冲突

涉及公共服务的基础设施投入巨大，但可持续的资金来源多年来一直处于模糊地带。就水务行业来说，目前的水价往往仅能覆盖运营费用（供水）或者厂区全成本（污水），管网的投资部分依赖于政府前期投入，部分则打入土地开发成本最终体现在房价中。垃圾收费全国各市县全年大约仅能收到几十亿，而每年累计的环卫支出则在 300 亿元。在各类市政基础设施中，相对而言燃气的价格机制是基本到位的，无论是公建公营公司（如北京燃气），抑或特许经营公司（如中华煤气和新奥燃气），都是茁壮成长，甚至已经具备了"私有化"的基础（基于国情，不应把私有化简单认为是民营资本控制），完备的价格机制在里面发挥了作用，也保证了行业的健康发展。

燃气作为改善生活的一种新的公共服务产品出现在改革开放以来的中期阶段，未受到公益性的羁绊，然而大部分的公益性行业则没有那么幸运。1994 年分税制改革以来，地方政府的收入主要依靠的是地方税种和共享税种收入为主体的一般公共财政预算收入，以及以土地出让金收入为主体的政府性基金收入。而公益性基础设施投入的回收从本质上来看主要来自以下几类资金来源或者其组合：① 地方税收之央地分成后收入；② 中央财政转移支付；③ 地方土地销售收入；④ 使用者付费（受益者付费或者污染者付费）为原则的公共事业价费。

在价格机制不到位的领域，第④项的收入往往占该行业的总体支出比例较低，需要通过或者在历史上已经通过前 3 项进行弥补。考虑到这种情况普遍存在，我们认为对 PPP 或者专业平台公司，乃至相关产业的发展都会带来如下问题。

（1）无论是中央财政转移支付还是地方土地收入，都具备"脉冲式"波动和无法长期估算的特征，本质上无法做到准确的长期财政承受能力评价。

（2）对于 PPP 或者公共服务类的企业，不可避免地高度依赖隐性的"财政担保"，企业和产业的发展受到极大的制约。

（3）政府本质上不产生任何收入，因此除了地方政府的土地出让金收入外，公共服务的长期费用来源总体而言无非是来自税收和价费两种，从受益者付费或者污染者付费的角度衡量，通过土地或者税收方式对公共服务进行成本分摊在公平性上均会有所缺失。即便同样需要财税补贴，**与在西方成熟的财税体系中房产税（按其住宅占用的面积）摊销部分当地市政公共费用的做法相比，国内通过第 1~3 项的方式来分摊公共服务支出的公平合理性与之相比则更有差距，而房产税的实施在我国还有一段路要走。**

3．PPP 的顶层设计初衷与各方参与主体逐利冲动的冲突

当前，我国的环境公共服务正处于一个困境之中，一方面环境公共服务供给不足、供给效率低下；另一方面地方政府财政困难债务压力大，无法保证环境公共服务得到足够的财政支持。此背景下 PPP 作为一种市场化的商业模式以提高公共服务长期供给效率和减轻地方政府的长期支出责任为初衷被推崇。然而在 PPP 实际推进过程中，由于顶层设计的不尽周全以及滞后性，与 PPP 各方参与主体的逐利本性发生冲突，具体如下。

1）中央政策制定的初衷与地方政府面临融资困境谋求突破之间的背离。根据 E20 研究院的观察，几乎 70% 的 PPP 项目都依赖于政府补贴，而收入完全依赖政府支付的达到了 26%。这样的 PPP 或者因为财政承受能力所限而无法继续进行，或者打开 10% 的限制就很难说不会成为未来地方政府沉重的财政负担。

在某些入门级的新闻报道上，我们还是可以看到"没有钱的话可以 PPP"这样粗浅的逻辑，而现在我们还可以看到，所谓的金融创新，比如某些 PPP 基金，在 50 号文里已经被揪出来作为政府变相融资的手段之一。其实道理很简单，无论 PPP 还是依据 PPP 做的金融创新，在国情下演变为本质上是地方的融资通道（只不过最佳状态是同时还能实现建设与运营的整体效率提升），最多是"以时间换空间"的举措，地方政府没有合理的公共服务支出的进项来源则依然会无以为继。

其实，**无论 PPP 模式，还是传统公建公营模式，解决公共服务支出的长期进项来源都是属于顶层设计的根本问题。**在 2008 年"四万亿"催生下的投融资平台模式，将分税制之后地方政府事权财权不匹配后的进项来源绑定在了投融资平台作为周转器的土地销售收入上，多年发展后在很多县市土地收入占到了地方政府可支配收入的

大头。然而，这种方式快走到了尽头，因为土地价格所带来的房价已经背离了市场的基本规律。

此外，43 号文、50 号文、87 号文、堵地方债如大禹治水般繁忙的财政部门，一直在和地方政府的"道高一尺魔高一丈"的"创新"作斗争，背后也说明 PPP 在本源上难解地方政府融资之困。

2）PPP 项目追求创新效率与市场运营空间捆绑，与金融机构主要关注求稳求政府信用之间的背离。根据有些金融机构的反馈，他们对捆绑市场运营的项目，以及需要对盈利前景进行判断的直接经营类项目参与意愿有限，更偏向做政府付费的项目，回报机制稳定，更像传统的投融资平台模式。可见金融机构的惯性依然很强，行业判断能力缺乏导致很难适应不依赖于政府信用的 PPP 模式。金融机构的这种惯性一方面加剧了公共服务领域的"国进民退"现象，导致民营企业融资难、融资成本；另一方面，也降低了一些优质运营类资产商业模式创新的积极性。这些都与 PPP 推行的初衷相违背。

3）不同地区间财政承受能力与 PPP 意愿强度的背离。与之对应的是，相对富裕的地区，PPP 意愿反而较低，而西部不少地方陆续会面临"10%红线"〔《关于印发〈政府和社会资本合作项目财政承受能力论证指引〉的通知》（财金〔2015〕21 号）规定，每一年度全部 PPP 项目需要从预算中安排的支出责任，占一般公共预算支出比例应当不超过 10%〕突破的问题（见图 5-7）。财政部在 2018 年 5 月发布的《筑牢 PPP 项目财政承受能力 10%限额的"红线"——PPP 项目财政承受能力汇总分析报告》分析指出，在保守、一般、乐观 3 种情景下，该报告所分析的 6 400 个项目涉及 1 920 个地区（含省、市、县三级）中，有七成以上地区的年度最大支出占比处于 7%以下的安全区间。而在以上 3 种情景下，年度最大支出占比超过 10%限额的市县，分别为 253个、152 个和 104 个，主要分布在四川、湖南、河南、内蒙古、贵州等地（见图 5-8）。

4）公共服务体系的升级与 PPP 的商业利益喧嚣之间的背离。从当前股市的 PPP概念火热到充斥在金融圈的 PPP 商机分析，哪里有公共服务体系提升的视角？满屏都是企业的营收和利润的暴涨，荐股与万亿齐飞，表外与基金共鸣。突出的特点是，87号文一出台，大量分析便接踵而至，其解读的主要方向就是安抚资本市场，声明与PPP 的大利好无关。其实，公共服务即便采用 PPP 模式也本该是微利稳健型行业，如果以盈利暴增成为股市操作的热点，那么不是 PPP 的问题就是股市的问题，当然也许兼而有之。

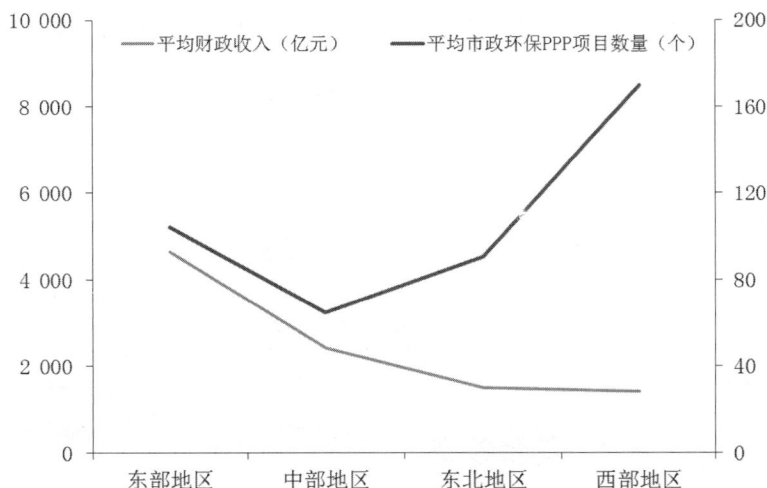

图 5-7　剪刀差：财政收入与市政环保 PPP 背离

资料来源：E20 数据中心之 PPP 大数据报告

　　从上述这些问题中可以看到，要想解决当前 PPP 面临的两大问题（公共服务长期供给效率是否能提高；PPP 带来的政府长期支出责任如何减轻），必须将顶层设计与行业现实结合推进，同时充分考虑国情下平台公司成功转型的样本和新专业化平台的发展趋势，以及公共服务监管和价格体系的构建，只有具备合理的利润预期，环境公共服务才能吸引社会资本投入和市场主体参与运营。

5.1.2　公共服务价费机制改革趋势探讨

1. 用央地事权分配来细化公共服务矩阵和价费机制

　　如前文所述，央地财权事权错配是近年来突出的一个现象，公共服务价费机制调整也与之相关联。然而，调整地方财权和事权的分配是一个相当复杂的系统工程，尤其在我国改革开放 40 周年各项政治经济运行活动已经空前复杂的背景情况下，某些方面甚至还会涉及利益格局的分配博弈，目前新闻报道很少，大部分都是党的十八届三中全会之前对这个方向改革的呼吁和建议，而从偶尔透露在报端的些许信息来看该项改革的推进并不顺利。与 PPP 推进中所面临的部委协调问题非常类似，财权事权分配的目的在于公共服务体系的供给，那么离不开公共服务体系本身的其他问题，如价费问题、行业统筹问题和产业发展引导的问题，这又是一个需要跨部门协调（发改部门及行业主管部门）的巨大工程。本节将根据 E20 研究院绘制的"公共服务价费矩阵"图（见图 5-8），结合市政供水和环境保护等领域探讨对与之相关的财权事权分配和价费体系，给出一点粗浅的建议，以期为未来做出趋势性的判断提供依据。

E20 公共服务价费矩阵

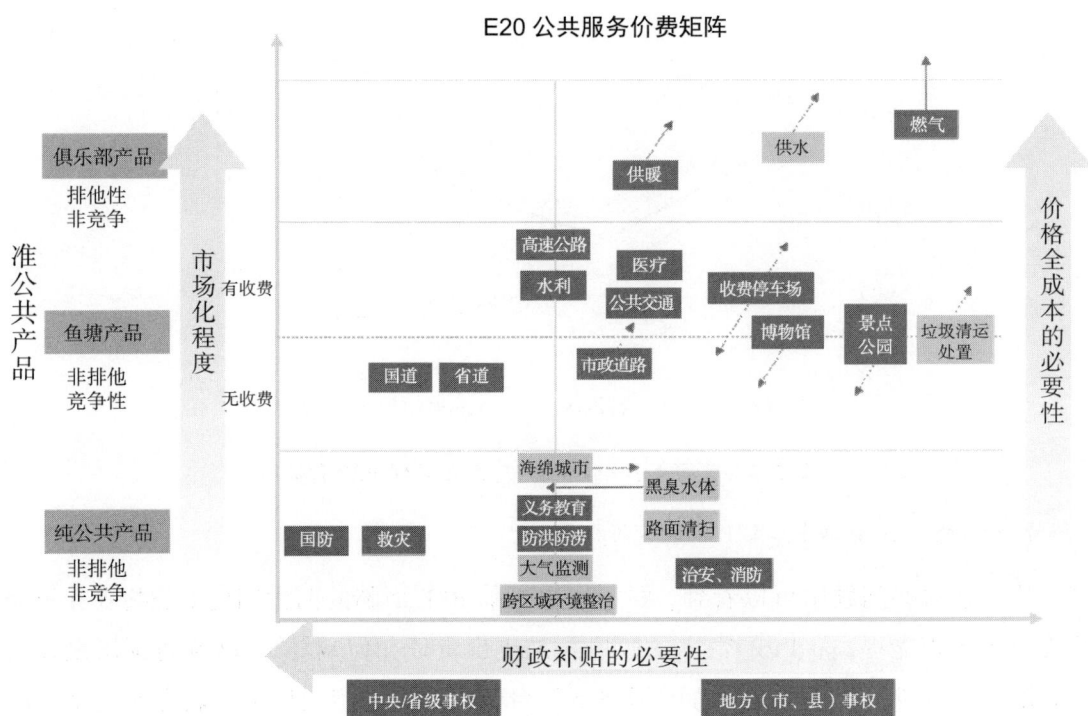

图 5-8　E20 公共服务价费矩阵

在以往的财权事权分配中，中央拿走了大量的财政收入，也为此承担了很多地方的公共服务设施的投资任务，原因在于一是某些公共服务设施需要全国统筹（集中力量办大事的逻辑），二是地方政府能力和事权压力尚未到位，三是计划经济逐步转型前的惯性，四是在我国经济基础薄弱时依托国际主权贷款不但筹集了建设资金也进行了技术和管理能力的引进。因此，在市政环保领域，大量环境治理（如国债长期投入的"三河三湖"治理）甚至供水基础设施都是来自中央资金的支持。但是随着新环保法包括"水十条"确立的地方环境质量是地方政府的责任的事权划分原则为代表，地方政府的事权责任压力迅速增大，而财权的分配却尚未完成。在这种历史背景下，尽量明晰事权财权的分担关系，补充地方税源和地方税收分配，以支撑其日益增长的事权需求，并尽早启动作为重要来源的公共服务价费机制研究就显得格外重要。值得注意的是，价费的调整、增加（对于具有负外部性的领域）甚至减少（对于具有正外部性的领域）不能仅仅考虑以增加地方收入为目的，更要兼顾考虑对社会或环境正外部性或负外部性的综合影响。根据王强博士基于"一带一路"与 PPP 的比对性研究，对于发展中国家，由于面临资金短缺的困境，在 PPP 实施中容易过于关注投融资和工程方面的要素，反而在提升公共服务效率上容易欲速则不达；而发达国家的 PPP，正在淡化这两个要素，更加关注系统管理、运营绩效、机制建设等全社会公共福祉的综合提升。习近平总书记提出的"绿水青山也是金山银山"，也恰恰是高瞻远瞩地与之相符合。

1）纯公共产品（非竞争性、非排他性）。 纯公共产品同时具有非排他性和非竞争性，且不具备明显的"拥挤性"特征，无论增加到多少人的消费，边际成本为零，因此一方面无法建立合理的价费系统找到受益者付费模式，同时统一通过财政来支付，通过税收来分摊，也不存在明显不公平的问题。同时，在前文中所提到的国发 49 号文财权事权分配指导意见中我们明确看到，国防、救灾等这类纯公共产品，被 49 号文明确为中央事权。地方政府事权范围内也存在少量纯公共产品，如防洪（可能与中央共有事权）、防涝（纯地方事权）、治安消防（纯地方事权）等，目前看均是通过地方财政支付，款项来源最终包括地方税收分配和土地出让金。

目前国家发展改革委、财政部关于 PPP 的大量政策规范文件均主要针对地方政府（薛涛认为 PPP 的主战场从 43 号文发端起就定位在了地方政府事权范围内），可见上述中央事权范围的事宜本不是 PPP 主战场。

地方政府事权的纯公共产品项目，有些可以应用市场化，主要是基础设施融资建设和维护方面，比如排涝、海绵城市等，往往是 c 类 PPP 模式或者简单的委托运营和购买服务（如环境监测和马路清扫）。由于不存在受益者的直接对应关系，因此即便采用 PPP，也是以地方税收和土地出让金作为最终经费来源。不同于西方的是，在我国国情下，某些行政执法类的项目不宜采用 PPP 模式。

2）俱乐部产品（非竞争性、排他性）。 区别于公共产品，所有的准公共产品都具有隐性的"天花板"（客观存在出现拥挤的可能），但其中俱乐部产品一般却不会出现竞争性（拥挤）的情况，原因是俱乐部产品具有典型的排他性，如果不付费就无法享受到该部分服务，因此这类产品现在一般都已建立"受益者付费"的制度来满足使用者多使用、多负担的"公平性"原则。同时其不出现拥挤的原因来自于两个特征，一个是收费制度导致用户一般不刻意浪费，另一个是俱乐部产品目前主要表现为前文所述的网络型公共服务的形态，包括供水、燃气、供暖和有线电视等，在公共服务的基本建设标准上要求达到所有用户正常消费的均一、稳定的供给水平，即一般而言再多人使用服务也不会导致其他人的服务质量下降，否则就是不合格的事故或者低质量的公共服务而需要进行改建、扩建。

俱乐部产品在价费机制选择上主要采用价格制度，并由提供公共服务的企业直接收取和使用。这类产品采用 PPP 方式的话往往采用 a 类模式。值得注意的是，俱乐部产品是否应该由居民承担全部成本，在国际上并无通行标准，而从历史发展的眼光看，早期的一些俱乐部产品（包括后面提到的公共池塘类准公共产品）不少是（近似）免费提供的（这也是自来水叫"自来水"的原因），由于其不断提高的服务标准所要求的投入的提高，以及其拥挤性的特征伴随着城镇化的集中等带来的供给成本的不断上升和负外部性的不断加剧，成本分摊的公平性要求，以及出于环境保护、资源节约等方面的考虑，居民承担费用的比例逐步提高是一个国际趋势。之所以绝大部分俱乐部产品在价费理论上应该因走向全成本而上扬，重要原因之一是其使用对环境资源占用的负外部性特征，在全球节能减排的大背景下，提高用户使用成本减少使用量保护环境是大部分国家的选择。

伴随着国内逐步的改革开放市场化进程，情况更是如此，结合我国改革开放以来的各项市场化改革措施，提高居民所承担的公共服务成本比例是符合资源节约和环境保护的一个总体趋势（这个是建立在对贫困人群针对性补贴机制的基础上的），而这个过程恰恰会一直受到其公益性历史的困扰，可以对比供水和燃气这两个领域来理解。

值得一提的是，与部分消耗环境资源的公共服务逐步转向全成本价格由居民负担形成对比的是，伴随着社会的发展，还有一些本来是部分甚至全部由百姓承担支出的公共服务逐渐转而由政府来承担，成为福利性产品，比如义务教育和基础医疗。选择这两个方向中的一个，来自这种服务的正负外部性考量，消耗环境资源具有负外部性，因此引入价格机制来抵消，医疗教育对提高居民素质、维护社会稳定、增加消费等方面具有正外部性作用，因此在社会发展到一定程度财力可支撑时往往会转向纯公益。一正一反，恰恰体现了社会的进步，而不可仅仅用政府与民争利来粗浅理解。

3）公共池塘产品（竞争性、非排他性）。另一类准公共产品是公共池塘类的产品（也称为"鱼塘产品"），理解上比俱乐部产品略微复杂。这类准公共产品分两种，有收费类和无收费类。前者是高速公路、公共交通、公共停车场、名胜古迹等，而后者是市政道路、国道等。公园、博物馆则是有收费的有免费的。这类准公共产品存在明显的受益者，且本身资源有限，带来了这种产品容易产生拥挤而具有竞争性特征。

此处产生了一些争议，按说非排他性即不收费，实际上这两类准公共产品在正常状态下原本都应属于同一性质，即具有很容易达到拥挤的特征（竞争性），和初始状态往往免费的特点。这一点会让很多人费解，而原因有如下几点。

首先，不少收费的池塘产品其实原本是免费存在的，只是为了避免太容易触发拥挤的竞争性特征而收取少量费用（对比西方，中国不合理的高价名胜古迹甚至收费博物馆伤害了其本身正外部性的积极功能，其实是公共服务体系不尽科学的表现，而这本不是这类产品应该有的情形）。

其次，有些收费是基于基本服务可以被提供的基础上而存在，以高速公路为例，其收费机制首先是建立在存在一个免费的国道保证替代通行的基础上（公共服务非排他性的基本要求）；而一些国家（如美国），高速公路直接作为免费存在，也就没有了"国道"的需求。

再次，这类准公共产品即便收费，本不应高到绝大部分居民放弃使用的地步（说明与居民实际选择其他方式的替代成本而言它的收费依然很低），所以很容易造成拥挤。

最后，这种收费也导致这种产品的性质变得不够完美，比如高速公路如果出现拥堵，理论上会带来用户对这种产品的不满。

由于两类公共池塘项目的存在，再加上这类项目收费机制本身存在的一些问题，这类项目的价费机制设计变得相对复杂，同时，正如前文所说，必须要考虑免费或者收费所带来的社会整体的正负外部性的问题，而不仅仅是地方财政补充的需求来考虑。作为在一个发展中国家常见的现象，**仅仅因为通过收费提升便利程度（或降低拥挤、拥堵），导致我国的地方政府常常由于经济压力在本应该免费提供的产品上选择了收费，或者反之。那么，为了融资成功、减少政府支付和保证社会资本的利益，PPP的引进往往反而会加剧拥挤而导致社会综合效益受到损害。**

在当前PPP中有收费权的可以做成a类PPP模式，也有可能考虑到公益性属性或者以融资目的而采用c类PPP模式。对于没有收费模式的毫无疑问要依托于财政支付，在PPP模式上可以选择c类PFI模式，在当前的PPP项目中，PFI模式有被滥用的风险，如果没有长期运营绩效的考核和提升的实质性压力，c类项目采用PPP模式往往不如传统公建公营项目效果好。

当然也存在一些过度使用会产生负外部性的公共池塘产品，虽然长期免费，但是为了减少拥挤现象，以及保护环境资源而尝试开始收费的类型，而一些新的信息技术手段也会促进这种收费制度的建立，比如新加坡利用高速识别来建立对私家车的收费制度，有效提升公共交通效率、发挥绿色交通的作用，这种收费制度就是一种将负外部性转化为用户成本（即外部成本内部化）以制约用户使用量的补充措施。

对于具有收费可能的类型，在地方政府之前的做法里，往往为了弥补建设或运营成本，很多都开始启动了收费，但其实未必合理，因为某些产品的使用上存在正外部性。因此，为了避免过度使用造成拥挤，少量收费也是合理，但这类具有正外部性的产品如博物馆、名胜景点如果走向全成本或者甚至成为牟利工具则严重影响居民福祉和人文环境的建设；高速公路收费其实也带来了经济成本影响本地产品竞争力，公共交通全成本更是会导致私人小企业在市政道路上的拥挤现象和污染排放。由于可以直接向使用者收费，这类项目可以采用 a 类监管型特许经营模式，但是值得提醒的是，这些项目采用 PPP 模式时，要特别当心局部经济效益的提高对地方整体收益带来的损害。本质上而言，正如前面所说，这类有收费模式违背非排他性原则的池塘类产品存在内在的缺陷。公共池塘产品基本上是地方政府事权范围，除了高速公路会是共同事权。我们可以观察到，由于更有支付能力，以及更有管理水平，相对富裕发达的城市在正外部性公共池塘产品的提供上更愿意采用低价甚至免费的模式，也由此不愿在这个领域采用使用者付费的 PPP 模式。

2. 结合 E20 四分类理论探讨市政环保领域价费机制改革

环境公共服务是公用事业中最为典型的类型之一，与其他公用事业一样，往往具有公共物品或准公共物品属性，也往往具有非排他性和非竞争性，这就决定了环境公共服务的社会公益性。一般而言，向社会提供环境公共服务是政府的职责，但是政府供给和公益属性并不意味着环境公共服务低价或免费，低价或免费容易造成"公地悲剧[①]"的产生，致使公共服务供给效率和质量低下。价费机制的引入是避免公地悲剧产生的有效手段，当然在价格制定的过程中不能脱离政府的监管，否则将丧失公共产品本来的公益性及公平性。在既考虑促进经济效率，同时又使企业获得合理收入的公平定价原则下，拉姆齐定价原则[②]是首选。下面我们结合 E20 四分类分别讨论市政环

---

① 公地悲剧（Tragedy of the Commons）：现代微观经济学、福利经济学、政府经济学和法经济学术语。是 1968 年由哈丁（Garrett Hardin，1915—2003）教授在美国的《科学》杂志上发表的一篇题为《公地的悲剧》的文章中提出来的。是指当资源或财产有许多拥有者，他们每一个人都有权使用资源，但没有人有权阻止他人使用，由此导致资源的过度使用，即为"公地悲剧"。该词隐喻和象征的含义，指的是不具排他性、专属性的产品。

② 拉姆齐定价（Ramsey Pricing）：是指当企业按照边际成本定价将会出现亏损时，采取的一种次优的定价方式，即在保证企业可以实现收支平衡的前提下，达到社会福利的最大化。考虑一个特定的企业用共同的设备向需求价格弹性各不相同的多个用户提供服务时的情况，假设各个用户的需求相互独立，需求方程记为 $Pi=P(Qi)$。拉姆齐定价法 适用于受管制的企业（如公用事业，其利润最高额是受限制的）和非盈利企业（期望能补偿成本）。

保领域的价费机制。

a 类政府监管型特许经营领域。从某种角度来讲，老百姓的心里愿意为某种受益而付费，如供水、燃气（付费有水、燃气用，因此居民愿意付费），该领域具有受益者付费的基础，容易在商业模式上打通从而实现商业化，但是其中存在一些公益性的干扰。由于公用事业的天然垄断性，以及其公益属性的存在，正在逐步走向全成本的服务价格。价格机制不到位会带来这类项目推进的障碍。

相比来说，燃气服务公益性属性较弱，价格机制相对完整，则服务价格更加容易满足全成本要求，也更容易推向市场化；而供水、供暖等产品，则由于上述原因，面临着补贴长期存在且缺乏规律、历史成本无法确定，以及调价缓慢的困境（见附录5-1）。同时，由于其天然垄断性，越是公益属性强的俱乐部产品，越面临企业自身发展规律与企业公益属性相背离的悖论，制约了无论是 PPP 参与企业还是专业平台类公司的发展。

对上述问题认识不足，在我国供水的市场化中，甚至还出现了地方政府将此类资产作为"经营性资产"高溢价出售的案例，客观上造成了特许经营改革在供水领域的多年停滞的现象。

在央地财权、事权分配中，原则上这类准公共产品均属于地方事权范畴（只不过中央也曾经有转移支付资金扶持落后地区建设基础设施，保障基本公共服务水平的情况，这是我国中央集权国情的体现），由地方政府负责从地方税收分配和土地收入中提供财政补贴结合价费收入来支撑公共服务的投入和运转。

对于该类领域鉴于其公益性特征，可以设计适当的价格补贴政策。由于价格机制已经初步建立，在做好公益性补偿工作的基础上逐步提高居民的承担比例，拉大居民与非居民价格差距，在实现全成本覆盖的同时探索合理的盈利空间，这是未来该领域公共服务价格机制调整的方向，当然价格机制调整的过程中成本监审机制的完善也是不可忽视的。

环保类的公共产品其实很特殊，本质上属于一种可转换的公共池塘产品，竞争性拥挤特征具体表现为环境容量的不足，为了维护城市环境的质量，就需要建立"污染者付费"的制度来制约排放者的行为。"污染者付费"制度的建立，本身就是将"拥挤"成本，或者说环境成本的外部内部化，将其转成为污染者自身背负的成本。但是作为非排他性的特点，环保的收费通道其实是不佳的，首先它无法建立直接的受益者付费模式（**b 类 PPP 模式相关**），这个区别于之前其他所有类型公共服务，污染者付费则需要法律的强制，但价格到位却不但类似供水受到公益性偏见的影响，而且交费者作为非直接受益者也是很不情愿的。其次，不少环保类公共产品根本连污染主体都无法定位（**c 类和 d 类 PPP 模式相关**）由此也找不到付费通道，则只能采用财政埋单的方式，比如垃圾清扫、黑臭水体和海绵城市，性质上也更类似纯公共服务类型。

b 类政府购买型特许经营领域。对于污水处理和垃圾处理这类项目通常会采用 b 类政府购买型特许经营方式来进行 PPP，该类领域虽然存在潜在付费主体，但是无法建立直接的受益者付费模式。尽管如此，从保护环境的角度出发，与前面所述的供水价格类似，国际上总体趋势在环保领域可以建立收费制度的地方在逐步走向全成本收费模式。2015 年 1 月 26 日，国家发展改革委、财政部、住建部三部委联合下发《关于制定和调整污水处理收费标准等有关问题的通知》，开始强制要求提供收费比例和价格，虽然这个价格依然远远不满足全成本的要求。此外，在国务院 2017 年 3 月 18 日发布的《生活垃圾分类制度实施方案中》（国发办〔2017〕26 号），提出完善垃圾收费制度。

对于污水处理，目前其实是在借用作为俱乐部产品的供水服务收费通道来代收，解决了污水处理本身不具备"排他性"特质而无法收费的现状，其本身容易实现污染者付费的逻辑要求。E20 研究院认为，污水处理行业价费的市场化改革是行业发展的大趋势，污水处理费标准与 PPP 所涉及的污水处理服务费标准趋近、分级分档标准化收费、村镇收费机制的完善以及全成本管控是污水行业未来价费机制改革的基准，此外，国家发改委关于创新和完善促进绿色发展价格机制的意见中将管网和厂分别定义为财政负担和居民负担，是当前状况下的一次难得的细化（见附录 5-2　透视发改 943 号文，污水处理领域"强心剂下的风控点"）。

垃圾处理的收费机制却面临无法与污染者付费完全挂钩的困难，主要是其不同于污水的不易计量和容易转移的特征。垃圾处理主要依赖财政补贴的情况，在作为环境保护有正外部性却会进一步增加政府财政负担的垃圾分类被强制推出的情况下，变得更加严重，但同时垃圾分类推出为垃圾收费制度找到"污染者付费"的逻辑带来曙光。如图 5-9 所示，在世界银行的资金支持下，E20 研究院在浙江宁波正在开展的基于其已利用世行资金成功开展多年的垃圾分类后的垃圾收费制度研究，可以比之前的简单通过水费搭收的模式更体现污染者付费的公平性原则，在当前国家大力推进垃圾分类的背景下具有一定的积极意义，也符合上述国办发〔2017〕26 号文的要求（详见附录 5-3　透视发改 943 号文，垃圾收费、分类双管齐下，固废管理进入体系化）。

c 类非特许经营的政府购买型 PPP（PFI）。c 类项目投资额巨大，付费机制尚不明确，单靠政府投资仍有较大缺口。如何针对城市之间经济发展水平差异与企业自身条件进行投资建设，以及如何分配建成之后城市设施的管理维护的职责与费用，都需要进一步探索。E20 研究院绘制了污染者付费机制扩展创新分析图，如图 5-9 所示。

图 5-9　污染者付费机制的扩展创新分析

首先，我们认为环境领域（九宫格的纵轴服务指向分类）不存在使用者，因为它是政府强加的外部责任，是环境成本内部化的问题。市政与环境根本的区别是污染者是否存在，市政基础设施可以找到污染者（如垃圾产生量是可以计算衡量的），而环境领域不容易找到污染者（如黑臭水体、海绵城市、土壤修复等，其中涉及时空错位与环境容量问题）。在最终经费来源上，由于该类领域尚未建立收费模式，类似纯公共产品需要依赖财政来支付，分摊到税收和地价。

如何解决长期资金以及配套制度，从而保障 c 类 PPP 项目的投入建设和后期维护运营是下一阶段需要重点解决的问题。找到环境领域的污染者，建立污染者付费机制，从污染者付费（来自行政强迫）与受益者付费（来自环境正溢出）两个思路来寻找解决方案。

国际上已有相关实践探索，以海绵城市建设为例，**可以借鉴美国费城（费城以雨洪收费为基础构建的雨洪政策及经济激励）**①**与华盛顿的案例（创造雨洪信用额度交**

① 费城案例：以雨洪收费为基础构建雨洪政策及经济激励，根据土地所有者的不同，以雨洪收费为基础性政策，分别针对公用土地，私有土地制定了不同的雨洪政策，目的都在于最大程度激励社会资本和力量来建设绿色雨洪设施。除此之外，费城政府还对私人地块进行补贴建设，制定激励第三方总包的政策进一步激励社会资本投入雨洪建设。

易市场）①。探索研究雨洪收费/税制度，建立灵活的雨洪额度交易市场，吸引社会资本的投入。在雨洪收费制度之上，建立更加灵活的雨洪额度交易市场，通过减税、补贴等相关的政策激励措施鼓励社会资本更多地投入绿色基础设施的建设中，获得长期而稳定的绿色基础设施的建设和维护资金（详见附录 5-4　中国弹性城市发展综述）。

另外，国内外已有实践案例（如纽约的水基金以及中国用水基金模式运作的浙江龙坞小水源地保护项目②）证明诸如海绵城市这样的绿色基础设施的增加可以大大减少像城市污水处理厂等灰色基础设施的建设成本、污水处理成本等，因此在未来 c 类的收费机制探索中也可以考虑与 b 类污水处理项目的联动，由 b 类污水处理成本节约的费用反哺绿色基础设施建设以及维护的费用。

d 类不含融资和基础设施建设的 PPP 化的政府购买服务。而对于不需要基础设施投入的环保服务，比如环境监测和垃圾清扫（垃圾清运除外），根据价费矩阵，大部分属于纯公共产品，因此引入价格机制并不能对抵消负外部性有帮助。根据第一章的分类，环境监测属于环境基础服务，这类基础服务按其属性是政府从纳税人税收中用来支付。垃圾清扫则是环境治理服务的一部分，但是由于无法确定污染主体，引入收费并不能促进百姓减少在路面丢弃垃圾，因此引入价格机制并不具备特别的意义，可以在垃圾收费价格测算中将这部分费用划为政府财政承担。

---

① 华盛顿案例：华盛顿开创了美国首个雨洪信用额度交易市场，将房地产开发项目在实地滞留超出指标的雨水量和志愿雨洪建设项目的雨洪吸纳量转化为雨洪滞留信用额度，用于房地产开发项目间进行交易，获得额外的收入。并催生了专注于投资绿色雨洪设施的基金。除雨洪信用交易外，华盛顿地区环境部还设计了减少不透水地表获得的水费减免、使用最佳管理措施增获相应的水费折扣等雨洪相关费用折扣项目，以及一系列针对个人、社区、公寓楼或小型公共设施的补助和支持项目，鼓励更多私有土地和私人房地产主动改造不透水地表、管理雨洪。

② 2015 年，万向信托正式推出国内首个水基金信托——善水基金信托计划。龙坞小水源地保护项目成为首个水源地保护与治理公益项目试点。龙坞水库位于浙江省杭州市黄湖镇，供给周边 7 000 人饮用。在开展小水源地保护项目之前，龙坞水库汇水区内有 1 600 亩地在发展毛竹产业，村民们为了提高产量，大约有 212 亩毛竹林施肥。而施肥产生的氮、磷是造成水库污染的主要因素。土地经营权通过善水基金托管之后，村民在大自然保护协会 TNC 工作人员的指导下开展种植，对水源地竹林进行科学管理和环境友好型产业开发。龙坞创新的小水源地保护模式不仅能消除水库面源污染，解决下游居民的饮水安全问题，同时，建立水基金信托模式，统一管理水源地林地，发展环境友好型经营活动，提高经济效益和环境效益。

5.2　生态资产价值导入

生态资源是指为人类提供生态产品和生态服务的各类自然资源，以及各种由基本自然要素组成的生态系统等。生态资源具备一定的使用价值，包括生态产品价值和生态服务价值，例如土地、森林等表现出物质性较强的使用价值；大气、水体则表现出在生态调节、环境容量等生态服务方面的使用价值。生态资源是人类赖以生存和经济社会发展的物质基础，除了为人类提供直接的有形产品，还能提供其他各种生态服务功能，包括调节功能、休闲功能、文化功能和支持功能等。

生态资产是指可为人类提供服务和福利的生态资源与生态环境实体，具有清晰产权和市场交换价值，是所有者财富和财产的重要构成部分[①]。

改革开放以来，我国经济社会发展取得了巨大成就，主要依赖于投资和增加物质投入，这种粗放型的增长方式使生态资源消耗过快，生态环境恶化问题日益突出，目前这种以牺牲环境来换取经济增长的发展模式已经难以为继。长期以来资源无限、环境无价的观念根深蒂固，加之生态资源作为"公共产品"所附有的非竞争性及非排他性使公众产生了"搭便车"的心理，不愿为消费自然资源付费，从而造成资源的过度开发与浪费。

当前环境问题日益严重，在地方财政吃紧的今天，环境保护的投资不能只依靠政府，公益组织与志愿者的捐献更是力所不及。因此推动环保事业发展必须要启用商业思维，让人们看到投资自然也可以成为新的经济增长点，投资自然跟投资其他行业一样，可以获得丰厚的经济回报，把环保问题转化为经济问题，而这也是政府官员、商界精英和金融投资者未来最看好的投资方向。

要想解决这一系列的问题从而实现生态保护与经济发展双赢，就要为生态资源定价，将生态资源的隐性成本显化到经济价值之中，使生态资源变成生态资产，从而实现绿水青山与金山银山的融合，E20 研究院院长傅涛博士一直倡导真正落实"绿水青山"就是"金山银山"的两山论，并开创性地提出了"两山经济"理论（详见附录 5-5《两山经济》自序 ｜ 在绿水青山的增量之中获取金山银山），其所著的《两山经济》一书已经由中国环境出版集团正式出版发行。2018 年 8 月底，生态环境部印发的《关于生态环境领域进一步深化"放管服"改革，推动经济高质量发展的指导意见》提出的

---

① 高吉喜，范小杉，陈雅琳，等. 区域生态资产评估：理论、方法与应用［M］. 北京：科学出版社，2013.

"探索开展生态环境导向的城市开发（EOD）模式，推进生态环境治理与生态旅游、城镇开发等产业融合发展""积极推动设立国家绿色发展基金""推动建立区域性及全国性排污权交易市场，推进全国碳排放权交易市场建设""创新环境经济政策，促进绿色生产和消费"等内容，为我国环保领域生态资产价值导入提供了思路和方向。

伴随着社会经济的发展，生态领域必将经历生态资源资产化、生态资产资本化初级阶段、生态资产资本化高级阶段的发展。当前，我国在生态资源资产化、生态资产资本化初级阶段、生态资产资本化高级阶段这 3 个时期均有一定的尝试（当前，生态资源资产化尝试较多，生态资产资本化初级阶段和高级阶段探索较少；在未来生态资产资本化初级阶段与高级阶段的探索必将会越来越多并逐步走向成熟，如图 5-10 所示），但每个均属于探索初期，还面临着一系列的挑战。

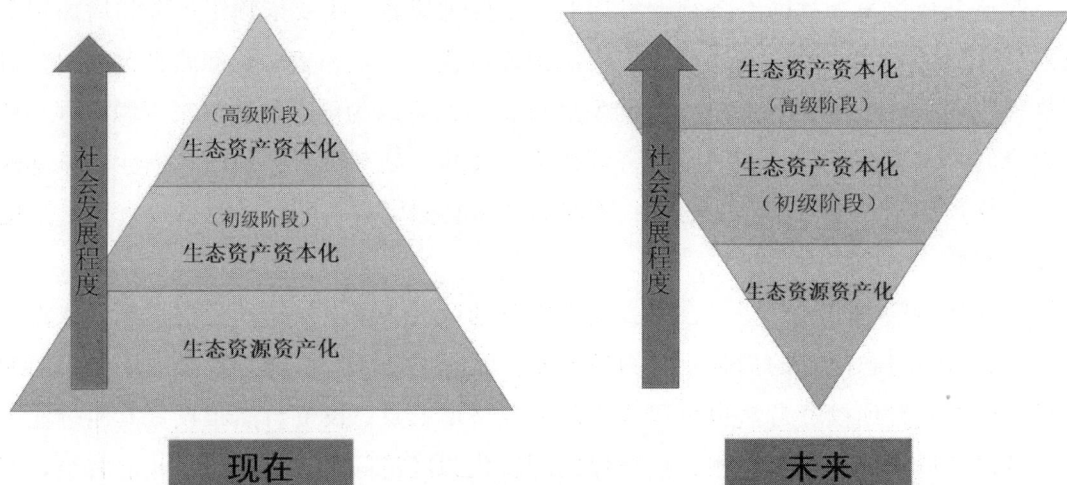

图 5-10　生态资源资产化—资本化过程图

5.2.1　生态资源资产化

生态补偿机制是生态资源资产化的典型探索。生态补偿机制从严格意义上来讲，运用了一定的经济思维，将生态资源看作是生态资产，确定了生态资源的产权归属，但是单纯对于生态资产价值的认同并没有使其经济价值得到真正体现，这也是为什么很多生态资产丰富的国家和地区经济却远远落后。

生态补偿是以某种资源为载体，解决不同地区经济损益变化导致的补偿问题，协调利益相关者由于实践活动引发的区域间利益关系失衡的重要经济手段，通过直接支付生态补偿费用行为，实现生态环境保护与利益分配的公平、正义。生态补偿必须要面对为什么补、补给谁、补多少和怎么补的问题。在我国虽已有不少实践探索（如新安江流域生态补偿等），但在具体操作过程中还面临着一系列的挑战。

比如，**生态补偿资金来源单一，补偿标准缺乏科学合理性**。我国生态补偿资金主要来源于中央转移支付以及各级地方政府财政，仅靠政府的财政投入杯水车薪。要想破解生态补偿领域投融资的难题，必须兼顾生态补偿公益属性与社会资本的逐利冲动，引入市场机制，例如可将区域内生态补偿项目与经营性项目、政府补贴等打包捆绑提高社会资本参与的积极性。**未来在完善政府财政转移支付制度和环境税收制度的同时，还应逐步探索完善碳排放权、排污权、水权等交易制度，发挥市场机制对生态环境资源供求的引导作用**。另外，在生态补偿标准方面，我国主要表现为政策设计的"一刀切"，补偿标准单一，缺乏合理的生态评估测算。目前生态价值核算体系尚在探索之中，这一体系的建立将大大提高生态补偿标准的合理性及公平性。

又如，**跨行政区域补偿机制有待完善**。生态资源作为一种公共产品具有较为明显的跨地域性，在生态补偿实践中，因所属行政管辖范围不同不可避免会遇到跨行政区划利益分配的问题，进而使得生态补偿充满复杂性。跨区域补偿协调难度巨大，难以同时兼顾公平与效率的原则。**应建立部门协调机制或相适应的部门架构，统一相关的技术管理标准，打破现有制度障碍，避免碎片化管理**。可以借鉴国外"流域管理"或"美国国家公园"的管理理念，采用"大流域""大生态"的保护理念以流域或者"某一生态保护对象"为单位成立相应的机构（如美国的国家公园管理局）对整个流域或者保护进行统一管理。

5.2.2　生态资产资本化初级阶段

水基金模式（水基金+土地信托）属于生态资产资本化初级阶段的探索范畴。生态资本是用于市场投资以获取未来现金流的生态资产。生态资产资本化可定义为，利用市场经济手段保护生态资源、改善生态环境、拯救濒危物种、开发新型生态产品等，生态资产资本化可以同时造福大自然和我们的经济。

在我国生态领域存在着明显的市场机制失灵，生态负外部性问题远未得到重视和解决，由于缺乏或者无法建立污染者付费的价格机制，以及所处地区总体经济水平和治理水平相对较低，再加上对于"生态系统"这个复杂的概念背后要求的城乡统筹的复杂性，生态系统的功能一直被低估，更高水平的生态保护成为我国环境改善的短板。**生态资产资本化为解决这一问题提供了一些新的思路，在我国也有了一些初步的探索**。

水基金+土地信托模式是国际上针对面源污染治理最有效的管理模式与资金机制之一。一方面通过土地经营权流转，将原来小农耕作的分散土地集中管理，开展生态友好型耕作方式，消除或减少影响流域水质的关键土地上的农业面源污染，改善流域水质，保障土地生态健康；另一方面，通过专业的金融机构搭建以生态环保公益为目的的跨界平台，吸引并整合多种资金来源参与到环保公益项目中，形成可持续的资金流转机制，在实现生态保护的同时，使各方都能从生态保护中获益。

目前，大自然保护协会（TNC）所影响下正在运作的以水源地保护为目的的水基金+土地信托创新模式引人关注，从大、中、小 3 个流域尺度（龙坞水基金项目、千岛湖水基金项目、东江水基金项目），分别构建水基金，从不同流域规模示范保护新方法。在运作过程中将金融与环保公益有机结合，整合政府和社会资源，在推动流域水环境保护的同时，通过开展生态农业、生态旅游等有效促进了周边产业升级，带动绿色消费，并且改善了当地农民的生活，同时也达到了生态扶贫的效果，为上下游协同治水提供了全新的示范。

再以 TNC 和桃花源基金会共同运作的四川老河沟自然保护区为例分析，创新地利用公益土地信托的模式将不同所有制的林地进行统一管理，不同于以往的公益项目简单地从捐款人到项目支出的单向模式，通过在保护区内开展生态友好的绿色农业，引导农民按照符合生态保护的要求选择高附加值农副产品进行生态作业，借助桃花源基金背后发起人的强大社会影响力及商业影响力，解决了蜂蜜、蜂蜜酒、花生、腊肉等绿色产品的销路问题，所得收益用于反哺保护地日常运作的资金需求，进而形成稳定的资金循环。从这个意义上说，在可持续的生态保护资金来源上做了很重要的探索。

在生态资产资本化的初级阶段还有一些问题亟待探索。

第一，**与政府政策性资金没有接口，政府资金、公益基金、公益服务等缺乏有效的合作机制**：政府参与和政府性资金在一个完整的生态类项目中的作用也是不可或缺的，从西方水基金的案例中可以看到，从政府管制行为到政府财政资金，都是保障项目实施合理范围和可持续效果的不可或缺的条件；生态资产资本化丰富了生态保护资金的来源，为未来生态保护的运作指明了方向。在各类资金及公益服务结合方面，未来政府财政资金以及公益组织基金可以进行有效结合并作为保护地项目的启动资金，生态保护项目由目前的提供运转资金支持为主逐步转向提供服务支持（这种服务包括技术培训服务、商业管理培训服务等等，像公益保护组织大自然保护协会提供的保护区的技术服务）。

第二，**业务量较小，交易结构简单，产业集中度较低**：当前我国生态资产资本化的案例很难做到就一个区域的生态问题整体规划全面参与，更多的是在某一个局部领域和局部地点做点状突破；业务量小，参与主体单一，主要以小范围的农户为主，未来扩展到更大范围以及让部分产业主体可以参与。例如在自然保护的基础上，可以探索生态保护区合理的商业开发比例，吸引社会资本入驻开发运营，使生态资产的价值可以达到保护区运营的自收自支，进而盈利，当然，其中离不开政府的监督以及配套法律政策的完善。在未来，保护区或许可以成为炙手可热的商家抢占之地也未可知。

第三，**生态资产价值评估亟待完善**：生态资产价值评估是生态资产资本化的关键。当前运作的水基金模式缺乏对生态系统服务功能系统的评估，无法对各类生态保护行动从生态产品价值出发进行科学预测和事后准确评估，对环境质量的改善和生态产品服务价值的提供缺乏客观数据导向的评价标准，因此无法对接更大的资本和产业力量进行全面行动。

第四，**新型的生态资产资本化方式有待探索，公众参与度有待提高**：探索互联网+的新型生态保护方式，将公众生态保护的公益心理融入绿色产品的整个生命周期，构建公益+绿色消费生态闭环，提高自然保护的公众参与。以蚂蚁森林为例，在未来可以从商业的角度来思考打造一个"生态"模式，引导消费者、公众由公益入手切身参与项目的整个生命周期，构建消费生态闭环，生态商业模式可以涵盖消费者的衣食住行，生态农业、生态旅游、生态民宿体验等。

5.2.3　生态资产资本化高级阶段

生态资产资本化的高级阶段就要求将环保理念融入企业战略与产品之中，实现企业的盈利与环境发展共赢。可持续发展像全球化和企业信息化一样是商业发展不可逆转的、根本性的新浪潮。将可持续发展的理念融入企业的发展战略之中，使企业在新时代的背景下做到环保效益与经济效益的共赢。在新时代背景下，发现挑战并寻找到新的商业机会，为企业创造价值。

可持续发展只有在"聚焦的"且具有战略性的领导下才能够真正植入公司组织。企业的可持续性战略也只有超越循环经济和商业运作中的能源节约等操作层面时，这个战略才可能在长期获得成功。如果可持续发展战略不是企业文化的核心组成部分，那么可持续发展战略就无法彻底贯彻，企业也就不可能真正变绿。

实际上任何一个可持续发展方案都带有商业性质和经济回报，为了推行公司的可持续发展战略，很多企业认识到要想将可持续发展战略植入组织，就必须在高层职位中设立 CSO（首席可持续发展官）的角色，并通过 CSO 将可持续发展的战略意识融入企业各职能部门当中，或许这会成为企业在中长期建立新的品牌形象，在竞争中获得独特定位的重要战略举措。目前很多社会责任感较强的公司设立了 CSO 的职位，并且 CSO 的岗位在逐年增加。CSO 是战略类的一个高管职位，更侧重于可持续发展领域，目标是在创造经济效益的同时，带来社会和环境红利。该职位最关键的工作就是洞察可能影响到市场、并对企业发展构成威胁的环境因素，寻找新的商业机遇为企业创造价值，实现企业的盈利与环境发展共赢。像杜邦公司、陶氏化学、西门子等世界 500 强公司均设立了 CSO 的职位，国内华为也设立了 CSO 的职位。

从对环境保护的贡献来分析，企业大致可以分为两类，环保实体行业及非环保行业。从企业管理的角度分析，环保行业虽然是自然保护的贡献主体，但是在人才结构及业务领域拓展方面具有一定的局限性，不能将政策、资本手段与企业发展进行有效的结合以更好地服务于自然保护；非环保行业的企业，如对环境资源依赖程度较高的雀巢、可口可乐等企业在发展过程中也尚未将环保相关的理念融入发展战略中，往往会因潜在的环境资源纠纷给企业造成巨大的损失。在未来的市场化变革中企业主体需要结合政策环境将环保理念融入企业战略发展规划之中，能够将产业认识、政策研究、资本运作三者有效结合的战略管理型人才是未来企业所需培养的，也是实施可持续发展战略的关键因素。

从竞争因素起主导作用的先后关系和总体上说，影响用户对产品和服务需求的六大因素主要为价格、质量、品种、时间、个性化服务（信誉）和环保。用户对这 6 个方面因素的满意度越高，产品和服务就越能赢得用户的信赖，企业就越具有竞争力。在不同的历史时期、不同环境条件、不同消费水平下，这六大因素对产品和服务需求的影响是不同的。如图 5-11 所示，随着消费水平的增长，大致经历了 3 个阶段，即供不应求的卖方市场、供过于求的买方市场、理性需求的买方市场。

当前，我国已开始步入理性需求的买方市场，环保意识日益深入人心，绿色消费已进入更多人的生活，在此阶段，人民对产品的需求、购买和消费是一种具有生态意识的、高层次的理性消费行为，环保因素将成为该阶段最为重要的竞争因素。未来谁能够将环保理念更好地融入产品之中，实现企业盈利与环保发展共赢，谁就能够在未来的市场竞争中立于不败之地。

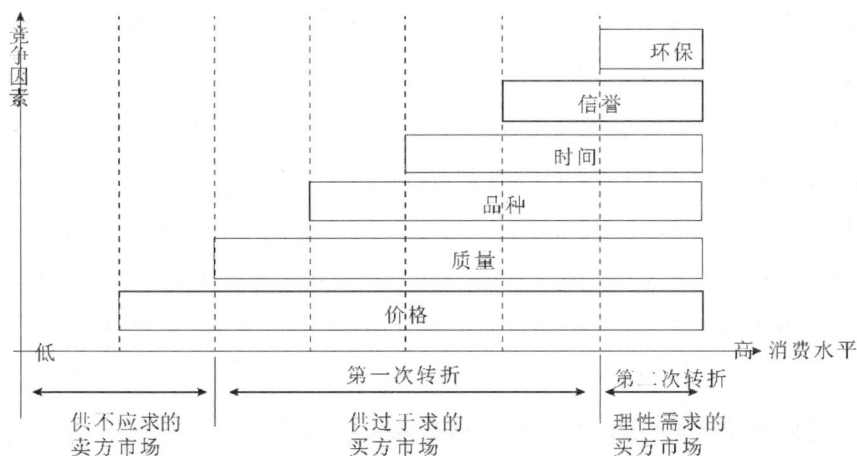

图 5-11　竞争因素与消费水平关系图

目前国外已有相关成功的实践案例，以水生态保护领域的"水足迹①"概念为例，李维斯于 2010 年推出了一款"Water<Less"牛仔裤系列，其销量超出了同等价位的普通牛仔裤②。在环保理念的应用上虽然欧美是成熟市场，我国是新兴市场，但是目前国内也有相关的公司在践行这一模式。例如，华为于 2014 年推出的荣耀 6Plus 成为全球首款公布水足迹的手机，华为还在世界范围建立手机回收点、绿色包装、8 款手机获得绿色环保认证。

当然生态资产资本化的产品离不开消费者的支持，提高公众环保意识，更多的消费生态产品以扩大绿色消费市场是未来需要努力的一个大方向。

附录 5-1　透视发改 943 号文，供水行业的"表里救心丸"

来源：中国水网　作者：毛茂乔　发表时间：2018 年 7 月 10 日

7 月 2 日，国家发展改革委出台《关于创新和完善促进绿色发展价格机制的意见》（以下简称"《意见》"），就固废处理收费机制、污水处理收费政策、节约用水价格机

---

① 水足迹是由荷兰学者阿尔杰恩·胡克斯特拉（Arjen Hoekstra）于 2002 年起倡导的理念，与碳足迹的概念类似。是指一件产品从生产的第一步到包装上架的全部过程中所需要的所有用水量。以 1 升装的瓶装可口可乐为例，它的水足迹是 212 升，其中包括饮料中的 1 升水、生产和清洗消耗 1 升水、生产瓶子消耗 10 升水、种植产糖植物所耗费的 200 升水。

② 马克·特瑟克，乔纳森·亚当斯. 大自然的财富：一场由自然资本引领的商业模式革命[M]. 王玲，侯玮如，译. 北京：中信出版社，2013.

制等提出相应意见，旨在充分运用市场化手段，推进资源环境价格改革，促进绿色发展和生态文明建设。本文专门基于供水价格部分进行探讨。

《意见》在"建立有利于节约用水的价格机制"的章节中首要指出：建立健全补偿成本、合理盈利、激励提升供水质量、促进节约用水的价格形成和动态调整机制，保障供水工程和设施良性运行，促进节水减排和水资源可持续利用。值得强调的是，《意见》并不是一个"一刀切"的价格调整文件，而是把重点放在机制的探索和建立上。由于各地的资源条件、产业结构、社会承受能力等不同，《意见》为各地的政策创新预留了空间。

目前，我国水价主要由基本水价、水资源费、水利工程费、污水处理费（代收）组成，个别地区将二次供水费也计入价内，或是收取公用事业附加费、代收排水管网费、代收垃圾费等。据E20·供水联盟的数据显示，截至2017年年底，全国36个重点城市的居民生活用水价格（包括基本水价、水资源费、水利工程费，不包括污水处理费）平均值为2.29元。其中，有42%的城市居民用水价格低于2元，44%的城市在2~3元，14%的城市价格高于3元。

E20·供水联盟编写的《水价二十讲》提到，现阶段，我国水费支出占城市人均可支配收入的1%左右，国际上比较常见的是2%~3%，而世界银行给出的居民承受上限是不超过5%。从这个角度来看，我国水价在合理承受力上还有一定的空间。但是，我国城市和农村水价长期成本倒挂严重，调整周期长，供水行业市场化改革后的定价机制没有理顺，供水企业生存艰难，甚至影响到供水质量和供水服务。

现行定价机制亟待完善

对我国的供水服务而言，由于其公共性和市场经营性的双重属性，水价一直处于尴尬的境地。我国城市供水价格的定价依据是1998年由国家计委和建设部制定的《城市供水价格管理办法》（以下简称"《办法》"）。《办法》第十条规定：制定城市供水价格应遵循补偿成本、合理收益、节约用水、公平负担的原则。第十一条规定：供水企业合理盈利的平均水平应当是净资产利润率8%~10%。具体的利润水平由所在城市确定。

E20环境平台首席合伙人、E20研究院院长傅涛在接受《每日经济新闻》记者采访时表示，《办法》的制定有其时代背景，当时的财政投入不足以支撑供水系统的支出，因此其投资主体主要来自市场，并且当时政府给这些供水企业8%~10%的盈利空间。

"1998年亚洲金融危机，当时通货膨胀很严重，资产收益率很高，8%~10%的收益率是合理的，但后来资产收益率下降了，8%~10%的收益率就显得比较偏高了，但是一直没有调整。这一《办法》已经实行20年了。"傅涛表示，其实这一收益率后来就达不到了，属于政策和实施严重分离的领域。

"1998年版的《办法》虽确定了基本的定价原则，即成本加成、保本微利，但缺少一个类似于油价的价格联动机制，我们虽然有成本监审的相关意见办法，但申请调价需上报定价成本监审，之后还有价格听证会，这中间有一个漫长的周期，滞后性长达一两年，对整个行业有非常大的影响。"傅涛说，如果供水的成本上升，而企业受限于政府的一些宏观调控政策收益率偏低，同时没有价格联动机制，那么公共供水服务就会非常堪忧。

因此不少城市形成了亏损—调价—再亏损—再调价的恶性循环，供水水质和服务质量难以保障，公众、政府、供水企业三方都不满意。

傅涛表示，此次《意见》提出"建立充分反映供水成本、激励提升供水质量的价格形成和动态调整机制"可以说是一个很重要的突破。

此外，水价的调整不能完全基于成本，否则不利于调动企业提高水质和服务水平的积极性。"激励提升供水质量的价格形成"很有创新价值也很有挑战性。

动态调整机制需大力探索

供水价格进行成本核定时，只注重弥补历史成本，可以缓解过去发生的困境，却无法预料和包含未来可能出现的变动。动态调整机制的建立，使供水价格与相关因素协调，实现与相关因素联动的调整，给供水行业的发展带来极大的信心。

然而，《意见》中并未对动态调整机制所包含的范畴进行明确的规定，是像一些城市已经实现的与水资源费等行政性收费同步同方向的联动调整，还是可以考虑与CPI联动调整？甚至听证调价机制本身？这些都需要各地的探索与实践，未来E20也期望看到地方的试点实施细则。

在一些城市的水价调整过程中，时不时会出现污水处理费"搭着基本水价上调的便车"一起上调，似乎让公众更难以接受，给水价调整带来更多的困难。那么，代收费与供水价格的联动调整，该如何设置、划分，又是一个复杂的话题。

居民、非居民差别进一步拉大

《意见》中明确提到：逐步将居民用水价格调整至不低于成本水平，非居民用水价格调整至补偿成本并合理盈利水平；进一步拉大特种用水与非居民用水的价差，缺水地区二者比价原则上不低于 3∶1。

傅涛分析，居民用水价格调整至"不低于"成本水平，"不低于"也就是说至少要覆盖成本，但并没有提到企业有没有一定的合理盈利区间。从居民的角度来说，理论上讲供水价格不会有明显上升，跟现在的状况应该会持平。这也体现出新时代以人民群众利益为中心的调价思路。

相对于 1998 年的《办法》，《意见》只是提到非居民供水价格要调整至"补偿成本并合理盈利水平"，而并没有给企业提供一个明确数值的合理盈利区间。

对此，傅涛认为《意见》对特种用水和非居民用水做了强制性规定，表明节约用水是很重要的一个方向。对于特种用水和非居民用水的企业而言，会增加其用水成本，阶梯水价会进一步加大。

"对供水企业而言，其盈利点将更多地转向特种用水和非居民用水方面。对于主要以提供居民用水为主的企业有负面影响，盈利会减少，对于主要以提供特种用水和非居民用水为主的企业而言会有正面影响，利润会增加。"

当然，傅涛也表示，这只是国家发展改革委下发的《意见》，没有明确原来的《办法》就此作废，之后应该会尽快制定实施细则，"必须要像油价一样建立合理的、及时的联动机制，及时合理的调节机制，这样对整个行业是很大的利好。"

全面推进非居民用水超定额累进加价制度

《意见》还提及，全面推行城镇非居民用水超定额累进加价制度。对标先进企业，科学制定用水定额并动态调整，合理确定分档水量和加价标准，2020 年年底前要全面落实到位。缺水地区要从紧制定或修订用水定额，提高加价标准，充分反映水资源稀缺程度。对"两高一剩"（高耗能、高污染、产能严重过剩）等行业实行更高的加价标准，加快淘汰落后产能，促进产业结构转型升级。

目前，非居民用水占全国城镇供水总量的比例约为 50%。此举有利于提高非居民用户节水意识，引导非居民用户，特别是高耗水行业和用水大户节水，充分发挥价格机制在水资源配置中的调节作用，对促进水资源可持续利用和城镇节水减排，推动供给侧结构性改革，推进绿色发展具有十分重要的意义。

2017 年 10 月，国家发展改革委联合住房城乡建设部发布了《关于加快建立健全城镇非居民用水超定额累进加价制度的指导意见》（发改价格〔2017〕1792 号）。1792号文件对用水定额、分档水量、加价标准、加价项目、计费周期等内容给出更具体的指导。如各地可选用国家分行业取用水定额标准，也可结合当地非居民用户的生产、经营用水实际情况，制定严于国家标准的分行业用水定额；原则上水量分档不少于三档，二档水价加价标准不低于 0.5 倍，三档水价加价标准不低于 1 倍，具体分档水量和加价标准由各地自行确定；非居民用水超定额累进加价原则上仅为自来水价加价，不包含水资源费、污水处理费和各种附加。

近年来，一些地方结合实际，出台了非居民用水超定额累进加价政策，如福州市，取得了一定成效，相关标准如下。

（1）非居民用水（不包括市政、环卫、绿化、消防等公共用水）超定额累进加价分档水量和加价标准：用户月用水定额内的水量按各用户用水类别基础水价计价；月用水量超定额 10% 以内（含 10%）部分，加价 15%；月用水量超定额 10%～20%（含 20%）部分，加价 35%；月用水量超定额 20%～30%（含 30%）部分，加价 80%；月用水量超定额 30% 以上部分，加价 150%。

（2）对经市经信委认定的"两高一剩"（高耗能、高污染、产能严重过剩）行业或单位用水实行更高累进加价政策，具体超定额累进分档水量和加价标准为：月用水量超定额 10% 以内（含 10%）部分，加价 20%；月用水量超定额 10%～20%（含 20%）部分，加价 45%；月用水量超定额 20%～30%（含 30%）部分，加价 100%；月用水量超定额 30% 以上部分，加价 180%。

另外，《意见》中还提到：按照与自来水保持竞争优势的原则确定再生水价格，推动园林绿化、道路清扫、消防等公共领域使用再生水。"与自来水保持竞争优势的原则"就表明再生水价格低于自来水价格，但其实不能过低，需要达到一个平衡，即保证生产再生水的企业也有一定的利润空间。

价格机制离不开健全的成本监审

水价动态调整机制的建立，需要充分反映供水成本，很重要的前提条件就是健全成本监审。2010 年，国家发展改革委印发的《城市供水定价成本监审办法（试行）》（以下简称"《成本监审办法》"），为城市的供水成本监审工作提供了大方向的指导。但 8 年过去了，该文件依然处于试行阶段，对一些具体的成本项目测算还存在不足；且技术条件、用工方式发生很大的变化，《成本监审办法》需要国家层面的更新和进一步的完善。

2017 年 11 月，国家发改委发布《关于进一步加强垄断行业价格监管的意见》（发改价格规〔2017〕1554 号）。1554 号文指出，健全垄断行业成本监审规则，明确垄断行业定价成本构成和具体审核标准，特别是细化职工薪酬、折旧费、漏损率等约束性指标；扎实开展垄断行业成本监审，合理归集、分摊和核算成本，严格核减不应计入定价成本的费用，强化成本约束。供水行业作为自然垄断行业，其成本中的职工薪酬、漏损率折算、管网建设费用、新建水源地投资等一直备受公众关注，也很容易引起争议。成本监审的科学性和公信力，将直接决定水价定价的可信度。

E20提倡鼓励引入第三方参与监审，提高成本监审效率。目前我国对企业成本的监管是企业个体层面上的，尚缺乏一套有效的评价系统来测算整个行业的平均成本。当然，由于各地的发展水平不同，一些关联因素难以进行统一的比较，某些企业和地方政府不愿意进行全面的公开。尽管存在一定的地区特殊性，但供水领域中成本的大部分环节都是可以统计分析的。如果能借成本公开的机会，充分收集、归纳数据，建立一套基于供水成本的绩效管理体系，对行业长远的良性发展具有举足轻重的作用。

加强供水企业成本的常态化监审，让水价成本及时得到社会全方位的监督，需要政府部门、供水企业和第三方的共同努力。

成本公开的透明化

水价改革应是全方位的，在建立水价动态调整机制的同时，不能囿于"涨水价"，更需要改革供水企业的管理机制，强化供水企业成本控制，提升供水效率，健全供水企业信息披露机制，促进水价成本公开透明，以防将水价改革异化为单纯的"涨价"。

在2010年初，国家发展改革委就供水成本公开向社会征求意见。水价成本在何时公开，以怎样的形式公开，公开到什么程度，这些问题受到行业内外的广泛关注。由于我国各地区经济发展不平衡，不同地区供水企业供水规模、水源水质、管理水平、各项技术指标差异较大。如何制定一个科学合理、公众能接收的成本公开方案，是水价改革中的一个难题。

《意见》出台后，E20·供水联盟也对地方供水企业进行了调研。受访企业表示，943号文的精神令供水行业受到鼓舞，理论上提高了供水企业的利润空间，有助于供水企业的良性发展。有了价格的指挥棒，政府购买服务产品向购买服务提供商转移，行业可借势做大做强。在技术研发、人才培养和系统化解决问题上会取得更大提升。但是，具体的执行还有待观察，落地也需要一定的时间。有联盟单位建议，在价格调整暂时不能到位时，政府应给供水企业合理的补贴，以弥补目前多数供水企业自筹资金进行管网建设和新水源地开发而带来的债务负担。

《意见》就像给日益艰难的供水企业服下一颗"救心丸"。但从动态价格机制的探索，到成本监审和成本公开，再到企业内部的管理提升和体制改革，由表及里，由浅入深，每一环都是症结所在。E20·供水联盟也一直倡导供水企业要自强不息，提升运营效率，增加与社会、与公众的有效沟通，满足新时代下人民日益增长的对优质水和优质服务的需求。这才是供水行业"救心丸"的内核。

附录5-2　透视发改943号文，污水处理领域"强心剂下的风控点"

来源：中国水网　作者：井媛媛　发表时间：2018年7月4日

日前，国家发展改革委关于创新和完善促进绿色发展价格机制的意见（以下简称《意见》）发布，针对污水处理、固体废物处理、节约用水、节能环保等行业做了具体阐述。其中，在完善污水处理收费政策章节提出："加快构建覆盖污水处理和污泥处置成本并合理盈利的价格机制，推进污水处理服务费形成市场化，逐步实现城镇污水处理费基本覆盖服务费用。"

E20研究院结合对水务市场的长期观察，进一步在此解读该意见涉及污水部分的积极影响，以推进全面市场化改革。

原文及解读如下：

（一）建立城镇污水处理费动态调整机制。按照补偿污水处理和污泥处置设施运营成本（不含污水收集和输送管网建设运营成本）并合理盈利的原则，制定污水处理费标准，并依据定期评估结果动态调整，2020年底前实现城市污水处理费标准与污水处理服务费标准大体相当；具备污水集中处理条件的建制镇全面建立污水处理收费制度，并同步开征污水处理费。

E20水业研究中心解读：

不同于供水价格的是，污水处理由政府（一般由自来水公司代收）向居民企业收取污水处理费，入财政"政府性基金预算"专款专用。政府以污水处理服务费名义支付给污水处理运营企业，后者可能是PPP的市场化社会资本（E20环境平台称为环境产业A方阵），也可以是经市场化改造的与政府划清界限的地方专营公司（环境产业B方阵）。

污水处理费调整机制的前提是，要明确处理费的影响因素，以及费用缺口的生成因素。我国城镇的污水处理费收取率虽然较高，但部分区域仍未满足污水处理的全成本需求，极少数区域污水处理费与污水处理服务费持平，但其中大部分区域未能包含污泥处理处置费用，据E20《中国污泥处理处置市场分析报告（2017版）》数据显示，以干化焚烧为例，吨污泥处理处置费用折合污水处理费用为0.25元左右。

文中提出按照补偿污水处理和污泥处置设施运营成本（不含污水收集和输送管网建设运营成本）并合理盈利的原则，制定污水处理费标准。此句释放两个信号，第一污水处理费标准制定时不考虑管网建设和运营成本，管网的建设成本一般而言为污水厂建设成本的3倍左右，且实际运营中不可控因素较大，因此管网的建设和运营主体行业一直存在争议。此文件将污水处理全成本之厂和网首次明确切开，明确了一体化模式下的项目风险测算，以及污水处理的全成本概念。从另一个角度理解，可以认为居民通过污水处理费仅直接承担污水厂厂区内全成本，管网建设和维护资金来源可以解读为仍然通过土地开发转移到土地出让价格由政府财税收入承担。虽然宁波等城市在世行推动下很早将污水处理费归入经营性收费时就已明确类似的划分原则，但通过国家文件全面明确还是首次，有利于地方政府在安排污水处理中进行更科学的资金规划以及推进市场化中的回报机制设计。举个例子，对于现在部分地区逐步推进的厂网一体化PPP市场化项目，依据这个文件，理论上管网部分的费用需要受到10%财承范围内限制，而污水厂本身的支付费用理论上则由政府性基金中所收取的污水处理费全额对应支付而应该不受财承限制。这样明确的厂网费用分离对于污水处理费的"全成本"定价也是一个很好的促进，在"土地财政"逐渐面临退出，地方政府财税费体系逐渐重构的大背景下，为污水处理费提价覆盖厂区全成本提供了切实的依据和路径（文件要求是2020年"与污水处理服务费标准大体相当"，达到"污染者"全付费的目标）。

值得一提的是，提价依据的两费大体相当指的是类似区域类似标准的平均价格，而不是直接在某地的对应关系。此外，合理的盈利原则因各地不一，污水处理BOT项目从10%的投资回报率，到现在5%~6%，何为合理盈利业内并非明晰，这也导致一些新进入环保行业的企业在风控审核之投资回报率时出现困惑，部分项目由于不了解行业投资回报率的一般水平，从而制定较高的风控标准错失好的项目机会。

具备污水集中处理条件的建制镇全面建立污水处理收费制度，并同步开征污水处理费。目前，我国建制镇污水处理率相对较低，但污水处理设施在国家政策的推进下进展较快，市场火热开展的同时，付费来源不确定带来的政府资金支付安全性的担忧一直是很多企业不敢贸然进入的重要因素。建立污水处理收费制度，必然会降低政府财政压力，同时明晰商业模式，增强企业进入的信心。但由于村镇与城市的生活机制差别，是否可将制度落地仍有待观察。

（二）建立企业污水排放差别化收费机制。鼓励地方根据企业排放污水中主要污染物种类、浓度、环保信用评级等，分类分档制定差别化收费标准，促进企业污水预处理和污染物减排。各地可因地制宜确定差别化收费的主要污染物种类，合理设置污染物浓度分档和差价标准，有条件的地区可探索多种污染物差别化收费政策。工业园区要率先推行差别化收费政策。

E20 水业研究中心解读：

分类分档制定差别化收费标准，将促进企业污水预处理和污染物减排。据悉，当前我国市政污水处理厂存在进水 COD 等指标超标，导致污水厂原有工艺不能对进入的污染物有效处理，从而导致出水超标问题存在；而工业园区也存在着由于后期招商进驻的企业主营业务多样，多种废水未经有效预处理进入园区污水处理厂，导致不能有效处理的情况。因此，通过差别化收费，配合有效的督查处罚手段，将有效保障污水厂的进水符合标准，以及减少污染物的总量排放，其亦是水环境综合治理需重点关注的点源污染治理之一。此外，同一地区不同企业排放的污水中污染物的浓度不同，执行同样的收费政策，在某种程度上存在着不公平现象。

但需注意的是，如何合理设置污染物浓度分档和差价标准需制定配套指引性政策，再由治理企业、排污企业、园区管委会共同商定执行标准，因地制宜。此文件的目的是，促进排污企业进行预处理，减少污染物排放，应避免最终结果仅为污水处理服务费用提高的结果出现。

（三）建立与污水处理标准相协调的收费机制。支持提高污水处理标准，污水处理排放标准提高至一级 A 或更严格标准的城镇和工业园区，可相应提高污水处理费标准，长江经济带相关省份要率先实施。水源地保护区、地下水易受污染地区、水污染严重地区和敏感区域特别是劣 V 类水体以及城市黑臭水体污染源所在地，要实行更严格的污水处理排放标准，并相应提高污水处理费标准。

E20 水业研究中心解读：

污水处理的提标改造在"水十条"发布后迎来了急剧火热的市场。"水十条"要求敏感区域（重点湖泊、重点水库、近岸海域汇水区域）城镇污水处理设施应于 2017 年底前全面达到一级 A 排放标准。建成区水体水质达不到地表水 IV 类标准的城市，新建城镇污水处理设施要执行一级 A 排放标准。而污水处理标准的提升在一定程度上有利于水环境综合治理的目标达成。2015 年国家出台污水处理排放标准的征求意见稿，提出特别排放限值，达到准 IV 类水标准，部分省份出台地方标准，与征求意见稿指标持平，甚至高于征求意见稿标准。污水厂的标准升级，必然带来污水处理成本的提升。

据悉，一级A提高到准地表Ⅳ类吨水成本增加在1元左右，若污水处理费标准与水处理服务费差距较大，则政府的财政压力将进一步加大。提高污水处理费，缩小污水处理费和污水处理服务费之间的差距为必然趋势，但在实际执行过程中，不适用于"一刀切"模式，各地区应根据环境容量限制、污水治理要求以及经济环境、居民承受能力等多维因素采取不同等级对待。

此外，在以效果为导向的水环境综合治理下，污水厂提高排放标准是必然趋势，但应控制在合理的范围内，并非所有区域均需以地表Ⅳ类、地表Ⅲ类为标杆，应因需而定，选择合理的技术工艺及排放标准，从而制定合理的污水处理服务费用。

（四）探索建立污水处理农户付费制度。在已建成污水集中处理设施的农村地区，探索建立农户付费制度，综合考虑村集体经济状况、农户承受能力、污水处理成本等因素，合理确定付费标准。

E20水业研究中心解读：

农村污水处理项目模式可分为集中式和分散式两种，项目模式的选择受村落间距离、环境要求、地形地貌等多种因素影响。虽政策中提到，在已建成污水集中处理设施的农村地区，探索建立农户付费制度，但由于农村的特殊因素限制（如收费模式方面，城市的污水处理费一般会与自来水费、燃气费、物业费等捆绑，农村可参考与自来水费捆绑模式，但一些具有自备井的村落仍较难执行），因此政策的落地需配套政策指引。

目前，农村污水处理项目多为打包模式，一方面具有规模优势；另一方面降低社会资本的应收账款风险。此外由于农村污水项目的商业模式问题，企业项目贷款亦存在问题，因此在部分相对富裕地区尝试打通农村污水收费机制，则可探索复制城镇污水处理的可持续模式，成为上有政策，下有市场有效释放的备受追捧的领域。农村污水付费制度在实际执行中，应考虑与垃圾服务费、自来水费等多种模式联合。但是值得高度注意的是，基于中国当前巨大的地区差异，在中西部地区该项政策的落地将有相当长的摸索过程。

（五）健全城镇污水处理服务费市场化形成机制。推动通过招投标等市场竞争方式，以污水处理和污泥处置成本、污水总量、污染物去除量、经营期限等为主要参数，形成污水处理服务费标准。鼓励将城乡不同区域、规模、盈利水平的污水处理项目打包招投标，促进城市、建制镇和农村污水处理均衡发展。建立污水处理服务费收支定期报告制度，污水处理企业应于每年3月底前，向当地价格主管部门报告上年度污水处理服务费收支状况，为调整完善污水处理费标准提供参考。

E20 水业研究中心解读：

近年来，由于低价竞争抢占市场，污水处理项目中标价格一再探底，能否覆盖污水处理全成本（包含污泥处理处置费用）受到业内争议。政策中提到通过招投标等市场竞争方式，形成污水处理服务费标准，有利于环境产业面向效果的质量提升。但值得注意的是，政策中提到的是污水处理服务费，且前文中提到 2020 年年底前实现城市污水处理费标准与污水处理服务费标准大体相当，虽然提高居民支付的污水处理费用，保障污水处理全成本的覆盖，以及满足提标后的污水处理成本是行业发展的必然趋势，但是根据我们目前掌握的基本情况，一般而言 B 方阵专营公司的价格相对合理符合实际成本，而特许经营公司的污水处理服务费价格由于市场竞争、资本运作和行业监管等诸多因素，目前在部分地区存在低于实际成本的状况，两者合并按类似地区平均计算，水价暂时上涨幅度有限（主要差距是污泥全成本）。因此，我们认为更重要的是调价机制的明确，以及污泥成本的纳入，后者将对目前已经逐步上探到 300 元/吨湿污泥（含水率 80%）的 BOT 市场价格（对于兼顾安全和减量的污泥处理处置这个价格是合理的）产生重要支撑。

项目打捆招投标模式，一方面如文中所述促进城市、建制镇和农村污水处理均衡发展，另外从企业方讲降低项目的操作风险，同时提高整体规划的规模效益；对政府而言，提高审批效率，优化考核过程。此外，更有利于区域环境综合规划的开展、以及美丽乡村建设的落地。

建立污水处理服务费收支定期报告制度，污水处理企业应于每年 3 月底前，向当地价格主管部门报告上年度污水处理服务费收支状况。按照目前的规定，污水处理企业定期要向政府价格主管部门（国家发展改革委）上报运营成本材料（如申请调价，需向政府提交关于申请污水处理收费标准的请示），政府价格主管部门进行成本监审并出具报告，就成本核增、核减情况及理由进行说明。而新的规定，实际上是站在政府和社会资本（污水处理企业）合作的角度，要求提供污水处理服务费的收支情况。前后两个关注点不同，第一新规考核的不是污水处理项目的成本核算，而是污水处理服务费的收支；第二新规的目的不在于控制成本，而在于规范政府付费的使用（污水处理服务费为政府付费，符合预算法加强预算绩效管理的要求）。

综述

上海城投集团有限公司战略企划部高级主管王强表示，这 5 项政策中，（一）~（三）项只有在更加灵活的经营性收费的框架下，由企业来实施才能起到更好的效果。如果还是行政性收费的特性，由政府部门征收后再加财政补贴并主导实施，如果规则不明，公众就会要求政府补贴到位，这样实际上不仅难以做到动态调整，企业也不会主动精细化费时费力检测、排查、征收与管理，还是达不到水环境治理的最终目的。如果变成企业征收和使用的经营性收费，与企业自身经济利益直接挂钩，所产生的效果就会大为改观。E20水业研究中心认为，污水处理行业价费的市场化改革是行业发展的大趋势，污水处理费标准与污水处理服务费标准趋近、分级分档标准化收费、村镇收费机制的完善以及全成本管控是污水行业未来价费机制改革的基准，此文件改革力度很强，但在实际执行过程中，基于我国各地经济、财力及居民/企业支付能力存在较大差异（如发达地区与中西部地区的差异），可能需要较长时期的探索，在发达省市有望先行试点实施，然后逐步在全国其他地区进行推广，最终做到真正的全面落地。

附录 5-3　透视发改 943 号文，垃圾收费、分类双管齐下，固废管理进入体系化

来源：中国水网　作者：丁宁　潘功　发表时间：2018 年 7 月 3 日

日前，国家发展改革委《关于创新和完善促进绿色发展价格机制的意见》（以下简称《意见》）发布，大力完善固废处理价格和水价等绿色发展价格机制，大环境公共服务时代开启。其中，固废处理收费机制作为几大公用事业价费机制中发展较为滞后的一个环节，随着近年来垃圾分类工作再度成为城市固废管理的焦点而重回公众视野[1]。

2018 年 6 月 29 日，住建部新闻发布会上宣布，2018 年年底前地级以上城市将全面部署生活垃圾分类，强制分类的范畴由"46 城"扩容为 294 个地级以上城市[2]。国家发展改革委此次发文，则以"差别化""精细化"和"合理化"为核心，为垃圾分类的推动再添一把火。垃圾分类与垃圾收费两大时间表先后明确，通过差别化收费倒逼源头分类，助力城市生活垃圾减量化、资源化、无害化的路线已经清晰，此次价费机制的完善，无疑将成为垃圾分类工作的有效抓手。

从环保行业角度来看，《意见》改革力度相当大，涵盖环境治理公共服务的全领

---

[1] 《发改委发文推绿色发展价格机制改革深刻推动环境公共服务发展》，中国水网，2018 年 7 月。

[2] 《环境部将垃圾焚烧列入污染攻坚，住建部地级市全面推垃圾分类》，中国固废网，2018 年 7 月。

域覆盖的收费机制。从以往税收和财政承担环境治理成本，到如今的污染者付费，资源环境价格机制得到完善，市场化程度进一步加深。公用事业的收费问题涉及收费和使用主体、收费性质、定价机制、操作流程等，本质上是调节在市政公用事业的服务上政府、市场主体和用户的边界和关系。收费性质分为行政事业性收费和经营服务性收费两种，环境公共服务类（如生活垃圾处理）多以政府管理为主，而商业领域（如危废）则偏向市场机制调节，政府角色相对弱化，因此在城市固体废物管理中，生活垃圾与危险废物的价费机制存在显著区别。本《意见》未对收费性质加以明确，不同性质在使用主体、定价机制、操作流程等方面存在差别，这也将是包括垃圾处理在内的多数环境公共服务收费机制调整的一个关键课题①。E20 研究院将从固废和水两个部分对《意见》进行详细解读，本文为上篇。

　　在生活垃圾收费机制的探索方面，我国不少城市已做出了先行实践和探索。以宁波市为例，由世界银行贷款，E20 环境平台作为咨询方开展的宁波市生活垃圾收费机制研究项目已前瞻性地采用了垃圾收费+垃圾分类相辅相成的思路，并提出了"差别化""精细化"及"超量加价"原则，与本次价费机制指导思想高度吻合②。未来随着宁波项目的进一步深入，关于收费性质的明确，收缴方式的创新以及差别化激励收费机制的尝试将成为本《意见》在地方落地实践的"试金石"。2020 年年底前，全国更多城市将以宁波、苏州、厦门等垃圾分类"先行者" 的试点经验为参考，结合实际情况确立切实可行的垃圾收费机制，倒逼垃圾分类按时交上验收答卷③。E20 研究院固废产业研究中心负责人潘功博士认为，**对生活垃圾的计量收费和差别化收费，融入了生活垃圾分类理念，明确了"污染者付费"原则，是推动生活垃圾分类的有效手段、有力手段、强制手段**。全面垃圾收费的号角，伴随强制垃圾分类的"再扩容"而正式吹响，通过全面建立覆盖成本并合理盈利的固体废物处理收费机制，加快建立有利于促进垃圾分类和减量化、资源化、无害化处理的激励约束机制。E20 研究院固废产业研究中心结合宁波生活垃圾收费机制研究成果和调研考察经验，对此文中涉及垃圾收费机制几点要求进行了详细分析，原文及相应解读如下：

　　原文：

　　（一）建立健全城镇生活垃圾处理收费机制。按照补偿成本并合理盈利的原则，

① 《薛涛：PPP 难解负债冲动，公共服务价费研究迫在眉睫》，中国水网，薛涛，2017 年 8 月。
② 《破题垃圾收费难： 宁波生活垃圾处理收费机制研究项目启动》，中国固废网，E20 研究院固废产业研究中心高级行业分析师李少甫，2017 年 9 月。
③ 《PPP3.0 遇见固废 3.0，多方分享宁波示范项目亮点》，中国固废网，刘影，2017 年 12 月。

制定和调整城镇生活垃圾处理收费标准。2020年年底前，全国城市及建制镇全面建立生活垃圾处理收费制度。鼓励各地创新垃圾处理收费模式，提高收缴率。鼓励各地制定促进垃圾协同处理的综合性配套政策，支持水泥、有机肥等企业参与垃圾资源化利用。

E20研究院解读：

我国生活垃圾收费进程自20世纪90年代"垃圾处理费"这一概念提出后始终进展缓慢，落地困难。从1991年开始提出要对垃圾处置实行服务收费，1993年规定生活垃圾管理费用要逐步扩展至居民，2002年由国家发展计划委员会、财政部、建设部及国家环境保护总局共同发布了《关于实行城市生活垃圾处理收费制度促进垃圾处理产业化的通知》（计价格〔2002〕872号），首次正式发文明确指出要实行城市生活垃圾收费、促进垃圾产业化发展。但相较于水、电、气等其他公用事业价费机制的迅速发展，垃圾收费体系因其公益属性和责任者追溯困难而始终未能得以健全。E20研究院在宁波市生活垃圾收费机制研究过程中，考察和走访了数十个国内垃圾分类和收费推动较早的城市，总结出目前大多数城市收费机制普遍存在的两大主要问题。目前，我国虽有24个省（直辖市、自治区）已出台省级垃圾收费相关政策，但大多年代已久，一方面受制于当时较低的技术发展水平和市场化程度，收费方法单一且收费成本较高，以政府环卫部门上门征收为主，成本覆盖率和征收率均不理想，在经济飞速增长已达数十年后，原有的收费办法已脱离实际；另一方面，"老办法"与垃圾分类并不挂钩，地方政府面临着"垃圾分类推行难"和"垃圾收费征收难"的两大难题，未能将二者有机结合，采用经济手段刺激分类，因而所征的垃圾处理费用难以满足日益增长的垃圾处理需求和垃圾分类工作的经济刺激需要，差别化刺激手段的出台迫在眉睫。

本次国家发展改革委对绿色发展价格的指导意见中再度明确要建立健全城镇生活垃圾处理收费机制，并提出"补偿成本""合理盈利"的收费标准，对于我国大部分地区长达数十年未改变的垃圾处理费提供了及时、合理的调整思路。

鼓励各地创新垃圾处理收费模式，提高收缴率，一方面鼓励各地环卫部门积极创新，通过收费方式的改变解决"收不上来"的难题；另一方面也体现了互联网时代便民服务的要求。在群众"只跑一次""无纸化办公"的倡导下，便捷的垃圾收费将更易于被广大群众接受。而随着环卫市场化大潮的涌起，智慧环卫的发展已经走上新的高度，在新时代背景下我们面临着怎样的垃圾分类和收费新机遇，也成了行业热议的焦点之一。E20环境平台主办的首届环卫一体化高峰论坛将于2018年7月12-13日在福州举办，论坛将以"智慧一体化　环卫新征程"为主题，诚邀政学企各界人士共话垃圾分类，为全面推进垃圾分类，落实收费机制改革出谋划策。

此外，文件还提到"**鼓励各地制定促进垃圾协同处理的综合性配套政策，支持水泥、有机肥等企业参与垃圾资源化利用**"，在鼓励垃圾分类的行业东风下，这一提议对居民分出的厨余垃圾、餐馆等非居民单位产生的餐厨垃圾、农贸市场等产生的菜场等易腐垃圾的"去路"提出了明确建议。过去长期以来前端垃圾分类与后端分类处理的衔接往往由于经济利益驱动，被地沟油、垃圾猪等非法利益链拦截，由于配套政策缺失，多数餐厨、低价值可回收垃圾等处理企业面临着难以为继的运营困境。通过因地制宜的协同处理配套政策进一步跟进，垃圾前端的分类投放与末端的分类处理将衔接有望。

原文：

（二）完善城镇生活垃圾分类和减量化激励机制。积极推进城镇生活垃圾处理收费方式改革，对非居民用户推行垃圾计量收费，并实行分类垃圾与混合垃圾差别化收费等政策，提高混合垃圾收费标准；对具备条件的居民用户，实行计量收费和差别化收费，加快推进垃圾分类。鼓励城镇生活垃圾收集、运输、处理市场化运营，已经形成充分竞争的环节，实行双方协商定价。

E20 研究院解读：

本《意见》为目前各省实践探索中的垃圾收费机制提供了明确的设计思路。

根据收费对象的性质不同，将居民和非居民端收费加以区分对待。

大多数城市的经验证明，在收费机制的制定和推广过程中，针对非居民单位的收费机制之于居民端更加简单可行，实操性强，因而鼓励对非居民单位全面推行垃圾计量收费，直接体现"多污染、多付费"的原则。此外，作为促进垃圾分类的经济手段，为培养非居民单位垃圾分类意识，提高资源化水平，鼓励对分类垃圾与混合垃圾实行差别化收费，通过经济刺激倒逼垃圾分类。

对于居民单位的垃圾收费机制则相对复杂，不可一蹴而就。原则上鼓励计量收费，但具体方案仍需结合各地实际情况确立，"一刀切"的政策不可取。面对不同类别垃圾、不同地区居民等错综复杂的收费情况，智慧环卫技术手段的采用有望成为"解药"。对于居民征收垃圾处理费，一方面是为了培养"污染者付费"的意识，将垃圾处理费从完全的"政府埋单"变为"使用者付费+政府适度补贴"这种更为合理健康的模式；另一方面则是希望通过收费来鼓励居民减少不必要的浪费，提高源头减量化程度，而差别化收费标准则鼓励其积极参与垃圾分类。

此外，在垃圾处理费的定性方面，《意见》指出"**鼓励城镇生活垃圾收集、运输、处理市场化运营，已经形成充分竞争的环节，实行双方协商定价**"。

上海城投集团有限公司战略企划部高级主管王强表示，习近平总书记在全国生态环境保护大会上明确指出，我国生态文明建设正处于压力叠加、负重前行的关键期，已进入提供更多优质生态产品以满足人民日益增长的优美生态环境需要的攻坚期，也到了有条件有能力解决生态环境领域突出问题的窗口期，另外，李克强总理近年来一直强调"放管服"，减少政府收费。环境问题和水务问题一样，也是存在政府、企业和公众用户三方面的关系，这是三方共同的责任，要明确三方的责任边界。《意见》出台，传统的将生活垃圾完全由政府托底保障的认识会逐步得到纠正，况且地方政府也受制于财政压力或债务限制，必须建立使用者或污染者付费的价格机制才能促使三方共同努力解决环境问题。王强认为，垃圾处理费发展的趋势已经非常明确，目前我国已经不再是摸着石头过河的阶段，明确有力的顶层设计，对未来各项配套机制的设计至关重要。与此同时，还要进一步推动环卫市场化，向集团化、高端化迈进。城镇生活垃圾全流程交由市场运作后，有两大优势将会凸显：① 使用者/污染者付费的原则得到体现，通过经济手段对使用者和污染者的行为加以约束，通过企业运作提高效率；② 从根本上解决基础设施规模扩大以后的资金问题，以用户付费为主，政府补贴为辅，明确用户付费和政府补贴的边界。**补贴为前补贴，仅为辅助作用，主要是靠市场化的价格机制**。

原文：

（三）探索建立农村垃圾处理收费制度。在已实行垃圾处理制度的农村地区，建立农村垃圾处理收费制度，综合考虑当地经济发展水平、农户承受能力、垃圾处理成本等因素，合理确定收费标准，促进乡村环境改善。

（四）完善危险废物处置收费机制。按照补偿危险废物收集、运输、贮存和处置成本并合理盈利的原则，制定和调整危险废物处置收费标准，提高危险废物处置能力。综合考虑区域内医疗机构总量和结构、医疗废物实际产生量及处理总成本等因素，合理核定医疗废物处置定额、定量收费标准，收费方式由医疗废物处置单位和医疗机构协商确定。加强工业危险废物和社会源危险废物处置成本调查，合理确定并动态调整收费标准；在确保危险废物收集、运输、贮存、处置全流程监控，违法违规行为可追溯的前提下，处置收费标准可由双方协商确定。

E20研究院解读：

针对垃圾收费中农村垃圾和有害垃圾两个收费对象和收费主体相对特殊的类别，

其收费标准、收费方式等需另行考虑。

我国广大农村地区正处于脱贫攻坚战的关键时期，东、中、西部经济发展水平和农户承受能力差别较大。在推进垃圾收费全覆盖的进程中，对承受能力有限的农村地区，应当从实际出发，为民生着想，以促进农村综合环境改善为根本，逐步推进垃圾分类和垃圾收费。

危险废物作为 2017 年炙手可热的"香饽饽"，其巨大的市场空间吸引了众多环保企业甚至其他行业巨头的投资目光。与生活垃圾处理、污水处理等环境公共服务内容不同，危险废物的处理，是市场化定价的污染者付费的商业行为，在过去以市场机制调节为主，政府的指导参与程度较低，一度出现安全、价格等多方面"失控"的隐患。E20 环境平台固废产业研究中心负责人潘功博士曾对 2018 年"过度火热"的危废市场提出担忧：在生态环境部启动"清废行动 2018"之后，大规模的环境督察行动推动了行业规范，对于市场的影响也带动了危废处置价格的上浮波动。潘功认为，危废暂时高昂的处理价格并非其真实的价值体现，吸引过多资本对行业而言未必尽是利好。从政策角度出发，作为资源与环境保护的重要手段，实行危险废物处置经营性收费及政府指导价结合是非常有必要的。按照国家《关于实行危险废物处置收费制度促进危险废物处置产业化的通知》要求，危险废物处置收费标准应按照补偿危险废物处置成本，合理盈利的原则核定。本次发文再次重申这一基本原则，危废处理虽为受市场直接调控的商业化行为，但政府在其中的管理角色亦不容缺失，在政策指引下合理定价并动态调整，整个行业市场才有望继续健康稳定发展[①]。

结语：

面对新时代生态文明建设和生态环境保护的新形势、新要求，在人民日益增长的优美生态环境需要面前，全面推动垃圾收费机制，将有利于发挥价格杠杆引导垃圾分类、促进源头减量、培养"污染者付费"意识，培养健康合理的垃圾处理成本补偿机制，加快建立分类投放、分类收集、分类运输、分类处理的垃圾处理系统，形成以法治为基础、政府推动、全民参与、城乡统筹、因地制宜的垃圾分类制度，进而激发政府、企业和民众三方力量、共同促进城市固体废物管理体系进入良性轨道，为生态文明建设和美丽中国添砖加瓦。

党的"十九大"后，"加快生态文明体制改革，建设美丽中国"已蓄势待发，而环卫无疑是人民眼中"美丽中国"的最直接体现。垃圾收费机制的完善，对垃圾分类

---

① 危废处置价格的上浮波动不是沙漠之花的绽放，中国固废网，潘功，2018 年 5 月。

工作乃至整个环卫行业健康发展的推动作用不容置疑。

附录 5-4　中国弹性城市发展综述

来源：北大林肯中心研究简报第十期　作者：李曼曼　发表时间：2016 年 12 月

摘要　在气候变化背景下，"城市看海""饮用水危机"等城市弊病百出，严重制约了城市的可持续发展。城市如何在重重挑战与危机中，保持自身发展活力，是一个亟待解决的重要问题。面对变幻莫测的发展前景，国外城市，如纽约、伦敦纷纷提出要建立 Resilient City，中国虽没有正式提出"弹性城市"的概念，但是近些年，由不同部门主导发起的低碳城市、生态城市、智慧城市、海绵城市等虽然侧重点有所不同，但均属于弹性城市建设的范畴。弹性新思维或许能为身处阈值阶段的中国城市发展提供新的思路。本文梳理了中国弹性城市发展面临的挑战、国内外弹性城市研究动态以及中国弹性城市的政策沿革与实践，并针对当前弹性城市发展中遇到的问题给出了自己的政策建议以期为未来弹性城市的发展提供借鉴。

1. 中国弹性城市发展面临的挑战

政府间气候变化专门委员会（IPCC）第五次评估报告指出，在 1880 年至 2012 年期间，全球陆地和海洋表面平均温度上升了 0.85℃，并将继续上升[1]。与全球气候变化整体趋势相对应，中国近 100 年（1908—2007 年）来地表平均气温上升了 1.1℃，高于同期全球升温平均值[2]。气候变化导致的高温、干旱、强降水等极端气候事件呈现频率增加、强度增大的趋势[3]。

近年来，中国城市发展迅猛，城市化水平从 1978 年的 18.6% 上升到 2015 年的 56.1%。伴随着城市化进程的加速，人口产业向城市高度集中，农田、湿地、河流等自然生态被高楼、硬地、马路所代替。有学者研究发现当城市化水平达到 50% 左右时，城市化速度达到极限，这一时期是城市问题和社会矛盾、环境污染不断地累积进而达到激化失衡状态的关键点[4-5]。当前中国正处于这一发展遭遇瓶颈的阈值阶段，许多沿海和内陆城市不断遭受极端天气/气候灾害，暴露出城市发展与应对气候变化风险能力之间的巨大差距，城市脆弱性日益凸显。

气候变化所带来的城市灾害风险主要包括两部分，一方面是突发的极端气候事件，如暴雨、雾霾、干旱、高温热浪和寒潮等；另一方面是缓慢的气候变化，如海平面上升[6]。在所有的气候灾害中城市洪涝、水资源短缺、水质污染以及海平面上升成为近年来城市可持续发展所面临的主要挑战。

1.1　城市内涝

随着城市化进程的推进，越来越多的农田、湿地、河流等自然生态被不透水的高楼、硬地、马路所代替，城市可"呼吸"的通道被封锁。极端天气事件频发加上脆弱的城市基础设施，导致许多城市在气候灾害面前不堪一击，"城市看海"频发，暴雨致灾已经成为影响城市公共安全的重要问题，对人民的生命财产造成了严重的威胁，附表 5-1 为近 25 年我国洪涝灾害造成的生命财产损失情况。

相关研究发现在 2008—2010 年被调研城市中有 213 个发生过不同程度的积水内涝，其中 137 个城市发生了超过 3 次以上的内涝，积水深度超过 0.5 米的城市占到了74.6%、超过 0.15 米的占 90% 以上[7]。特别是北京、上海、广州等多个大型城市内涝灾害异常严重，整个城市积水严重，造成交通瘫痪，给人们的生活和生产造成极大的影响。

附表 5-1　1991—2015 年我国洪涝灾害造成的生命财产损失情况[8-23]

年　份	死亡人数	直接经济损失（亿元）	损失占 GDP 比重（%）
1991	5 113	779.08	3.56
1992	3 012	412.77	1.52
1993	3 499	641.74	1.81
1994	5 340	1 796.60	3.71
1995	3 852	1 653.30	2.70
1996	5 840	2 208.36	3.09
1997	2 799	930.11	1.17
1998	4 150	2 550.90	3.01
1999	1 896	930.23	1.03
2000	1 942	711.63	0.71
2001	1 605	623.03	0.57
2002	1 819	838	0.69
2003	1 551	1 300.5	0.95
2004	1 282	713.51	0.44
2005	1 660	1 662.2	0.89
2006	2 276	1 332.6	0.61
2007	1 230	1 123.3	0.42
2008	633	955.44	0.30
2009	538	845.96	0.24
2010	3 222	3 745	0.92

续表

年　份	死亡人数	直接经济损失（亿元）	损失占 GDP 比重（%）
2011	519	1 301	0.27
2012	673	2 675	0.50
2013	774	3 145	0.53
2014	485	1 574	0.25
2015	319	1 661	0.25

注　此表作者根据国家防汛抗旱总指挥部办公室公布的数据以及国家统计局数据计算总结而成。
资料来源：文献 9-24；国家统计局官网（http://data.stats.gov.cn/easyquery.htm? cn=C01）

1.2 水资源短缺，水质污染严重

随着我国工业化和城市化进程加快，城市人口不断增长，城市用水需求增加，水资源短缺、水质污染造成的"水质性缺水"严重制约城市的可持续发展。据统计，我国 600 多座城市中有 400 多个供水不足，严重缺水城市有 110 个[24]。以 2010 年为例，我国总需水量 7 300 亿 t，可供水量仅有 6 200 亿～6 300 亿吨，缺水量 1 000 亿吨，城市缺水总量为 60 亿吨[25]。水污染已经成为导致水资源短缺的重要原因之一，2015 年环境状公报显示，我国 35.6% 的地表水收到了不同程度的污染，无法直接供人类使用，61.3% 的地下水水质较差和极差，浅层地下水污染更为严重，水质较差和极差的比例占到 65.2%[26]。

在快速城市化以及严重水污染的中国，清洁水源的供给困扰着很多城市。据预测 2050 年，中国将有 10 亿人生活在城市中，在未来 30 多年内中国城市人口将增加 3 亿[27]。目前中国的供水设施难以满足快速的城市化需求，需要大量的资金投入用于供水设施的建设和缓解生态系统的不断退化。从而保障数量庞大的城市人口的生活用水需求。

1.3 海平面上升

近年来，气候变暖及地面沉降导致的相对海平面上升严重威胁着我国沿海地区的可持续发展。我国沿海地区的面积约占国土总面积的 1/7，承载了全国 70% 的大城市和 41% 的人口，贡献了 55% 的国民生产总值和 65% 的全国工业产值，经济发展实力雄厚[28]。沿海城市地处海陆交互作用的敏感地带，人口、产业、基础设施高度集中，受海陆复合型灾害影响，将面临难以预测的巨大灾害风险[29]。

1.3.1 海岛和沿海城市低洼地区面临被淹没的风险

海平面不断上升，风暴潮、咸潮入侵、海岸侵蚀的影响日益加大，这些都给沿海城市的基础设施带来了很大的风险。根据第二次气候变化国家评估报告的预测，到

2030 年，海堤的标准高度（达到"百年一遇"）要比目前高出 40%。如果海堤不在今天的标准上提高，那么到 2080 年，中国有 1.8 万平方千米人口高度密集的三角洲被升高的海面所淹没[30]。

随着我国城市化进程的加快，城市土地资源日益紧缺，沿海城市普遍向低洼地段扩展，甚至通过填海造陆来增加城市建设用地。据统计，中国沿海地区地面高程小于和等于 5 米的重点脆弱区面积为 14.39 万平方千米，约占沿海 11 个省、市、自治区面积的 11.3%，占全国陆地国土面积的 1.5%[31]。国际上普遍认为，海拔低于 5 米的沿海地区为易受海平面上升、风暴潮灾害影响的脆弱区和危险区[32]。

1.3.2　洪涝、风暴潮等自然灾害威胁大大增加

在全球气候变暖加剧背景下，海水表面平均气温升高，海平面上升，风暴潮、海岸侵蚀、洪涝等海洋灾害发生频率将会增加。近年来，各类海洋灾害对沿海地区造成的直接经济损失数额巨大（见附图 5-1），严重制约沿海地区经济的可持续发展。据统计，仅 2014 年，中国各类海洋灾害造成的直接经济损失 136.14 亿元[33]。

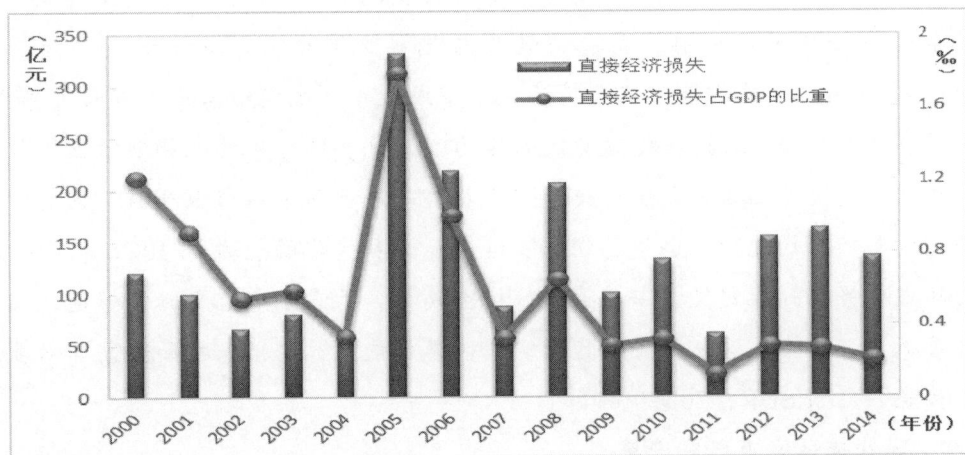

附图 5-1　2000—2014 年中国海洋灾害造成直接经济损失及与 GDP 的比较

注：此图是作者根据国家海洋局及国家统计局相关数据计算绘制
资料来源：国家海洋局官网；（http://www.soa.gov.cn/zwgk/hygb/zghyzhgb/）
国家统计局官网（http://data.stats.gov.cn/easyquery.htm? cn=C01）

1.3.3　咸潮和海水入侵加剧，影响城市供水

相对海平面上升导致潮流顶托作用增强，河口海水倒灌，海水和咸潮入侵加剧，地表和地下淡水水源被咸化，加重了沿海地区地下水资源短缺[9]；与此同时，海平面上升也将使沿海城市的市政排污工程原设计标高降低，原有自然排灌系统失效，城镇

污水排放发生困难，甚至倒灌，供水水源受到污染，对城市居民用水以及城市工业生产均产生了严重的影响。

据统计，1978 年长江口遭遇咸潮袭击，咸潮入侵至黄浦江，影响上海市供水 2 个多月，致使上海市部分企业停产、产品质量下降，造成的直接经济损失达 1 400 万元[34]。2009 年 2—3 月福建发生了严重的咸潮入侵，致使水源地 Cl^- 浓度大大超过国家集中式生活饮用水地表水源水质标准（250 毫克/升），影响到福州琅岐、长乐、仓山数十万居民的饮水，给该地区的居民生活、工农业生产带来严重不良影响[35]。2014 年 2 月 5 日，珠江口咸潮最大上溯距离超过 60 千米，影响广东中山多个水厂取水。

2. 弹性城市研究动态

2.1 弹性城市概念的由来

弹性的概念最早由美国生态学学家霍林（Holling）提出，他认为弹性最基本的含义是系统有化解外来冲击、并在危机出现时仍能维持其主要功能运转的能力[36]。后来弹性的概念被引入城市规划领域。阿尔贝蒂（Alberti）等将弹性城市定义为城市一系列结构和过程变化重组之前，所能够吸收与化解变化的能力与程度[37]。弹性联盟（Resilience Alliance）将弹性城市定义为：城市或城市系统能够消化并吸收外界干扰，并保持原有主要特征、结构和关键功能的能力[38]。许多国际机构也相继给出了弹性的定义，政府间气候变化委员会认为弹性用来描述一个系统能够吸收干扰，同时维持同样基础结构和功能的能力，也是自组织、适应压力和变化的能力"（IPCC，2007）。联合国国际减灾署将弹性定义为一个系统、社区或社会暴露于危险中时能够通过及时有效的方式抵抗、吸收、适应并且从其影响中恢复的能力，包括保护和恢复其必要基础设施和功能"（UNISDR，2009）。

2.2 国外弹性城市研究进展

国外弹性城市理论研究可以概括为城市生态弹性、城市工程弹性、城市经济弹性和城市社会弹性 4 个领域[39]。城市生态弹性主要通过研究生态系统和人类之间的相互作用，使城市提高应对不确定性、非线性的外来冲击的能力，并提高城市自组织能力，从而实现人与环境系统的协调发展。霍林是该领域的奠基者，冈德森（Gunderson）等提出生态系统演化动力机制的 Panarchy 模型、适应循环（Adaptive Cycle）和多尺度嵌套适应循环模型等[40-41]。城市工程弹性主要指城市基础设施从自然和人为灾难中恢复的能力，MCEER 提出了基础设施弹性框架图，利用坚固性和快速性反映弹性的主要特征[42]。城市经济弹性则以经济地理和城市规划为视角来研究城市经济和产业系统的弹性，其中一个重要研究领域是评估灾害带来的财产损失，Polèse 认为经济弹性是指城市在危急中保存自己，并且保持发展活力的能力，并提出了保持经济弹性的条件[43-44]。城市社会弹性是指社区或人群应对由社会、政治和环境变化带来的外来冲击的能力，阿杰（Adger）是第一批将生态弹性概念拓展到人类社会领域的学者，巴顿（Paton）等强调危机管理策略，他将弹性视为过程，涉及不断地学习和提高决策能力，以应对随时出现的各种灾难[45-46]。

近年来，弹性研究的关注度呈持续上升的态势，弹性城市研究机构日益多样化，除城市政府以外，基金会、非政府组织（NGO）和高校等各类研究机构也纷纷投入相关的弹性研究中（见附表 5-2）。

附表 5-2　国外弹性城市研究机构及主要研究内容[47-51]

类型	研究机构	时间	研究内容
高校	瑞典斯德哥尔摩大学	2007	组建"斯德哥尔摩弹性研究中心"
	京都大学全球环境研究院	2009	提出应对气候变化的弹性城市研究框架，包括脆弱地区的识别及降低灾害风险的战略
	联合国大学环境与人类安全研究所（UNN-EHS）	2009	如果一个大城市居民和机构功能能够有效运转，那么这个大城市就被认为是具有弹性的。大城市中人们和制度之间的相互作用发生在正规和非正规的部门中，同时这些相互作用包含于大城市社会经济系统，并受到全球和地方层面的影响
	大阪大学工学院	2014	提出了基于风险概念的弹性评估框架和定性的综合多样化评价体系
	日本北九州城市中心（KUC）	2014	从治理（制度）、硬件（基础设施和生态系统）、软件（社会机构）3 个方面建立弹性城市综合研究框架
	英国谢菲尔德	2015	举办"建筑与弹性"为主题的学术会议
	日本法政大学（Hosei University）	2014	分别针对气候变化、风险评估和能源系统开展弹性研究，针对气候变化和自然灾害提出设立城市指标、行政指标、市民指标、综合指标等四类指标进行城市系统弹性评定
	纽约州立大学布法罗分校区域研究所		开发了弹性能力指数共计 12 项指标，包括区域经济属性、社会人口属性以及社区联通性 3 个维度
	日本名古屋大学环境学研究科	2014	针对能源系统的弹性提出用预防、适应、转化的框架来进行测度，并结合日本东部地震的数据提出预防、适应及转化类应对措施，并提出了能源弹性构建步骤
政府组织	美国国际开发总署（USAID）	2007	提出《沿海社区弹性指南》，从印度洋 2004 年之后的海啸中汲取经验，试图扩展部门计划以制定更全面和强大的规划框架来促进社区潜在弹性的构建，并将风暴潮、海岸侵蚀等沿海风险等因素考虑在内

续表

类型	研究机构	时间	研究内容
政府组织	可持续发展的地方政府组织（ICLEI）	2010年起	每年举办"城市弹性与适应能力年会"（Annual Global Forum on Urban Resilience & Adaptation），探讨如何提高城市的弹性与适应能力
	联合国减灾署（UNIS）	2012	启动亚洲城市应对气候变化弹性网络，以帮助亚洲城市建立应对气候变化的弹性城市网络
	联合国国际减灾署	2014	提出降低灾害风险研究框架以构建城市灾害弹性
国际机构和非政府组织	洛克菲勒基金会（Rockefeller Foundation）	2009	构建了亚洲城市气候变化弹性研究网络，主要针对泰国、越南、印度和印度尼西亚4个国家10座城市进行研究，提出弹性城市包括余性、灵活重组能力合学习能力四大要素
	世界银行（The World Bank）	2009	2009年出版《气候变化弹性城市：东亚城市降低气候变化脆弱性及增强灾害风险管理入门读本》，提出灾害风险管理和应对气候变化是城市发展和管理不可或缺的组成部分，并强调城市可持续发展必须包含降低城市灾害风险并采取应对气候变化的行动以降低脆弱性
	洛克菲勒基金会（Rockefeller Foundation）	2014	针对城市系统提出通过健康和福祉（人）、经济和社会（组织）、城市体系及其服务（地方）、领导力与战略（知识）四类指标体系来研究、构建和评定一个城市的弹性
	欧洲规划联合会（AESOP）	2010	"弹性城市"专题讨论会（Resilient Cities Symposium）
	美国和欧洲规划院校联盟（ASCP/AESOP）	2013	召开弹性城市和地区规划研讨会（Planning for Resilient Cities and Regions）
	弹性联盟（Resilience Alliance）	1999	主要以关注生态系统弹性作为可持续发展的基础

资料来源：作者根据文献及相关不完全统计整理而成

2.3 国内弹性城市（或韧性城市）研究进展

目前国内虽没有正式提出弹性城市的概念，但受国外弹性城市思潮的影响，近几年我国学术界也召开了专门针对弹性城市研究的学术讨论。2012年我国学术界开始关注弹性城市，截至2015年9月共计发表过十余篇弹性城市（Resilient City）相关学术论文[52]。

北京大学建筑与景观设计学院举办的"弹性城市"年度（2012年10月）论坛，是我国学术界较早集中对弹性城市进行的认识和交流[53]。2013年6月，第七届国际中国规划学会（IACP）年会的会议主题为"创建中国弹性城市：规划与科学"，倡导让城市弹性的不确定性具有在城市规划和治理中的优先级[54]。2015年9月中国城市规划年会自由论坛十八——风险社会与弹性城市自由论坛召开，指出弹性城市在我国的实践刚起步，应加强建设标准、规划技术方法、实施管理等方面的研究，并建立相应的体制机制。

3. 中国弹性城市发展的政策沿革与实践

3.1 政策沿革

在日益加剧的气候变化风险面前，中国政府也积极采取一系列策略应对气候变化，这些政策主要从调整产业结构、节能和提高能效、优化能源机构、增加森林碳汇、控制碳排等几个方面来控制和减缓气候变化对城市带来的风险。如 2007 年中国出台《应对气候变化国家方案》《节能减排综合性工作方案》《应对气候变化专项行动》将应对气候变化的减缓与适应技术、脆弱性与适应能力评价列为重点内容[55]；2009 年发布《中国应对气候变化的政策与行动》，将城市建筑节能、绿色交通、绿色照明等列为国家应对气候变化影响的重大行动[56]；2011 年 3 月，公布《中华人民共和国国民经济和社会发展第十二个五年规划纲要》，明确提出了"绿色发展，建设资源节约型、环境友好型社会"的发展目标[57]；中央政府还发布了《国务院关于印发"十二五"控制温室气体排放工作方案的通知》（国发〔2011〕41 号），提出国家控制温室气体排放工作的总体要求、主要目标、控制措施等[58]。除此之外还有一系列指导政策[59]（见附表 5-3）。除了中央政府颁布的指导政策之外，各级地方政府也纷纷颁布了相应的政策。但截至目前，尚没有直接发布关于弹性城市的文件。

附表 5-3　中央政府发布的主要指导性政策

政策类型	文件名称	下发机构	时　　间	主要内容
开展碳排放权交易试点	《关于开展碳排放权交易试点工作的通知》	国家发展改革委	2011 年 10 月	同意北京、天津、上海、重庆、湖北省、广东省及深圳市开展碳排放权交易试点工作
	《温室气体自愿减排交易管理暂行办法》	国家发展改革委	2012 年 6 月	保障自愿减排交易活动有序开展
颁布产业发展规划，建立低碳产业体系	《国务院关于加快培育和发展战略性新兴产业的决定》	国务院	2010 年 10 月	加快培育和发展节能环保、新一代信息技术、生物、高端装备制造、新能源、新材料、新能源汽车等战略性新兴产业
颁布产业发展规划，建立低碳产业体系	《"十二五"国家战略性新兴产业发展规划》	国务院	2012 年 7 月	加快培育和发展节能环保、新一代信息技术、生物、高端装备制造、新能源、新材料、新能源汽车等战略性新兴产业

续表

政策类型	文件名称	下发机构	时　间	主要内容
开展清单编制试点	《关于启动省级温室气体排放清单编制工作有关事项的通知》	国家发展改革委	2010年9月	要求各省、自治区、直辖市、启动省级温室气体2005年清单的编制工作
海绵城市建设试点	《关于推进海绵城市建设的指导意见》	国务院	2015年10月	部署推进海绵城市建设工作
气候变化适应型城市	城市适应气候变化行动方案	国家发展改革委、住建部等	2016年2月	落实《国家适应气候变化战略》的要求，有效提升我国城市的适应气候变化能力

此外，为积极应对全球气候变化，有效提升我国城市的适应气候变化能力，统筹协调城市适应气候变化相关工作，国家发展改革委、住房和城乡建设部会同有关部门共同制订了《城市适应气候变化行动方案》[60]。该方案的目标是到2020年，普遍实现将适应气候变化相关指标纳入城乡规划体系、建设标准和产业发展规划，建设30个适应气候变化试点城市，典型城市适应气候变化治理水平显著提高，绿色建筑推广比例达到50%。到2030年，适应气候变化科学知识广泛普及，城市应对内涝、干旱缺水、高温热浪、强风、冰冻灾害等问题的能力明显增强，城市适应气候变化能力全面提升。

3.2　试点实践

3.2.1　低碳生态城市试点

为了更好地应对气候变化，国家各部委推动了一系列的试点项目建设。2010年8月，国家发改委在五省（广东、辽宁、湖北、陕西、云南）和八市（天津、重庆、深圳、厦门、杭州、南昌、贵阳和保定）启动了国家级低碳省市试点项目，所选省市将气候变化内容纳入地方"十二五"规划，并制订低碳发展规划。其内容主要包括：制定包含经济结构调整、低碳能源组合和可再生能源等内容的低碳城市规划；建立低碳政策鼓励节能和可再生能源利用；加快低碳产业创新研发步伐；建立温室气体排放数据库和管理系统；鼓励向绿色生活方式转变。同年住房和城乡建设部也启动了低碳生态城市发展项目，旨在专项优惠融资计划推动下，逐步建立综合公共交通系统、建设绿色建筑、采用清洁能源技术以及发展清洁生产。

由于新项目开发的复杂性，许多低碳生态城项目的实施遇到了困难，有些甚至被搁浅。以著名的上海东滩生态城项目为例，上海市城市总体规划（1999—2020）》计划将崇明岛东滩生态城功能定位为"国际大都市的综合型的生态岛"。计划到2010年，可再生能源占到总需求的 60%，2030 年达到 100%。但是到目前为止，该项目没有任何实质性的进展，由于资金紧张以及当地居民与上海市通勤距离延长等问题，已被停建。

中国生态城市项目存在的主要问题可以概括为以下几点：第一，缺乏综合性的合理规划和具体的原则和技术。许多城市将生态城市规划误以为城市绿化规划，将主要精力放在自然环境美化项目上，而没有针对环境可持续发展内容的全面构想。第二，缺乏综合型管理系统。很多城市尚未建立支持生态城市建设、评价和监督的机构架构，部门协调机制建立不到位，部门之间的合作及信息共享也很有限。第三。缺乏深入研究，应用生态技术能力较弱。第四，资金不足融资机制不当，需要探索创新型融资方式。

3.2.2　海绵城市建设试点项目

为了解决城市内涝、城市缺水等城市问题，水系统弹性城市——海绵城市的概念应运而生。2014 年 4 月，习近平在关于保障水安全的重要讲话中指出，解决城市缺水问题，必须顺应自然，建设自然积存、自然渗透、自然净化的"海绵城市"。2015 年和 2016 年财政部、住建部和水利部分别启动了第一批（16 个试点城市）和第二批（14 个试点城市）海绵城市试点。2015 年的 16 个试点城市计划建设项目共计 992 个，投资 279 元。截至目前，已开工建设并形成实物工作量的项目 593 个，占 59.8%；完成投资 184 亿元，占 66.1%。部分已经完成的项目在缓解城市内涝、改善城市水环境、创新促进产业发展、社会认可等方面，已经初见成效[61]。

过去两年多全国海绵城市试点建设已初见成效，许多城市在规划、技术和建设上都有很多突破，但在建设过程中尚存在一些问题。首先，海绵城市建设理念片面，很多城市只关注诸如湿地公园之类的大海绵城市建设项目，而忽略了区域、街区等中小尺度的海绵城市建设项目，因而给公众造成海绵城市建设无法缓解城市内涝的错觉。其次，投融资机制及相关配套制度不健全，无法解决长期配套资金问题。当前海绵城市建设项目主要依靠政府补贴，雨洪设施的建设面临巨大的资金投入，政府的公共投入仅能实现一部分的设施建设，大部分的资金都需要社会资本投入。最后，部门协调机制不健全，相关技术标准尚未形成。海绵城市建设涉及规划、设计、建设、运营等各部门，各部门的技术及文件时有交叉，但缺乏统筹协调的机构及手段。此外，海绵城市建设的公共宣传不足，社会参与度不高。公众对海绵城市建设带来的效益缺乏具体认识，社会参与热情普遍不高。对海绵城市的概念不清楚，对建设持消极态度。

3.2.3 城市水源地保护项目

为了应对中国的水资源挑战，为中国提供一个生态治水之道。2016 年 4 月 18 日，大自然保护协会（TNC）、美国林肯土地与政策研究院与北京师范大学共同发布了《中国城市水蓝图》报告。该报告对中国 30 个大中型城市的水源集中区水质情况进行了分析，并提出"生态治水"和"水基金模式"作为保护城市水生态的有效方法，为城市水源集水区的保护工作提供了金融和监管机制。基于已经普遍开展的生态系统服务付费（Payment for Ecosystem Service，PES）项目，由用户付费的模式能够激励地方政府和企业积极参与水源集水区的保护。通过参与水基金信托投资水源地保护，用水户的成本投入不但可以进行有效的水源集水区的保护。报告显示在中国 30 个发展最快的城市中，一半城市通过开展生态治水所节约的水处理费用可用作部分集水区生态治水的成本，而其中四个城市开展生态治水所带来的水处理经济收益与所需成本可达到平衡。

当前通过水基金模式运作的城市小水源地保护项目，如浙江龙坞小水源地保护项目[①]，虽然取得了显著的效果，但是小水源地不涉及跨区域管理的问题，当前许多城市的水源地是跨区域管理，在管理机制方面还需要进一步的探索研究。

4 政策建议

根据目前我国弹性城市建设过程中出现的主要问题，提出以下几点政策建议。

第一，应建立部门协调机制或与弹性城市发展相适应的部门架构，统一相关的技术管理标准，打破现有制度障碍，避免碎片化管理。以城市水源地保护为例，可以借鉴国外"流域管理"的理念，以流域为单位成立相应的机构对整个流域进行保护监管。

第二，在城市基础设施的政策制定及资金投入方面应因地制宜，因城施策。其一，各个城市应根据自身的经济发展情况，确定灰色基础设施与绿色基础设施的投入比例。近些年我国的快速城镇化过程中，许多城市重地面轻地下，灰色基础设施投入严重不足，在灰色基础设施欠账过多的情况下大量投建绿色基础设施并不是明智之举。

---

① 2015 年，万向信托正式推出国内首个水基金信托——善水基金信托计划。龙坞小水源地保护项目成为首个水源地保护与治理公益项目试点地。龙坞水库位于浙江省杭州市黄湖镇，供给周边 7 000 人饮用。在开展小水源地保护项目之前，龙坞水库汇水区内有 1600 亩地在发展毛竹产业，村民们为了提高产量，大约有 212 亩毛竹林施肥。而施肥产生的氮、磷是造成水库污染的主要因素。土地经营权通过善水基金托管之后，村民在大自然保护协会 TNC 工作人员的指导下开展种植，对水源地竹林进行科学管理和环境友好型产业开发。龙坞创新的小水源地保护模式不仅能消除水库面源污染，解决下游居民的饮水安全问题，同时，建立水基金信托模式，统一管理水源地林地，发展环境友好型经营活动，提高经济效益和环境效益。

其二，沿海城市与内陆城市面临的风险不同，在政策制定及基础设施建设投入方面也应有所区别。

第三，创立创新投融资机制，鼓励更多的社会资本投入。以海绵城市建设为例，可以借鉴美国费城的案例，探索研究雨洪收费/税制度，建立灵活的雨洪额度交易市场，吸引社会资本的投入。在雨洪收费制度之上，建立更加灵活的雨洪额度交易市场，通过减税、补贴等相关的政策激励措施鼓励社会资本更多地投入绿色基础设施的建设中，获得长期而稳定的绿色基础设施的建设和维护资金。

第四，探索研究新的政策激励措施，鼓励非公共建设区以及社会公众的广泛参与。对不同的城市建成区，根据其现有基础设施和城市建设情况，制定不同的雨洪管理策略和实施目标；对于不同的土地类型，开发项目，需要用不同的政策加以激励，以确保能够调动社会全员建设绿色基础设施的积极性。以海绵城市建设为例，通过大尺度的海绵城市建设项目与区域、街区等中小尺度的海绵城市建设项目相结合才能从根本上解决城市内涝的问题。

第五，在未来弹性城市建设中需要建立一种独具特色的评估监管体系对所谓的"生态城市""低碳城市""智慧城市""海绵城市"试点项目来进行考量和认证。目前为适应气候变化，国家以及各级地方政府积极采取行动建设试点项目，但是试点项目缺乏具体的评估标准，试点项目不经认证其成效就难以保证和衡量。所谓的"生态、低碳城市"虽然投入了大量的资金，但并不一定就是真正意义上的"生态、低碳"城市。

参考文献

[1] Climate Change 2014Synthesis Report.

[2] 《中国应对气候变化的政策与行动 2008 年白皮书》.

[3] 《国家适应气候变化战略》.

[4] 陈彦光, 周一星. 中国城市化过程的非线性动力学模型探讨[J]. 北京大学学报(自然科学版), 2006,(4):82-88.

[5] 李璐颖. 城市化率 50%的拐点迷局——典型国家快速城市化阶段发展特征的比较研究[J].城市规划学刊, 2013(3):43-49.

[6] 刘丹,华晨.气候弹性城市和规划研究进展[J].南方建筑,2016,1:108-114.

[7] 候玉栋,李树平,周巍魏.城市内涝现状分析与应对措施探讨[C]//《中国给水排水》杂志社第九届年会论文集. 2012.

[8] 建国以来全国洪涝灾情.国家防汛指挥办公室.

[9] 2001年全国洪涝灾情.国家防汛抗旱总指挥部办公室.

[10] 许静.2002年全国洪涝灾情.国家防汛抗旱总指挥部办公室.

[11] 2003年全国洪涝灾情[J].中国防汛抗旱,2004,1:55-59.

[12] 2004年全国洪涝灾情综述[J].中国防汛抗旱,2005,1:48-53.

[13] 2005年全国洪涝灾情[J].中国防汛抗旱,2006,1:55-60.

[14] 许静.2006年全国洪涝灾情[J].中国防汛抗旱,2007,1:46-53.

[15] 张葆蔚.2007年全国洪涝灾情[J].中国防汛抗旱,2008,1:59-65.

[16] 闫淑春.2008年全国洪涝灾情[J].中国防汛抗旱 2009.1:60-67.

[17] 2009年全国洪涝灾情[J].中国防汛抗旱 2010,1:68-75.

[18] 2010年全国洪涝灾情[J].中国防汛抗旱,2011,1:1-3.

[19] 2011年全国洪涝灾害情况[J].中国防汛抗旱,2012,22(1):26.

[20] 2012年全国洪涝灾害情况[J].中国防汛抗旱,2013,23(1):17.

[21] 2013年全国洪涝灾害情况[J].中国防汛抗旱,2014,24,1:18-20.

[22] 2014年全国洪涝灾情[J].2015,25,1:19-21.

[23] 2015年洪涝灾情综述[J].2016,26,1:24-26.

[24] 中国水资源现状及其未来发展方向展望.水污染防治.

[25] 21世纪中国可持续发展水资源战略研究[R].

[26] 2015年中国环境状况公报.

[27] 中国城市水蓝图.

[28] Chen Junyong. 1997. "The Impact of Sea Level Rise on China's Coastal Areas and Its Disaster. Hazard Evaluation." Journal of Coastal Research 13 (3): 925–30.

[29] 董锁成,陶澍,等.气候变化对中国沿海地区城市群的影响[J].气候变化研究进展，2010,6（4）:284-289.

[30] 《第二次气候变化国家评估报告》编写委员会.第二次气候变化国家评估报告[M].北京：科学出版社,2011.

[31] 郑铣鑫,武强,应玉飞,侯艳声,姚洪华.中国沿海地区相对海平面上升的影响及地面沉降防治策略[J].科技通报，2001,17(6):51-55.

[32] 沈文周.中国近海空间地理[M].北京：海洋出版社,2006.

[33] 《2014年中国海洋灾害公报》http://www.soa.gov.cn/zwgk/hygb/zghyzhgb/201503/t20150318_36388.html.

[34] 孙清,张玉淑,胡恩和,吕春花.海平面上升对长江三角洲地区的影响评价研究[J].长江流域资源与环境,1997,6(1):58-64.

[35] 黄永福.闽江下游咸潮变化趋势及对策研究[J].水利科技,2010(3):1-3.

[36] Holling C S. Resilience and stability of ecological systems. Annual Review of Ecology and Systematics, 1973(4): 1-23.

[37] Alberti M, Marzluff J, Shulenberger E, et al. Integrating humans into ecosystems: Opportunities and challenges for urban ecology. Bio Science, 2003, 53(4): 1169-1179.

[38] Resilience Alliance. Urban Resilience Research Prospectus. Australia: CSIRO, 2007. 2007-02 [2011-5-20] http://www.resalliance.org/index.php/urban_resilience.

[39] 蔡建明,郭华,汪德根.国外弹性城市研究述评［J］.地理科学进展，2012,10: 1245-1255.

[40] Holling C S, Gunderson L H. Barriers and Bridges to the Renewal of Ecosystems and Institutions. New York, NY: Columbia University Press, 1995.

[41] Gunderson L H, Holling C S. Panarchy: Understanding Transformations in Human and Natural Systems. Washington D C: Island Press, 2002.

[42] MCEER. White Paper on the SDR Grand Challenges for Disaster Reduction. MCEER, Buffalo, N Y, 2005.

[43] Rose A. Defining and measuring economic resilience to disasters. Disaster Prevention and Management, 2004, 13(5): 307-314.

[44] Polèse M. The resilient city: On the determinants of successful urban economies//Paddison R, Hutton T. Cities and Economic Change. London: Forthcoming Press,2010.

[45] Adger W N. Social and ecological resilience: Are they related Progress in Human Geography, 2000, 24(3): 347-364.

[46] Paton D, Hill R. Managing Company Risk and Resilience Through Business Continuity Management, Disaster Resilience: An Integrated Approach. USA: Springfield,2006: 250-267.

[47] 李彤,牛品一,顾朝林. 弹性城市研究框架综述[J]. 城市规划学刊,2014,（10）:54.

[48] 徐振强,王亚男,郭佳星,潘琳. 我国推进弹性城市规划建设的战略思考[J].城市规划，2014,21 （5）：79-84.

[49] 蔡建明,郭华，汪德根.国外弹性城市研究述评[J].地理科学进展,2012,31(10):1245-1255.

[50] http://www.aesop-planning.eu/activities/en_GB/2011/02/13/readabout/26-27th-february-2010-resilient-cities-aesop-complexity-working-group-stockholm-resilience-centre.

[51] http://aesop-acspdublin2013.com/theme/.

[52] 翟国方,崔功豪,谢映霞等. 风险社会与弹性城市[J].城市规划，2015:39（12）：107-112.

[53] http://www.cala.pku.edu.cn/index.php?m=content&c=index&a=show&catid=15&id=136.

[54] http://www.chinaplanning.org/Conferences/7thIACP_cfa_cn.pdf.

[55] 科学技术部,国家发改委等. 中国应对气候变化科技专项行动 http://www.zhb.gov.cn/gkml/

hbb/gwy/200910/W020071122477729724814.pdf.

[56] 国家发改委. 中国应对气候变化的政策与行动——2009 年度报告.http://files.ncsc.org.cn/www/ 201308/20130816135910834.pdf.

[57] 中华人民共和国国民经济和社会发展第十二个五年规划纲要. http://www.gov.cn/2011lh/ content_1825838.htm.

[58] 国务院关于印发"十二五"控制温室气体排放工作方案的通知（国发〔2011〕41 号）. http://www. gov.cn/zwgk/2012-01/13/content_2043645.htm.

[59] 王伟光,郑国光.应对气候变化报告（2013）[M]. 北京:社会科学文献出版社,2013.

[60] 《城市适应气候变化行动方案》.

[61] http://www.chinagb.net/news/waynews/20160513/115267.shtml.

附录 5-5　《两山经济》自序 | 在绿水青山的增量之中获取金山银山

来源：中国水网　作者：傅涛　发表时间：2018 年 6 月 7 日

"我们在思考和实践中，发现并总结了支撑两山经济的 4 个价值规律和两大实施路径，并将它用于理论的总结与实践的指导。如果计划经济是社会主义社会的支撑，市场经济是资本主义社会的支撑，那么两山经济就是生态文明社会的支撑。《两山经济》是时代的产物，也是历史的产物，虽然不甚成熟，仍然全力奉献，权当是一次理论与实践的争鸣。"

人类社会近代最伟大的进步是工业文明的兴起。

环境保护作为工业文明的伴生物，从被动地呼吁，到主动地强调，再到重要的组成，始终是工业文明一部分。环境保护因此承继了工业文明的思维方式和基本逻辑。在工业文明之下，环保是经济的对立面和保护伞，不管我们如何强调和粉饰。

绿水青山就是金山银山，是个伟大的命题。但是，这个命题绝不仅仅是传统经济学算法的进步能够证明的。不超越传统经济人的基本假设，不超越传统价值论的基础定律，只能在绿水青山与金山银山之间艰难抉择，无法实现绿水青山与金山银山的统一。

人类发展的初期，受制于科技和交通，各文明之间相互分割。丝绸之路的开通，尤其是大航海的壮举，让地球一度成为一个充满张力的开放系统，工业文明带来的技术革命极大地拓展和释放了人类的能力。工业文明巨大的发展张力也引领了人类社会

200 年的突飞猛进。

2018 年是马克思 200 周年诞辰，人类发展也站在一个历史的转折点上。一方面，人类的发展碰到了地球资源和环境承载力的天花板。另一方面，全球一体化的兴起，以及核威慑的作用，进一步终结了发达国家强权对发展中国家的无度掠夺。这两大制约极大地限制了扩张性经济的发展，在发现和征服新的可利用星球之前，人类社会进入命运共同体阶段，地球则进入内生式增长的时期。

在内生式发展阶段，许多社会规则和经济规则将发生根本性变化。环境保护及其所对应的环境产业同样站在历史转折点上。

当生态环境在全球范围内得到前所未有的重视，环境保护作为经济的负面，对经济产生巨大的约束与冲击，经济发展则给予环境行动一次又一次的反击，而环境保护在一次又一次的反击中不断壮大。

当前，中国乃至世界，都进入发展的转型期，地球人已经无法按照大开发的思路发展经济。在环境事业欢呼大跃进的时候，经济及社会的压力空前之大，以至于中央多次强调必须要从政治高度看待生态环境。尽管政治可以统领经济，经济也难以简单承受充分环保之重。

经济建设不搞大开发，并非不开发，而是不按照原来的粗放模式开发，这是对传统工业增长模式和城市发展模式的终结。

我们的技术能够彻底去除一切污染物，因此做好点上的环境保护并不难，难的是把环境保护做得充分和均衡，难的是做好环境保护的最后一千米。我们面临的难题是，彻底治理的成本远大于过去几十年的经济所得，如果几十年的所得都通过生态环境治理与修复偿还回去，一是经济上承受不起，二是社会不公平，因为过去的污染者并未履行充分的支付责任。

环境保护是个伟大的事业，但是传统思路上的环境保护事实上只不过是在延缓和减少人类对自然生态的破坏，降低自然生态对人类的反作用。传统环境产业在某种意义上，在帮助人类自我陶醉，自我麻痹。

如何解开这个难题？

好在自然生态有着巨大的修复能力，每时每刻都在产生巨大的价值增量。好在生态文明体系有足够的政治耐心和政治魄力。充分发挥体制的能量，充分利用自然生态巨大的能量和价值，就会看到一条新路：绿水青山就是金山银山（两山论），一条实现绿水青山与金山银山充分统一的绿色发展道路。

列宁说，真理与谬误只有一步之遥，环境保护与两山论在思路上也只有一步之遥。

两山论就是要实现绿色发展。发展容易，绿色发展不容易，产业绿色了还要再占据发展的前列，就更难。因此绿色发展核心是涉及发展模式的绿色转型，工业如此，城市建设发展亦如此。

当下，所有产业都面临两大转型，一是互联网化，二是绿色化。互联网化的发展目前领先于绿色化，这得益于互联网的技术突破和互联网金融的促进。技术不是绿色转型的动力因素，而是核心保障因素。两山经济力求实现生态环境与经济发展的协调统一。实现这个统一，仅靠技术动力不足，这是一次以人类价值观为主导的综合转型，涉及需求方式、供给方式、核算方式以及价值链的重构。真正的、彻底的发展模式的转型升级，需要新的文明体系来支撑，这个体系就是生态文明。

李泽厚先生说中国文化是早熟的文化。中国早在2000年前就形成了人与自然、人与人共存的文明体系。现在，相对封闭的地球文明也开始成熟，生态文明在文化早熟的中国首先开花结果也是一种必然。但是，现时代的生态文明是一座全新的地球大厦，这栋生态文明的大厦属于全人类。生态文明大厦有着全新的四梁八柱，两山经济是四梁八柱中的顶梁柱。

中华民族的伟大复兴根本上是中华文化的复兴，中华文化是属于全人类的财富。因为文化的特性维系了中华民族的大一统，外族侵略和文化侵扰也断不了中华民族之根、中国文化之根。

生态文明之下，人类发展需要新的经济理论。

在自私的经济人假设之下，环境保护始终站在经济的对立面，因此面临两点根本性困境，一是责任主体对环境包袱的不情愿，需要外部力量来强制推动；二是先做环境保护的吃亏，提高了环境成本，降低了产品和服务在当下的竞争力。

环境保护是工业文明的副产品，环境产业则是工业经济的副产品。环境产业在中国有30多年的发展历史，在世界历史中则更长。环境产业服务于城市和工业的环境保护和节能，无论是对排放达标的服务，还是对环境质量的服务，都是经济主体的成本中心，是环境服务的外部化、专业化和资本化的产物，虽然环境产业在后期与主体产业和城市运营融合，延展到工业清洁生产和城市运营服务，环境产业仍然是工业经济的副产物。

欧洲是最先倡导可持续发展的地区，通过京都议定书和巴黎协议等国际公约来推进，20多年下来，总体推进受阻，根源在于世界主流价值观不支持，自我优先，个体优先是目前价值观的主流，尤其是在美国。

西方价值观中为了平衡社会和自然的压力，依靠慈善系统做出的社会和自然反哺，但是慈善不在经济体系的主流，经济比重太小，且依托第三方力量，不能持久，一旦经济收益下滑就会退缩。政府也承担了反哺社会与自然的作用，但是受制于各国不同的政治体制，这种反哺不能持续稳定长久。

如何将生态环境的价值融入社会经济主流，实现绿色发展，完成绿水青山与金山银山的融合，需要经济理论的突破。

建立新的经济理论，首先要破除经济人的自私假设。

当人类社会认识到社会问题、自然灾害对自己利益的间接的、长远的影响，部分个体开始通过不同方式表达属于自己短期利益之外的消费责任，这构成了两山经济的需求基础，这种需求有的自觉体现在了产品和服务需求之中，如你愿意因为环保责任而购买可降解的餐盒和电动汽车;也有的需要强制性的手段来实现，如必须且只能购买无氟冰箱;有些需要国际公约来约束，如对约束二氧化碳排放而形成的国际 CDM 机制。通过利他实现利己是中国传统的价值观，这是对 "自己优先" 价值观的价值否定。未来人类对于非直接利己的消费所占的比重，是人类社会生态文明发育水平的标志。

建立新的价值规律，要重新考虑供给的形式。

在工业文明体系中，人类劳动是价值创造的主体。在生态文明体系中，人类劳动创造的价值比起地球生态的价值来说，连九牛一毛都不到。互联网的发展带来了人类社会的供给革命，许多社会价值在人类不经意的社会生活中产生，进入人类对价，因此互联网经济注重流量和关注度。以百度知道为例，无论是提问还是回答，百度都不是内容的直接供给者，而是系统的开发与维护者，但是百度知道的价值属于百度。回到生态文明的大框架下，大自然中飘逸的能源和资源的绝大部分没有被人类生产生活所捕捉。人类劳动更大的价值在于链接自然界中循环的价值增量。诸葛亮借东风打赢赤壁之战，成为仅次于周瑜的第二功臣，他用他的劳动（通过做法事来标识"东风"是他借的）链接自然能量创造大价值，而周瑜是用劳动创造价值。通过师法自然，在保护自然存量的基础上，可以巧妙链接大自然的循环增量，创造经济价值。两山经济，强调的是自然生态不仅本身是有价值的，而且时时刻刻都在产生价值增量，这个价值增量是能够被人类劳动所链接的，因此，可以在不消耗绿水青山存量的前提下，将价值增量附加到社会的产品与服务中，实现价值增长，这个价值供给的方式，是两山经济的供给规律。

建立新的经济规律，要拓宽我们的视野。

人们总说商人短视，因为商人必须在经济活动的当下的这笔交易获得收益，否则商业难以持续。我们说十年树木、百年树木，因为自然生态的价值流转和社会生态的价值流转需要时间。我们说塞翁失马焉知非福，因为在不同的时空范围之下，同样一件事，经济核算的结果会不同。工业文明的主逻辑是价值切割成越来越小的单元，因为核算单元小，产生效率的提高，但是单元越小，人越会成为卓别林《摩登时代》中的机器。而战略家需要在更高的维度、更大的尺度之下看待得失利弊。如果不是20～30年的周期，我们无法决心投资BOT项目，因为BOT项目的前几年都是亏损的。如果我们将水体修复与土地价值收益严格分割核算，水体修复就无法实现收益平衡。如果不考虑北京城区的水资源的价值收益，密云区的水生态保护与涵养就难以持续。

当然，通过行政力量是我们统一核算的主流方式，这依托于良好的行政效率与公平，而且通道过于狭窄，对于跨行政区域、国际生态环境问题，则无处着力。两山经济就是要拓展价值核算的时空范围，把不同时间和空间下的价值在当下核算，让经济行为自身可持续。让我们的经济核算更有高度和远见。如果说两山经济是经济算法的提高，不如说是边界条件的改变。

建立新的价值规律，还需要透视价值的本质。

工业经济的价值流的总体是线性的，是有产业上下游的。价值和物质的传递就像是一列列从矿山开出，终点是垃圾场的列车。线性的价值传递过程中，列车上不断产生废物被扔下列车。因此，以处理处置废物为使命的环境产业就是产业链的最末端。两山经济的价值流和物质流是网状的、循环的，更像中国文化的五行，金木水火土之间相邻相生相间相克，五行之间没有高下，两者在一起则必有主次。价值和物质的传递就像环状网状的地铁，循环往复，无始无终。在五行循环的产业链中，每个环节的价值都是链接，而非占用。产业的价值高低好比车站，车站的价值在于线路的数量、停留的时间，最终的价值就是客流量。

绿水青山就是金山银山是一个简单明了的论断，两山论就像一盏明灯照亮人类的前程。我想习近平总书记两山论的灵感来自于中国悠久的文化底蕴，也来自于共产党人勇于变革的超凡勇气。

我们在思考，中国文明几千年生生不息的准则是什么？中国改革开放40年高速发展的核心动力在哪里？难道不同样在于中国文化的底蕴和将改革进行到底的精神力量吗。

E20环境平台的研究团队18年长期致力于环境产业的研究，我们不是经济学家，所以才敢探索性提出《两山经济》，这是在环境产业的不断实践中总结提高、在对党的"十九大"的学习中思考提高的结果。我们在思考和实践中，发现并总结了支撑两山经济的四个价值规律和两大实施路径，并将它用于理论的总结与实践的指导。如果计划经济是社会主义社会的支撑，市场经济是资本主义社会的支撑，那么两山经济就是生态文明社会的支撑。

《两山经济》是时代的产物，也是历史的产物，虽然不甚成熟，仍然全力奉献，权当是一次理论与实践的争鸣。

参考文献

[1]   E20 研究院. 餐厨垃圾处理市场分析报告[R]，2018.

[2]   E20 研究院. 村镇污水处理市场分析报告[R]，2017.

[3]   E20 研究院. 城市供排水管网绿皮书[R]，2018.

[4]   E20 研究院. 3.0 时代下的环卫行业市场分析报告[R]，2017.

[5]   E20 研究院. 危险废物处置市场分析报告[R]，2017.

[6]   E20 研究院. 中国城市生活垃圾处理行业分析报告[R]，2017.

[7]   E20 研究院. 中国环境产业发展展望——面向未来五年的环境产业战略地图[R]，2016.

[8]   E20 研究院. 中国污泥处理处置市场分析报告[R]，2017.

[9]   E20 研究院. 中国污水处理市场机会识别地图[R]，2018.

[10]   E20 研究院. 中国水务行业分析报告[R]，2017.

[11]   财政部. 筑牢 PPP 项目财政承受能力 10%限额的"红线"——PPP 项目财政承受能力汇总分析报告 [EB/OL]. http://jrs.mof.gov.cn/zhengwuxinxi/gongzuo dongtai/201805/ t20180504_2885865.html. 2018-05-04.

[12]   财政部政府和社会资本合作中心，E20 环境平台. PPP 示范项目案例选编（第二辑）——水务行业[M]. 北京：经济科学出版社，2017.

[13]   财政部政府和社会资本合作中心，生态环境部环境规划院， E20 环境平台. PPP 示范项目案例选编（第四辑）——固废行业[M]. 北京：经济科学出版社，2018.

[14]   财政部政府和社会资本合作中心，北京大学政府和社会资本合作研究中心. PPP "道"：见"微"知著（第二辑）[M]. 北京：经济科学出版社，2018.

[15]   财政部政府和社会资本合作中心. 全国 PPP 综合信息平台项目库[EB/OL].

http://www.cpppc.org:8086/pppcentral/map/toPPPChooseList.do.

[16] 常杪，郭培坤，邵启超. 中国静脉产业园区发展模式与案例研究[J]. 四川环境，2013（32/5）：118-124.

[17] 对话：市场红利何在？餐厨垃圾处理或将走向智能化、数据化、协同化[EB/OL]. http://www.solidwaste.com.cn/news/276982.html. 2018-06-28.

[18] 傅涛. 两山经济[M]. 北京：中国环境出版集团，2018.

[19] 傅涛. 环保PPP议十（第一辑）[M]. 北京：经济科学出版社，2017.

[20] 傅涛. PPP的热与惑[J]. 环境经济，2015（Z7）：19.

[21] 傅涛. 特许经营改革与城市水业监管[J]. 水利发展研究，2008（1）：16-18，23.

[22] 傅涛，陈吉宁，张丽珍. 城市水业的认识误区与政府角色[J]. 中国城市经济，2004（1）：63-65.

[23] 傅涛，汤明旺. 回归初心：从成都六厂B厂与澳门自来水项目看中国水业改革[J]. 城乡建设，2018（14）：21-26.

[24] 高吉喜，范小杉，陈雅琳等. 区域生态资产评估：理论、方法与应用［M］. 北京：科学出版社，2013.

[25] 谷林，李晓佳. 环境产业是"危机重重"还是"涅槃重生"？[EB/OL]. http://www.h2o-china.com/column/946.html. 2018-08-06.

[26] 杭世珺：村镇污水处理的反思和建议[EB/OL]. http://www.h2o-china.com/news/257357.html. 2017-04-27.

[27] 环境保护部科技标准司. 中国环境服务业发展报告（2015）[R].2015.

[28] 环境服务定价："一视同仁"不可取[N]. 中国经济导报，2015-10-30.

[29] 吉小进，盛萱宜，李飞，王颖.【明树数据专题报告】可用性付费模式应用的国际经验总结与借鉴——以交通基础设施项目为例[R]. 2017-10-27.

[30] 纪鑫华. 正确认识PPP项目中的政府支付责任[EB/OL]. http://www.cs.com.cn/sylm/zjyl_1/201702/t20170224_5186655.html. 2017-02-24.

[31] 靳林明："固定回报"，是要问一个明白，还是要装作糊涂？[EB/OL]. "君泽君论"微信公众号. 2016-09-18.

[32] 井媛媛：村镇污水政策与市场解析[EB/OL]. http://www.h2o-china.com/column/741.html. 2017-07-17.

[33] 李开孟：我国应建立双轨制PPP制度体系[EB/OL]. http://news.hexun.com/2015-11-08/180420849.html. 2015-11-08.

[34] 李炜："政府购买服务"乱象丛生、规范操作势在必行[EB/OL]. http://www.h2o-china.com/column/494.html. 2016-09-27.

[35] 李璐颖. 城市化率 50%的拐点迷局——典型国家快速城市化阶段发展特征的比较研究[J]. 城市规划学刊，2013（3）：43-49.

[36] 李咏梅，周琪. 工业园区污水治理的现状与发展方向[J]. 给水排水，2016（3）：1-3.

[37] 刘飞. PPP 项目合同系列谈[M]. 北京：经济日报出版社，2018.

[38] 刘世坚，黄山，孙丕伟. 世说新语：刘世坚解读中国 PPP[M]. 北京：中国电力出版社，2017.

[39] 刘建国：我国生活垃圾处理技术路线全景扫描及评估[EB/OL]. http://www.h2o-china.com/column/801.html. 2017-10-16.

[40] 罗桂连：融资平台与 PPP 的协同发展 [EB/OL]. http://www.h2o-china.com/news/256761.html. 2017-04-18.

[41] 马克·特瑟克，乔纳森·亚当斯. 大自然的财富：一场由自然资本引领的商业模式革命[M]. 王玲，侯玮如 译. 北京：中信出版社，2013.

[42] 欧亚 PPP 联合网（EU-Asia PPP Network）. 欧亚基础设施建设公私合作（PPP）：案例分析（中英文对照）[M]. 王守清，译. 北京：辽宁科技技术出版社，2010.

[43] 亓霞，柯永建，王守清. 基于案例的中国 PPP 项目的主要风险因素分析[J]. 中国软科学，2009（5）：107-113.

[44] 钱水苗，王怀章. 论流域生态补偿机制的构建——从社会公正的视角[J]. 中国地质大学学报（社会科学版），2005（9）：80-84.

[45] 索罗丹，钟定胜，吕坤. 环境库兹涅茨曲线的临界时间尺度、临界经济规模和临界经济水平分析[A]. 第十二届中国软科学学术年会论文集(上)[C]. 2016-10-13.

[46] Terry L.Anderson，Donald R. Leal. 环境资本运营：生态效益与经济效益的统一［M］. 翁瑞，等译. 北京：清华大学出版社，2000.

[47] 汤明旺.强化可用性付费与运营绩效挂钩 打破 PPP 项目支出责任"固化"[N]. 中国经济导报，2017-11-15.

[48] 汤明旺、安志霞：E20 数据观察——水环境 PPP 市场机会的发现之旅[EB/OL]. http://www.h2o-china.com/column/747.html. 2017-07-17.

[49] 唐建国：污泥处理处置六观点 [EB/OL]. http://www.h2o-china.com/news/274738.html. 2018-05-14.

[50] 王守清，柯永建. 特许经营项目融资(BOT、PFI 和 PPP)[M]. 北京：清华大学出版社，2008.

[51] 王守清，王盈盈. 政企合作(PPP)：王守清核心观点（三册）[M]. 北京：中国电力出版社，2017.

[52] 王洪臣：做好城市水环境治理顶层设计的三大关键点[EB/OL]. http://www.h2o-china.com/column/792.html. 2017-09-13.

[53] 王凯军：产业发展趋势的探讨与面临的瓶颈问题[EB/OL]. http://www.h2o-china.com/column/935.html. 2018-08-27.

[54] 王家卓：PPP 模式适合水环境治理，但绩效、边界、规范化需重视[EB/OL]. http://www.h2o-china.com/column/924.html. 2018-07-24.

[55] 王强：如何将水务改革进行到底？ [EB/OL]. http://www.h2o-china.com/news/view?id=272847&page=1. 2018-04-02.

[56] 文一波. 中国村镇污水处理系统解决方案[M]. 北京：化学工业出版社，2016.

[57] 污染物排放量"倒 U 型曲线"的拐点何时能来？ [N]. 中国环境报，2015-03-12.

[58] 徐海云. 供给侧改革下垃圾回收利用的困惑、困境及困难[J]. 城乡建设，2018（1）：10-11.

[59] 薛涛. 环保产业的发展历程及未来趋势研判[J]. 环境保护，2015（8）：21-23.

[60] 薛涛. 我国垃圾处理领域 PPP 发展及其改革方向探讨[J]. 环境保护，2014（19）：20-31.

[61] 薛涛.《国家发展改革委关于加快运用 PPP 模式盘活基础设施存量资产有关工作的通知》解读[J]. 中国工程咨询，2017（10）：15-17.

[62] 薛涛. 万亿市场空间：污水、垃圾处理 PPP 分领域政策优化建议[J]. 城乡建设，2017（16）：6-13.

[63] 薛涛. 环保 PPP 年度盘点，分类后的顶层思考与产业变局[EB/OL]. http://www.h2o-china.com/news/view?id=249431&page=1. 2016-11-21.

[64] 薛涛，汤明旺. "假运营"PPP 为何做不到物有所值[N]. 中国财经报，2018-02-08.

[65] 薛涛，汤明旺. 环卫市场化发展的五大趋势[J]. 齐鲁环卫，2018（1）.

[66] 薛涛，李曼曼. 环保产业高速发展中的四大隐忧和四个突破方向[J]. 环境经济，2018（Z2）：62-64.

[67] 薛涛，赵喜亮. PPP 要做到风险共担和真运营[J]. 环境经济，2018（Z1）：28-33.

[68] [印]考希克·巴苏. 政策制定的艺术：一位经济学家的从政感悟[M]. 卓贤，译.

北京：中信出版社，2016.

[69] [英]达霖·格里姆赛，[澳]莫文·K·刘易斯. PPP 革命：公共服务中的政府和社会资本合作[M]. 济邦咨询公司，译. 北京：中国人民大学出版社，2016.

[70] 张继峰. PPP 项目融金术：融资结构、模式与工具[M]. 北京：法律出版社，2017.

[71] 周兰萍. PPP 项目运作实务[M]. 北京：法律出版社，2016.

[72] 住建部. 中国城乡建设统计年鉴 2016 [M]. 北京：中国统计出版社，2017.

[73] 住建部. 中国城市建设统计年鉴 2016 [M]. 北京：中国统计出版社，2017.

后记

浅谈环保人职业发展

大学生进入职场以后，有一个逐渐修炼提升职业化水平的过程，而在此期间，迷茫、消沉、焦虑、亢奋、怀疑等等各种动荡状态间或有之。此外，按照马斯洛理论，大家都有个从满足温饱需求走向追逐个人成就感的过程，解决当期之急迫是一个人的本能，然而这个本能却未必会导向明智的判断。对一个个人而言，有一句名言对于年轻人面临每个职业选择节点时都值得谨记："值钱比赚钱更重要。"在这个货币超发的时代，这点更加重要。

正因为如此，对职业发展规律有个更长远的认识，在个人面临选择时有个更有远见的评价准则，在个人能力培养上有个更长期的规划，在做候鸟（更频繁地跳槽）还是打井（相对稳定在某一公司）的选择上更明智的安排，对最终三十而立和四十不惑两个人生节点的达成，就变得十分重要。

今天看到一篇很好的文章"太强很累，其实不强更累"。努力不一定成功，不努力却一定很轻松。然而，轻松的当下会有未来的无聊或磨难来报偿。俗话说人要活在当下，本质上却是在未来的今日，因为持续的幸福感的基础是对未来前途稳定增长的预期。做到"强"确实需要不懈的努力，而本文中说到的"玩"，是为了在职场上做到"强"之外，还要做到"有趣"才会有源源不断的潜力。

本文整理自笔者（薛涛，E20环境平台高级合伙人，E20研究院执行院长）在公司年会发言，希望结合自身20年在个人职业体验和组织管理上的实践，能告诉每一位年轻人，如何能够更好地抓住在一个成长的组织中的同步发展机会，伴随着个人能力的增长，跟上组织发展的步伐。本文上半部分重点从个人发展讲起，下半部分则更多着眼于组织需求中的个人发展。

一、将、侠、王，职场上的"兵"将成为谁？

传统职场，小兵总会成为将、侠、王中的一种，而新合伙人时代，却给出了另一个独特的选择。

（一）传统成长路径之"将""侠""王"

"将""侠""王"来形容个人职业成长方向的 3 个常见选择。初入职场，大家都是战场"小兵"。当随着个人职业能力的提高，当然也考虑其选择的工作的性质，就会出现典型的 3 种方向的选择：

（1）将：这属于大部分人的选择，在一家具有一定层级的"单位"，期初每个新人都会处于完全被管理的位置，伴随着能力和经验的逐年增长，部分人才被提拔，从小将到中将到大将。管理能力是在这个方向上很重要的职场能力要求，如果缺乏会制约他的职级的提高，即便是工作性质相对单纯的技术人员（如科研人员和工程师），作将的管理能力这方面也往往会有助于其职业发展。

（2）侠：如果这位小兵进入咨询、律师、金融投资等传统"合伙制"机构，也包括某种流动性很大的销售职业，他有很大概率启动了"侠"的职场生存模式。在这个模式里，主要讲过硬的专业技能，口头表达、机会识别捕捉和广泛的社会网络关系，管理能力的重要性反而相对不突出。

（3）王：创业之路是一条艰辛的道路，甚至说"一将成王万骨枯"。成功概率低，对选择这个方向的人，需要有惊人的毅力、野心和不服输的精神，有敏锐的洞察力，有领袖的风范和责任感，还需要很大程度的运气。环保界有名的王，无论是湘军二文、弥勒彼得、不死之小青鸟还是才子国栋，哪一个都是在战场上浴火而来，哪一个都具备着敏锐的嗅觉、极强的野心和无比坚强的神经。

（二）新型合伙人之封侯机制出现

侠是一种相对特殊的职业类型，而能谋王者，则更是小众。那么，在漫漫职场芸芸众生中，大部分人从大学进入工作岗位，其中表现优秀的会知觉或不知不觉地从兵走向小将或者中将、大将。然而，伴随着个人的能力增长和社会资源的丰富，在这个阶段，马斯洛理论的高阶诉求则将发挥更强的作用：在职场上必然会出现即使已经成为大将，能力施展空间和个人成就感胃口依然无法满足的情况；或者，更常见的，公司的发展所得到的收益，过于集中在王上，大将心态不平衡的情况将屡屡出现，这是我们看到很多骨干跳槽或者另起炉灶、甚至导致公司分裂的主因，影响了公司的进一步发展。而且，即便没有将的离开，由于传统王将机制未能发挥将的主观能动性和潜能，只靠一个王来决定公司发展方向，存在决策风险和发展瓶颈。

E20较早在环保圈内施行的新型合伙人制度，也是顺应时代潮流，恰恰为了解决上述矛盾。我们可以将这类合伙人看成大将的升级版——"诸侯"。诸侯角色介于将和王之间，分享股权和收益，有高度的管理自治权，有与王共享的相对平等的决策权，也能激发合伙人团队的创业激情、优势互补、智慧迭代和创造力。所以，随着公司竞争的升级和管理创新，新型合伙人制度为新人在职场方向上，带来了第四种更合理的选择——"侯"。

二、专业技能和管理能力，哪一个决定你人生的高度？

"兵"要求重点是战斗技能，"将"要求重点带兵打仗的能力，专业知识是一个"兵"必备的基本素质，而管理能力却是成为一个"将"的标配。

（一）知识只是敲门砖，专业其实是执念

我们常说知识改变命运，因此我们努力读书，本科、硕士甚至博士一路披荆斩棘，努力前行，为了职场的敲门砖而努力奋斗。然而，当我们满心欢喜地拿着满载荣誉的证书，进入职场时，才发现一场战役刚刚打响。

专业知识是我们进入职场的一项必备本能，是标配，却未必是刚需。总是困惑自己的工作好像丢失了专业，是我观察很多新入职人员在心灵挣扎多年后才能摆脱的困惑之一，尤其是对于科技研发类的硕士以上毕业生而言，这种专业执念现象更加明显。其实，在大部分情况下，社会上存在的工作需求并不需要那么多纯粹的专业技术人员，而在一生的职业发展中，选择与大学所学的专业渐行渐远也是很常见的现象，尤其是

环保这类偏重应用型的领域。

（二）持续提高对物亦对人的逻辑思辨能力才是核心

那么，如果告别专业，到底什么是支撑我们在职业上继续发展的基本技能？我们在学校里学习的知识最后都是浪费吗？我认为其实在学校学习的除了知识以外，所有形形色色的专业知识学习过程以及后来各种工作体验和为人处世背后，其实都在构建我们的一种基本能力：逻辑思辨能力。而这种能力，在我们一生的职业发展中都还在通过"知行合一"来不断提高它，一个人需要同时将它运用在对人和对事的处理和管理上，并且伴随着其管理层级的提升不断被赋予新的内涵、深度和重要性。这里面包括识别和重建事和人之背后的各种逻辑关系——因果目的、主次矛盾、轻重缓急、联想勾连、颠覆重构、质疑反思、矛盾协调、辩证循环等，不一而足。哲学上讲的，世界就是一切关系的总和，其实本质上与此有共同之处。

我们习惯以为知识是智商的组成部分，其实学习知识的过程与为人处世的经历一起，都给我们带来同样的逻辑思辨能力，而它也将同时作用于智商和情商双重方面，在人才走向管理岗位后也将同时作用于项目管理和人员管理的高阶职场能力上。

（三）初入职场，知识要迅速转化成技能，而随后逐步调整技能与管理的比例

在职场新人起步时将知识和其被分配的具体工作的能力需求合二为一时，他就拥有了某种相对稳定但仍需持续提高和转换的技能。在这方面能力突出绩效优越的，而且在与人沟通能力上没有明显短板的人，在经过几年的发展后，会被及时提拔到公司中层的位置。从全社会看这个比例大约有 10%，在任何一个单体企业来看，由于辞职的员工往往被忘记，感觉上这个比例会高出不少。再经过 N 年以后，还会有 10% 继续升级，成为公司高管（也就是前文说的"大将"，甚至"诸侯"）。

那么，究竟是什么，造就了职场芸芸众生中那 1% 的幸运儿呢？除了 8 小时内外的勤奋、积极向上积累人脉的为人处世（这里指的是我们常说的人品的重要性）以及要有一些运气，还需要逐步将个人时间精力投入比例完成从专业技能到管理能力之间的转换，以及背后所需的逻辑思辨能力的不断提高。下图直观说明了这样一个比例的转换过程。这里要说明的是，正如前文中反复提到的，管理并不仅仅是对人，在企业中的管理者，也要对一件任务（事）的顶层结构设计有更强的思考能力，只不过在具体执行阶段（此时更重要的就是任务分解后的技能）他会较少亲力亲为而已（本文下集会讲到这个过程如何实现和必须实现的必要性）。

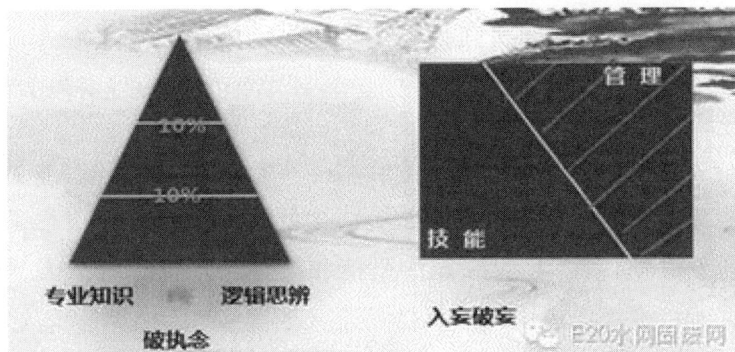

三、入妄破妄中的"玩"

坚持与固执，往往是一纸之隔，破解之道，在于变换思考角度的逻辑思辨能力，和一颗"玩"心。

（一）如何做到坚持而不固执，关键在于换位思考能力

类似对失去专业的固执，在实际工作中还会有很多类似的困惑，什么是坚持，什么是固执，往往很难分辨，前者可以说是一种优点而后者却是缺点。不懂得坚持的人缺乏"钻研"的品质，而往往导致无法深入工作和能力提升，只会坚持却不懂得变通和创新的人，则又被称为固执，总是陷入某种困境拔不出来，甚至好心办坏事，成为下文所描述的与组织方向对着干的人。

那么，要想做到坚持而不固执，恰恰需要个人能够在必要时跳出自己的惯性思维，重新思考工作本身，掌握逻辑思辨能力中的换位思考能力，具体而言：一是与能够与对方换位（可以称为换对位），与合作伙伴、领导等在交流中如果能够积极换位思考，就容易将自己拔出固执的泥潭；二是需要能够尝试在组织中站在比自身岗位更高的立场来看待某项工作（可以称为换高位），也可以对自己所固执的某件事项有更长远和更全面的思考；三是"不忘初心"（可以称为换原位），要回顾下一件事情的本源，发起的核心目的是什么，后期是否有偏离。

换位思考能力是逻辑思辨能力中最重要的一个组成部分，需要一个人有意识地培养它。对于内外合作方，只有做到换位思考才能为对方考虑而达到共赢合作的良好状态。而对于上级安排的工作，有些固执的下属（后文中说的刚愎）经常会花很长时间反复争执，却不能换位思考是否应该节省上级的精力，对方是否比你看得更远更全面。聪明的下属往往会简洁地点出自己的疑虑和原因，如果短时间内不能说服则坚决执行，并在执行中或者发现自己认识的不足来提高自身判断力（毕竟能力和视野高度不

同，这个是大概率事件），或者找到说服领导的充足依据并找到机会高效说服。伴随着前者带来的判断力提高和后者的偶尔发生，一个有能力的领导必然会对其栽培提拔。

（二）想做到"坚韧"，需要有"玩"心

其实，但凡成就任何大小事，常常都会有个反复入妄破妄的过程（也符合事物发展的辩证循环的上升规律），经过一定的坚持和努力，才能有所突破，而在某些误入歧途时能够及时地打破执念，则可以保持一个人始终聪明地工作。能够做到这种坚持与固执之间很好平衡的人，我们会想到用"坚韧"字来形容他。如果做不到这种平衡，则会在两个极端，一个是不能坚持的，我们会想到"散漫"；一个是不能变通的，我们会想到"刚愎"。前者往往只能成为灌木，后者则风必摧之，两者皆不能成伟岸之才。

在上述过程中，如何做到在入妄坚持中面对各种压力和折磨，保持一个人的稳定战斗力；转而在需要出妄时，能够及时转换工作方法或者方向，及时发现和聪明地进行微创新？要做到这些，除了前文所说的换位思考能力，我的体会是需要找到一个"玩"的状态。所谓玩，其实是更广泛的发现工作中的兴趣所在，找到有兴趣点的工作，无论忍耐力还是创造力都是不可限量。回想在学生时代，往往是这种找到"玩"的感觉的学生，既不失勤奋，又将学习转换为一种乐事，最后让那些天天皱着眉头死读书的人望其项背。

如果找到了"玩"的感觉，工作也就有了持久的兴趣，八小时之外也会在内心琢磨各种窍门和方法。于是在入妄的坚持阶段不知其苦，能够持续努力向下钻研，且时刻保持"好奇"之心，敏感地觉察到时机和开放性的思维，积极采取换位思考，在需要破妄的阶段及时升级或调整。而做到这个感觉也会逐渐使自己和人生"有趣"起来。

当然，能够持续在工作中找到兴趣，取决两个因素，一是自己应该有更长远的计划和雄心，改变年少时的率性而为，能够有意识的发掘有助于自己个人发展和与职业规划相吻合的各种兴趣，此外，由此加宽自己兴趣的范围来增加对职场的适应能力；二是也需要一个组织中的管理者，积极发现自己管辖的个人的长板和兴趣点所在，合理安排，这个，就转到了我们下集的内容，如何在组织需求中不断地实现个人的发展。

浅谈环保人职业发展（下）：管理三"yu"决与新三板

上集主要谈初入职场的个人在职业发展中的一些问题，一个兵，无论选择做漂泊的侠、死扛的王还是夹板的将，都应该知道，其实他也是自由的侠、霸气的王或者游刃的将。凡事都有两面，并无短长，只看适合自己和命中机缘。

本集更多着眼于组织需求中的个人发展。很多组织在面临快速发展期时，除了正确的战略方向、外部合作的选择、资金瓶颈的突破等要素以外，受制于自身能力增长无法跟上发展所需也是一个常见的问题，而空降兵往往只能是应急和补充措施。如何做到组织和人才能力增长的有序同向，其中有很多管理技巧需要与纸面的各种管理制度和规定相结合，而企业文化则往往因其无形而被低估。诸多细节，只能在本集中尝试略窥一二。

四、一个奔跑的组织需要什么样的人？

一个奔跑的组织，希望只有 3 种人，减少对着干的人，并取得最大限度地同向生长秩序。

1．组织中的 4 种人

下图表现的是在一个单位中必然存在的 4 种人，"领着干""帮着干""跟着干""对着干"，你可以能力没有那么出众，暂时不能作为"领着干"的"王"或"候"，但可以成为"帮着干"的"将"或"跟着干"的"兵"。而"对着干"的人一定不是组织所需要的人。

2．奔跑的组织需要消除第四种人

值得注意的是，发生"对着干"状况的员工，可能是心（价值观）未能和组织在一起。但更常见，且更要重视和有意调整的是另外一种情况，就是前文中所提到的，组织中经常存在的，自认为在努力为组织奉献，却不能深入理解组织方向和特点，并且固执地入妄而不能出的人。因为前者不可救，管理者应该尽快地发现和淘汰之；而后者，则需要管理者爱护和悉心调整。好在前者比例很低，后者更经常发生，因此在这方面发挥管理效能是管理者责无旁贷的责任，有句话说的话"没有不称职的员工，只有不称职的领导"，就是这个意思。

　　一个奔跑的组织，正如下图所表现的，首先是每层组织的每个人，努力的方向都能够与公司的方向一致；此外，每个人也都能保持持续的能力增长和有序的被提拔和授权，一个组织的金字塔就是从这样一种有序同向秩序中获得持续的速度和成长。下面，我们就说到如何做到这一方面。

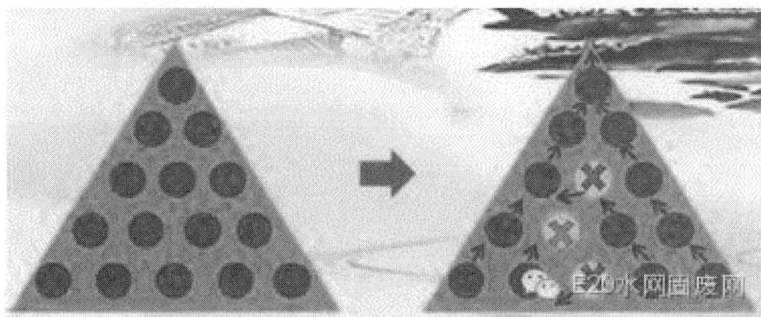

五、管理者成长之三"yu"决：遇、育、御

　　在一个职场新人通过业绩成为初级管理者后，不断提高其对事和对人的管理能力成为其可持续发展的重要支撑。而奔跑的组织则取决于每个管理者的三"yu"决。

　　进入职场数年后，有机会成为一个将，无论大小，也就成为一个管理者，管理成为其必须具备的能力和责任。没有人先天就会管理，大学的学生干部经验，往往也只是对这方面略有体验，更多的是带来一些自信而已（当然这也很重要）。在管理方面比较值得持续学习的有两个人，二人一东一西：一位是德鲁克，其对组织中个人如何发挥作用具有持续研究；一位是稻盛和夫，他很好地诠释了学会积极工作和有效管理可以帮助一个人实现与人生和谐共处的益处。

　　上述大师（还包括其他人）有大量经典著作，在此不再赘述。我倒是在个人经验中，将组织管理的一些关键点总结为三"yu"。

1．遇——识别

（1）遇是双向的。职场从来就是一个双向选择的地方，选择，就是遇，即遇见。其实是你如何选择你的老板，和如何选择安排你的下属。前者，是指我们应该对我们所即将加入的公司，和你即将跟随的直接和间接领导有所选择，如果可以的话。至少你要努力判断，你是否加入了一家有前途的公司，是否跟随了一位值得跟随的领导。是否进入一家有前途的公司很关键，在一个好公司未必能成就一个人才，但不在一家不好公司一定不能成就人才。而什么是值得跟随的领导，除了人品、勤奋、专业能力、责任心以外，关键的是是否知人善任，是否"好为人师"。

什么是值得跟随的领导，其中有一个重要的要求，就是他应该能够做到知人善任。这也就是前文说的遇的另一个方向。在这个长板永生的时代，想做到知人善任，必须能够识别一个人的长板。长短板是什么，就是一个人的优缺点。对于知人善任所对应的个人能力判别而言，人有三板，长板、短板和死板。

长板：与任务匹配的性格、技能、管理能力等
短板：性格、知识、沟通、创新、合作、换位思考等
死板：价值观与企业不匹配、没有职业道德、品性不端等

（2）这里也有个新三板。长板者，其人对某事（包括业务，也包括管理本身）有兴趣又有能力且可持续进步者，管理者当然应该将其识别出来合理安排，这其中，包括人际沟通能力，性格匹配度，也包括技能与知识。在这个年代大家都说长板永生，短板不能补，但有些时候这种观点也容易走极端或者被误解。长板并不仅仅指的是表面上显而易见的擅长，能够发掘属下的潜质，或者相反其在某种看似擅长背后的发展瓶颈，才是更高的管理技巧。前文说到一个人应该培养其兴趣的广泛性，其实也隐含了这个道理。有的人能力很强，适应很多工作，由此可以不断发展出新的长板，之所以如此，往往是其逻辑思辨能力强、兴趣宽泛以及背后八小时以外努力学习思考的结果。

从刚才所说的角度来看短板，其实从理论上说都可以补，只是补的时间需要多少。比如性格，老话说江山易改本性难移，需要补的时间太长，以至于大部分都相当于不

能补了。不能补的短板还有很多，判断是否属于不能补（本质上是来不及补）往往取决于公司的发展速度对个人能力增长的进度需求和个人能够调整、改变和增长的速度之间的关系。这样来看，某方向知识的缺乏，由于其补充时间不长且相当可控（只要个人足够努力），往往就不属于短板了。

除了长板和短板，还有一个板大家忽略了，其实这是管理者首先要判断的，就是死板，程度从轻到重而言，一个价值观与企业不匹配，或者没有职业品德，甚至从根源上为人品性不端的人，其实根本是没有补的机会的。这就是前面所说的对着干的人的第一种类型。这样的人，成为在企业中最"贵"的人，管理者需要及时识别出来，将其淘汰。

除了这种"贵"人，应该说好的管理者，应该具有较高的"兼容能力"，其能够兼容的不同类型的人的范围最大，其秘诀之一就是能够识别每一类不同能力模型属性的长短板并将其安排在合适的岗位上发挥其所长。而由此，带来了企业内部的用人效率的提升、奉献精神的高涨和创新气氛的活跃（因为在这种状况下每个人都能找到"玩"的积极工作状态）。当然，光做到这些，对于管理者还不够，除了较高的"兼容能力"，好的管理者还应该能够不断扩大管理半径，而这就和下一个"yu"息息相关了。

2. 育——传授

一个管理者，如何能够不断扩大管理半径，其实也就是他从小将到中将到大将的过程。要想做到这一点，除了不断培养自己的逻辑思辨能力，除了前述的知人善任，还需要做到以下几点。

（1）"好为人师"。好为人师是个贬义词，但我也却找不到另一个词更贴切了。好的管理者，往往是下属的好老师。他不但教授下属前文所说的知识和技能，还能教授下属管理技巧、思维方法甚至为人处世的道理。俗话说，授人以鱼不如授人以渔。连这样的教授中，好的管理者都能知道，教授下属思维方法（如逻辑思维能力）比教授具体事件更重要，甚至还需要在教授的过程中识别下属的长短板特性。大家知道，行行出状元，想当个好老师，也是有其内在的门道的。

为什么要授人以渔，本质上，组织的成长，是必须通过组织内每个人能力增长来实现的，空降兵只是应急之需，还没有哪个企业能够通过不断的引进人才而成功。而这种增长，就是需要通过这样的授人以渔来实现。而对于个人而言，管理者能够及时将属下培养上来，也才能释放自己的能力不断向上攀登。我一直有个要求，只要是属下会做的事，管理者就不应该亲力亲为。如果属下暂时不会，则管理者应该分配精力去教授其逐步具备这样的能力。

如果是小将级别，这样的传授往往还是以业务技能为主，而如果该管理者已经处于中将，则传授小将的还需要有管理技巧。当管理者已然成为大将，则传授给中将的，还应该包括基于全局的战略思考的能力。那么，我们可以看到，要能做到这一点，管理者本人其实需要在能力上不停地增长。所以，敢于不断授人以渔的管理者，其实是一个有雄心有胸怀的管理者，首先只有不断地将自己已经掌握的能力实现下放，他才能有精力学习掌握更多的能力（包括高阶管理的战略能力），才有能力管理更有管理能力的人（只有如此才能具有级数增长的管理半径）；其次，他也必须有信心有雄心去攀登到大将甚至王侯的位置，才有可能不敝帚自珍地要留下"猫老师"的上树绝招啊。

（2）收放之间。传授能力必须跟着授权，这个是显而易见的道理。没有授权的实操，是不可能让属下自身真正获得能力的。授权，也是构建组织内最难得的信任关系的基础。缺乏授权与信任，组织内是缺乏内在的生长动力的，就如同植物失去了向上传输来自土壤的水分和营养一样。没有感受到信任，团队就像缺乏安全感的婴儿无法健康成长。但是，为了避免下属缺乏经验而搞砸，管理者如何确定授权和过度授权的关系呢？

首先，是前文所说识人善任，这方面，管理者必须加强自己对属下长短板的判断和因材施教、因能授权的能力。其次，出口监控是一种技巧，要抓被授权事件的外部成效，而不轻易介入事件本身，不轻易打破所信任授权的"学生"的施展能力的空间（无论项目还是管理）是一个要点。再次，要允许一定程度的失误，但每一次失误都要积极集体复盘寻找背后的规律，并以此提高属下的能力且举一反三和进入菜谱（流程化）。只有如此，才能避免过度授权带来的失控。可见，授权本身并不是一件轻松的事情，期初，在旁边默默、隐形而深入的观察其实要花掉更大的精力。无论授人以渔还是出口监控，实际上都比管理者本人亲自完成这个任务要更花心血，但看似更多投入的背后，则是公司人才的增长，和不久之后管理者腾挪精力向上攀登的空间。最后，在上述传授中，还有一种东西容易被忽视，就是企业的文化和价值观，这也需要一个自上而下的传授过程，而且非常重要。之所以如此，是因为只有价值观统一的组织，才能找到一种"御"的气场。

3．御——文化

我经常讲，获得管理岗位的最佳状态是水到渠成，一个人应该把精力放在三"yu"和其他能力培养上。从更长的一个时间周期来看，希望通过挤搡和钻营获得"德不配位"的管理岗位，往往并不能在职场长跑中领先。在一个健康的组织里常见的提拔状态是：合格的上级管理者及时发现下属的位置已经制约其能力施展，同时组织又由于在奔跑需要不断发现人才向上递补（找到一个好公司的重要性由此可见），在二者同时存在的情况下，人才被及时地提拔。

只有通过这样的良性机制提拔上来的管理人才，人品端正，处事积极，能力匹配，注重逻辑思辨且能力不断提高，既有"遇"人之识，又能发挥传帮带的"育"人之责。这样的管理者会从内向外散发一种"御"的气质，由此又帮助这位管理者拥有越来越多下属真心的追随。这种追随和相互信任可以帮助一个组织在内部建立坦诚的文化，而坦诚是我最信奉的宗旨，正如韦尔奇所说，坦诚带来了高效率，无论是对组织还是对个人。此外，在知人善任的能力下每个不同特点的人能够各展所长，每个层级的人能够逐级向上攀登；再加上这一金字塔结构中对企业文化价值观的认同（当然这背后也需要有企业文化的具体建设工作与之有机配合），每个级别管理层的"御"的气质的叠加，一个企业就表现出了一种"御"的气场，并由此形成前文所述的有序同向的整体能力增长状态。

不成功的企业各有各的特点，而成功的企业几乎都可以看到这种共同点。借用古代御驾亲征的特点，说的就是这种组织内强大的文化价值观趋同性和基于相互高度信任和理解的跟随与授权。

御驾亲征

御是一种心灵的跟随，从"王"到"候"到"将"到"兵"，是荣辱与共后的相互信任与心灵交汇。在"御"的阶段，各种基于3种换位思考能力的价值迭代和创新在组织内流转，每一位员工都积极成为领导的得力助手，职场心态也从"工作"上升为"事业"。此时一个带着全员一起奔跑的组织就会出现，所向披靡，无所畏惧，很高兴的是在E20我看到了这个特征。

扫一扫，听作者讲解本书的视频音频

《项目管理评论》全媒体平台

项目管理评论全媒体平台，以《项目管理评论》杂志为核心，集成项目管理评论网、《项目管理视点》电子刊、项目管理评论官方微信、项目管理评论官方微博、项目管理精品图书等传统媒体与新媒体群，其出发点是与发展同步、与项目同行，通过整合传统媒体与新媒体群不同传播方式优势及不同用户资源，为项目管理专业人士搭建一个学习、交流、分享、互动的全媒体平台。

《项目管理评论》

立足能源及电力工程建设领域，全方位、多视角地介绍国内外项目管理专业研究前沿和行业应用典型案例，特别是响应"一带一路"倡议，企业在走出去过程中积累的项目管理成果和管理经验，关注项目管理的国际化、专业化及项目经理的职业化，推动项目管理理论研究与实践应用，助力提升企业的核心竞争力。

主要栏目：封面策划、高端访谈、专家视点、案例、国际视野、PgMP面对面、专题研究、实践应用、职业脉搏、荐读、PM+等

国际刊号：ISSN 2096-0514 　　邮发代号：80-224
国内刊号：CN31-2110/F 　　定　　价：36.00元

《项目管理视点》

关注一线项目经理在自我提升过程中的所思、所疑、所惑，内容注重实操性、工具性、可读性、趣味性，致力于成为战斗在一线的项目经理的心灵驿站，帮助项目经理在轻松阅读中提升项目管理能力，规划职业发展路径。

主要栏目：心标杆、锐视点、新职觉、微讲堂、漫话PM、微访谈等

扫码免费下载电子刊